Georg Schwegler
Logistische Innovationsfähigkeit

Schriftenreihe
„Integrierte Logistik und Unternehmensführung"
Herausgegeben von Prof. Dr. Werner Delfmann

In dieser Reihe sind bereits erschienen:

Willi Darr
Integrierte Marketing-Logistik
ISBN 3-8244-0093-6

Sebastian Ehrensberger
Synergieorientierte Unternehmensintegration
ISBN 3-8244-0159-2

Richard Wegener
Strategische Bewertung von Prozeßinnovationen
ISBN 3-8244-0215-7

Erich Schiffers
Logistische Budgetierung
ISBN 3-8244-0225-4

Georg Schwegler

Logistische Innovationsfähigkeit

Konzept und organisatorische Grundlagen einer entwicklungsorientierten Logistik-Technologie

Springer Fachmedien Wiesbaden GmbH

Die Deutsche Bibliothek — CIP-Einheitsaufnahme

Schwegler, Georg:
Logistische Innovationsfähigkeit : Konzept und
organisatorische Grundlagen einer entwicklungsorientierten
Logistik-Technologie / Georg Schwegler.

(DUV: Wirtschaftswissenschaft) (Schriftenreihe „Integrierte Logistik
und Unternehmensführung")
Zugl.: Köln, Univ., Diss., 1995
ISBN 978-3-8244-0275-5   ISBN 978-3-663-12222-7 (eBook)
DOI 10.1007/978-3-663-12222-7

© Springer Fachmedien Wiesbaden 1995
Ursprünglich erschienen bei Deutscher Universitäts-Verlag GmbH, Wiesbaden 1995

Lektorat: Monika Mülhausen

Gedruckt auf chlorarm gebleichtem und säurefreiem Papier

ISBN 978-3-8244-0275-5

Geleitwort

Die betriebswirtschaftliche Logistik ist innerhalb weniger Jahre zu einem bevorzugten Forschungsgebiet geworden. Hierzu hat vor allem ihre stark gestiegene, praktische Bedeutung beigetragen. Mit fortschreitender Globalisierung der Märkte, reduzierter Fertigungstiefe und zunehmender Arbeitsteilung sowie verschärften zeitlichen, aber auch ökologischen Anforderungen gewinnt das umfassende Management der Güter- und Informationsströme komplexer Wertschöpfungsnetzwerke wettbewerbsstrategische Bedeutung. Damit rückt vor allem die Anpassungs- und Innovationsfähigkeit der Unternehmen im Hinblick auf die gewandelten logistischen Anforderungen in den Mittelpunkt des Interesses. Die besondere Problematik dieser Anforderungen besteht zum einen in der kontinuierlichen Weiterentwicklung technischer, vor allem informationstechnischer Systeme. Zum anderen betrifft logistische Innovationsfähigkeit aber vor allem die organisatorischen und personellen Rahmenbedingungen. Ohne adäquate, d. h. vor allem dezentrale und flexible Organisations- und Personalentwicklungskonzepte besteht keine Chance, die Dynamik und Komplexität der Güter- und Informationsströme vernetzter Wertschöpfungssysteme logistisch zu bewältigen.

Gerade dieses Problemfeld ist aber bisher wissenschaftlich weitgehend vernachlässigt worden. In diese Lücke stößt die vorliegende Arbeit, die das Thema der logistischen Innovationsfähigkeit grundlegend aufarbeitet und - selber höchst innovativ - unter Rückgriff auf den aktuellen Stand der Forschung zur Organisationsentwicklung und zum strategischen Management vielfältige Ansatzpunkte aufzeigt, wie logistische Innovationsfähigkeit organisatorisch umgesetzt werden kann.

Zielsetzung der Arbeit ist es letztlich, die Voraussetzungen für eine lernende Logistik-Organisation herauszuarbeiten. Dazu bedarf es offener, flexibler, prozeßorientierter Organisationskonzepte und insbesondere offener Kommunikationsbedingungen, die es erlauben, logistisches Know-how im gesamten Netzwerk zu entwickeln und auszutauschen. Nur auf diese Weise werden die Mitarbeiter in die Lage versetzt, im logistischen Sinne schnittstellen- und ggf. sogar unternehmensübergreifend Wissen anzusammeln und, darauf aufbauend, Lernprozesse in Gang zu setzen. Die Wichtigkeit derartiger Lernprozesse zeigt sich - höchst aktuell - im Zusammenhang mit den Diskussionen über das Konzept des "Efficient Consumer Response" (ECR). Diese Diskussion belegt darüber hinaus nachdrücklich, welchen Rückstand gerade die deutsche Logistikpraxis in bezug auf derartige Fragestellungen aufweist.

Die Arbeit kann deshalb jedem mit Organisations- und Personalentwicklungsaufgaben befaßten Logistiker nur wärmstens empfohlen werden. Ich wünsche ihr eine gute Aufnahme in Wissenschaft und Praxis.

Werner Delfmann

Vorwort

In einer Zeit zunehmender geographischer Arbeitsteilung und dem Verschmelzen bislang getrennter Regionen zu einheitlichen Märkten nimmt die Bedeutung der Logistik als strategischer Erfolgsfaktor stetig zu. Unternehmen und ihre Lieferanten, Kunden und Dienstleister müssen dem Rechnung tragen und ihre Kompetenz zum Aufbau logistischer Konzepte und Lösungen aufbauen und stetig erweitern.

Vor diesem Hintergrund behandelt das vorliegende Buch zentrale Fragestellungen, die mit der Institutionalisierung logistischer Innovationsfähigkeit in Unternehmen und logistischen Ketten verbunden sind. Zum einen geht es dabei um Bausteine einer betriebswirtschaftlichen Logistiktheorie. Diese muß, aufbauend auf der Historie der betriebswirtschaftlichen Logistik, die bislang vorhandenen interdisziplinären Lösungsansätze in einer geschlossenen Konzeption verdichten. Zum anderen geht es um konkrete organisatorische Gestaltungsempfehlungen, die es erlauben, im Sinne logistischer Werthaltungen Innovationen zu entwickeln und zu implementieren. Beide Fragestellungen werden hier auf der Basis einer speziellen Technologie-Konzeption gelöst. Diese erlaubt die vollständige Systematisierung logistischer Wissensformen als Ausgangspunkt einer Logistiktheorie. Darüber hinaus bildet der technologische Prozeß einen Bezugsrahmen für die Lösung organisatorischer Gestaltungsprobleme.

Diese Arbeit entstand während meiner Tätigkeit als wissenschaftlicher Mitarbeiter am Seminar für Allgemeine Betriebswirtschaftslehre, Betriebswirtschaftliche Planung und Logistik der Universität zu Köln. Sie wurde im Februar 1995 von der Wirtschafts- und Sozialwissenschaftlichen Fakultät dieser Hochschule als Dissertation angenommen.

Herrn Professor Dr. Werner Delfmann möchte ich für die stets großzügige Betreuung und Unterstützung herzlich danken. Herrn Professor Dr. Erich Frese danke ich für die Übernahme des Korreferats.

Darüber hinaus gilt mein besonderer Dank auch den Kollegen und Freunden, die mir durch ihre Diskussionsbereitschaft inhaltliche und persönliche Unterstützung gegeben haben.

Georg Schwegler

Inhaltsverzeichnis

Abbildungsverzeichnis

Abkürzungsverzeichnis

Abb.	-	Abbildung
ASQ	-	Administrative Science Quarterly
Aufl.	-	Auflage
Bd.	-	Band
BFuP	-	Betriebswirtschaftliche Forschung und Praxis
BME	-	Bundesverband Materialwirtschaft und Einkauf
bspw.	-	beispielsweise
BVL	-	Bundesvereinigung Logistik
CAM	-	Computer-aided Manufacturing
CLM	-	Council of Logistics Management
DBW	-	Die Betriebswirtschaft
DGOR	-	Deutsche Gesellschaft für Operations Research
d.h.	-	das heißt
dgl.	-	dergleichen
Diss	-	Dissertation
DGfL	-	Deutsche Gesellschaft für Logistik
DRP	-	Distribution Requirements Planning
ebd.	-	ebenda
EDV	-	Elektronische Datenverarbeitung
EJoM	-	European Journal of Marketing
EJoOR	-	European Journal of Operations Research
e.V.	-	eingetragener Verein
f.	-	folgende
FB/IE	-	Fortschrittliche Betriebsführung & Industrial Engineering
ff.	-	fortfolgende
FFS	-	Flexible Fertigungssysteme
FTS	-	Fahrerloses Transportsystem
ggf.	-	gegebenenfalls
HBR	-	Harvard Business Review
Hrsg.	-	Herausgeber
HWB	-	Handwörterbuch der Betriebswirtschaft
HWO	-	Handwörterbuch der Organisation
HWPlan	-	Handwörterbuch der Planung

HWProd	-	Handwörterbuch der Produktionswirtschaft
i.d.R.	-	in der Regel
i.e.	-	id est
i.e.S.	-	im engeren Sinn
IJPD&MM	-	International Journal of Physical Distribution & Materials Management
IJPD&LM	-	International Journal of Physical Distribution & Logistics Management
insbes.	-	insbesondere
i.S.	-	im Sinne
J.	-	Jahr
Jg.	-	Jahrgang
Jit	-	Just-in-time
JoBL	-	Journal of Business Logistics
JoM	-	Journal of Marketing
JoMR	-	Journal of Marketing Research
LRP	-	Long Range Planning
MRP	-	Material Requirements Planning
MRP II	-	Manufacturing Resource Planning
NCPDM	-	National Council of Physical Distribution Management
Nr.	-	Nummer
o.ä.	-	oder ähnliche(s)
o.g.	-	oben genannt(e)
o.J.	-	ohne Jahresangabe
o.O.	-	ohne Ortsangabe
OR	-	Operations Research
OS	-	Organisation Studies
o.V.	-	ohne Verfasser
PPS	-	Produktionsplanung- und -steuerung
RKW	-	Rationalisierungs-Kuratorium der Deutschen Wirtschaft
ROI	-	Return on Investment
s.	-	siehe
S.	-	Seite
SDVS	-	Sendungsdatenverfolgungssystem
SMJ	-	Strategic Management Journal
SMR	-	Sloan Management Review
Sp.	-	Spalte

SPRU	-	Science Policy Research Unit
S-R	-	Stimulus-Response
TJ	-	Transportation Journal
TR	-	Transportation Research
TS	-	Transportation Science
u.a.	-	unter anderem
USA	-	United States of America
usf.	-	und so fort
u.U.	-	unter Umständen
v.a.	-	vor allem
vgl.	-	vergleiche
vs.	-	versus
WISU	-	Das Wirtschaftsstudium
z.B.	-	zum Beispiel
ZfB	-	Zeitschrift für Betriebswirtschaft
ZfbF	-	Zeitschrift für betriebswirtschaftliche Forschung
ZfL	-	Zeitschrift für Logistik
ZfO	-	Zeitschrift für Organisation
ZfP	-	Zeitschrift für Planung
z.T.	-	zum Teil

I. Grundlagen der Untersuchung

A. Ausgangspunkt und Grundidee

Die betriebswirtschaftliche Logistik hat in den vergangenen fünf Jahrzehnten einen Bedeutungswandel erfahren, der sich sowohl auf ihre Stellung in der Wirtschaftspraxis als auch auf ihre Behandlung in der wissenschaftlichen Forschung und Ausbildung auswirkte.[1] Grundsätzlich stellten zunächst Materialtransferprozesse den Gegenstandsbereich der betriebswirtschaftlichen Logistik dar.[2] Lag der traditionelle Schwerpunkt noch auf der lokalen Verbesserung dieser Transferaktivitäten unter Kosten- oder Lieferservicekriterien, so wird in der aktuellen Diskussion die Rolle der Logistik im Rahmen der Unternehmensstrategie in den Vordergrund gestellt.[3] Logistik ist danach nicht mehr ausschließlich auf Transfersysteme[4] beschränkt. Vielmehr wird nun eine spezifisch logistische Perspektive relevant, die die gesamte Versorgungs- oder Wertschöpfungskette[5] umspannt und Wechselwirkungen zwischen Transformations- und Transferaktivitäten berücksichtigt.[6] Auch hierbei kann die strategische Ausrichtung entweder auf Kostenreduktion oder auf Verbesserung des Lieferservice als logistische Outputgröße ausgerichtet sein.[7] Allerdings werden dann die transferspezifischen Auswirkungen sämtlicher Unternehmensaktivitäten bedeutsam. So sind etwa im Rahmen der

---

1) Vgl. zum Bedeutungswandel der betriebswirtschaftlichen Logistik etwa Poist (1986), S. 55-64, Poist (1989), S. 35-39, Bowersox, Closs, Helferich (1986), S. 5-15, Ihde (1987), S. 703-716, Fey (1989), S. 12-21. Für die Entwicklung im Zeitraum vor 1940 vgl. La Londe, Dawson (1969), S. 9-18; einen Überblick über die militärische Logistik gibt McGinnis (1992), S. 22-32.

2) Vgl. Pfohl (1990), S. 12. Transferprozesse sind solche Transformationsprozesse, die die raumzeitlichen Eigenschaften von Objekten verändern. Vgl. Ihde (1991), S. 3.

3) "Logistic's most important role is strategic. This perspective is sharply in contrast to the simply tactical, cost-minimizing role to which logistical activities are all too often relegated. As a handful of firms have happily discovered, logistics can serve as a weapon for gaining and maintaining a sustainable competitive advantage." Shapiro, Heskett (1985), S. 7f.

4) Zum Begriff der Transfersysteme vgl. Abschnitt II.D. An dieser Stelle soll lediglich eine vorläufige Arbeitsdefinition zugrunde gelegt werden. Danach sind Transfersysteme soziotechnische Systeme, deren konstituierender Zweck die Durchführung von Transferprozessen ist.

5) In der anglo-amerikanischen Literatur wurde hierfür der Begriff des 'supply chain managements' eingeführt. Er bezeichnet die integrierte Planung und Steuerung der Materialflüsse vom Lieferanten bis zum Endverbraucher. Vgl. Jones, Riley (1985), S. 16.

6) Vgl. Ihde (1991), S. 12f.

7) Vgl. Delfmann (1990a), S. 13.

F&E oder der Konstruktionstätigkeiten die Auswirkungen auf Transferanforderungen (z.b. Handlingseigenschaften, Konsequenzen für die Bestandsführung) zu untersuchen. Diese Notwendigkeit, transferspezifische Auswirkungen sämtlicher Wertschöpfungsaktivitäten in ihrer Gesamtheit zu betrachten, ist der grundlegende Ansatz der logistischen Perspektive. Gerade hierbei entstehen jedoch Probleme, die sich aus dem derzeitigen Stand der strategischen Managementforschung, der Praxis des Logistikverständnisses und der sozialsystemischen Handhabung der Logistik ergeben.

Die strategische Bedeutung der Logistik hat grundlegenden Einfluß auf das allgemeine Managementverständnis. In strategischer Hinsicht dient die Logistik dem Aufbau und Erhalt von spezifischen Wettbewerbsvorteilen, die einzelne Unternehmen oder sogar strategische Allianzen auf Dauer vor Konkurrenten schützen. Diese Dauerhaftigkeit setzt voraus, daß gegenwärtige oder potentielle Konkurrenten Verhaltensweisen, die zum Aufbau der strategischen Position führten, nicht einfach imitieren können. Hierbei leiten jedoch die aktuellen gesellschaftlichen und wirtschaftlichen Rahmenbedingungen eine Revision von theoretischen Grundpositionen des strategischen Managementverständnisses ein.

Der strategische Anspruch der Logistik ist mit einem gesellschaftlichen Umfeld konfrontiert, das zunehmend dynamisch, komplexer und somit auch instabiler wird.[8] So haben die kompetitiven Rahmenbedingungen industrialisierter Gesellschaften in den letzten Jahrzehnten strukturelle Veränderungen dramatischen Ausmaßes erfahren. Die Erweiterung von Beschaffungs- und Absatzmärkten, die mit einer Zunahme der Arbeitsteilung in internationalen und globalen Dimensionen verbunden ist, stellt hierbei nur eine der Herausforderungen dar. Weitere Probleme entstehen aus der Abnahme der Halbwertszeiten von Produktinnovationen und somit der Verringerung des Zeitraumes, der zur Abschöpfung entsprechender Monopolrenten zur Verfügung steht. Darüber hinaus findet durch die Entwicklungen in der Informations- und Kommunikationstechnik eine Verkürzung gesellschaftlicher und wirtschaftlicher Veränderungsraten statt.

In der strategischen Managementlehre geht diese Entwicklung mit einer Überprüfung traditioneller Grundpositionen einher. Die zunehmende Instabilität und Dynamik von Produktlebenszyklen, Branchen- und Marktstrukturen führten dazu, daß das bislang do-

---

8)   Von Peter Drucker wird dieser Wandel mit dem Begriff der post-kapitalistischen Gesellschaft belegt. Vgl. Drucker (1993), S. 4.

minierende Structure-Conduct-Performance-Paradigma der Industrial Organization Forschung in Bedrängnis geraten ist.

Die Grundthese dieses Ansatzes lautet, daß Unterschiede zwischen den Profitraten
von Unternehmen primär durch die Branchenzugehörigkeit bedingt sind.[9] Die auf dieser Annahme aufbauenden Konzepte zum strategischen Management konzentrieren sich
deshalb auf Möglichkeiten zur Positionierung des Unternehmens oder der strategischen
Geschäftseinheit innerhalb einer Branche.[10] Unternehmensinterne Bedingungen sind
dabei nur insofern von Belang, als sie die Formulierung oder Implementierung von Strategien beeinflussen.

Eine andere Perspektive nimmt der ressourcenorientierte Ansatz des strategischen
Managements[11] ein. Zur Erklärung dauerhafter Wettbewerbsvorteile von Unternehmen
geht er von folgenden Annahmen aus:[12] Zunächst wird unterstellt, daß auch innerhalb
derselben Branche Unternehmen aufgrund ihrer strategischen Ressourcen verschieden
sind. Desweiteren wird angenommen, daß diese Ressourcen schwer übertrag- oder imi-
tierbar sind, woraus sich letztlich die Dauerhaftigkeit der Unterschiede zwischen Unternehmen erklären läßt.

Strategische Ressourcen[13] sind sämtliche Aktiva eines Unternehmens, mit deren
Hilfe unternehmensspezifische Fähigkeiten entwickelt werden können, die den Aufbau

---

9)   Vgl. zu Knyphausen (1993), S. 772f.

10)   Hierzu zählen sowohl die Ansätze des strategischen Portfolio-Managements als auch Michael
Porters Absatzmarktvorteilsheuristik. Im ersten Fall konzentriert sich strategisches Management
auf die Steuerung von Kapitalflüssen zwischen strategischen Geschäftseinheiten. Die
Absatzmarktvorteilsheuristik hingegen legt den Schwerpunkt auf die Errichtung von Wettbe-
werbsbarrieren in einer spezifischen Branchenstruktur. Vgl. etwa Hax, Majluf (1983a), S. 46-60,
Hax, Majluf(1983b), S. 54-71, Porter (1986) und Porter (1988).

11)   Der sogenannte 'Resource-Based View' des strategischen Managements wurde in seiner aktuellen Fassung erstmalig von Birger Wernerfelt formuliert. Er basiert jedoch auf älteren Theorien
des Wettbewerbs, die bereits in den Werken von David Ricardo (1891), Joseph Schumpeter
(1934) und Edith Penrose (1959) entwickelt wurden. Vgl. Wernerfelt (1984), S. 171-180 sowie
für einen Literaturüberblick Rumelt, Schendel, Teece (1991), S. 8 und Peteraf (1993), S. 179.

12)   Vgl. Barney (1991), S. 101.

13)   Das Ressourcenprofil eines Unternehmens setzt sich aus sämtlichen - auch den nicht bilanzier-
fähigen - Aktiva eines Unternehmens zusammen. Beispiele hierfür sind finanzielle Ressourcen
(z.B. Cash flow, Forderungsbestand), physische Ressourcen (z.B. Anlage- und Umlaufvermögen), Humanressourcen (z.B. die Qualifikation der Beschäftigten), organisatorische
Ressourcen (z.B. Unternehmenskultur), technische Ressourcen (z.B. Anlagen mit geringen Fer-
tigungstoleranzen), aber auch intangible Ressourcen wie etwa das Ansehen eines Unternehmens
in der Öffentlichkeit. Vgl. Hofer, Schendel (1978), S. 145, Hall (1992), S. 135.

von Wettbewerbsvorteilen ermöglichen. Im Hinblick auf die Zielsetzung, Wettbewerbsvorteile möglichst lange ausnutzen zu können, sind natürlich solche Ressourcen und Fähigkeiten bedeutsam, die nicht einfach erworben oder imitiert werden können. Für diese unternehmensspezifischen Fähigkeiten wurde im ressourcenorientierten Ansatz der Begriff der (Kern-)Kompetenzen geprägt.[14] Kernkompetenzen stellen organisatorische Handlungsroutinen dar, die die bislang in Organisationen gewonnenen Erfahrungen und Fähigkeiten reproduzieren und daher auch bei dynamischen Umwelten den Aufbau und den Erhalt von Wettbewerbsvorteilen sicherstellen. Die Herausbildung solcher Kernkompetenzen von Organisationen muß somit auf der Basis des sozialen Handelns[15] erklärt werden.[16] Dabei interessieren primär die Handlungsweisen, die insgesamt die Entwicklungs- und somit Wettbewerbsfähigkeit von Unternehmen durch Ausnutzung ihrer strategischen Ressourcen sicherstellen.

Letztlich ist der ressourcenorientierte Ansatz des strategischen Managements komplementär zum Structure-Conduct-Performance-Paradigma,[17] allerdings sind verschiedene Gegenstandsbereiche von Belang. Die ressourcenorientierte Perspektive konfrontiert die betriebswirtschaftliche Logistik jedoch mit nicht unerheblichen Problemen, die den zweiten Ausgangspunkt für diese Untersuchung darstellen.

Der ressourcenorientierte Ansatz des strategischen Managements führt zum Problembereich der konzeptionellen Fundierung der Logistik. Die betriebswirtschaftliche Logistik war und ist bislang konzeptionell unausgereift. So spricht Klaus von einer

"(...) bemerkenswerte(n) Undeutlichkeit und Flüchtigkeit dessen gegenüber, was seine [gemeint ist das Phänomen Logistik; Anmerk. d. Verf.] substantiellen theoretischen Inhalte und seine spezifische Sichtweise - seine wissenschaftliche Identität - ausmachen könnte."[18]

Diese 'Undeutlichkeit' ist historisch begründet. Wie bereits dargelegt, bezeichnet Logistik traditionell spezifische Funktionen und Tätigkeitsbereiche, die mit dem Materi-

---

14)   Vgl. Prahalad, Hamel (1990), S. 82.

15)   Ein individuenzentrierter Erklärungsansatz wäre unvollständig, weil einzelne Organisationsteilnehmer ihre Fähigkeiten dem Unternehmen entziehen können, z.B. durch Kündigung. Ein solchermaßen abgegrenzter Kompetenzbegriff würde den Kriterien der Dauerhaftigkeit und der schweren Imitierbarkeit nicht genügen.

16)   "Organizational competency refers not only to a particular asset stock, but also to the processes that define that stock in use." Fiol (1991), S. 193.

17)   Darauf weist bereits Wernerfelt selbst hin. Vgl. Wernerfelt (1984), S. 171.

18)   Klaus (1993), S. 5.

alfluß in Verbindung stehen.[19] Diese funktionale Einengung ist allerdings insofern problematisch, als sie den zeitgemäßen Anspruch der Logistik nicht mehr vollständig abdeckt. Neben der integrativen transferorientierten Bewertung sämtlicher Wertschöpfungsaktivitäten[20] muß die Logistik dazu beitragen, die Reaktions- und Anpassungsfähigkeit sicherzustellen.[21] Eine Reduzierung der Logistik auf die Durchführung und Steuerung von Tätigkeiten wie Transportieren, Lagern, Verteilen und Kommissionieren würde diesem Anspruch nicht mehr genügen. Unter strategischen Aspekten muß die konzeptionelle Fundierung der Logistik jetzt vielmehr anhand der Fähigkeiten, des Wissens und der Orientierungsgrundlagen vorgenommen werden, die in einer Organisation zur flußorientierten Gestaltung komplexer Wertschöpfungsketten vorhanden sind. Zur Verhandlung dieser Aspekte steht bislang allerdings noch keine geschlossene Konzeption der Logistik zur Verfügung.

Die Behandlung von Fragen des Aufbaus logistischer Kernkompetenzen führt schließlich zum letzten Problembereich. Wesentlich sind hierbei organisatorische Handlungsroutinen und Interaktionsformen. Insbesondere durch die logistische Flußperspektive tritt vermehrt die Anforderung nach einer horizontalen Integration und Koordination der Leistungserstellung in der gesamten Wertschöpfungskette auf. Organisationsstrukturelle Bedingungen und Regeln haben einen maßgeblichen Einfluß auf die strategische Bedeutung der Logistik in einem Unternehmen. Eine Analyse der relevanten Literatur zeigt, daß der kontingenztheoretische Forschungsansatz die Orientierungsgrundlage zur Konstruktion und Lösung spezifisch logistischer Organisationsprobleme darstellt.[22] Dieser ist jedoch von seiner Grundausrichtung nur bedingt geeignet, den Aufbau von organisatorischen Kernkompetenzen zu erklären.[23] Im Hinblick auf den strategischen Anspruch der Logistik erscheint es daher plausibel, Gestaltungsempfehlungen für logistische Organisationsstrukturen und deren Rahmenbedingungen auf der Basis solcher organisationstheoretischer Ansätze zu fundieren, die Aussagen über die Entwicklung logistischer Kernkompetenzen ermöglichen.

---

19) Die Reduzierung auf die Materialversorgungsfunktion erklärt sich aus den militärischen Wurzeln des Logistikbegriffes. Zur Ethymologie des Logistikbegriffes vgl. Jünemann (1989), S. 5-10.

20) Vgl. Meyer (1993), S. 259.

21) Vgl. Kortschak (1992), S. 61.

22) Vgl. dazu die Übersicht bei Pfohl, Large (1994), S. 63f.

23) Zum Vorwurf der mangelnden Entwicklungsorientierung des kontingenztheoretischen Ansatzes vgl. Müller-Böling, Klein (1985), S. 22.

B. Zielsetzung und Gang der Untersuchung

Eine entwicklungsorientierte Analyse der betriebswirtschaftlichen Logistik zielt darauf ab, den Prozeß der logistischen Problemlösung und seine organisationsstrukturellen Rahmenbedingungen zum Schwerpunkt der Untersuchung zu erheben. Dabei muß insbesondere jenem Aspekt der Logistik Rechnung getragen werden, der die ganzheitliche Bewertung und Koordination sämtlicher Wertschöpfungsaktivitäten mit dem Ziel der Verbesserung der transferspezifischen Einheiten fordert. Grundlegende Voraussetzung hierfür ist eine Konzipierung der Logistik, welche einen geschlossenen Rahmen für die Entwicklung logistischer Problemlösungskompetenz bietet.

Hier soll diese Fundierung der betriebswirtschaftlichen Logistik auf der Basis einer speziellen Technologie-Konzeption erfolgen. Diese liefert den analytischen Rahmen, der eine Systematisierung von Teilnehmern, Wissensformen und Werten zur Entwicklung logistischer Innovationen ermöglicht. Dazu ist neben einem Überblick über gebräuchliche Logistikdefinitionen zunächst ein tieferes Verständnis für den Gegenstandsbereich und den Bedeutungswandel der Logistik zu entwickeln. Dieses geschieht in zweifacher Weise. Einerseits werden Aufgaben und Ziele der Logistik in ihrer wirtschaftspraktischen historischen Entwicklung dargelegt. Desweiteren werden die Methoden, Problembereiche und Instrumente skizziert, die in wissenschaftlichen Disziplinen unter dem Label Logistik verhandelt worden sind. Dabei zeigt sich, daß erst durch den Einsatz von Verfahren des Operations Research in Verbindung mit den Entwicklungen in der Datenverarbeitung eine Verwirklichung logistischer Integrationsanforderungen möglich wurde. Aus diesem Grunde erfolgt eine ausführlichere Darstellung logistischer Problemklassen im Rahmen des Operations Research. Die Entwicklungen in den Ingenieurwissenschaften, der Einsatz wissenschaftlicher Methoden in der Serviceforschung sowie die Thematisierung des Logistik-Controllings und zeitgemäßer Verfahren der Produktionslogistik in der Betriebswirtschaftslehre zeigen, daß der wissenschaftliche Diskurs der Logistik bereits weit fortgeschritten ist.

Die Verwendung des materiellen und konzeptionellen Rahmens der Technologie zur Systematisierung und Konkretisierung logistischer Wissens-, Methoden- und Aufgabenfelder erscheint somit legitim. Auf dieser Basis der Technologie-Konzeption werden sozialsystemische Aspekte der Logistik stärker betont. Im Vordergrund steht somit weniger die technische Ausgestaltung von Transferprozessen als vielmehr die Frage, wie in Organisationen Wissen generiert und kommuniziert werden kann, so daß eine am logistischen Fließprinzip orientierte Entwicklung des Wertschöpfungssystems angeregt wird. Diese Problemstellung muß jedoch auf der Grundlage organisationstheoretischer Überlegungen behandelt werden.

Im zweiten Hauptteil erfolgt daher eine Darstellung und kritische Revision von organisatorischen Problemkonstruktions- und -lösungsansätzen, die in der Logistik-literatur vorgeschlagen werden. Ausgangspunkt bilden die logistikspezifischen Aufgaben der Integration und Innovation, die durch organisationsstrukturelle Gestaltungsmaßnahmen gelöst werden müssen. Aufgrund der Dominanz des kontingenztheoretischen Forschungsansatzes wird dieser zunächst eingehender dargestellt. Neben dessen Grundannahmen müssen auf allgemeiner Ebene kontingenztheoretische Kontextvariablen und organisationsstrukturelle Gestaltungsparameter erläutert werden. In der logistischen Organisationsforschung sind bislang verschiedene Untersuchungen vorgenommen worden, die logistikspezifische Kontextvariablen diagnostiziert und, darauf aufbauend, Gestaltungsempfehlungen für spezifisch logistische organisationsstrukturelle Regeln gegeben haben. Grundsätzlich sind hierbei jedoch zwei verschiedene Ansätze festzustellen. So geht der überwiegende Teil der Untersuchungen davon aus, daß die logistische Organisationsproblematik durch eine Zusammenfassung von Transfer-aktivitäten[24] in Organisationseinheiten zu lösen ist. Erst eine vergleichsweise kleine Gruppe strukturiert Segmente von Wertschöpfungsketten, also nicht nur transferspezifische Aktivitäten, nach spezifisch logistischen Kontextfaktoren. Beiden Ansätzen ist jedoch gemein, daß sie Fragen zur logistischen Innovationsfähigkeit und deren strukturelle Implikationen nicht behandeln.

Diese Fragestellung ist Gegenstand des letzten Hauptteils. Wegen der Unzulänglichkeiten des kontingenztheoretischen Forschungsansatzes in bezug auf die Erklärung des Innovationsverhaltens muß hier zunächst auf die paradigmatischen Veränderungen in den Organisationswissenschaften insgesamt eingegangen werden. Diese reflektieren Konsequenzen aus den gesellschaftlichen Veränderungen, die allgemein mit dem Begriff der Postmoderne belegt werden. Danach sind die konkreten Ausgestaltungsformen von Organisationen und somit auch von Unternehmen nicht mehr ausschließlich an deren Effizienz bei gegebenen Kontextvariablen orientiert, sondern vielmehr auf Entwicklungs- und Innovationsfähigkeit ausgerichtet. Diese Entwicklungsfähigkeit wird jedoch im Sinne eines selbstreferentiellen Systemverständnisses realisiert. Die Entwicklung von Kernkompetenzen wird somit Organisationen nicht von außen vorgegeben,

---

24) Transferaktivitäten werden unterschieden in logistische Basis- und Unterstützungsaktivitäten. Vgl. Ballou (1987), S. 9.

sondern sie entsteht aus den Routineprozessen unter Beteiligung der jeweiligen Handlungsträger. Kernelement einer solchen postmodernen Organisationswissenschaft sollen hier organisatorische Lerntheorien sein. Auf der Basis dieses Rahmenkonzeptes kann die weitere Ausgestaltung des logistik-technologischen Entwickungsmodells vorgenommen werden. Neben der Spezifizierung logistischer Handlungstheorien müssen Verlauf und Teilnehmer des logistik-technologischen Prozesses konkretisiert werden. Als Ergebnis dieses Prozesses entstehen logistische Innovationen, die zur Veränderung der Transfereigenschaften von Wertschöpfungssystemen beitragen. Auf der Grundlage der Innovationsforschung läßt sich ein Gesamtmodell des logistik-technologischen Prozesses konstruieren. Dabei müssen traditionelle Annahmen hinsichtlich der potentiellen Prozeßteilnehmer als auch über den idealtypischen Prozeßverlauf revidiert werden.

Die Erkenntnisse, die sich aus der Konstruktion des Gesamtmodells ergeben, ermöglichen nun Empfehlungen für organisationsstrukturelle Regeln und deren Rahmenbedingungen. Zunächst werden dazu horizontale Organisationsstrukturen in Form von auftragszyklus-orientierten Segmenten und spezifischen Abstimmungskollegien als logistische Grundmuster vorgeschlagen. Weiterhin können anhand einer Fallstudie, in der die (Weiter-)Entwicklung eines Sendungsdatenverfolgungssystems in der logistischen Kette behandelt wird, Rahmenbedingungen und Formen emergenter Organisationsstrukturen in der Logistik aufgezeigt werden. Dabei wird deutlich, daß in logistik-technologischen Prozessen die hierarchische Koordination aus Gründen der Innovation zugunsten vernetzter heterarchischer Organisationsstrukturen in den Hintergrund tritt. Der Vorteil dieser temporären, an spezifischen Problemen orientierten Strukturen wird insbesondere in Form von Flexibilitätskriterien deutlich. Zielsetzung ist es, durch einen hohen Partizipationsgrad die grundlegende Innovationsfähigkeit von Organisationen in einer horizontalen Ausrichtung zu verbessern. Der logistische Integrationsanspruch wird dabei durch spezifische Handlungstheorien, Professionalisierung und partizipative Entwicklungsstrukturen realisiert. Insgesamt läßt sich so eine Entwicklung zur lernenden Organisation initiieren, bei der eine kontinuierliche Verbesserung der transferspezifischen Eigenschaften des gesamten Wertschöpfungssystems durchgeführt wird.

II. Entwicklungsstand, Selbstverständnis und konzeptionelle Grundlagen der betriebswirtschaftlichen Logistik

Eine Untersuchung über Ansätze entwicklungsorientierter Organisationsformen der Logistik setzt eine Konkretisierung der Logistik selbst voraus. Die nächstliegende Lösung hierfür scheint die Darlegung und Verwendung der in Theorie und Praxis gebräuchlichen Begriffsdefinitionen. Dieser Vorgehensweise sind jedoch für die hier zu diskutierenden Sachverhalte Grenzen gesetzt. Zum einen begründet sich dies durch die - zumindest teilweise - widersprüchlichen oder zu unspezifischen Definitionsinhalte. Desweiteren fehlt den in der Literatur vertretenen Logistikdefinitionen eine konzeptionelle Fundierung, die in entwicklungsorientierter Perspektive die gleichzeitige Behandlung logistischer Orientierungsgrundlagen und logistischer Gegenstandsbereiche ermöglicht.

Daher wird in diesem Kapitel eine konzeptionelle Fundierung der Logistik nicht auf der Basis verbreiteter Begriffe, sondern aus ihrer Entwicklungsgeschichte heraus angestrebt. Zur besseren Verständlichkeit und zur Vorbereitung auf die organisationstheoretische Behandlung der Logistik wird deren Evolution zum einen auf der Grundlage praxisbezogener Kriterien, zum anderen auf die Behandlung der Logistik im wissenschaftlichen Kontext hin untersucht. Diese Vorgehensweise ermöglicht eine Präzisierung konzeptioneller Grundlagen der Logistik als Domäne und Technologie.

Auf dieser Basis kann anschließend eine Begründung für die Notwendigkeit erfolgen, die Formulierung aktueller logistischer Problemstellungen stärker auf der Grundlage organisationstheoretischer Erkenntnisse vorzunehmen.

A. Grundlagen zum Logistikbegriff

1. Zur Definitionsproblematik

Die Anzahl vorhandener Definitionen zur betriebswirtschaftlichen Logistik[1] ist mittlerweile unüberschaubar groß, trotz der Kritik an der Zweckmäßigkeit oder am Erkenntnisfortschritt durch die jeweiligen Begriffsabgrenzungen.[2] Insgesamt verwundert die noch offene Problematik der einheitlichen Terminologie jedoch nicht. Die Verwendung des Begriffes Logistik im wirtschaftlichen Zusammenhang ist weder in der betrieblichen Praxis noch in der Wissenschaft - also in der 'scientific community' der Ökonomen - schon so lange etabliert, daß sich ein einheitlicher Sprachgebrauch hätte entwickeln können.[3] Einige Beispiele[4] können dies anschaulich verdeutlichen, wobei allerdings auf weiterreichende Begriffsinhalte nicht eingegangen werden soll.[5] Dies erklärt sich aus der dieser Arbeit zugrundeliegenden einzelwirtschaftlichen Perspektive.[6] Desweiteren erfolgt aus Gründen der Transparenz eine Trennung zwischen anglo-amerikanischem und deutschem Sprachraum.

---

1) Aus der Verwendung des Terms 'betriebswirtschaftliche Logistik' wird bereits deutlich, daß hier weder die Logistik i.S. der symbolischen Logik (also der Zusammenfassung aller logischen Theorien, die sich eines Kalküls bedienen) noch die Logistik im nichtökonomischen Kontext (so z.B. die Logistik im Militärwesen) Gegenstand der Untersuchung sein soll.

2) Vgl. bspw. die Einwände von Klaus (1994), S. 332, Bretzke (1985), S. 3 oder Feierabend (1988), S. 543.

3) Vernachlässigt man die Bezeichnung logistiknaher Sachverhalte durch den Terminus der physischen Distribution in den 20er Jahren dieses Jahrhunderts, so wird der Logistikbegriff erstmals in den 50er Jahren in der anglo-amerikanischen betriebswirtschaftlichen Literatur gebraucht. Vgl. zur frühen Diskussion (distributions-) logistischer Probleme z.B. die Beiträge von Webster (1929), S. 21 oder Converse (1927).

4) Vgl. Abb. 1 und 2.

5) Insbesondere ist hiermit die Unterscheidung zwischen Mikro- und Makrologistik sowie den logistischen Betriebswirtschaften gemeint. Vgl. dazu Kirsch (1971), S. 222, Kirsch et al. (1973), S. 10, Rupper (1987a), S. 9, Ihde (1991), S. 40f. und S. 46ff.

6) Was nicht bedeuten soll, daß interorganisatorische Fragestellungen, also z.B. die Koordination im logistischen Kanal, ausgeklammert bleiben.

Quelle	Definition
CLM (o.J.), S. 1	the process of planning, implementing and controlling the efficient, cost-effective flow and storage of raw materials, in-process inventory, finished goods and related information from point of origin to point of consumption for the purpose of conforming to customer requirements
Bowersox, Closs, Helferich (1986), S. 3	a single logic to guide the process of planning, allocating and controlling financial and human resources committed to physical distribution, manufacturing support and purchasing operations
Ballou (1985), S. 5	the management of all move-store and related activities as they take place between the points of acquisition and the points of consumption
Novack, Rinehart, Wells (1990), S. 4	logistics involves the creation of time, place, quantity, form and possession utilities within and among firms and individuals through strategic management, infrastructure management, and resource management with the goal of creating products/services that satisfy the customer through the attainment of value
Magee, Copacino, Rosenfield (1985), S. 2	...refers to the art of managing the flow of materials and products from source to user. The logistics system includes the total flow of materials, from the acquisition of raw materials to delivery of finished products to the ultimate users, and the related counter flows of information that both control and record material movement

Abb. 1   Überblick über anglo-amerikanische Definitionen zum Logistikbegriff

Quelle	Definition
Kirsch et al. (1973), S. 69	Gestaltung, Steuerung, Regelung und Durchführung des gesamten Flusses an Energie, Informationen, Personen, insbesondere jedoch von Stoffen (Materie, Produkte) innerhalb und zwischen Systemen
Pfohl (1990) S. 12	alle Tätigkeiten, durch die die raum-zeitliche Gütertransformation und die damit zusammenhängenden Transformationen hinsichtlich der Gütermengen und -sorten, der Güterhandhabungseigenschaften sowie der logistischen Determiniertheit der Güter geplant, gesteuert, realisiert oder kontrolliert werden. Durch das Zusammenwirken dieser Tätigkeiten soll ein Güterfluß in Gang gesetzt werden, der einen Lieferpunkt mit einem Empfangspunkt möglichst effizient verbindet.
Jünemann (1989), S. 11	Unternehmenslogistik ist die wissenschaftliche Lehre der Planung, Steuerung und Überwachung der Material-, Personen-, Energie- und Informationsflüsse in Unternehmen
Ihde (1991), S. 12f.	Logistik umfaßt die Gestaltung und Steuerung von Güterflußsystemen. Die logistische Betrachtungsweise ist dadurch gekennzeichnet, daß sie die gesamte Versorgungskette umfaßt und dabei über die räumlichen und zeitlichen Wechselwirkungen zwischen Transformation und Transfer hinaus auch die chemisch-physikalischen Merkmale der Güter berücksichtigt.
Weber, Kummer (1990), S. 776	...das Management von Prozessen und Potentialen zur koordinierten Realisierung unternehmensweiter und unternehmensübergreifender Materialflüsse und der dazugehörigen Informationsflüsse. Die materialflußbezogene Koordination beinhaltet insbesondere die horizontale Koordination zwischen Lieferanten (Vorlieferanten), Unternehmensbereichen und Kunden (bis hin zum Endabnehmer) sowie die vertikale Koordination zwischen allen Planungs-, Steuerungs-, Durchführungs- und Kontrollebenen (von der strategischen bis zur operativen Ebene).
Wildemann (1984), S. 71	Der Funktionsinhalt der Logistik hat sich (...) zu einer Koordinationsfunktion von der Forschung und Entwicklung bis zur Endablieferung der Produkte an den Kunden entwickelt

Abb. 2   Überblick über deutschsprachige Definitionen zum Logistikbegriff

Eine sowohl in der anglo-amerikanischen als auch in der deutschsprachigen Literatur häufig verwendete Definition ist die des Council of Logistics Management (CLM). Sie grenzt die Logistik in zweierlei Hinsicht ein:

1. Hinsichtlich des Objektbereiches logistischer Handlungen wird eine Konzentration auf die Prozesse der Planung, Durchführung und Steuerung des Flusses und der Lagerung von Realgütern (also Roh-, Hilfs-, Betriebsstoffe, Halbfertig- und Endprodukte) sowie der hierzu relevanten Informationsflüsse vorgenommen.

2. Bezüglich der Ziele und Gütekriterien, unter denen diese Prozesse durchgeführt werden sollen, werden Effizienz- und Effektivitätskriterien sowie die Befriedigung von Kundenanforderungen postuliert.

Die Stellung, die der betriebswirtschaftlichen Logistik derzeit im Rahmen der Unternehmensführung zukommt, wird aus dieser Definition nicht unmittelbar ersichtlich: Die Planung, Durchführung und Steuerung von Waren- und Informationsflüssen sind in arbeitsteiligen Produktions-, Beschaffungs- und Vertriebsstrukturen schon seit jeher vorgenommen worden.[7] Ebenso sind Effektivitäts- und Effizienzkriterien im ökonomischen Denken keine Neuerung. Gleiches gilt für die Definition von Ballou.[8] Dabei ist gerade die Beantwortung der Frage nach dem Erkenntnisfortschritt[9], welcher sich durch die Verwendung des Terms Logistik symbolisieren läßt, elementar für den legitimen Gebrauch und für den Verbreitungserfolg des Begriffes. Der Durchdringungsgrad des fachlichen Sprachgebrauches mit dem Logistikbegriff ist mittlerweile sicherlich als hoch zu bezeichnen, obgleich zahlreiche Konkurrenzbegriffe gebräuchlich sind, die

---

7) Shapiro, Heskett formulieren, daß es letztlich sehr wenige Aspekte menschlichen Handelns gebe, die nicht abhängig sind vom Warenfluß zwischen Ursprung und Verbrauch. Vgl. Shapiro, Heskett (1985) S. 2. In einer älteren Quelle werden die ersten logistischen Aktivitäten gleichdatiert mit dem Beginn der Vorratsproduktion. Vgl. Heskett, Ivie, Glaskowsky (1964), S. 5.

8) S. Abb. 1.

9) In der Literatur wird dies allerdings häufig trivialer mit Begriffen wie 'das Neue', 'das Besondere' oder 'die Veränderung' umschrieben, vgl. bspw. Hutchinson (1987), S. 1, Coyle, Bardi, Langley (1988), S. 5, Bowersox, Closs, Helferich (1986), S. 3, Weber (1992), S. 878.

Synonyma darstellen oder zumindest eine beträchtliche Schnittmenge zum Gegenstandsbereich der Logistik aufweisen.[10]

Trotz der Etablierung des Begriffes sind die Aussagen über das Wesen der Logistik in den jeweiligen Definitionen heterogen. So bezeichnen die in Abbildung 1 dargestellten Definitionen Logistik als 'single logic', 'process' und 'management' oder es erfolgt eine Aufzählung der durch die Logistik entstehenden Nutzenpotentiale oder der verschiedenen mit Logistik verbundenen Aktivitäten. Übereinstimmung herrscht lediglich darin, daß Logistik im weiten Sinne mit Raum- und Zeitüberbrückung verbunden ist. Diese Abgrenzung ist allerdings ohne eine weitere Konkretisierung inhaltsleer.

Eine Analyse der Logistikterminologie im deutschen Sprachraum weist durch die vielfältigen Beziehungen mit dem anglo-amerikanischen Sprachraum natürlich ähnliche Ergebnisse auf. Der Überblick über gebräuchliche Definitionen vermittelt deshalb große Redundanz.[11] Dennoch sind die hier vertretenen Ansichten zum Wesen der Logistik in einigen Punkten unterschiedlich. So weist z.B. der Logistikbegriff Pfohls noch große Ähnlichkeit zur CLM-Definition auf. In den Definitionen von Kirsch u.a. sowie Jünemann werden die Informations- und Energieflüsse sowie Personentransfers in einer weiten Begriffsabgrenzung ebenfalls der Logistik zugerechnet, hier fehlt allerdings ein Hinweis auf mögliche Gütekriterien zur Bewertung von Transferprozessen. Jünemann rechnet die eigentlichen Planungs-, Steuerungs- und Durchführungsaktivitäten für den Materialfluß nicht zur betriebswirtschaftlichen Logistik. Nach seiner Definition müssen diese Prozesse erst Objektbereiche einer wissenschaftlichen Lehre werden, die dann als Unternehmenslogistik bezeichnet wird. Dieser wissenschaftliche Aspekt der betriebs-

---

10)   Die prominentesten sind dabei sicherlich 'Physische Distribution' und 'Integrierte Materialwirtschaft'; der Konflikt zwischen den Begriffen wird durch verschiedene Institutionen ausgetragen und symbolisiert sich in deren Namensgebung, so etwa bei der International Federation of Purchasing and Materials Management, die Materialwirtschaft (Materials Management) wie folgt definiert: "...total concept involving organizational structure, unifying in a single responsibility the systematic flow and control of material from identification of the need through customer delivery. Included within this concept are the material functions of planning, scheduling, buying, storing, moving and distribution. These are logically represented by the disciplines of production and inventory control, purchasing and physical distribution." Busch (1988), S. 28. Für Deutschland gilt dies entsprechend für den Bundesverband Materialwirtschaft und Einkauf (BME), der sich ebenfalls mit logistischen Fragestellungen beschäftigt. Vgl. hierzu Fieten (1984b), S. 32 ff. oder Puhlmann (1985), S. 30-32. Bei solch einem Verständnis von Materialwirtschaft ist kaum noch ein Unterschied zu verbreiteten Logistikdefinitionen feststellbar. Umfangreiche Aufzählungen von Synonyma zur Logistik mit entsprechend breitem Anspruch finden sich auch bei Stock, Lambert (1987), S. 6, Magee, Copacino, Rosenfield (1985), S. 2.

11)   Vgl. Abb. 2.

wirtschaftlichen Logistik wird im Rahmen der Technologie-Konzeption noch eingehender thematisiert.[12]

Wildemann sowie Weber und Kummer[13] betonen zur Charakterisierung der Logistik deren Koordinationsfunktion. Eine Konkretisierung dieser logistischen Koordinationsaufgaben erfolgt dann durch deren Bezug auf den Materialfluß oder die Spezifizierung von Materialfluß-Steuerungstechniken in der Produktion (z.B. KANBAN).

Anhand dieses kurzen Einblickes in die Verwendungsvielfalt des Logistikbegriffes läßt sich die bestehende Definitionsproblematik wie folgt charakterisieren:

(1) Es herrscht ein Mangel an konzeptionellen Grundlagen zur Spezifizierung des Wesens der Logistik. Gleichwohl scheint der Objektbereich zum gegenwärtigen Zeitpunkt mit der Konzentration auf Transferprozesse[14] einheitlich festgelegt. Wenngleich als Objekte dieser Transferprozesse neben Waren[15] oder Material[16] auch Personen, Energie und Informationen[17] jeglicher Art diskutiert werden, favorisiert die Mehrheit der Autoren für die betriebswirtschaftliche Logistik den Warentransfer und den korrespondierenden Informationsfluß[18].

(2) Der eigentliche Erkenntnisfortschritt, der durch den Gebrauch des Begriffes Logistik entsteht, wird nicht offensichtlich. Dies wird anhand von zwei Symptomen, die in allen Definitionen entweder einzeln oder gemeinsam auftreten, deutlich: Einerseits sind die aufgeführten Kriterien, anhand derer sich logistische Planung, Durchführung

---

12) Vgl. Kap. II.D.

13) Neben der in der Abb. 2 angegebenen Literatur vgl. auch Weber (1990), S. 977 und Weber (1992) S. 877-894. Auch Ballou bezeichnet die Koordinationsfunktion als das eigentlich 'Neue' in der Logistik: "The newness of logistics comes from coordinated management of the related activities rather than managing them separately." Ballou (1985), S. 3.

14) In einer allgemeinen Definition sind Transferprozesse solche Handlungen, deren primärer Zweck die Veränderung räumlicher oder zeitlicher Eigenschaften von Objekten darstellt. Vgl. Ihde (1991), S. 3.

15) Dabei sind Waren Realgüter sowohl in Form von Fertigprodukten als auch in Form von Roh-, Hilfs- und Betriebsstoffen, Halbfertig- und Vorprodukten.

16) Der Materialbegriff ist umfassender als der Warenbegriff. Er schließt z.B. Verpackungs- und Transportmaterial, Entsorgungs- und Abfallstoffe sowie nicht zur eigentlichen Wertschöpfung gehörende Güter mit ein. Vgl. auch Abschnitt D.1.a.

17) Vgl. Szyperski, Klein (1993), S. 187.

18) Diese Informationen lassen sich bspw. für die Auftragsabwicklung in originäre, assistierende, dispositive und derivative Informationen unterteilen. Vgl. Darr (1992), S. 176-185.

und Steuerung von Transferprozessen von nicht-logistischen unterscheiden, heterogen, intransparent oder willkürlich.[19] Andererseits erfolgt eine Abgrenzung, die durch ihren Anspruch auf Allgemeingültigkeit inhaltsleer wird.[20] Wenn die Logistik alle 'raum-zeitlichen Überbrückungsprozesse' umfaßt, dann gibt es kaum noch Unternehmens- oder Lebensbereiche, die nicht der Logistik zuzurechnen sind.

(3)   Insbesondere im deutschen Sprachraum, aber auch bei einigen amerikanischen Autoren[21] erhält die Logistik durch die unterstellte Breite der auszuübenden Koordina-tionsfunktion einen Omnipotenzanspruch, der dem der gesamten Unternehmensführung gleichkommt. In dieser Form ist die Begriffsfassung der Logistik sicherlich ebenfalls zu weit, unpräzise und den Intentionen einer auf Erkenntnisfortschritt ausgerichteten theo-retischen und praktischen Auseinandersetzung mit dem Logistikbegriff widerspre-chend.[22]

Die Problematik im Definitionsprozeß für die Logistik besteht offensichtlich darin, das Alltägliche, das mit dem Objektbereich der Logistik verbunden ist - nämlich Trans-port- und Lagerungsprozesse sowie deren Planung, Steuerung und Kontrolle - von dem Besonderen anhand eines fixierten Merkmalsbündels abzugrenzen und somit den aktuel-len Problembereich als Kontext der Begriffsbildung und -verwendung aufzuzeigen.

---

19)   Exemplarisch kann hierfür die CLM-Definition angeführt werden, die eine Kundenorientierung zur Charakterisierung logistischer Prozesse postuliert (vgl. Abb. 1). Die Planung, Durchführung oder Steuerung von Transferprozessen, die zur Rückführung von Leergut (Retrologistik) oder zur Entsorgung von Fertigungs- oder Stabsstellen dienen, sind nach dieser Einschränkung - da nicht primär kundenorientiert - keine Aufgabe der Logistik, Transferprozesse, die der Wiederverwertung von Abfallstoffen im Produktionsprozeß dienen (z.B. durch Recycling), hingegen schon. Vgl auch Bowersox, Closs, Helferich (1986), S. 16. Andererseits kann auch hierbei der Aspekt der Kundenzufriedenheit so weit gefaßt werden, daß jegliche Transferprozesse hierunter subsumiert werden können. Das würde allerdings den folgenden Kritikpunkt betreffen.

20)   So bspw. die Definition von Ballou, nach der die Bewegung eines Werkstückes in einer Dreh-bank ebenso eine logistische Tätigkeit ist, da hier die Abgrenzung zu Transformationsprozessen fehlt (die der Autor dann allerdings an anderer Stelle in einer Ergänzung zur Definition explizit vornimmt). Vgl. Ballou (1985), S. 5.

21)   Vgl. Ballou (1985), S. 3. "Diese "neue Logistik" reicht in ihrem Selbstverständnis weit über die Optimierung und Rationalisierung einzelner Produktions- und Arbeitsabschnitte hinaus. Viel-mehr richten sich die Optimierungsbemühungen auf den gesamten betrieblichen Ablauf unter Einbeziehung der Zulieferer, so daß von einem neuen Rationalisierungstyp gesprochen werden kann. Bei der so verstandenen "neuen Logistik" handelt es sich um eine ganzheitliche, syste-mische Rationalisierungsstrategie.", Bochum, Meißner (1990), S. 3. "'Logistik ist ein Instru-mentarium zur *Gewährleistung*, Steuerung und Kontrolle der vom Markt geforderten *Flexibili-tät* der Unternehmensproduktivität.' In dieser Eigenschaft erfaßt somit die Logistik alle funk-tionellen Unternehmensbereiche.", Rupper (1987a), S. 7.

22)   Vgl. Klaus (1993), S. 11.

Vermutlich deshalb erfolgt in der Regel im Anschluß an die Definition der Logistik eine
weitere Ergänzung. So etwa durch die Aufzählung und Beschreibung von Systemele-
menten der Logistik (Lager, Depots, Transporteinheiten, Kommunikationsinfrastruktur
etc.), von durch die Logistik auszuführenden Tätigkeiten und Aufgaben (Ein- und Aus-
lagern, Transportieren, Auftragsabwicklung, Lagerverwaltung etc.)[23], von logistischen
Ziel- oder Bewertungskriterien (Totalkostenoptimierung, Lieferservice, Kundenservice
etc.) oder von logistischen Entscheidungstatbeständen (Ermittlung und Aufbau einer
Depotstruktur, Verkehrsmittelwahl, Make-or-buy Entscheidung beim Lagerbetrieb,
Transport o.ä.). Jedoch kann diese Spezifizierung lediglich ein willkürliches, situatives
Bild der Logistik vermitteln. Die Abhängigkeit der Logistik von Begriffsverwendungs-
kontexten tritt dadurch hervor.

Eine Annäherung an die konzeptionelle Fundierung der Logistik kann nun dadurch
erreicht werden, daß man diesen Begriffsverwendungs- oder Definitionskontext näher
untersucht. Dabei erscheint es sinnvoll, zunächst zwischen Bedeutungsinhalten im Rahmen der Unternehmenspraxis und solchen der wissenschaftlichen Behandlung logistischer Probleme zu unterscheiden. Die Hintergründe der Begriffsbildung sind bei entsprechender Interpenetration[24] zwischen wissenschaftlichem und praktischem Handeln
allerdings interdependent.

2. Zur Bedeutung und Unterscheidung des Kontextes der Begriffsverwendung

Aus der Analyse der verschiedenen Begriffsfassungen der Logistik geht folgender
Minimalkonsens zwischen den gängigen Logistikdefinitionen hervor:

(1)   Bei der überwiegenden Mehrzahl der Autoren besteht Übereinstimmung darüber, daß der Objektbereich der Logistik Transferprozesse von Realgütern[25] in und
zwischen Unternehmen, also raum- und/oder zeitüberbrückende Vorgänge beinhaltet.

---

23)   Einige Autoren nehmen bei den logistischen Aktivitäten eine Differenzierung vor, so z.B. in 'key
      activities' und 'support activities'; vgl. z.B. Ballou (1985) S.7f.

24)   Der hier verwendete Interpenetrationsbegriff basiert auf dem Verständnis Richard Münchs zur
      Parsonsschen Theorienbildung. Danach entstehen spezifische Theorien - und als solche ist der
      konzeptionelle Rahmen zur Fundierung des logistischen Begriffssystems zu interpretieren -
      durch das Zusammenwirken der Subsysteme der theoretischen Erkenntnissuche und der prakti-
      schen Problemlösung. Vgl. Münch (1988), S. 23.

25)   Hingegen wird die Einbeziehung von Personen, Energie oder Informationen als Objekte der
      Logistik innerhalb der Sprachgemeinschaft der Logistiker nicht einheitlich akzeptiert.

Allerdings muß einschränkend festgestellt werden, daß nicht automatisch jegliche Transferprozesse zur Logistik gerechnet werden.

(2) Vielmehr müssen diese Transferprozesse durch menschliches Handeln intendiert, geplant oder gesteuert sein. Dieser Gestaltungsanspruch verlangt grundsätzlich die Etablierung von Bewertungskriterien unterschiedlicher Ausprägungsformen.

(3) Zur Logistik werden nicht nur die eigentlichen Transferprozesse, sondern auch die entsprechenden Vorbereitungsaktivitäten gerechnet.[26] Weiterhin umfaßt die Logistik die administrativen und dispositiven Prozesse zur Steuerung von Transfervorgängen sowie die eigentliche Gestaltung von Transfersystemen[27] selbst.

Dieser Minimalkonsens, der lediglich die gemeinsame Schnittmenge zwischen verschiedenen Logistikdefinitionen darstellt, eignet sich nicht für ein vollständiges Verständnis der Logistik. Er kann hier lediglich als Ausgangspunkt für die Entwicklung einer umfassenden Logistik-Konzeption verwendet werden.

Hierfür erscheint es jedoch notwendig, ein Verständnis des aktuellen Bedeutungsinhaltes der Logistik aus ihrer geschichtlichen Entwicklung heraus zu generieren. Diese Vorgehensweise läßt sich wie folgt begründen.

In der Terminologiediskussion wurde deutlich, daß Logistik zunächst allgemein als Tat- oder Denkhandeln aufgefaßt wird, denn die in der Logistikdefinition genannten Vorgänge wie 'Planen', 'Gestalten', 'Steuern', 'Durchführen', 'Koordinieren', 'Management' usw. sind zunächst nichts anderes als Handlungen. Sämtliche Definitionen von Logistik stellen somit allgemein Versuche dar, logistisches Handeln durch begründetes Festlegen sprachlicher Konventionen von nicht-logistischem Handeln zu trennen. Die hier zu entwickelnde Logistik-Konzeption kann daher zunächst auf der Basis eines interpretationstheoretischen Handlungsmodells fundiert werden.[28]

---

26) Hierunter werden üblicherweise die Tätigkeiten des Verpackens, Umschlagens und Sortierens zusammengefaßt. Vgl. Bäck (1984), S. 156.

27) In einer vorläufigen Definition sollen hier unter Transfersystemen sozio-technische Systeme verstanden werden, deren konstituierender Zweck die Durchführung von Transferprozessen ist. Vgl. zur endgültigen Definition Abschnitt D.

28) Vgl. dazu und zu den folgenden Ausführungen insbesondere Lenk (1978), S. 279-350 sowie Lenk (1987), S. 183-237.

Ausgangspunkt für dieses Modell bildet die Feststellung, daß (menschliches) Verhalten erst durch entsprechende Zuschreibungen, Beschreibungen und Interpretationen als Handlung verstanden werden kann.[29] Handlungen in diesem Sinne sind keine absoluten, in sich existierenden, objektiven oder objektivierbaren Phänomene, sondern sie konstituieren sich erst durch aktive Deutung, sie sind Interpretationskonstrukte[30]. Dabei wird die Interpretationsleistung nicht nur vom (kollektiven) Beobachter des Verhaltens, sondern auch vom (kollektiven) Aktor selbst vollzogen. Hieraus entstehen vielseitige Konsequenzen für den Handlungsbegriff[31]:

(1)   Ob, wann und wie ein bestimmtes Verhalten als Handlung gedeutet wird, ist somit abhängig von der jeweiligen Situation, dem entsprechenden Kontext des Verhaltens und den Institutionen, in denen es auftritt, die also den Handelnden oder den Beobachter beherbergen.

(2)   Handlungen sind vom Aktor intendiert, partiell kontrolliert, bewußt oder zumindest teilbewußt und motiviert.[32] Weiterhin sind Handlungen einem individuellen oder kollektiven Aktor zuschreibbar, wodurch eine Differenzierung von reinen Ereignissen erfolgen kann.

(3)   Die Ausführung von Handlungen ist auf Regeln bezogen; sie orientiert sich an Werten, Normen oder Zielen. Dieser Aspekt verweist darauf, daß die bewußten Handlungen zugrundeliegenden Normen oder Werte vom Handelnden zunächst verstanden

---

29)   Vgl. Lenk (1987), S. 183. Wilden formuliert dies wie folgt: "...it is almost universally accepted that the behavior of any system, open or close, informational or energetic, organic or inorganic, is a function of the way the observer-participator PUNCTUATES it." Wilden (1972), S. 111.

30)   Lenk (1978), S. 293.

31)   Vgl. Lenk (1987), S. 221.

32)   Ohne diese Bedingungen ließe sich z.B. Verhalten in Form von angeborenen oder konditionierten Reflexen nicht von Handlungen unterscheiden. Anders dazu Schwemmer, der Handlung in einem Kontinuum zwischen zwei extremen Polen anordnet. Der eine Pol bezeichnet Verhalten, das in gleichen oder identischen Verläufen auch bei verschiedenen Situationen durchgeführt wird, dies wären z.B. menschliche angeborene Reflexe. Der andere Pol belegt Verhalten mit identischen (Handlungs-)Begriffen, welches aber subjekt- und raum-zeitabhängig unterscheiden kann, somit stärker interpretationsabhängig scheint. Vgl. Schwemmer (1987), S. 48-51 und S. 55f.

und erlernt worden sind, somit auch begrifflich-sprachlich erfaßbar sind.[33] Dies bedeutet nicht zwangsweise, daß Werte und Normen auch tatsächlich sprachlich kommuniziert werden, es genügt, daß die Möglichkeit existiert.

Übertragen auf die Definitionsproblematik der Logistik bedeutet dies, daß eine Abgrenzung logistischen Handelns nur auf der Basis von Konventionen vorgenommen werden kann, die von der korrespondierenden sozialen Gemeinschaft festgelegt worden sind. Diese Konventionen sind letztlich jedoch abhängig von spezifischen Kontextfaktoren. Grundsätzlich kann zur Differenzierung dieser Kontextfaktoren zwischen einem wirtschaftlich-praktischen und dem wissenschaftlichen Handlungsbereich der Logistik unterschieden werden. Diese Vorgehensweise ist auch in der Logistikliteratur bereits etabliert:

"(...), daß es möglich sein muß, von den Fußspuren und Schattenwürfen des 'Phänomens Logistik' in Wirtschaftspraxis und angewandter Wissenschaft zurückzuschließen auf die positiven Inhalte und spezifischen Sichtweisen, die tatsächliches logistisches Denken und Handeln leiten."[34]

Ansatzpunkte für eine Differenzierung dieser Kontextfaktoren sollen im folgenden Abschnitt dargelegt werden.

3. Kontextvariablen für die historische Entwicklung der Logistik

Klassifizierungen und Analysen von für die Bedeutungsänderung der betriebswirtschaftlichen Logistik relevanten Kontextunterschieden wurden in der Literatur bereits vielfältig durchgeführt. So unterscheidet z.B. Fey[35] die Entwicklungsstadien der Logistik nach:

---

33)   Vgl. Lenk (1987), S. 196. Dies knüpft im übrigen auch an die Inkommensurabilitätsproblematik und die Aussage Feyerabends an, daß "die Bedeutung jedes von uns benutzten Terms vom theoretischen Kontext abhängt, in dem er auftritt" (Feyerabend (1965), S. 180), da der theoretische Kontext sich als durch Aussagensysteme repräsentierte Erkenntnisse, Hypothesen, Werte und Normen darstellt und die Terminologie als Bestandteil dieser Aussagensysteme von der Sprachgemeinschaft dieser Theorie als verbindlich konstruiert und benutzt wird. In unserem Fall wäre ein Beispiel der Bedeutungsunterschied bezüglich der Verwendung des Terms Logistik in der Philosophie und in der Betriebswirtschaftslehre.

34)   Klaus (1993), S. 6.

35)   Vgl. Fey (1989), S. 13.

- dem allgemeinen Bedeutungswandel logistischer Aufgaben,

- der Integration logistischer Aktivitäten sowie

- strategischen Dimensionen.

Andere Autoren verwenden zur Charakterisierung logistischer Evolutionsstufen weitere Dimensionen, wie z.B. die vorherrschende Managementperspektive oder finanzwirtschaftliche Kriterien.[36] Auch Politik, Zivilisation, Technik, Aufgabenträger und Kapital werden angeführt.[37] Zwar gelingt es unter Verwendung dieser relativ groben, konstituierenden Merkmale, die Entstehungsgeschichte der Logistik zu skizzieren, eine differenzierte Analyse der Veränderung des Sprachgebrauches und der Deutungsmuster sowie der damit einhergehenden Konsequenzen für das Verständnis und Selbstverständnis der Logistik scheint aber nur eingeschränkt möglich.

Deshalb soll hier vor der Rekonstruktion der Entwicklung der betriebswirtschaftlichen Logistik eine systematisierte Klassifizierung von Beschreibungsmerkmalen spezifisch logistischen Handelns vorgenommen werden. Folgende Überlegungen können als Ausgangsbasis für diese Systematisierung dienen.

Weil eine vollständige Darlegung und Analyse von Faktoren, die einen Einfluß auf das derzeitige Verständnis und die Konzeption der Logistik besitzen, nicht möglich erscheint,[38] wird im folgenden die Einschränkung auf die übliche Systematisierung von Wirtschaftspraxis und Wissenschaft beibehalten.[39]

Im praktisch-empirischen Kontext lassen sich dabei folgende konstituierende Merkmale unterscheiden:

(1) Kontext der Wettbewerbs- und Marktbedingungen

Hierunter sind sowohl Einflüsse der Absatzmarktentwicklung als auch der Beschaffungsmarktentwicklung zu subsumieren. Grundsätzlich sind sämtliche

---

36) Vgl. hierzu z.B. Seger (1985), S. 141.

37) Vgl. Endlicher (1981), S. 4.

38) Dies wird im übrigen auch für eine allgemeine Handlungsphilosophie als idealisierend und grundsätzlich nicht durchführbar von Lenk abgelehnt. Vgl. Lenk (1978), S. 305.

39) Darüber hinaus müßte auf einer Metaebene zusätzlich untersucht werden, inwieweit bereits eine Interpenetration zwischen praktischem und wissenschaftlichem Handeln der Logistik vorangeschritten ist. Vgl. Bateson (1988), S. 213-216. Diese Fragestellung soll hier jedoch erst in dem Entwurf einer speziellen Logistik-Technologie in Abschnitt D beantwortet werden.

die Branchenstruktur[40] beeinflussenden Marktteilnehmer als potentielle Änderungskräfte in Betracht zu ziehen.

(2) Intentionalität der logistischen Handlungen

Jede logistische Handlung wird unter sinn- und zweckbezogenen Kriterien vollzogen. Diese Kriterien sind nicht als gegeben und unveränderbar zu verstehen, sondern unterliegen kontextinduzierten Veränderungsprozessen. So kann die Intention einer logistischen Handlung - je nach Betrachtungs- oder Funktionsebene - die Raumüberbrückung von A nach B, aber ebenso die Befriedigung eines Kundenbedürfnisses sein.

(3) Werte- und Zielbeschreibungen

Logistisches Handeln ist auf die Erreichung spezifischer Ziele ausgerichtet. Diese Ziele sind zu präzisieren, die Beziehungen, die sie untereinander in Zielsystemen oder -hierarchien haben, müssen ermittelt und deren Entwicklungsgeschichte dargelegt werden. Weiterhin sind die jeweiligen Ziele auf ihre Bewertungsproblematik hin zu überprüfen.

(4) Institutionalisierung logistischen Handelns

Logistische Handlungen werden von legitimierten Handlungsträgern durchgeführt, die letztlich den Sprachgebrauch und das Verständnis der betriebswirtschaftlichen Logistik determinieren. Das Verständnis darüber, in welchen Unternehmensbereichen und -einheiten logistisches Handeln vollzogen wird, ist Ausdruck für die Bedeutung der betriebswirtschaftlichen Logistik.

Im wissenschaftlichen Kontext kann das Verständnis für den Bedeutungsinhalt der Logistik anhand von zwei Dimensionen gewonnen werden. Einerseits ist zunächst festzustellen, aus welchen wissenschaftlichen Bereichen bislang eine logistische Problemkonstruktion betrieben wurde; desweiteren ist konkret die jeweils betriebene Art der Problemkonstruktion zu analysieren.

---

40)   Vgl. zur Abgrenzung der Branchenstruktur Porter (1985), S. 25ff.

B. Entwicklungsstadien der Logistik im praktisch-empirischen Unternehmenskontext

Die Evolution der betriebswirtschaftlichen Logistik ist bereits in vielfältigen Untersuchungen analysiert worden. Problematisch erscheint dabei jeweils die Trennung in verschiedene Entwicklungsstadien und die Datierung des Beginns der Logistik-Ära, da sich die Übergänge hier fließend vollzogen haben.

Jedoch kann in Anlehnung an die Literaturmeinung und unter sorgfältiger Konkretisierung der obigen Beurteilungskriterien[41] eine analytische Trennung in drei Phasen[42] vorgenommen werden. Der Beginn des betriebswirtschaftlichen Logistikzeitalters soll hier auf die Zeit nach dem zweiten Weltkrieg festgelegt werden. Dies ist in der mangelnden Problemsensibilität und den fehlenden (vor-) konzeptionellen Überlegungen zur Logistik in den davorliegenden Zeiträumen begründet. Logistische Aktivitäten wurden dort überwiegend fragmentiert durchgeführt[43], als Zielkriterium war lediglich die Minimierung von Frachtraten[44] bekannt.

Die zeitliche Einteilung und die Übergänge zwischen den einzelnen Phasen werden in der Literatur nicht immer deckungsgleich dargestellt[45], daher ist die hier vorgenommene Einteilung als Kompromiß zwischen den verschiedenen Ansätzen zu verstehen.

---

41) Insbesondere sind hier die genannten Kriterien Kontext, Intentionalität, Werte und Ziele sowie Formen der Institutionalisierung gemeint. Vgl. die Erläuterung im letzten Abschnitt.

42) Diese werden hier als Konzeptualisierungs-, Etablierungs- und Gesamtintegrationsphase bezeichnet.

43) Vgl. Bowersox, Closs, Helferich (1986), S. 5f.

44) Vgl. Poist (1986), S. 55f.

45) So unterteilt Ballou (1985), S. 10 die Logistikentwicklung in drei Phasen, die er als Dormant Years (bis 1950), Developmental Years (1950-1970) und Takeoff Years (1970 bis heute) bezeichnet; Bowersox, Closs, Helferich (1986), S. 5-15 unterscheiden insgesamt 6 Phasen: vor 1956, von 1956 bis 1965 die Konzeptualisierungsphase, von 1966-1970 einen Zeitraum der ersten Bestätigung logistischer Konzepte, von 1971 bis 1979 eine Periode veränderter Prioritäten, von 1980 bis 1985 eine Periode signifikanten politischen und technologischen Wandels und schließlich eine Integrationsphase der Logistik von 1986 an. Poist (1986) schließlich trennt die Prälogistik-Phase (vor 1950), die Logistikphase (1950-1980) und die Neologistik-Phase (ab 1980).

1. Konzeptualisierungsphase

Diese erste, allgemein in die frühe Nachkriegszeit datierte und bis in die Mitte der sechziger Jahre reichende Entwicklungsphase ist durch einige wesentliche Änderungen, sowohl die Logistik als auch deren Kontext betreffend, gekennzeichnet.

Die Etablierung der Marketingperspektive führte in diesem Zeitraum zu einer Verbreiterung des Produktangebotes und einer Ausdehnung von nationalen und internationalen Märkten sowie einer Zunahme des Wettbewerbsdruckes.[46] Die Konsequenzen aus der Zunahme der Produktvielfalt waren Schwierigkeiten in der Beschaffung, Produktion und Distribution[47]: Die Ausdehnung der Produktvarianten führte zu einer größeren Teilevielfalt an Roh-, Hilfs- und Betriebsstoffen sowie Vor- und Halbfertigprodukten, kürzeren Produktionszyklen, komplizierteren Produktionsplänen, kleineren Sendungsvolumina und höheren Transport- und Lagerkosten.[48] Eine Folge davon waren sinkende Gewinnmargen[49], denen man durch Kostensenkung zu begegnen suchte. Für die Logistik bedeutete dies, daß sie nicht mehr nur lediglich unter dem alleinigen Aspekt der Frachtratenminimierung vollzogen werden konnte. Die Kontextänderung erweiterte den Bedeutungsinhalt der Logistik über die reine Transportabwicklung hinaus.

Die Spezifizierung der Erkenntnisse aus der allgemeinen Systemtheorie auf die Logistik veränderte die Intentionen logistischen Handelns hin zur Beeinflussung des gesamten Marketingkanals.[50] Dazu konnten Erfahrungen genutzt werden, die im militärischen Bereich während des zweiten Weltkrieges z.B. bei der Truppenversorgung in Europa gewonnen wurden.[51]

Mit der Veränderung des Bedeutungsinhaltes der Logistik trat auch eine Änderung der Beurteilungsgrößen logistischen Handelns ein. Die Perspektive des gesamten Marketingkanals beinhaltete die Forderung, nicht mehr nur lediglich die Frachtkosten zu

---

46) Vgl. Rose (1979), S.11f., Bowersox (1983), S. 22, Langley (1986), S. 2f., Bowersox, et al. (1988), S. 126.

47) Vgl. Shapiro, Heskett (1985), S. 10f.

48) Vgl. ebd.

49) Ein Phänomen, welches im übrigen schon in den 20er Jahren beklagt wurde. Vgl. Borsodi (1929), S. 3.

50) Vgl. Bowersox, Closs, Helferich (1986), S. 8f.

51) Vgl. Shapiro, Heskett (1985), S. 10, Ballou (1985), S. 12.

minimieren[52]), sondern die gesamten Distributionskosten zu senken[53]). So wird in der Literatur häufig auf eine Untersuchung hingewiesen, die durch eine integrative Gesamtkostenanalyse die Kostenvorteile der Distribution per Luftfracht aufzeigt.[54])

Dieser erste Integrationsschritt auf der Bewertungsebene führte zur institutionellen Integration logistischen Handelns: nicht alleine der Fracht-, Transport- oder Versandmanager war Träger logistischer Handlungen, sondern ebenso alle an der physischen Distribution beteiligten Entscheidungsträger.

2. Etablierungsphase

Für diese zweite Entwicklungsphase, die hier in den Zeitraum von 1965 bis zu Beginn der 80er Jahre eingeordnet werden soll, sind zunächst weitere bedeutsame Kontextveränderungen festzustellen.

Allein durch technischen Fortschritt wurden größere Entwicklungen im Aufgabenbereich der Logistik möglich. So trug im Bereich der Transporttechnik die Verbesserung und Standardisierung von Lade-(hilfs-)mitteln und Transportmitteln zu einer deutlichen Reduzierung der Transportzeiten bei.[55])

Wesentlicher waren jedoch Entwicklungen, die durch die Verbesserung der Computertechnik induziert wurden.[56]) Konsequenzen für die Logistik entstanden durch die Möglichkeit, Lager-, Materialidentifikations- und Materialhandlingsysteme zu automatisieren sowie die Prognosequalität zu verbessern.

---

52) Dies bedeutet konkret, Trade-offs zwischen verschiedenen Transportmitteln auszunutzen. Eine ältere Quelle, die sich mit dieser Problematik auseinandersetzt, wird von Langley (1986), S.3 zitiert: Dupuit (1844)!.

53) Dies entspricht dann dem 'Total Cost Approach' in der Distribution, vgl. Poist (1986), S. 57, Bowersox, Closs, Helferich (1986), S. 7.

54) Gemeint ist die Studie von Lewis, Cullinton, Steel (1956), vgl. Bowersox, Closs, Helferich (1986), S. 7, Stock, Lambert (1987), S. 20, Rose (1979), S. 12.

55) Besonders erwähnt seien hier lediglich die ISO-Normierung von Seecontainern, der Ausbau des kombinierten Verkehrs und die Zunahme der Luftfrachttransporte durch entsprechende Transportkapazitätssteigerung in der Flugzeugentwicklung. Vgl. Magee, Copacino, Rosenfield (1985), S. 18.

56) Vgl. Rose (1979), S. 12, Langley (1986), S. 5, Stock, Lambert (1987), S. 21.

Die gesamtwirtschaftliche Situation war zu Beginn der 70er Jahre durch das Ölembargo und die damit einhergehenden inflationären Tendenzen bei gleichzeitiger Verringerung des wirtschaftlichen Wachstums (Stagflation) geprägt.[57] Verbunden damit war ein deutlicher Anstieg der Kapitalmarktzinsen. Auf den Weltmärkten begannen japanische Unternehmen, ihre Produkte zu etablieren, zunächst in Bereichen der Unterhaltungselektronik und der Motorradindustrie, später in der Automobil- und Photobranche.

Die Intentionen logistischer Aktivitäten veränderten sich mit den gesamtwirtschaftlichen Rahmenbedingungen. Die durch die Steigerung der Rohstoffpreise ausgelöste Verteuerung der Vorprodukte sowie die durch das Zinsniveau bedingte Erhöhung der Opportunitätskosten für in Umlaufvermögen gebundenes Kapital ließ das Augenmerk auf die Beschaffungs- und Versorgungsaktivitäten fallen. Diese Beschaffungsperspektive fand ihren Niederschlag in Materialwirtschaftskonzeptionen[58], die eine Kostensenkung in der Versorgung unternehmensinterner Stellen sichern sollten.[59]

Im Distributionsbereich wurde eine stärkere Gewichtung des Kundenservice angestrebt.[60] Anlaß hierzu bildete die Einsicht, daß die alleinige Betrachtung und Optimierung der verschiedenen Kosten-Trade-offs nicht ausreichend ist, wenn durch die Verbesserung von Servicestandards die Erträge gesteigert werden können.[61] Diese Entwicklung markiert eine bedeutende Trendwende im Verständnis der betriebswirtschaftlichen Logistik. Sie bringt erstmalig zum Ausdruck, daß Logistik nicht nur eine bei gegebenem Versorgungsniveau zu minimierende Kosteneinflußgröße darstellt. Vielmehr setzte sich die Erkenntnis durch, daß eine Verbesserung der Qualität logistischer Leistungserstellung direkte Umsatz- und Erfolgswirkung besitzt.[62] Somit war die

---

57) Vgl. Ballou (1985), S. 18, Bowersox, Closs, Helferich (1986), S. 11.

58) Vgl. Bowersox (1983), S. 25, Bowersox, Closs, Helferich (1986). S. 11, Ballou (1985), S. 18.

59) Diese Bedeutung manifestiert sich auch in den verschiedenen Definitionen zur Materialwirtschaft im deutschen Sprachraum. Vgl. dazu und zur Unterscheidung zwischen Beschaffung und integrierter Materialwirtschaft bspw. die ausführliche Diskussion bei Puhlmann (1985), S. 26ff.

60) Vgl. Rose (1979), S. 13, Bowersox, Murray (1987), S. 233, Langley (1986), S. 5.

61) Vgl. Poist (1986), S. 58, der diesen Ansatz als 'Total Profit Approach' bezeichnet, da den Kosten der logistischen Leistungserstellung die Gesamtumsätze gegenübergestellt werden.

62) Vgl. Nishi, Gallagher (1984), S. 20, Delfmann (1978), S. 76f.

Erfordernis der Partizipation des Managements der physischen Distribution an strategischen Distributionsentscheidungen[63] gegeben.

Demgemäß vollzog sich auch ein Wandel in der Entwicklung und im Gebrauch von Bewertungsgrößen zur Beurteilung der logistischen Leistung. Standen zuvor Kostengrößen und deren Trade-offs im Vordergrund, so wurden jetzt Leistungsgrößen spezifiziert, die über die Güte der Logistik Aufschluß geben sollten. Für den Distributionsbereich sind dies z.b. den Lieferservice beschreibende und spezifizierende Indikatoren[64].

3. Gesamtintegrationsphase

Den wichtigsten Bedeutungswandel hat die Logistik wohl in der letzten, bis in die Gegenwart reichenden Entwicklungsphase erfahren.

Diese wurde in den Vereinigten Staaten durch die - bereits in den 70er Jahren begonnene - Deregulierung auf den Transportmärkten und den damit verbundenen Konsequenzen für die verladende Wirtschaft beeinflußt.[65] Die vollständigen Auswirkungen der Liberalisierungen des Transportmarktes sind im Europäischen Binnenmarkt und insbesondere in Deutschland noch nicht abzusehen, z.T. auch deswegen, weil der Prozeß der Lockerung ordnungspolitischer Rahmenbedingungen noch nicht abgeschlossen ist.[66]

---

63) In diesem Zusammenhang sind dies Entscheidungen bezüglich der grundlegenden Distributionsstruktur, also etwa Anzahl der Distributionsstufen, Ort und Art der Depots. Vgl. etwa Stock, Lambert (1987), S. 520, Eilon, Watson-Gandy, Christophides (1971), S. 7.

64) Verbreitet sind hier insbesondere Lieferzeit, Lieferzuverlässigkeit, Lieferverfügbarkeit, Lieferungsbeschaffenheit sowie Lieferflexibilität. Vgl. hierzu bspw. die ausführliche Diskussion bei Darr (1992), S. 50.

65) Vgl. z.B. Poist (1986), S. 59, Stock, Lambert (1987), S. 21, Bowersox, Closs, Helferich (1986), S.12.

66) Die Aufhebung von Güternah- und -fernverkehrstarifen oder den Ersatz von kontingentierten EG-Genehmigungen durch in der Anzahl unbegrenzte Gemeinschaftslizenzen ist ein erster Schritt hierzu. Vgl. Maiworm (1993), S. 3-7. Eine vollständige Liberalisierung würde eine komplette Aufhebung des Kabotageverbots bedeuten. Mit der Aufhebung dieser ordnungspolitischen Rahmenbedingungen wird eine Intensivierung des Wettbewerbs im gewerblichen Straßengüterverkehr erwartet. Vgl. dazu die Ergebnisse bei Pfohl, Freichel (1990).

Ein verändertes Bewußtsein für ökologische Zusammenhänge sowie die daraus resultierenden strengeren gesetzlichen Bedingungen führen zu Entwicklungen in der Retro- und Entsorgungslogistik.[67] Weiterhin ändern sich die internationalen Wettbewerbs-, Produktions- und Beschaffungsbedingungen mit entsprechenden Konsequenzen für die zu erbringenden Logistikleistungen.[68]

Als weitere Kontextänderungen werden für diesen Zeitraum die Entwicklungen in der Mikroprozessor- und der Kommunikationstechnik genannt.[69] Hierdurch wird zunächst die dezentrale Bearbeitung von logistischen Aktivitäten auf einer integrierten Basis unterstützt.

Entscheidende Impulse für die vermehrte Aufmerksamkeit an logistischen Problemstellungen lieferte auch die Überlegenheit japanischer Materialflußsteuerungskonzeptionen und -techniken. So hat die Anwendung der Just-in-time Philosophie zu einer Ausweitung des logistischen Problembewußtseins geführt und die Materialflußpraxis - z.B. durch Techniken wie KANBAN oder die Verlagerung der Qualitätskontrollen - entscheidend verändert.

Die Intentionalität logistischen Handelns ist nicht mehr ausschließlich darauf ausgerichtet, einen unmittelbar monetär meßbaren Erfolgsbeitrag zur gesamten Leistungserstellung zu liefern. Vielmehr wird nun die strategische und wettbewerbliche Dimension der Logistik betont. Logistik wird als Quelle von Wettbewerbsvorteilen für das Unternehmen interpretiert und genutzt.[70] Dies erfordert neben der Integration von logistischen Leistungserstellungsaktivitäten der Materialwirtschaft, der Produktion und der Distribution[71] die Koordination zwischen Logistik und anderen Funktions- und Leistungserstellungsbereichen des Unternehmens.

---

67)   Vgl. hierzu etwa Delfmann (1992), S. 25f.

68)   Neben den Veränderungen im Rahmen des europäischen Binnenmarktes und den Entwicklungen in den ehemaligen Comecon-Staaten sind hier die Zunahme der internationalen Arbeitsteilung mit weltweiten Beschaffungsaktivitäten (global sourcing) und die Harmonisierung des Nachfrageverhaltens in der Triade (Nordamerika, Ostasien und Europa) zu nennen. Vgl. zu den Auswirkungen des europäischen Binnenmarktes auf die Logistik etwa Cooper, O'Laughlin, Kresge (1992), Bovet (1991), Macklin (1988), Van der Hoop (1987). Aspekte für Logistik im internationalen Kontext liefern Bingham, Pezzini (1992), Kallock (1988), Heskett, Mathias (1976).

69)   Vgl. Bowersox, Closs, Helferich (1986), S. 13 sowie Poist (1986), S. 61.

70)   Vgl. Poist (1986), S. 60, Bowersox, Murray (1987), S. 234, Langley (1986), S. 6.

71)   Vgl. hierzu z.B. Ayers (1985), S. 431.

Neben der unternehmensinternen Integration wächst zusätzlich die Bedeutung der externen Abstimmung und Koordination in der gesamten logistischen Kette.[72] Die Orientierung am Distributionskanal findet eine Erweiterung im 'supply chain management', welches die Versorgung von den Rohstoffquellen bis zum Verbraucher umfaßt.

Die mit logistischem Handeln verbundenen Bewertungsdimensionen richten sich in diesem Entwicklungsstadium auf den Beitrag zum Aufbau kritischer Erfolgsfaktoren oder -potentiale. Diese entziehen sich allerdings einer direkt meßbaren Kontrolle, da sie erst nach einer zeitlichen Verzögerung ihr Potential im Wettbewerb in Form von konkreten Wettbewerbsvorteilen entfalten.

Mit dieser Ausdehnung der Logistik in die Unternehmensstrategie erfolgt auch eine institutionelle Aufwertung im Rahmen der Aufbauorganisation. So etabliert sich die Logistik in der Unternehmenshierarchie mittlerweile in der Vorstandsebene.[73]

Insgesamt kann nun die Entwicklung der betriebswirtschaftlichen Logistik auf der praktischen Ebene wie folgt zusammengefaßt werden:

(1) Durch wettbewerbliche und technische Entwicklungen sind gleichsam die Anforderungen an die logistische Leistungserstellung wie auch ihr Stellenwert in der zweiten Hälfte diese Jahrhunderts gewachsen.

(2) Indizien dafür liefern die durch logistisches Handeln intendierten Ziel- und Bewertungsgrößen. Die Entwicklung verläuft hier von der reinen Frachtratenminimierung über die im Rahmen von Trade-off-Analysen zu ermittelnden Kosten- und Erfolgskomponenten hin zum Aufbau von strategischen Erfolgspotentialen.

(3) Diese Entwicklung logistischer Zielgrößen geht mit einer Veränderung der Kontrollmaßstäbe einher. So ist der Wandel von Frachtratenoptimierung zu Kosten- und Erlös-Trade-off-Analysen mit einem Wechsel von auszahlungsorientierten zu wertmäßigen Kostengrößen gleichzusetzen. Die Betonung des Serviceaspektes erforderte die Ent-

---

72)   Vgl. Stevens (1989), S. 3, Hautz (1992), S. 4, Gattorna, Chorn, Day (1991), S. 5, Novack, Simco (1991), S. 145.

73)   'Logistics executives are much more visible and influential in today's corporate hierarchy. Their responsibilities have expanded greatly. This trend is expected to continue. As logistical executives function in these higher level, higher visibility positions, they will be able to further expand the role of logistics within their organizations.' Bowersox, Daugherty (1987), S. 58.

wicklung von Kontrollgrößen auf nicht-monetärer Basis zur Beurteilung der Qualität logistischer Leistungserstellung.

(4) Mit dem Bedeutungszuwachs der Logistik für die gesamte Sachzielerfüllung des Unternehmens dehnte sich ebenfalls der logistische Funktionsumfang aus. Wurden zunächst lediglich die Transportaktivitäten im Warenversand als logistisches Handeln angesehen, so wird ihr Aufgabenbereich derzeit von einigen Autoren mit der Koordination des gesamten Unternehmens gleichgesetzt.[74]

Die Entwicklung und Etablierung der Logistik in der unternehmerischen Praxis wurde durch wissenschaftliche Erkenntnisprozesse unterstützt und reflektiert. Ohne eine strikte Trennung zwischen wissenschaftlichem und praktischem Logistikverständnis zu propagieren[75] soll im folgenden trotzdem die Behandlung und Reflektion über Probleme der Logistik innerhalb der wissenschaftlichen Forschung aus methodischen Gründen getrennt skizziert werden.

C. Die Konstituierung der Logistik im wissenschaftlichen Kontext

Entsprechend der Vielfalt logistischer Ziele entwickelten sich im Ablauf der Logistikevolution zahlreiche heterogene Problemkonstruktions- und -lösungsverfahren. In diesem Abschnitt sollen Teilgebiete skizziert werden, welche explizit als Logistikprobleme Eingang in wissenschaftliche Forschungsprogramme gefunden haben. Die hier vorgenommene Einteilung erhebt keinen Anspruch auf Vollständigkeit, sie soll vielmehr als aktuelle Bestandsaufnahme einen Überblick über die in der wissenschaftlichen Literatur vorfindbaren Themengebiete, Disziplinen und Problembereiche der Logistik vermitteln. Fragen der logistischen Organisationsforschung werden aufgrund ihrer besonderen Bedeutung im Rahmen der hier zu untersuchenden Themenstellung getrennt in Kapitel III behandelt.

---

74) Vgl. dazu die Ausführungen in Abschnitt A.1.

75) Dies würde voraussetzen, daß Entwicklungsprozesse eindeutig wissenschaftlicher Forschung oder praktischem - vortheoretischem - Problemlösungsverhalten zugeschrieben werden könnten. Dies ist, wie bereits in Abschnitt A.1 anhand der Interpenetration von wissenschaftlichen und praktischen Erkenntnisgewinnungsprozessen verdeutlicht, lediglich aus analytischen Gründen, nicht jedoch aus faktischen Verhältnissen heraus durchführbar. Vgl. neben den Ausführungen in Abschnitt A.1 auch Schwemmer (1987), S. 138ff.

Eine besondere Bedeutung haben hier mathematische Modelle, die im Rahmen des Operations Research zur Formulierung logistischer Probleme verwendet werden. Hierdurch ist insgesamt ein Entwicklungsschub ausgelöst worden, der die Bedeutung der Logistik aufwertete. Dies ist insbesondere im Hinblick auf den logistischen Integrationsanspruch zu werten. Aus diesem Grunde sollen die im Operations Research existierenden Problembereiche der Logistik hier ausführlicher dargestellt werden.

Neben den Beiträgen des Operations Research wurde die Logistik vor allem durch verschiedene ingenieurwissenschaftlichen Disziplinen in ihrer Entwicklung unterstützt. Grob kann hier zwischen den Aufgaben zur Konstruktion von Komponenten für Transfersysteme sowie deren Informations- und Datenversorgung unterschieden werden.

Innerhalb der betriebswirtschaftlichen Literatur werden weiterhin spezielle Themen im Rahmen des Logistik-Managements behandelt. Hervorzuheben sind hierbei die Gebiete des Logistik-Controllings, die logistische Serviceforschung sowie die Materialflußsteuerung im Rahmen der Produktionslogistik.

Schließlich ist zu untersuchen, wie innerhalb der wissenschaftlichen Diskussion die Selbstreflektion bezüglich der eigenen Forschungsdisziplin Logistik betrieben wurde und wird. Grundsätzlich kann dies auf der Basis systemtheoretischer Überlegungen vorgenommen werden.

Die Einteilung in diese Teilgebiete der Logistikforschung erfolgt hier aufgrund aktueller Themenschwerpunkte in der Literatur.[76] Selbstverständlich sind die einzelnen Gebiete interdependent und nur analytisch zu trennen. So sind z.B. Materialwirtschaftskonzeptionen nur durch eine Verbesserung der Zusammenarbeit in der logistischen Kette zu erreichen, und deren Realisierung erfolgt unter Einsatz von OR-Modellen der Flußoptimierung oder der Standortwahl.

---

76) Grundsätzlich sind auch andere Systematisierungen der wissenschaftlichen Behandlung der betriebswirtschaftlichen Logistik möglich. Ihde (1987), S. 703ff. unterscheidet in Anlehnung an die Diskussion in der deutschsprachigen Literatur die Forschungsrichtungen Logistik/Verkehrsbetriebslehre, Logistik/Materialwirtschaft, Logistik/Unternehmensforschung und Logistik/Informatik.

1. Beiträge des Operations Research zur Formulierung und Lösung logistischer Probleme

Historisch betrachtet hat die wissenschaftliche Unterstützung von logistischen Problemlösungen durch den Einsatz mathematischer Modelle wohl die älteste Tradition. So wurden bereits 1909 von Alfred Weber Anstrengungen unternommen, das Problem der Standortwahl formal zu lösen.[77] Allerdings ist erst durch die Entwicklungen in der Informatik ein breiteres Spektrum an Anwendungsmöglichkeiten gegeben. Für die konzeptionelle Fundierung der betriebswirtschaftlichen Logistik interessiert zunächst vorwiegend, zu welchen logistischen Problemstellungen Lösungsbeiträge des Operations Research existieren und welcher Art der jeweilige Lösungsbeitrag der mathematischen Modelle in bezug auf die reale Problemsituation ist.

a. Logistische Problemklassen des Operations Research

Sicherlich kann an dieser Stelle keine vollständige und detaillierte Analyse sämtlicher möglicher logistischer Problemklassen und korrespondierender Teilbereiche des Operations Research erfolgen.[78] Gebräuchliche Klassifikationen logistischer Probleme, denen hier auch gefolgt werden soll, trennen in Tourenplanungsprobleme, Standortwahl, Stauraumoptimierung sowie Lagerhaltungsmodelle.[79]

---

77) Vgl. Weber (1909) sowie Brandeau, Chiu (1989), S. 645 und Eilon, Watson-Gandy, Christofides (1971), S. 13.

78) Vgl. für eine anschauliche Übersicht bspw. Großeschallau (1980), S. 37, der die Klasse der logistischen Probleme in technisch-organisatorische (hierunter fallen Dimensionierungs-, Auswahl-, Automatisierungs-, Steuerungs-, Synchronisations- und Standardisierungsprobleme) und mathematisch-organisatorische (als Zuordnungs-, Zuteilungs-, Strategie-, Stau-, Warteschlangen- und Mengenproblemen) trennt. Da hier lediglich ein grober Überblick der wichtigsten Problemtypen gegeben werden soll, kann diese Einteilung hier nicht zugrunde gelegt werden.

79) Zu dieser Einteilung vgl. auch Berens, Delfmann (1984), S. 32, Eilon, Watson-Gandy, Christofides (1971), S. 7, House, Karrenbauer (1982), S. 120.

a1. Tourenplanungsprobleme

Das Problem der Tourenplanung besteht darin, optimale Routen in einem gegebenen Netzwerk aus Knoten und Kanten zu ermitteln. Die Lösung erfolgt auf graphentheoretischer Ebene. Dabei existieren folgende grundlegende Untervarianten des Problems:[80]

(1) Kantenbedeckende Verfahren

Hierbei wird in einem Graph der kürzeste Weg gesucht, in dem jede Kante mindestens einmal enthalten ist.[81] Beispiel hierfür ist das Briefträgerproblem (Chinese Postman Problem), Anwendungsfälle sind neben der Postzustellung z.B. Straßenreinigung, Müllabfuhr oder Schneeräumung. Das Problem läßt sich umformulieren zu einem Problem der Klasse (2).

(2) Knotenbedeckende Verfahren

Gesucht ist hierbei die kürzeste Route in einem Netzwerk, die, von einem Startknoten ausgehend, alle anderen Knoten genau einmal berührt und zurück zum Ausgangsknoten geht. Dieser Problemtyp, auch als klassisches Problem des Handlungsreisenden bekannt, stellt das eigentliche Kernproblem der Tourenplanung dar.

(3) Ursprungs-Destinationspfad Suchverfahren

Bei diesem Problem ist in einem gegebenen Netzwerk der optimale Weg zwischen zwei Knoten oder von einem Startknoten zu allen übrigen Knoten gesucht. Strenggenommen ist dies ebenfalls lediglich eine Variante von (2).

Da Tourenplanungsprobleme häufig NP-vollständig[82] sind, effiziente Lösungsalgorithmen also nicht existieren, wurden zahlreiche Heuristiken[83] entwickelt, die zwar keine Optimallösung, jedoch ggf. zufriedenstellende Lösungsvorschläge ermitteln.

Daskin nennt für die Tourenplanungsprobleme folgende Forschungsbedarfe:[84]

---

80) Vgl. hierzu Daskin (1985), S. 386.

81) Vgl. ebd. sowie Großeschallau (1980), S. 41.

82) NP-vollständig bedeutet, daß kein Algorithmus existiert, der mit polynomialer Zeitkomplexität die optimale Lösung liefert; gleichwohl kann für eine gegebene Antwort in polynomialer Zeit berechnet werden, ob sie eine Lösung des Problems darstellt. Diese Probleme werden auch als vermutlich schwierig bezeichnet. Vgl. Bachem (1980), S. 822f. sowie Daskin (1985), S. 387.

83) Vgl. zum Begriff der Heuristik Streim (1975), S. 148f.

- Entwicklung und Verbesserung von Lösungsalgorithmen sowohl für das eigentliche Tourenplanungsproblem als auch für Verbesserungsalgorithmen i.r. von Heuristiken;

- Einbeziehung von zusätzlichen Nebenbedingungen wie z.b. Zeitfenster, stochastischen Einflußgrößen, Abhängigkeitsbeziehungen im Nachfrageverhalten und gemischten Auslieferungs- und Sammeltouren;

- Formulierung von integrierten Modellen der Tourenplanung und weiteren logistischen Funktionen (wie z.b. Bestimmung der Fuhrparkgröße, Lagerhaltungsentscheidungen, Standortwahl) zur verbesserten Analyse von Trade-off Beziehungen.

a2. Standortplanungsprobleme

Die Bestimmung des Standortes von Fertigungsstätten, Verteilungs- und Umschlagslägern wird, da meist kurzfristig nicht reversibel, zu den strategischen Logistikentscheidungen gerechnet. Das Problem der Standortwahl - bspw. von Distributionslägern - beinhaltet strenggenommen vier Teilprobleme:[85]

- Bestimmung der Anzahl der Standorte[86],

- Ermittlung der räumlichen Anordnung,

- Zuordnung von Senken zu den jeweiligen Quellen,

- Bestimmung der Kapazitäten an den einzelnen Standorten.

Zielkriterien[87] können dabei die Minimierung der durchschnittlichen Entfernungen oder Belieferungszeiten, die Minimierung der gesamten Kosten der Warenverteilung,

---

84) Vgl. Daskin (1985), S. 388-390.

85) Vgl. Eilon, Watson-Gandy, Christofides (1971), S. 14, Berens, Delfmann (1984), S. 33.

86) Die Ermittlung von Distributionsstandorten beinhaltet hiermit die Frage der vertikalen (Anzahl der Distributionsstufen) und horizontalen (Anzahl der Depots auf der jeweiligen Distributionsstufe) Dimension der Distributionsstruktur. Vgl. Darr (1992), S. 43.

87) Vgl. hierzu etwa Brandeau, Chiu (1989), S. 646, Daskin (1985), S. 390, House, Karrenbauer (1982), S. 122f.

die Minimierung der maximalen Belieferungszeit oder die Maximierung der minimalen oder durchschnittlichen Reisedauer sein.

Brandeau und Chiu diagnostizieren über 50 verschiedene Problemformulierungsvarianten.

Für die Problemlösungsverfahren gilt dasselbe wie für die Tourenplanung: Die meisten Standortplanungsprobleme sind NP-vollständig[88] und somit vermutlich schwierig. Der Einsatz von exakten Verfahren, z.B. der linearen oder dynamischen Programmierung zur Ermittlung der optimalen Lösung, ist daher begrenzt. Konsequenterweise sind deshalb heuristische Lösungsverfahren entwickelt worden, die den Lösungsaufwand begrenzen.[89]

Für die Probleme der Standortwahl i.R. der betriebswirtschaftlichen Logistik ist jedoch bedeutsam, inwiefern die gefundene Lösung "robust", d.h. auch bei Änderung des ursprünglichen Datenkranzes - etwa bei mengenmäßigen Nachfrageverschiebungen oder Veränderungen der Transportdistanzen durch Kundenstandortveränderungen - noch akzeptierbare Kosten- oder Erlöswirkungen erzielt.[90]

---

88)   Vgl. Brandeau, Chiu (1989), S. 665.

89)   Dies sind i.e.

- Austausch-Heuristiken, die sukzessive durch Ersetzen von Standorten durch weitere zulässige Alternativen Verbesserungen erzielen;

- Greedy- oder Hinzufügungs-Heuristiken, die iterativ zusätzliche Standorte in ein bestehendes Netzwerk einfügen und dabei die Orte zulassen, die den größten Verbesserungsbeitrag aufweisen;

- Drop-Heuristiken, die aus n möglichen Standorten m auswählen; hierbei werden zunächst alle n Möglichkeiten ausgewählt, um dann diejenigen zu eliminieren, die den ungünstigsten Lösungsbeitrag i.S. der Zielfunktion erbringen;

- sequentielle Standortwahl und Allokation, die zunächst für eine gegebene Menge von Bedienungsgebieten die jeweiligen Standorte bestimmt und anschließend neue Bedienungsgebiete ermittelt usf., bis keine Verbesserungen mehr erzielt werden können;

- Approximationsverfahren, die die ursprüngliche Problemstellung durch Annahme von angenäherten Werten vereinfachen und diese veränderte Problemstellung anschließend exakt lösen.

Vgl. Brandeau, Chiu (1989), S. 666.

90)   Vgl. zur Problematik der "robusten" Standortwahl Delfmann (1989a), Daskin (1985), S. 392, Geoffrion, Powers (1980), House, Karrenbauer (1982), S. 125.

a3. Stauraumoptimierung

Probleme der Stauraumoptimierung können zu einer Klasse von Operations Research-Problemen gerechnet werden, die über eine nahezu identische logische Struktur verfügen und unter verschiedenen Namen in der Literatur bekannt sind.[91] Die zugrundeliegende Problemstruktur läßt sich abstrakt wie folgt beschreiben:

Es existieren zwei Gruppen von Basisdaten, die eine Beschreibung und Spezifizierung von ein- oder mehrdimensionalen geometrischen Körpern in der Menge der reellen Zahlen vornehmen. Die erste Gruppe präzisiert den Bestand an 'größeren' Objekten, die zweite die Menge der kleineren Artikel[92]. Im Zuschneide- oder Packprozeß werden nun Muster geometrischer Kombinationen entwickelt, die kleinere Artikel den größeren Körpern so zuordnen, daß der Anteil überschüssiger Teile der größeren Körper, die nicht zu kleinen Artikeln gehören (Verschnitt), minimiert wird.

Zuschneide- und Packprobleme lassen sich weiter unterteilen in solche innerhalb räumlicher Dimensionen (Zuschneide- und Packprobleme im engeren Sinne) und solche in nicht-räumlichen Dimensionen (abstrakte Zuschneide- und Packprobleme). Beispiele für letztere sind Fahrzeugbeladung mit Gewichtsrestriktionen, Produktionsdurchführungsplanung mit Zeitrestriktionen für die Maschinenbelegung oder Budgetierung mit finanziellen Restriktionen.[93]

Es wird unmittelbar evident, daß Zuschneide- und Packprobleme i.R. der Logistik eine sehr gewichtige Stellung einnehmen. So ist die Stauraumoptimierung[94] auch ein etabliertes Packproblem in der logistischen OR-Forschung.

---

91) Die gebräuchliche allgemeine Bezeichnung für diese Problemklasse ist Zuschneide- und Packprobleme; weitere Begriffe sind: Knap- oder Rucksackproblem, Verschnittoptimierung etc. Vgl. hierzu und zu den folgenden Ausführungen den ausgezeichneten Überblick zur Thematik bei Dyckhoff (1990), S. 145ff. sowie Dyckhoff, Finke (1992).

92) Zur Präzisierung der Eigenschaften dieser beiden Gruppen vgl. auch Dyckhoff, Finke (1992), S. 28ff.

93) Vgl. Dyckhoff (1990), S. 148f.

94) Beispielhaft sei die Lagerraumoptimierung, die Beladung von Transport(hilfs)mitteln wie Container, Paletten, Gitterboxen oder die Bestückung in Regalen genannt. Zu Anwendungsbeispielen vgl. Eilon, Watson-Gandy, Christofides (1971), S. 204, Isermann (1991), S. 213-223 und Isermann (1987), S. 235-249, Dyckhoff, Fincke (1992), S. 26.

Die grundsätzliche Problemstruktur von Packproblemen kann anhand von Kriterien[95] wie Dimensionalität, Meßverfahren, Formen von Packstücken und Laderaum, Restriktionen der Musterbildung und Zielen typologisieren:[96]

Entsprechend der breiten Anzahl von Problemtypen oder -klassen, die in der Stauraumoptimierung durch Kombination der verschiedenen Kriterien konstruiert werden können, existieren zahlreiche Lösungsansätze. Einfachere Problemstellungen[97] können noch durch exakte Verfahren, wie z.B. Branch and Bound Verfahren oder Dynamische Programmierung, gelöst werden. Jedoch sind praxisnahe Problemformulierungen häufig NP-vollständig, d.h. nur durch approximative Algorithmen oder Heuristiken »lösbar«.

a4. Lagerhaltungsmodelle

Lagerbestände sind in ihrer Pufferfunktion[98] Ausdruck einer unvollständigen zeitlichen Abstimmung zwischen Verbrauchs- und Bereitstellungsprozessen.[99] Bereits vor der Etablierung bestandsarmer Fertigungskonzeptionen wurde die Problematik der Lagerhaltung - unabhängig davon, ob es sich um Beschaffungs-, Produktions- oder Distributionsläger handelt - ausgiebig auf formaler Basis behandelt[100]. Entsprechend zahlreich sind die verschiedenen mathematischen Modelle zur Entscheidungsunterstützung im Lagerbereich. Die Anwendung dieser Modelle dient u.a. der Beantwortung folgender, interdependenter - alltagssprachlich formulierter - Fragen:

- Höhe des zu bevorratenden Lagerbestandes;

- Ort des Lagerbestandes;

- Zeitpunkt der Bestellauslösung[101];

---

95) Die hier diskutierte Kriterienliste erhebt keinen Anspruch auf Vollständigkeit, sie stellt lediglich einen Überblick über die wichtigsten Eigenschaften dar.

96) Vgl. Dyckhoff (1990), S. 150ff.

97) Z.B. Verladen einer endlichen (kleinen) Menge identischer Packstücke in beliebig viele Laderäume, wobei deren Anzahl zu minimieren ist. Vgl. Dyckhoff (1990), S. 157.

98) Reifelager sollen hier nicht Gegenstand der Betrachtung sein. Eine umfangreiche Auflistung von Gründen für Lagerhaltung liefert z.B. Morgan (1963), S. 95.

99) Vgl. Delfmann, Darr, Simon (1990), S. 60.

100) Tempelmeier (1983), S. 115, bezeichnet die Lagerhaltungstheorie "...als eines der am weitesten fortgeschrittenen Teilgebiete der quantitativen Betriebswirtschaftslehre...".

101) Damit kann sowohl die Auftragserteilung als auch der Lieferabruf angesprochen sein.

- Höhe der Bestellmenge je Bestellvorgang;

- Höhe des Sicherheitsbestandes,

wobei die Ziele überwiegend Kosten-, Kapazitäts- und Serviceaspekte betreffen.

Die Probleme in der Lagerhaltung lassen sich nach dem zugrundeliegenden Niveau der Bedarfsmengen (Bedarfsverlauf gleichbleibend oder schwankend) sowie dem Grad der Abhängigkeit von anderen Produkten - über die gemeinsame Nutzung von knappen Produktionsfaktoren - klassifizieren.[102] Diese Einteilung führt zu vier grundlegenden Klassen von Lagerhaltungsproblemen, nämlich statische und dynamische mit jeweils abhängigem und unabhängigem Bedarf[103].

Für den einfachsten Fall, der Lagersituation eines bekannten, konstanten Bedarfes für ein Produkt bei einstufiger Lagerhaltung (Einprodukt-Einlager-Modell) existiert bereits seit 1915 ein formaler Lösungsansatz, die klassische Losgrößenformel von F.W. Harris[104]. Für die dynamischen Losgrößensysteme, bei denen also der Bedarf als nicht konstant angenommen wird, existiert als Grundmodell der Algorithmus von Wagner-Whitin.[105]

Stochastische Größen wurden zu Beginn der 50er Jahre von Arrow, Harris und Marschak einbezogen und mit Hilfe der dynamischen Programmierung zu lösen versucht.

Die Grundproblematik in der Lagerhaltungstheorie ist, ähnlich wie in den OR-Modellen der Tourenplanung, Standortwahl und Stauraumoptimierung, darin zu sehen, daß bereits bei halbwegs realistischen Annahmen - so etwa bei stochastischem Bedarf, z.B. beim sogenannten Zeitungsjungen-Problem - keine geschlossene Lösung mehr präsentiert werden kann. Weiterhin sind auch für schwierige Probleme der Lagerhaltung, die z.B. Kapazitätsbeschränkungen explizit und nicht implizit[106] berücksichtigen, kaum einsetzbare Heuristiken vorhanden.

---

102) Vgl. zu dieser Einteilung bspw. Tempelmeier (1992), S. 148f., Schneeweiß (1981), S. 47.

103) Wobei statische Lagerhaltungsprobleme mit abhängigem Bedarf als praktisch nicht relevant eingestuft werden. Vgl. Tempelmeier (1992), S. 149.

104) Je nach Autor auch als Andler-, Harris- oder Wilson-Formel bekannt, vgl. Schneeweiß (1981), S. 47.

105) Vgl. Klemm, Mikut (1972), S. 60.

106) Eine implizite Berücksichtigung könnte etwa über Lenkpreise erfolgen.

b. Anwendungsmöglichkeiten und Grenzen des Operations Research zur Lösung logistischer Probleme

Der kurze Überblick hat gezeigt, daß für zahlreiche Probleme der betriebswirtschaftlichen Logistik bereits etablierte Forschungszweige und Wissensdomänen im Rahmen des Operations Research bestehen. Allerdings sind dem sinnvollen Einsatz mathematischer Modelle Grenzen gesetzt, die im folgenden erläutert werden sollen.

b1. Grenzen im Rahmen der Modellkonstruktion

Erste Anwendungsgrenzen für den Einsatz formalisierter Modelle des Operations Research zur Lösung logistischer Probleme ergeben sich aus grundlegenden modelltheoretischen Überlegungen. So ist bei Ablehnung der passivistischen Abbildungsthese und Akzeptanz der aktivistischen Konstruktionsthese[107] von folgenden Annahmen bezüglich der Hintergrundphilosophie[108] zur Modellkonstruktion auszugehen.

Realität und somit natürlich auch reale Problemsituationen sind nicht einfach als in präkognitiver Form gegeben zu betrachten[109]. Vielmehr entstehen Probleme erst durch aktive Wahrnehmungs-, also Konstruktionsleistungen von Individuen oder Kollektiven als Differenz zwischen angestrebten und tatsächlichen oder erwarteten Umweltzuständen. Entsprechend wird die jeweilige Problemformulierung von Faktoren wie explizites Wissen und Hintergrundwissen, Erfahrungen, Überzeugungen, Wertvorstellungen sowie individueller und sozialer Kontext beeinflußt. Ausgangspunkt jeder Konstruktion formaler Modelle ist somit die subjektive Vorstellung von konkreten Situationen, die letztlich durch eine - je nach Objektbereich mehr oder weniger große - Evidenzlücke[110] von der realen Umweltsituation unüberbrückbar getrennt bleibt[111]. Die subjektiven Vorstellungen über die reale Situation führen zur subjektiven Problemidentifikation mit anschlie-

---

107)   Vgl. dazu Hermann (1992), S. 102-136, Berens, Delfmann (1995), S. 23-27, Reihlen (1992).

108)   Vgl. Bretzke (1980), S. 28.

109)   So reduziert Hirst (1967), S. 79 die Wahrnehmung auf "...die Entdeckung der Existenz und der Eigenschaften der äußeren Welt mit Hilfe der Sinne", wohingegen Powers (1973), S. 24 Wahrnehmung konstruktivistisch wie folgt beschreibt: "Das Modell, das unser Gehirn von der Realität entwirft, soweit es sich um das handelt, was unser Bewußtsein erfaßt, ist Realität, - etwas anderes gibt es nicht wahrzunehmen".

110)   Vgl. Sikora (1989), Sp. 1957f.

111)   Richards, von Glasersfeld (1991), S. 216 formulieren: "...per Definition ist nicht wahrnehmbar, ob oder inwieweit die konstruierte Vorstellung einer äußeren Umwelt gleicht."

ßender Formulierung des Problems als verbales Modell. Mit Hilfe formalen Wissens erfolgt dann schließlich die Transformation des verbalen Modells in ein formales Modell.

Für den Einsatz von OR-Modellen zur Lösung logistischer Probleme hat diese konstruktivistische Perspektive unmittelbare Konsequenzen, die zunächst trivial erscheinen, bei weiterer Konkretisierung der Logistik jedoch evident werden.[112]

Die Güte der Modellformulierung wird somit wesentlich durch das verfügbare Wissen[113] über die jeweilige Problemsituation sowie über die methodischen und technischen Grundlagen bestimmt. Dies ist unabhängig davon, ob ein Modell innerhalb einer Organisation für eine konkrete Problemsituation entwickelt wird, bereits etablierte Modelle[114] für die eigene Problemstellung modifiziert werden oder aber externe Berater partizipieren.[115]

b2. Auswertung formaler Modelle

Die Lösung des formalen Modelles bedarf ihrerseits wieder der empirischen Deutung. Dabei stehen verschiedene Möglichkeiten zur Verfügung:[116]

(1) Entscheidungslogische Interpretation

Diese Form der Anwendung von Modellen ist bei wohldefinierten Problemen möglich, d.h. die zugrundeliegende Problemstruktur ist zielsetzungs-, wirkungs- und bewer-

---

112) Vgl. dazu die Konzeptualisierung der Logistik als spezielle Technologie in Abschnitt D.

113) Dabei bedeutet verfügbares Wissen nicht zwangsläufig, daß es auch artikuliert wird, vielmehr kann es als Hintergrundwissen latent in die Modellkonstruktion miteinbezogen werden.

114) Vgl. hierzu auch die Unterscheidung zwischen Modellen mit übersituativem Geltungsanspruch (A-Modelle) und solchen mit konkretem Situationsbezug (K-Modelle) bei Bretzke (1980), S. 194-226 bzw. die Differenzierung in theoretische (minimale) Modelle und realitätsadäquate Modelle bei Forster (1987), S. 247f.

115) House, Karrenbauer (1982), S. 127f. empfehlen für die letztgenannte Möglichkeit die Einrichtung eines Verbindungsgliedes zwischen externen Modellformulierern und den Organisationsmitgliedern, die mit der Parameterspezifikation betraut sind.

116) Vgl. Reihlen (1992), S. 13-16, Knapp (1978), S. 209-212, Forster (1987), S. 250f., Rosenfield, Copacino, Payne (1985), S. 90-92.

tungsperfekt. Lösungsdefekte können vorliegen, sind aber heilbar[117]. Die Lösung des formalen Modells kann also ohne weitere Entscheidungsprozesse in eine verbale Lösung übersetzt und anschließend realisiert werden.[118]

(2) Verwendung als Orientierungsmodelle

Hier ist die Problemsituation dadurch charakterisiert, daß neben dem Lösungsdefekt noch mindestens ein weiterer Defekt vorliegt. Ein formales Modell kann dann bei Vorliegen bestimmter Bedingungen[119] herangezogen werden, um Hypothesen über das empirische Original zu verifizieren (somit als Orientierungshilfe bei der Realitätskonstruktion dienen). Weiterhin kann bei einer heuristischen Deutung des Modells eine Orientierungsfunktion in bezug auf Fragen in Form von Wirkungsprognosen oder Maßnahmen zur Erreichung fixierter Ziele gegeben sein.

b3. Integrationsanspruch logistischer Probleme

Die in der praktischen Entwicklung der betriebswirtschaftlichen Logistik postulierte Integrationsforderung zur logistischen Leistungserstellung kann allein auf formalem Wege durch Entwicklung mathematischer Modelle im Rahmen des Operations Research nicht gelöst werden. So sind bereits einzelne Teilprobleme bei realistischen Annahmen NP-vollständig, somit einem Optimalplanungsansatz nicht mehr zugänglich. Eine Integration von verschiedenen Teilproblemen[120] oder genauer, die Dekomposition eines komplexen Problems in mehrere interdependente Teilprobleme und deren Lösung und anschließende Synthetisierung potenziert die Schwächen bestehender Teilmodelle lediglich.[121]

Gleichwohl können formale Ansätze auch bei komplexen Problemen als Orientierungsmodelle z.B. für Simulationsverfahren sinnvoll angewandt werden.

---

117) So z.B. bei NP-vollständigen Problemen durch die Lösung des relaxierten Problems, wodurch dann die Ergebnisse heuristischer Problemlösungen in ihrer Güte beurteilt werden können.

118) Präzise formuliert bedeutet dies, daß der "(...) syntaktischen Struktur des Modells (...) eine eindeutig semantische Bedeutung zugeordnet werden (...)" kann. Berens,Delmann (1995), S. 49.

119) Insbesondere sind dies die empirische Überprüfbarkeit der Hypothesen sowie Eindeutigkeits-, Wiederholbarkeits- und Stabilitätsbedingungen. Vgl. Reihlen (1992), S. 15.

120) Als Beispiel mag hier die integrierte Standort- und Tourenplanungsproblematik angeführt sein.

121) Vgl. Daskin (1985), S. 396.

Insgesamt wird bei der Anwendung von Verfahren des Operations Research zur Lösung oder Erklärung logistischer Probleme deutlich, daß die Güte der Modellergebnisse maßgeblich durch die sozialen Prozesse der Problemkonstruktion und Lösungsinterpretation mitbestimmt werden.

Zusammenfassend bleibt festzuhalten, daß die Verwendung mathematischer Modelle der Logistik grundsätzlich deutliche Potentiale zur Leistungssteigerung erbringen kann. Dabei ist allerdings zu berücksichtigen, daß dem Integrationsanspruch nur dann Genüge getan wird, wenn bereits bei der Formulierung von verbalen Modellen umfangreiche soziale Interaktionprozesse stattfinden. Letztere stellen jedoch organisatorische Probleme dar.

2. Ingenieurwissenschaftliche Beiträge zur Logistik

Transfersysteme enthalten - wie Fertigungssysteme zur Durchführung von Transformationsprozessen auch - rein physikalische[122] Elemente und Subsysteme in Form von Maschinen oder sonstigen Hilfsmitteln. Sie werden in wissenschaftlich fundierten Disziplinen[123] entwickelt und dienen dazu, die Durchführung und die Steuerung der Transferprozesse zu ermöglichen oder zu erleichtern. Eine grobe Einteilung trennt die Elemente und Subsysteme nach ihrer jeweiligen Zugehörigkeit zu den eigentlichen Materialflußsystemen einerseits und den für die Planung und Steuerung des Materialflusses benötigten Datenerfassungs-, -übertragungs- und -bearbeitungssystemen andererseits.

---

122) Die Bezeichnung 'rein physikalisch' dient hier zur Abgrenzung von kognitiven oder sozialen Bestandteilen logistischer Systeme.

123) So ist z.B. für Jünemann (1989), S. 16f. die Materialflußtechnik eine wissenschaftliche Lehre, die sich mit technischer Entwicklung, Konstruktion, Aufbau und Arbeitsweise von Materialflußsystemen beschäftigt. Er schließt implizit Soziotechniken aus, wenn er weiter die Schwerpunkte der Materialflußtechnik als "...die Entwicklung, die Planung, den Betrieb und die Instandhaltung technischer Komponenten (Maschinenbau, Elektrotechnik)..." festlegt. Gegenstand einer so skizzierten Materialflußtechnik sind ausschließlich physikalische Elemente und Subsysteme, nicht jedoch biologische, kognitive oder soziale. Auf die Problematik der Klassifizierung einer Technik als wissenschaftliche Lehre soll an dieser Stelle nicht eingegangen werden. Vgl. hierzu die Differenzierung zwischen Technik und Technologie im Abschnitt D.

Systemkomponenten zur physischen Materialhandhabung werden in der Literatur[124] nach Schwerpunkten ihrer jeweiligen Aufgabenerfüllung im Transferprozeß unterteilt. Üblich sind Unterscheidungen in Transport-, Lagerhaltungs-, Umschlags-, Kommissionier- und Verpackungsaufgaben. Für die Entwicklung und Konstruktion von Maschinen und Einrichtungen, die Teilaufgaben im Transferprozeß übernehmen, werden Kenntnisse aus verschiedenen ingenieurwissenschaftlichen Fachrichtungen eingesetzt. Neben den bereits erwähnten Disziplinen kommen z.B. solche des Anlagen- und Maschinenbaues, der Werkstoffkunde oder der Architektur[125] hinzu.

Bezüglich der Daten, die für Planung, Steuerung und Kontrolle von Waren- und Materialflüssen benötigt werden, lassen sich allgemein die Aufgabengebiete Datenerfassung, Datenübertragung sowie Datenbe- und -verarbeitung unterscheiden. Elektroingenieurwesen und Informatik liefern Kenntnisse etwa für den Bau und den Betrieb von Datenübertragungsinfrastrukturen oder Hard- und Software für die automatisierte Datenverarbeitung.

Sowohl für die physische Materialflußabwicklung als auch für die Datenübertragung gilt, daß die Elemente des Transfersystems aufeinander bezogen entwickelt werden müssen. Der logistische Integrationsanspruch ist somit einerseits auf gemeinsame Entwicklungsleistungen verschiedener ingenieurwissenschaftlicher Disziplinen angewiesen.[126] Andererseits ist der Erfolg hier zunehmend abhängig von der Integration der Ingenieurtätigkeit in die Bedingungen des gesamten Transfersystems. Grundsätzlich steigt mit zunehmender Integration und fortschreitendem Automatisierungsgrad von Materialflußsystemen auch der Koordinationsbedarf für die jeweiligen ingenieurwissenschaftlichen Entwicklungs- und Konstruktionstätigkeiten.

---

124) Vgl. bspw. die Komponenten logistischer Systeme bei Magee, Copacino, Rosenfield (1985), S. 3f., Jünemann (1989), S. 16 oder die an dieser Struktur orientierten Gliederungen in Monographien, so etwa bei Coyle, Bardi, Langley (1988), Pfohl (1990), Shapiro, Heskett (1985), Ballou (1985), Rose (1979), Krulis-Randa (1977).

125) Vgl. Reichardt (1993), S. 23.

126) So ist z.B. für Fahrzeuginformationssysteme, die zum Zwecke einer differenzierteren Kostenermittlung automatisch Daten wie gefahrene Strecke, Treibstoffverbrauch, Standzeiten etc. erfassen, eine Koordination zwischen Fahrzeugbau und Computertechnologie erforderlich. Gleiches gilt für fahrerlose Transportsysteme (FTS), die über eine durch den Maschinen- oder Fahrzeugbau zu entwickelnde Maschinenbau- und Antriebskomponente und eine durch Elektrotechnik zu konstruierende Steuerungs- und Führungskomponente verfügen. Vgl. z.B. Daum (1988), S. 109ff.

3. Entwicklung und Ausbau logistischer Steuerungs- und Kontrollkonzepte

Mit der zunehmenden Bedeutung der Logistik in der Praxis und der Differenzierung der logistischen Beurteilungsgrößen wurden auch die Instrumente und Methoden zur Steuerung und Kontrolle von Transferprozessen verändert. Dabei zeichnen sich in den wissenschaftlichen Forschungsbemühungen drei Hauptströmungen ab. Einerseits werden Versuche unternommen, im Rahmen des Logistik-Controlling aussagefähige Instrumente aufzubauen, die z.B. Entscheidungen bei alternativen Ressourceneinsatzmöglichkeiten besser fundieren oder eine genauere Kontrolle logistischer Prozesse ermöglichen. Im Vordergrund steht hier die Entwicklung logistikorientierter Kosten- und Leistungsrechnungs-[127], Budgetierungs- sowie Kennzahlensysteme. Eine weitere Forschungsrichtung ist die Konkretisierung und Verbesserung logistischer Outputgrößen im Rahmen der Serviceforschung. Schließlich werden Koordinations- und Steuerungskonzepte für den Materialfluß in verschiedenen Unternehmensbereichen entwikkelt.

a. Entwicklung logistikorientierter Controllinginstrumente

Die Bedeutung und die Realisierungshäufigkeit von logistikorientierten Controllinginstrumenten nehmen zu.[128] In der Regel werden aber in der Logistik keine neuen Instrumente verwendet, sondern bereits bestehende für die Anforderungen des Logistik-Controlling transformiert. Dabei stellt die Natur der logistischen Leistungserstellung und die zeitgemäßen Logistik-Konzeptionen zugrundeliegenden Wertstrukturen spezifische Probleme, die im folgenden darzustellen sind.

al. Logistikkosten- und -leistungsrechnung

Kosten- und Leistungsgrößen werden sowohl für Entscheidungen zur Entwicklung logistischer Netzwerkkonfigurationen als auch für Entscheidungen zur Netzwerkkoordination benötigt. Dabei stellen die Integrationsanforderungen aktueller Logistik-Konzep-

---

127) So wurden bereits 1986 bei einer empirischen Untersuchung als häufigste Ziele des Logistik-Controlling neben Bestandsoptimierung die Minimierung logistischer Kosten sowie die Transparenz logistischer Kosten und Leistungen genannt. Vgl. Küpper, Hoffmann (1988), S. 593.

128) Dies belegen die Erfahrungsberichte der Praxis ebenso wie empirische Untersuchungen zum Thema. Vgl. Küpper, Hoffmann (1988), S. 593-600, Novack (1989), S. 33-38.

tionen konventionelle Methoden der Kostenrechnung vor Probleme[129], die hier knapp skizziert werden sollen:

- Es besteht noch ein Mangel an speziellen Kostenarten; die vorhandenen Logistik-kosten sind in ihrer Aussage zu undifferenziert. Beispiele hierfür sind etwa die Lagerhaltung[130] oder die im Anschaffungspreis enthaltenen Logistikkostenanteile.

- Zunächst sind traditionelle Kostenrechnungssysteme in ihrem Aufbau[131] und in ihrer Zielsetzung an der Informationsbereitstellung über den absatzbestimmten und kalkulierten Kostenträger orientiert. Dies wird dem Prozeßcharakter der logistischen Leistungserstellung nicht gerecht. Auswege aus diesem Problemfeld werden von der Prozeßkostenrechnung[132] erwartet, die die Einbeziehung von stärker an der Logistik orientierten Kosteneinflußgrößen ermöglicht.

- Die Integrationsbemühungen in der logistischen Leistungserstellung erfordern eine Auswertung möglicher Trade-offs[133] innerhalb verschiedener Kostenarten der Logi-stik, zwischen Logistikkosten und anderen Kosten sowie zwischen Logistikleistun-gen und -kosten. Bewertungen der Trade-offs können jedoch bei komplexen Bezie-hungen in einem logistischen Netzwerk nicht vollständig und eindeutig bewertet und errechnet werden.

- Die Abgrenzung logistischer Leistungen ist problematischer als bei absatzbestimm-ten (sachzielbezogenen) Kostenträgern. Logistische Leistungen haben häufig Kup-

---

129) Vgl. auch Kleinsorge, Schary, Tanner (1989), S. 3f., Magee, Copacino, Rosenfield (1985), S. 218-220, Delfmann, Darr, Simon (1990), S. 26f.

130) Diese müßten aufgesplittet werden in Lagerraumkosten ([kalkulatorische] Miete oder anteilige Gebäudeabschreibung, allgemeine Lagerbetriebskosten), Löhne und Gehälter für Lagerpersonal, Materialhandlingskosten, Kapitalbindungskosten, Schwund und Schaden sowie Fehlmen-genkosten. Vgl. zu einer differenzierten Analyse der Kostenarten von Lagerkosten Magee, Copacino, Rosenfield (1985), S. 229-231.

131) Dies wird u.a. auch in den Kostenstellenplänen deutlich. Diese sind zumeist in ihrem Aufbau an Organisationseinheiten orientiert. Üblicherweise existieren transferspezifische Kostenstellen lediglich für den Fuhrpark - respektive den internen Transport -, für größere Läger oder für bestimmte dispositive Abteilungen (Bestellabwicklung). Infolge dieses groben Rasters wird ein großer Anteil der Transferkosten lediglich als Kostenstellengemeinkosten erfaßt. Vgl. zur Kostenstellenproblematik etwa Weber (1985), S. 23, Lindner, Piringer (1990), S. 223.

132) Vgl. für einen kritischen Überblick zur Prozeßkostenrechnung auch Götze, Meyerhoff (1993). Kloock legt allerdings anschaulich dar, daß die Prozeßkostenrechnung lediglich ein Sonderfall der mehrstufigen Grenzplankostenrechnung darstellt. Vgl. Kloock (1991), S. 16-18.

133) Vgl. zu einer Übersicht möglicher Trade-off Beziehungen von logistischen Kosten- und Lei-stungsgrößen untereinander Cook, Burley (1984), S. 32f.

pelproduktcharakter[134] mit identischen Konsequenzen für die Kostenträgerstückrechnung. Weber konstruiert einen vierstufigen Leistungsbegriff für die Logistik[135], dessen Konkretisierung auf jeder Ebene letztlich nur durch die Bedürfnisstruktur des Leistungsempfängers vorgenommen werden kann.[136]

Insgesamt kann festgestellt werden, daß die Struktur für eine Logistikkosten- und -leistungsrechnung in traditionellen Kostenrechnungssystemen grundsätzlich vorhanden ist. Er bedarf allerdings einer logistik-spezifischen Konkretisierung in bezug auf Kostenarten, Kostenstellen und Kostenträger sowie entsprechender Kosteneinflußgrößen[137].

Ansatzpunkte dazu bieten Grundrechnungen, die nach unternehmensindividuellen Gegebenheiten und den unterschiedlichen Logistik-Konzeptionen spezifische Auswertungsrechnungen ermöglichen.

a2. Logistische Budgetierung

Die zur logistischen Leistungserstellung erforderlichen Ressourcen müssen im Rahmen von Plänen projektiert, bewilligt und bereitgestellt werden. Eine mögliche Form dieser Pläne sind Budgets[138], die auf der Basis von Mengen oder Wertgrößen in Form von Kosten, Deckungsbeiträgen, Umsatz- oder Erfolgsgrößen[139] für einen definierten Zeitraum[140] oder ein definiertes Projekt Rahmenbedingungen für bestimmte organisa-

---

134) Dies wird transparent, wenn man etwa versucht, die Kosten einer reinen Auslieferungstour auf die einzelnen Sendungsbestandteile verursachungsgerecht zu verteilen. So führt der veränderte Auslastungsgrad des Fahrzeuges zu unterschiedlichen Kostenstrukturen für die auslastungsfixen (z.B. Personalkosten, Steuer, Gebühren und Versicherung für das Fahrzeug) und -variablen (intensitätsmäßige Abnutzung, Treibstoffkosten, Wartungs- und Reparaturkosten) Kostenbestandteile zu Beginn und am Ende der Tour.

135) Im einzelnen unterscheidet er zwischen der Bereitstellung logistischer Produktionsfaktoren, Durchführung logistischer Prozesse, Überwindung von Raum- und/oder Zeitdisparitäten sowie der Sicherstellung der Verfügbarkeit von Ressourcen als Leistungen der Logistik. Vgl. Weber (1987), S. 115-125.

136) Die Handhabbarkeit einer derart detaillierten Leistungsermittlung wird dann allerdings von ihm selbst in Frage gestellt. Vgl. Weber (1987), S. 126.

137) Vgl. dazu auch Teichmann (1989), S. 76f.

138) Vgl. zum Budgetbegriff etwa Siegwart (1978), Sp. 106, Busse von Colbe (1989), Sp. 176f.

139) Vgl. zu den möglichen Größen auf monetarisierter Basis etwa Küpper (1990), S. 854.

140) Üblicherweise sind Budgets mittel- bis kurzfristig orientiert.

torische Einheiten mit abgrenzbarem Verantwortungsbereich schaffen. Die Funktionen, die in Unternehmen durch Budgets erfüllt werden, sind mannigfaltig und können wie folgt kategorisiert[141] werden:

- System der formalen Autorisierung und Legitimierung zur Mittelverwendung;

- Dokumentation von Prognosen und Plänen;

- Kommunikations- und Koordinationsinstrument;

- Motivationale Wirkung zur organisatorischen Zielerreichung;

- Leistungsbewertungs- und Kontrollfunktion.

Die Problematik bei der logistischen Budgetierung besteht nun darin, daß sie den Integrationsanforderungen der logistischen Leistungserstellung Rechnung tragen muß. Wie bereits bei der Diskussion der Kosten- und Leistungsrechnung deutlich wurde, kann durch die Trade-off Problematik in der Logistik die eindeutige Verantwortlichkeit für spezifische Kosten- oder Servicewirkungen nicht ermittelbar sein. Dies ist allerdings unabdingbare Voraussetzung, sollen die oben postulierten Funktionen des Budgets erfüllt werden. So fordern Pfohl und Hoffmann[142] konsequent, daß die Kosten der logistischen Leistungserstellung nicht als fixe Budgetbestandteile zugeschlagen[143] werden. Sie empfehlen, Logistikkosten für eigene logistische Entscheidungsbereiche zu budgetieren und für konkrete Leistungsprogramme, differenziert nach unterschiedlichen Leistungsniveaus, zu formulieren.[144]

Insgesamt steht die Entwicklung der Budgetierung in die skizzierte Richtung jedoch noch aus.[145] Gründe dafür sind einerseits in den für logistische Belange unzureichenden Kosten- und Leistungsrechnungssystemen, andererseits im Fehlen von logistikori-

---

141) Vgl. etwa Emmanuel, Otley, Merchant (1990), S. 162.

142) Vgl. Pfohl, Hoffmann (1984), S. 44.

143) Eine Übersicht über die gängige Budgetierungspraxis für logistische Kosten, wie etwa Fortschreibungsbudgetierung, Umsatz-Prozent-Methode oder Zuschlagsbudgetierung, gibt Schiffers (1994), S. 1f.

144) Vgl. Pfohl, Hoffmann (1984), S. 45.

145) Einen ersten Ansatz zur logistischen Budgetierung liefert Schiffers (1994).

entierten (Budget-) Verantwortungsbereichen zu suchen.[146) Die Definition von logistischen Verantwortungsbereichen ist jedoch im Rahmen von organisationsstrukturellen Regelungen festzulegen.

a3. Logistik-Kennzahlensysteme

Im Vergleich zu Kosten- und Leistungsrechnungs- oder Budgetierungssystemen ermöglichen Kennzahlensysteme Analysen und Bewertungen auf der Basis numerischer Prädikate, die nicht ausschließlich auf monetarisierten Größen beruhen. Wie die Kosten- und Leistungsrechnungssysteme dienen sie der Entscheidungsunterstützung[147) und der Kontrolle[148).

Kennzahlen informieren als absolute oder Verhältniszahlen über quantifizierbare betriebswirtschaftliche Sachverhalte, die eine gewisse Mindestbedeutung erlangt haben.[149) Sie werden in Kennzahlensystemen geordnet und strukturiert, wobei sich für deren Aufbau funktionale[150) und anwendungsorientierte[151) Kriterien unterscheiden lassen. Darüber hinaus sind Kennzahlensysteme in ihrer Struktur der organisatorischen Verteilung der Entscheidungskompetenz anzupassen[152), eine Forderung, die bei weniger hierarchischen Unternehmensstrukturen schwierig zu realisieren ist[153).

Dieser hierarchische Aufbau, der eine Komplementarität der entsprechenden Organisationsstruktur unterstellt, sowie die primär finanzwirtschaftliche Orientierung der Ziel-

---

146)   Dies symbolisiert sich darin, daß logistische Budgets bislang lediglich für bestimmte Funktionseinheiten wie Transport, Verpackung/Kommissionierung oder Lager aufgestellt werden. Vgl. Küpper, Hoffmann (1988), S. 597.

147)   Vgl. Heinen (1976), S. 147, Gaitanides (1979), S. 57ff. oder Geiß (1986), S. 48.

148)   Vgl. Berg (1982), S. 377, Geiß (1986), S. 70f., Fröhling (1990), S. 44.

149)   Vgl. zu diesem Verständnis von Kennzahlen Lachnit (1976), S. 216.

150)   So z.B. in Kennzahlensysteme für den Vertrieb, die Produktion oder die Beschaffung.

151)   Also etwa für Zwecke der Analyse, Kontrolle, Sensibilisierung oder Indikation.

152)   Vgl. zu dieser Forderung auch Grochla et al. (1983), S. 49, Heinen (1976), S. 151ff., Lachnit (1976), S. 220, Staehle (1975), S. 318.

153)   Das erklärt, daß die überwiegende Anzahl der existierenden Kennzahlensysteme - so z.B. das DuPont-System und weitere ROI-Systeme wie die 'Pyramid Structure of Ratios' oder das System der 'ratios au tableau de bord' sowie das ZVEI-System - von hierarchischen Zielbildungs- und Entscheidungsprozessen ausgeht.

größen[154] erschweren eine Anwendung bereits etablierter Kennzahlensysteme auf Probleme der logistischen Leistungserstellung. Eine an der Integrationsforderung der Logistik orientierte Kennzahlensystematik muß bestehende Schnittstellen traditioneller funktionsorientierter Bewertungsinstrumente überwinden.

Zu einzelnen betrieblichen Teilfunktionen liegen bereits entsprechende logistische Kennzahlensysteme vor. Erwähnt seien hier z.B. Kennzahlensysteme zur Marketing- oder Distributionslogistik[155], zur Produktionslogistik[156] oder zur Beschaffungslogistik[157]. Neben diesen funktionsorientierten Ansätzen finden Bestrebungen statt, eine Kennzahlensystematik zu entwickeln, die in ihrer Struktur besser geeignet ist, die Integrationsanforderungen der logistischen Leistungserstellung zu unterstützen.[158]

Grundsätzlich läßt sich für die Kennzahlensystematik in der Logistik folgendes feststellen. Die Entwicklung und die erfolgreiche Umsetzung von an logistischen Kennzahlen orientiertem Handeln ist ein Akt sozialer Realitätskonstruktion. Dies bedeutet mit anderen Worten, daß Kennzahlensysteme erst durch die in Organisationen getragenen Werte und Normen Bedeutung und Handlungsbezug erlangen. Insbesondere für die Logistik wirkt sich hier erschwerend aus, daß ihr Integrationsanspruch klassische funktionale Grenzen von Organisationen und somit auch von klassischen Kennzahlensystemen überschreitet. Die erfolgreiche Realisierung einer an logistischen Kennzahlen orientierten Unternehmensführung bedarf somit organisatorischer Voraussetzungen, die eine entsprechende Systematik als verbindlich anerkennen und legitimieren.

---

154)   Neben dem ROI dienen Rentabilitäts-, Liquiditäts- und Erfolgsgrößen als Hauptkennzahlen.

155)   Etwa von Berg, Maus (1980), die hierzu unterschiedliche Servicegrade als marketing-logistische Kennzahlen entwickeln. Weitere Vorschläge kommen von Fröhling (1990), Filz et al. (1989).

156)   So z.B. Männel, Weber (1982).

157)   Vgl. Berg (1982). Strenggenommen zählen hierzu auch ausführlichere Ansätze aus der Materialwirtschaft, so etwa Grochla et al. (1983).

158)   Exemplarisch sind hier für den deutschen Sprachraum die Ansätze von Syska (1990), Reichmann (1990), Pfohl, Zöllner (1991) oder Weber (1991) zu nennen.

b. Serviceforschung

Die Forschungsbemühungen in bezug auf den Logistik-Service werden durch die unmittelbare Bedeutung der Service-Qualität für den Wettbewerb[159] bedeutsam.

Das Ergebnis logistischer Leistungserstellung wird häufig als die Sicherstellung der Verfügbarkeit[160] von Transferobjekten bezeichnet. Die Entwicklung von Einzelindikatoren[161] oder Kennzahlen[162] für die Qualität des Services als logistische Leistungsgröße stellt eine traditionelle Domäne in der wissenschaftlichen Behandlung der Logistik dar. Service im allgemeinen und somit auch der Logistik-Service[163] wird als untrennbar mit dem Produkt verbunden, nicht stofflich, nicht auf Vorrat produzierbar und in der Qualität schwankend charakterisiert.[164] Neben der Entwicklung von Leistungsbeurteilungsgrößen wird darüber hinaus auch die Erforschung über die Zusammenhänge der Wahrnehmung der Leistungserstellungsqualität bedeutsam[165]. Schwerpunkt dieser Forschungsrichtung ist die Frage, an welchen Stellen Qualitätsbeurteilungen über den logistischen Leistungserstellungsprozeß erfolgen und welche Größen für diese Beurteilung herangezogen werden. Parasuraman, Zeithamel, Berry diagnostizieren dabei spezielle Lücken[166], die einerseits aus den Unterschieden zwischen erwarteten und wahrgenommenen Serviceleistungen und andererseits aus Kommunikations- und

---

159) Vgl. La Londe, Cooper, Noordewier (1988), S. 25 sowie die Ausführungen in Kap. II.B.2.

160) Dies wird im Rahmen des Marketing-Mix üblicherweise durch den Distributions-Mix operationalisiert und stellt somit die Verbindung zwischen Marketing und Logistik her. Vgl. etwa Delfmann (1990a), S. 11, Zemke, Lambert (1987), S. 121, Rinehart, Cooper, Wagenheim (1989), S. 68.

161) Vgl. etwa die Indikatoren für die Operationalisierung des Lieferservice, auf die bereits in Abschnitt B.2 hingewiesen wurde, oder die breitere Customer Service Konzeption der CLM-Studie. Vgl. Ballou (1985), S. 55, Stern, El-Ansari (1988), S. 153.

162) Vgl. Delfmann, Darr, Simon (1990), S. 15.

163) Neben dem Begriff des Lieferservice oder der breiteren 'customer service' Auffassung hat sich in der Literatur mittlerweile auch der Terminus Logistik-Service für die Bezeichnung des marketing-relevanten Teiles der logistischen Leistungserstellung durchgesetzt. Vgl. bspw. Foggin (1989), S. 44, Heskett (1971), S. 141, Havighorst (1980), S. 93, Voorhees, Coppett (1986), S. 34, Christopher (1987), S. 195, La Londe, Cooper, Noordewier (1988), S. 47, Schulte (1991a), S. 4.

164) Vgl. Kyi (1989), S. 4.

165) Vgl. hierzu etwa das Modell von Parasuraman, Zeithaml, Berry (1988), S. 44, welches sehr differenziert die Qualitätskonstruktionsprozesse von logistischen Leistungen für Leistungsempfänger und -ersteller darlegt.

166) Im Original werden diese als Gap bezeichnet. Sinngemäß wäre hier die Bezeichnung als Trennlinie angemessen, da jeweils unterschiedliche Bewertungsinstanzen die Konstruktion und Artikulation der Leistungsbewertung vornehmen.

Validierungsproblemen zwischen Leistungsempfänger und Unternehmen sowie innerhalb des Unternehmens resultieren. Dabei konkretisieren sie in ihrem Modell fünf Lücken, die im folgenden näher beschrieben werden sollen.

Die erste Lücke repräsentiert eine Diskrepanz zwischen Kundenerwartungen und deren Wahrnehmung durch das Management. Ursachen hierfür können falsche Vorstellungen des Managements über die tatsächlich von den Kunden wahrgenommenen und zur Bedürfnisbefriedigung notwendigen Leistungsmerkmale sowie die Unkenntnis über die konkrete Ausprägung dieser Leistungsmerkmale sein.

Weiterhin kann sich eine Lücke zwischen der durch das Management wahrgenommenen Kundenerwartung und der spezifizierten Leistung ergeben. Dies kann aus mangelnder Bereitschaft oder Fähigkeit, die wahrgenommenen Kundenerwartungen operationalisierbar zu präzisieren, resultieren.

Die dritte Diskrepanz ergibt sich aus dem Unterschied zwischen der vom Management operationalisierbar spezifizierten und der tatsächlich angebotenen Leistung. Auch hier ist unmittelbar transparent, daß während der Erstellung von Leistungen Abweichungen vom vorher spezifizierten Standard durch normale Toleranzen eintreten können.

Darüber hinaus kann eine Lücke zwischen der erstellen Leistung und der Marktkommunikation über diese Leistung eintreten. Durch Werbung können Kundenbedürfnisse angesprochen werden, die sich durch das tatsächlich vermarktete Produkt nicht befriedigen lassen.

Schließlich ist die fünfte Lücke dann gegeben, wenn sich beim Kunden Unterschiede hinsichtlich des erwarteten und des tatsächlich wahrgenommenen Leistungsprofils ergeben. Diese Diskrepanz entsteht zwar ausschließlich beim Kunden, wird aber u.a. auch durch die Kommunikation des Unternehmens beeinflußt.

Dieses Modell läßt sich sinngemäß auch auf die Interaktionsprozesse mit unternehmensinternen Leistungsempfängern anwenden[167] Die Serviceforschung zielt somit nicht nur auf die Entwicklung differenzierter Kontrollgrößen. Im Vordergrund stehen vielmehr Interaktionsprozesse und deren Kontext, die zur Konstruktion, Wahrnehmung

---

167)   Vgl. dazu Nagel, Cilliers (1990), S. 21.

und Kommunikation der Servicequalität im Rahmen logistischer Leistungserstellung führen.

Somit wird auch hinsichtlich der logistischen Serviceforschung deutlich, daß der Integrationsanspruch der Logistik nur durch eine stärkere Betonung der sozialen Interaktionsprozesse erreicht werden kann, die letztlich die Qualität der logistischen Leistungserstellung determinieren. Das Modell von Parasuraman, Zeithaml und Berry liefert zunächst einen Rahmen, mit dem konkret nach Diskrepanzen in Interaktionsprozessen im Unternehmen oder zwischen Unternehmen und Kunden gesucht werden kann. Es kann jedoch lediglich Anhaltspunkte für Verbesserungsmaßnahmen liefern, die auf der Basis organisatorischer Grundlagen zur Verringerung von Lücken beitragen. Die Operationalisierung dieser Kommunikationsbeziehungen und Maßnahmen zur Schließung von Lücken stehen noch aus.

c. Konzepte und Instrumente der Materialflußsteuerung

Die Bedeutung und Entwicklung der betriebswirtschaftlichen Logistik wird nicht nur durch die Anwendung wissenschaftlicher Erkenntnisse und Methoden, so etwa formaler Art im Rahmen des Operations Research, gefördert und ausgebaut. Wesentlich beteiligt und ursächlich sind immer auch in der Praxis entstandene Lösungen, Techniken und Methoden. Diese werden dann - mit teilweise erheblicher Zeitverzögerung - in wissenschaftlichen Disziplinen zur Kenntnis genommen und in die Forschung integriert. Umgekehrt bedient sich die Praxis wieder der auf wissenschaftlichem Wege gewonnenen Erkenntnisse und Handlungsempfehlungen. Besonders deutlich wird dieser Interpenetrationsprozeß zwischen Wissenschaft und Praxis bei einer näheren Analyse der logistikrelevanten Aufgabenbereiche im Rahmen der industriellen Produktion. Die aktuellen Tendenzen[168] in der Produktion sind deshalb für die betriebswirtschaftliche Logistik so

---

168) Als aktuelle Tendenzen in der Produktion sollen hier exemplarisch Methoden und Techniken wie KANBAN, MRP (II) oder Just-in-Time Produktion angeführt werden. Die Beantwortungsmöglichkeiten auf die Frage nach der Aktualität neuerer Techniken und Methoden in der Produktion und im Produktionsmanagement symbolisieren vortrefflich den Konflikt zwischen praktischer Entwicklung und wissenschaftlicher Reflektion. Die in der (wissenschaftlichen) Literatur angegebenen Zeitpunkte über signifikante Umbrüche im Produktionsmanagement variieren teilweise erheblich. So werden sie auf die Einführung von MRP und MRP II Ende der 60er bzw. Mitte der 70er Jahre terminiert, vgl. Maskell (1989), S. 34, oder mit der Einführung spezifischer Produktions- und Materialflußsteuerungstechniken in den 80er Jahren, so z.B. Knolmayer (1987), S. 53, Graumann (1993), S. 444 oder Schonberger (1988), S. 20, gleichgesetzt. Tatsächlich ist die 'neue Produktion' nicht auf konkrete Zeiträume zu terminieren, sondern sie befindet sich in einem stetigen Entwicklungsprozeß.

bedeutsam, weil die dort angestrebten Ziele durch eine Integration von transformations-spezifischen Lösungen - also die eigentlichen Fertigungsprozesse der Materialverände-rung in physischer Hinsicht - und transferspezifischen Lösungen - also die raum-zeitliche Veränderung - durch den Einsatz technischer und organisatorischer Methoden und Instrumente realisiert werden. Diese Innovationen fördern letztendlich die Koordination und Flexibilität zwischen Produktionsprozessen und Beschaffungs- und Distributionsaktivitäten.

Insbesondere im Rahmen der Produktionsplanung und -steuerung waren diese Ent-wicklungen teilweise sehr weitreichend. Sie beinhaltet im einzelnen die interdependen-ten Teilgebiete der Programmplanung, der Durchführungsplanung und der Bereitstel-lungsplanung.[169)]

Hier wurden in den vergangenen 20 Jahren Lösungen entwickelt, deren grundlegende Prinzipien mittlerweile eine Ausdehnung auf die gesamte logistische Kette gefunden haben. Wesentlich für diese Veränderungen ist jedoch, daß sie mit einer Evolution der zugrundeliegenden Denkmuster und Wertesysteme verbunden waren, die letztendlich einen entscheidenden Bedeutungswandel und eine Aufwertung für die betriebs-wirtschaftliche Logistik insgesamt beinhalteten. Vor allem die Erfolge, die auf der Basis der Just-in-time Philosophie und den damit verbundenen Änderungen der Methoden, Prinzipien, Konzepte, Techniken und Instrumente hinsichtlich des Materialflusses im Rahmen der Produktionsplanung und -steuerung erreicht werden konnten, sind hierfür maßgeblich. Die logistische Symptomatik, die sich in der Reduzierung der Bestände sowie der Verkürzung der Durchlaufzeiten und somit der Verbesserung des Lieferservice ausdrückt, führte dazu, daß die Just-in-time (JIT) Bedingungen zunächst als Erfolg der Logistik angesehen wurden. Insgesamt betrifft der JIT-Kontext jedoch nicht nur ausschließlich den Materialfluß, sondern den gesamten Leistungserstellungs-und Managementprozeß. Die Thematisierung von Rüstzeiten, Qualitätssicherung, Lie-ferantenbeziehungen im Zusammenhang mit JIT sowie die weiterreichenden Konzepte wie 'Schlanke Produktion' oder 'Schlankes Management', die sich nicht nur ausschließ-

---

169) Dabei umfaßt die Produktionsprogrammplanung die Ermittlung der Art und Anzahl von Pro-dukten, die innerhalb einer bestimmten Periode zu produzieren sind. Die Produktionsdurchfüh-rungsplanung beinhaltet die Zuordnung von Produktionsmengen zu betrieblichen Resourcen, die Ermittlung der Faktorkombination, die zeitliche Verteilung des Produktionsprogrammes in der Planungsperiode, die Planung der innerbetrieblichen Losgröße sowie die Auftragsreihenfolge-und Maschinenbelegungsplanung. Schließlich soll die Bereitstellungsplanung die Versorgung der Bedarfsstellen mit entsprechenden Produktionsfaktoren gewährleisten. Vgl. zu dieser oder weiteren möglichen Aufgabeneinteilungen der Produktionsplanung bspw. Adam (1993), S. 37-40, Kistner, Steven (1993), S. 3f., Zäpfel (1982), S. 37.

lich mit dem Materialfluß und dessen Rahmenbedingungen befassen, sondern auch z.B. mit der Verkürzung von Produktentwicklungszeiten, deuten dieses an.

Ausgerechnet in diesem zentralen Bereich herrscht in der wissenschaftlichen Literatur bezüglich der präzisen Unterscheidung von Logistik und Produktion konzeptionelle Konfusion. Dieser Konflikt wird allerdings nicht in einem offenen wissenschaftlichen Diskurs ausgetragen. Vielmehr tritt er implizit bei der Behandlung von Problemen des Produktionsmanagements auf und kann durch die beiden folgenden konträren Standpunkte beschrieben werden:

In der ersten Position wird die Materialflußsteuerung im Rahmen der Produktion und Fertigung dem allgemeinen Produktionsmanagement und hier insbesondere der Produktionsplanung zugeordnet. Die Probleme der Einrichtung von Lagerbeständen, der Terminierung und Durchführung von Materialtransporten, des Daten- und Informationsaustausches zur Steuerung der Transportaktivitäten ergeben sich dann als Teil- oder Folgeproblem der Produktionsdurchführungsplanung. Entsprechend dieser Sichtweise werden die eingesetzten Steuerungsinstrumente eher so interpretiert, daß sie die Inanspruchnahme der Fertigungs(transformations)kapazitäten festlegen.[170]

Die Vertreter[171] der zweiten Position beschreiten den umgekehrten Weg. Sie interpretieren das gesamte Aufgabengebiet der Produktionsplanung und -steuerung als (produktions-)logistisches Problem. Bei dieser Perspektive steht die Aufgabe der Steuerung von Materialflüssen im Vordergrund. Transformationseinheiten werden lediglich als Quellen und Senken von Materialflußströmen verstanden, die Planung und Steuerung der Produktionsdurchführung dient der Optimierung des Materialflusses. Rüstzeiten- und Layoutänderungen der Transformationseinheiten oder unterschiedliche Losgrößen verändern die Struktur der Materialflüsse.

Der hier lediglich knapp skizzierte Richtungsstreit deutet erneut auf das Fehlen der konzeptionellen Grundlagen der betriebswirtschaftlichen Logistik hin; er kann an dieser

---

170) Dies führt zu dem Phänomen, daß zahlreiche Autoren, die sich mit Fragen des Produktionsmanagements auseinandersetzen und dabei Themen behandeln, die in Verbindung mit der betriebswirtschaftlichen Logistik diskutiert werden (so bspw. KANBAN oder JIT), auf die Auseinandersetzung mit der Logistik und sogar die bloße Erwähnung des Begriffes völlig verzichten können. Vgl. bspw. Adam (1993), Kistner, Steven (1993), Japan Management Association (1989), Hay (1988), Graham (1988).

171) Vgl. hierzu Zäpfel (1991), Ihde (1991), S. 215ff., Wildemann (1986), Baglin et al. (1990), Bäck (1984), S. 156, Kirsch et al. (1973), S. 262.

Stelle ohne deren Fundierung nicht entschieden werden[172]. Gleichwohl können die in dem starken Interdependenzbereich zwischen Logistik und Produktion angesiedelten Planungs- und Steuerungsmethoden knapp behandelt werden, da sie wesentliche Bausteine für die hier zu lösende Problematik darstellen. Für ein Verständnis der Zielsetzungen und Funktionsweisen der verschiedenen Konzepte und Methoden zur Produktionsplanung und -steuerung sind allerdings Kenntnisse über die Rahmenbedingungen der aktuellen Situation in der industriellen Fertigung nötig.

Im folgenden werden daher zunächst Kontext und Veränderungstendenzen zur Produktionsplanung - und hier insbesondere der Durchführungs- und Bereitstellungsplanung - dargelegt, die eine Ausgangsbasis für die logistische Perspektive begründen. Anschließend können verschiedene Lösungsansätze zur zentralen und dezentralen Materialflußsteuerung skizziert sowie deren Anwendung und Weiterentwicklung für andere Bereiche des logistischen Kanals vorgestellt werden.

c1. Rahmenbedingungen für die Materialflußsteuerung in der Fertigung

Bereits in Kapitel B wurden auf allgemeiner Ebene logistikrelevante Änderungen von Umweltbedingungen diagnostiziert. Diese sollen hier in bezug auf ihre Konsequenzen speziell für die Fertigung und das Produktionsmanagement differenzierter dargestellt und analysiert werden.[173]

Die Bestrebungen, heterogene Kundenwünsche durch eine Ausdehnung des Produktprogrammes[174] bei gleichzeitiger Reduktion der Absatzzahlen je Produktart zu erfüllen, steigerten die Komplexität in der Fertigung in mehrfacher Hinsicht:

- Mit der Anzahl potentieller Endprodukte erhöht sich auch die Anzahl der zu be- und verarbeitenden Rohstoffe, Vor- und Halbfertigprodukte mit entsprechenden Konsequenzen für den Koordinationsaufwand.

---

172)   Vgl. dazu die Technologiekonzeption in Abschnitt D dieses Kapitels.

173)   Vgl. Adam (1993), S. 17, Bäck (1984), S. 20, Hayes, Wheelwright, Clark (1988), S. 12f.

174)   Dies manifestiert sich sowohl in der Erhöhung der Anzahl an verschiedenen Produkten als auch in der Zunahme an Produktvarianten.

- Lineare und sequentielle Fertigungsabläufe werden im Rahmen der Reduktion der Fertigungstiefe und durch eine Parallelisierung von Fertigungsprozessen abgelöst. Dadurch wird der terminliche Abstimmungsbedarf vergrößert.

- Verbesserung von Serviceelementen wie Lieferzeit und -zuverlässigkeit erhöhen den Koordinationsaufwand zusätzlich, da kurze Lieferzeiten bei häufiger Änderung des Nachfrageverhaltens nicht über den Aufbau von Fertigproduktläger und den damit verbundenen hohen Lagerkosten angestrebt werden.

- Die Absicherung gegen Unsicherheiten im Nachfrageverhalten führt zu einer anteiligen Verminderung von prognoseorientierter zugunsten auftragsorientierter Fertigung.[175)

- Die Möglichkeiten zur Gestaltung von Produktionssystemen[176) haben sich allein durch technischen Fortschritt beträchtlich erweitert. Maßgebliche Entwicklungen in dieser Hinsicht sind die Computerunterstützung in der Fertigung (CAM), z.B. durch Flexible Fertigungssysteme (FFS) und den Einsatz von CNC-Maschinen, oder die strukturelle Innovation z.B. durch Fertigungssegmentierung.

In der klassischen Produktionsplanung wird eine hohe Effizienz und Kapazitätsauslastung der Fertigungsanlagen durch Emanzipation von Umweltbedingungen durch Einrichten von Puffern in Form von Eingangs-, Halbfertigteile- und Versandläger angestrebt.[177) Bei Vorliegen der oben skizzierten Umweltbedingungen führt dies zu langen Durchlaufzeiten, hohen Lagerbeständen und einer unzureichenden Flexibilität bei Nachfrageänderungen. Aktuelles Produktionsmanagement[178) versucht demgegenüber, die Reagibilität der Produktion auf mögliche Umweltänderungen zu erhöhen. Die Zielsetzung wird durch kurze Durchlaufzeiten bei gleichzeitiger Reduzierung der

---

175) Die Entscheidung zwischen prognose- oder spekulationsorientierter und kundenauftragsbezogener Leistungserstellung betrifft im Grunde die Festlegung der betrieblichen Hauptlagerstufe oder des order-penetration-point. Vgl. dazu etwa Zinn, Levy (1988), S. 34f., Wagner (1978), S. 191, Wildemann (1986), S. 41 oder Darr (1992), S. 284.

176) Das Produktionssystem stellt nach Zäpfel (1989), S. 91, die Menge an Produktiveinheiten, d.h. Arbeitskräften und Betriebsmittel dar, die arbeitsteilig eine Leistung erstellen. Neben der Bestimmung der Produktionstechnik wird das Produktionssystem durch die Wahl des Organisationstypes der Produktion und der Fertigungstiefe determiniert.

177) Die eigentliche Fertigung wird als geschlossenes System betrachtet, welches von störenden externen Einflüssen seitens des Marktes zu befreien und isoliert zu optimieren ist. Vgl. Ihde (1991), S. 215, Wildemann (1991), S. 413.

178) Die Entwicklungen in der Produktionsplanung werden in der Literatur schon als Paradigmenwechsel in der Theorie des Produktions-Managements bezeichnet. Vgl. Knolmayer (1987), S. 55.

(Sicherheits-)Bestände an Vor-, Halbfertig- und Endprodukten operationalisiert. Erreicht werden sollen diese Ziele durch den bereits angedeuteten Wandel der Werte und Orientierungsgrundlagen des Produktionsmanagements. Diese artikulieren sich durch die der modernen Logistikperspektive zugrundeliegende ganzheitliche systemische Betrachtungsweise sowie das Flußprinzip. Letzteres besagt im Produktionsbereich[179] konkret, daß zur Vermeidung des Aufbaus von Lagerbeständen[180] oder der ungenügenden Kapazitätsauslastung von Fertigungseinheiten die mittlere Transformationsdauer je Produktionseinheit gleich dem durchschnittlichen Zeitbedarf für die Beschaffung der dazu benötigten Vorprodukte ist. Mithin gilt die Forderung, die Bearbeitungsgeschwindigkeit mit den Materialzu- und -abgangsgeschwindigkeiten zu synchronisieren.[181] Die Fertigungssteuerung zielt dazu auf eine Glättung der Produktion durch entsprechende Festlegung der Einlastung oder Freigabezeitpunkte. Die ganzheitliche Betrachtungsweise sichert darüber hinaus, daß der Produktionsbereich nicht isoliert, sondern in Übereinstimmung mit Bedingungen von Beschaffungs- und Absatzmarktseite[182] koordiniert wird.

Für die Realisierung dieser Ziele stehen neben der Gestaltung der Produktionssysteme[183] selbst auch die Prinzipien der Produktionsdurchführungs- und -bereitstellungsplanung mit entsprechenden Methoden und Techniken zur Materialflußsteuerung zur Verfügung.[184]

---

179) Dabei ist es für die Flußorientierung strenggenommen unerheblich, ob Produktion hier im engeren Sinne als Fertigung bzw. Transformation begriffen oder im weiteren Verständnis des Wortes als jegliche Leistungserstellung - also z.B. auch Warenverteilung und Kommissionierung - aufgefaßt wird. Vgl. dazu Baglin et al. (1991), S. 30, die dieses Prinzip auch auf in Kreditinstituten oder Schulen erbrachte Produktions(dienst)leistungen übertragen.

180) Lagerbestände in diesem Sinne sind sowohl die physischen Materialbestände, die als zeitliche Pufferlager eingerichtet werden, als auch Auftragsbestände, die auf Bearbeitung oder Einlastung in die Fertigung warten.

181) Vgl. Baglin et al. (1991), S. 31, Adam (1991), S. 474f.

182) Das heißt konkret, daß zur Lieferantenseite eine Materialflußsteuerung in der gesamten Zulieferkette angestrebt und auf der Absatzseite die Eindringtiefe des Kundenauftrages in die Fertigung (betriebliche Hauptlagerstufe) und somit der Postponement-Grad erhöht wird.

183) Dies ergibt sich daraus, daß die Potentialfaktoren der Fertigung durch ihre technischen Leistungsmerkmale wie Bearbeitungsgeschwindigkeit, Rüstzeit etc. direkten Einfluß auf die Durchlaufzeiten haben.

184) Vgl. Ihde (1991), S. 215.

- *58* -

Unterscheiden lassen sich die Ansätze nach dem Grad der Steuerungsautonomie[185] der jeweiligen Materialbedarfsstellen[186].

c2. Materialflußsteuerung im Rahmen der Produktionsplanung mit zentralen Steuerungskomponenten

Insbesondere durch die Anwendung der automatisierten Datenverarbeitung konnten zentrale Steuerungsinstrumente zur Festlegung der Bearbeitungsreihenfolge, der Losgrößenplanung und der Materialflußsteuerung in der Produktionsplanung erfolgreich etabliert werden. Zwei bedeutsame Komponenten zentraler Produktionsplanungs- und -steuerungssysteme (PPS-Systeme) sind das Material Requirements Planning (MRP) und das Manufacturing Resource Planning (MRP II).[187]

- Material Requirements Planning (MRP)

Im Rahmen des MRP wird zunächst die (rechenaufwendige) Auflösung des Produktionsprogrammplanes (Primärbedarf an Endprodukten) in Stücklisten und Materialbedarfspläne (Nettobedarfsermittlung) durchgeführt. Anschließend werden die Losgrößen von Vor- und Zwischenprodukten vorgelagerter Produktionsstufen ermittelt sowie die Terminierung und die Bedarfszeitpunkte durch Vorlaufverschiebungen so bestimmt, daß ein zulässiger Gesamtplan entsteht. Durch MRP soll eine Materialbereitstellung in zeitlicher und mengenmäßiger Hinsicht so erfolgen, daß die Produktion der Fertigprodukte liefertermingerecht bei einer Verringerung der Lagerbestände ermöglicht wird.[188] MRP erlaubt eine stärker an der Endproduktnachfrage orientierte Produktionsplanung.[189] Der Einsatzbereich des Konzeptes liegt in der mehrstufigen Fertigung, wo sich bei einer großen Anzahl an Fertigungsstufen und -teilen Vorteile gegenüber klassischen Dispositi-

---

185) In der Literatur finden sich weitere verschiedene Abgrenzungskriterien. So differenziert Wildemann (1991), S. 418 Integrationsmöglichkeiten des Materialflusses in Grad der Computerunterstützung sowie aufbau- und ablauforganisatorische Maßnahmen. Zäpfel, Missbauer (1987), S. 883 trennen nach der Übertragung auf zentrale oder dezentrale Planungsstellen.

186) Dies können verschiedene Einheiten in der logistischen Kette sein, so z.B. Fertigungsstellen in der Produktion oder Depots in der Warenverteilung.

187) Vgl. zu MRP Orlicky (1975) und zu MRP II Wight (1981) sowie zu zusammenfassenden Darstellungen Kistner, Steven (1993), S. 223ff. und 256ff., Ihde (1991), S. 222, Monhemius (1987), S. 41ff.

188) Vgl. Kistner, Steven (1993), S. 227.

189) Vgl. Ihde (1991), S. 232, der dies als Wechsel vom Push- zum Pullprinzip bezeichnet.

onsverfahren ergeben. Kritik wird an MRP insofern geübt, als die Festlegung der Termine für Transfer- und Transformationsprozesse unabhängig von den vorhandenen Kapazitäten erfolgt und Informationen über Störungsgrößen nicht in die Planung einbezogen werden[190]. Diese Defekte führten zur Erweiterung von MRP um Vor- und Rückkopplungsmechanismen und Kapazitätsbedarfsplanung in Regelkreisen (Closed-Loop MRP) und zur Einbettung in die umfassendere MRP II Konzeption.

- Manufacturing Resource Planning (MRP II)

MRP II bezieht Vertriebsgrößen, Wertkomponenten, Fertigungskapazitäten sowie Rahmendaten der langfristigen Planung in die Produktionsplanung und -steuerung mit ein. Die Vorgehensweise im Rahmen von MRP II ist zweistufig[191]. Ausgangspunkt der Fertigungs- und Materialflußsteuerung ist der Produktionsprogrammplan und die darauf aufbauenden MRP-Ergebnisse, die zunächst grob für einen größeren Zeitraum ermittelt werden. Aufbauend darauf sind - ebenfalls in einer vorläufigen groben Abschätzung - die dazu benötigten Fertigungs- und Materialflußkapazitäten zu planen. Sind Produktionsprogramm- und -hauptplan in dieser Form zulässig, kann eine detaillierte Feinplanung mit konkreten Auftrags- oder verläßlichen Prognosedaten für einen kürzeren Zeitraum erfolgen.

Die Güte der MRP-Konzepte ist grundsätzlich abhängig von der Aktualität der eingegebenen Daten bezüglich Kapazitäten, Beständen und Auftrags- und Prognosedaten. Daraus ergeben sich hohe Anforderungskriterien an die Zuverlässigkeit in der Datenermittlung und -erfassung sowie an die Aktualisierung der Datenbanken[192].

c3. Materialflußsteuerung im Rahmen der Produktionsplanung mit dezentralen Steuerungskomponenten

Neben rein dezentralen Konzepten wie dem hier zu behandelnden KANBAN-Prinzip kommen grundsätzlich auch solche in Betracht, die sowohl zentrale als auch dezentrale

---

190) Ihde (1991), S. 222 spricht in diesem Zusammenhang vom Steuerungsprinzip als Basis von MRP. Im Gegensatz dazu liegt MRP II ein Regelprinzip zugrunde.

191) Vgl. Monhemius (1987), S. 49f, Kistner, Steven (1990), S. 252f., Adam (1993), S. 454ff.

192) Vgl. Kistner, Steven (1990), S. 255, Maskell (1989), S. 34.

Entscheidungselemente enthalten[193]. Zu letzteren, die hier im einzelnen nicht diskutiert werden sollen,[194] sind Belastungsorientierte Auftragsfreigabe (BoA)[195], Retrograde Terminierung (RT)[196] oder Optimized Production Technology (OPT)[197] zu rechnen.[198]

Wie bei der MRP-Logik und den gemischt zentral-dezentralen Produktionsplanungs- und -steuerungskonzepten verfolgt auch das KANBAN-Prinzip die Ziele der Bestandsreduzierung bei gleichzeitiger Realisierung von kürzeren Durchlaufzeiten. Dies geschieht allerdings auf völlig unterschiedlichem Wege.

Grundlage dafür ist das sogenannte Supermarktprinzip[199]: Danach werden aus einem Lager an Produkten, die hinsichtlich der Menge und des Sortiments zentral festgelegt sind, von einem Verbraucher lediglich die aktuell benötigten Einheiten entnommen[200]. Die vorgelagerte (Fertigungs-)Stelle registriert den Fehlbestand und gleicht ihn aus. Die Anregungsinformationen für Materialfluß- und Fertigungsvorgänge werden durch Belege ausgelöst, die in Form von Identifikationskarten[201] an den Transportbehältern zwischen Verbrauchs- und Entnahmestellen sowie als Produktionskarten zwischen Entnahme- und Fertigungsstelle pendeln. Dadurch sowie durch die Festlegung von Inhaltsmenge und Anzahl der Behälter entstehen sich selbst steuernde Regelkreise[202] zwischen den jeweiligen Produktionsstellen. Insgesamt ermöglicht dieses Konzept der Produktionssteuerung eine hohe Transparenz, die in Verbindung mit der Delegation der Steuerungsaufgaben auf die entsprechenden Fertigungsstellen dort zu höherer Verantwortung und somit auch zu Anreizen zur permanenten Verbesserung

193) Adam (1993), S. 471 nennt diese "partiell zentrale Konzepte", Zäpfel, Missbauer (1987), S. 883 sprechen von "bereichsweise zentralen PPS-Systemen".

194) Stattdessen sei auf die jeweilige Literatur verwiesen.

195) Vgl. Wiendahl (1987), Bechte (1980), Zäpfel, Missbauer, Kappel (1992).

196) Vgl. Adam (1987), Adam (1993), S. 496ff.

197) Vgl. Goldratt (1988), S. 443ff., Jacobs (1984), S. 32ff.

198) Eine vergleichende Diskussion der genannten Konzepte aus logistischer Perspektive im Rahmen von PPS-Systemen führt Schulte (1991a), S. 197ff. durch.

199) Vgl. Japan Management Association (1989), S. 65, Wildemann (1988), S. 35.

200) Diese Entnahmepflicht durch die Bedarfsstelle wird im allgemeinen als Hol-Prinzip bezeichnet. Vgl. Wildemann (1983), S. 18, Kistner, Steven (1990), S. 277.

201) Die japanische Bezeichnung für diese Belege in Kartenform ist KANBAN.

202) Vgl. Wildemann (1983), S. 18.

führt. Weiterhin ermöglicht es das KANBAN-Prinzip, über die betriebs- und unternehmensinterne Materialflußsteuerung hinaus die Lieferanten zu integrieren.

Das KANBAN-Prinzip hat eine Reihe von Einsatzvoraussetzungen, die seine Verwendungsmöglichkeit für beliebige Produktionsbedingungen einschränken. Genannt werden hier vor allem[203] kontinuierliche Materialflüsse, gleichbleibende Produktqualität, ständig wiederkehrende Produktionssequenzen, ablauforientierte Betriebsmittelgestaltung und -anordnung sowie das Fehlen jeglicher Produktionsengpässe.

c4. Materialflußsteuerung außerhalb der Produktionsplanung

Insbesondere zur Verbesserung des Lieferservice und zur Reduzierung der Vertriebskosten wurden, aufbauend auf den Materialflußsteuerungskonzepten der MRP-Logik, in der physischen Distribution ähnliche Steuerungsinstrumente entwickelt. Analog zu MRP und MRP II werden sie mit Distribution Requirements Planning (DRP)[204] und Distribution Resource Planning (DRP II)[205] bezeichnet.[206]

Anwendungsgebiet für DRP II ist das Bestandsmanagement in mehrstufigen Warenverteilungsstrukturen. Ähnlich wie in den MRP und MRP II Ansätzen wird zunächst durch DRP ein Plan für die Bevorratungsmengen entwickelt. Im Gegensatz zu klassischen Lagerhaltungsmodellen werden die Bestandsmengen nicht als unabhängige, sondern als abhängige Größen geplant. Durch Integration der Daten über Bestände, Auftragsabwicklungs- und Transportzeiten im Distributionssystem[207] und deren Simulation können differenziertere Angaben über Bestellmengen und -zeitpunkte an den jeweiligen Bedarfsstellen getroffen werden.

Weiterhin können die Ergebnisse der Bestandsplanung im Distributionssystem für die Fertigungssteuerung verwendet werden. Dieser Aspekt verweist auf die grundsätzliche Zielsetzung der betriebswirtschaftlichen Logistik. Insgesamt wird die integrierte

---

203) Vgl. Wildemann (1983), S. 19f., Kistner, Steven (1993), S. 286f., Adam (1993), S. 487f.

204) Vgl. Stenger, Cavinato (1979), S. 1.

205) Martin (1983).

206) Vgl. Hutchinson (1987), S. 114.

207) Welches dann die Fertigwarenläger an den Produktionsstandorten einschließt.

Steuerung der Materialflüsse über mehrere Segmente der Wertschöpfungskette angestrebt.

In der wissenschaftlichen Diskussion wurde dieser Anspruch mit Hilfe systemtheoretischer Konzepte zu begründen versucht. Sie stellen bislang den wissenschaftstheoretischen Überbau der betriebswirtschaftlichen Logistik dar und sollen im folgenden Abschnitt untersucht werden.

4. Ansätze zur konzeptionellen Fundierung der Logistik im Kontext der wissenschaftlichen Forschung

Über die Entwicklung von strukturellen, prozessuellen und methodischen Komponenten der betriebswirtschaftlichen Logistik hinaus sind in der wissenschaftlichen Diskussion Bestrebungen unternommen worden, die konzeptionellen Fundamente der Logistik zu präzisieren, so daß ein abgrenzbares Forschungs- und Theoriengebäude entsteht.[208] In der Literatur sind mehrere interdependente und komplementäre Lösungsansätze zu finden, die auf der Grundlage der häufig postulierten integrativen oder ganzheitlichen Perspektive, die logistisches Handeln leiten soll, argumentieren. Zunächst sind jene Ansätze von Relevanz, die die Veränderung der Wertgrößen und des Bewertungsverhaltens[209] zur Planung, Steuerung und Kontrolle von Transferprozessen thematisieren.

Allgemein hat sich als Bezeichnung für die veränderte Grundhaltung zum Management von Transferprozessen und -systemen die Bezeichnung Logistik-Konzept[210] etabliert. So wurde bereits im Zusammenhang mit den Materialflußsteuerungskonzepten in der Produktion die Bezeichnung für diesen Bewertungswandel als Paradigmenwechsel

---

208)   Die Forderung Kuhns, die Logistik "... zu einer Konstruktionslehre oder Betriebslehre für logistische Systeme" auszuweiten, mag hier stellvertretend für viele Aussagen in dieser Richtung gelten. Kuhn (1986), S. 60, vgl. auch Jünemann (1989), S. 11.

209)   Vgl. die Ausführungen in Abschnitt B.

210)   Je nach Untersuchungsschwerpunkt werden unterschiedliche Begriffe verwendet. So subsumiert Pfohl (1990), S. 19 die verschiedene Merkmale unter den Begriff Logistikkonzeption, Rupper (1987), S. 11 spricht von Logistikkonzept, Weber (1990), S. 977 von der materialflußbezogenen Koordinationsfunktion der Logistik, ähnlich wie Wildemann (1984), S. 71, der die konzeptionellen Grundlagen als materialflußorientierte Logistik bezeichnet. In der anglo-amerikanischen Literatur ist vom 'logistical approach', Christopher (1989), S. 66 oder z.B. vom 'Physical Distribution Concept', Stern, El-Ansari (1988), S. 149, Staude (1987), S. 32, die Rede.

erwähnt.[211] Insgesamt werden unter dem Logistik-Konzept[212] einzelne Komponenten wie Serviceorientierung, Gesamt- oder Totalkostendenken, Flußprinzip sowie die systemtheoretische Betrachtungsweise zusammengefaßt. Alle diese Komponenten zusammen sollen sicherstellen, daß die Logistik über die rein operativen Aufgaben hinaus strategisch-wettbewerbliche Bedeutung erlangt. Über die ersten Komponenten wurde bereits ausführlich an anderer Stelle berichtet[213]. Aus wissenschaftlicher Perspektive ist jedoch der systemtheoretische Ansatz in der Logistik für eine Analyse bedeutsamer und ergiebiger, weil er insgesamt in der Logistik-Literatur auf breiter Ebene akzeptiert und verwendet wird und seine theoretische Ausgestaltung die integrative oder ganzheitliche Perspektive umfaßt. Aus diesen Gründen soll er in diesem Abschnitt im Vordergrund der Darstellungen stehen.

Die systemische Perspektive findet sich in verschiedenen Ausgestaltungsformen in fast allen grundlegenden Werken zur Logistik.[214] Dabei wird die Systemtheorie zunächst überwiegend zur Spezifikation der Komponenten der Logistik[215] einge-

---

211) Vgl. Abschnitt C.3.c.c1.

212) Vgl. etwa Pfohl (1990), S. 19ff., Magee, Copacino, Rosenfield, (1985), S. 7f.

213) Vgl. Abschnitt C.3.a.a1 und C.3.b.

214) Vgl. Pfohl (1990), S. 19, Magee, Copacino, Rosenfield (1985), S. 7ff., Kirsch, Bamberger, Gabele, Klein (1973), S. 82ff., Rose (1979), S. 14f., Bowersox (1978), S. 111ff. sowie die Übersicht bei Kortschak (1992), S. 31-46.

215) Zwischen den jeweiligen Autoren existieren dann z.T. beträchtliche Differenzen in der konkreten Ausgestaltung logistischer Systeme. Grundsätzlich ist festzustellen, daß zu Logistiksystemen neben physischen Elementen des Transfersystems (Läger, Transporteinheiten, Depots, Kommunikations- und Informationsinfrastruktur) auch spezifische Funktionen und Aufgaben der Logistik, so etwa Auftragsabwicklung oder Verpackung und Kommissionierung hinzugerechnet werden. Vgl. Pfohl (1990), S. 73ff., Bowersox, Closs, Helferich (1986), S. 105ff, Coyle, Bardi, Langley (1988), S. 19f. Vgl. zu den materiellen Komponenten von Transfersystemen auch die Abgrenzung in Abschnitt C.2. Eine sehr umfassende Konzeption der Komponenten der Logistik unternehmen Kirsch et al. Für sie konstituiert sich die Logistik aus dem makrologistischen System der Verkehrssysteme einer Volkswirtschaft, den logistischen Betriebswirtschaften als Verkehrsdienstleistern und den mikrologistischen Systemen der einzelnen Unternehmen selbst. Vgl. Kirsch et al. (1973), S. 82.

setzt.[216] Breitere systemistische Fundierungen erfolgen allerdings über die Spezifikation der Komponenten hinaus nur in wenigen Darstellungen.

Für eine tiefergehende systemtheoretische Argumentation können stellvertretend für die impliziten Systemismen weiterer Ansätze die Konzepte von Kessel, Borrmann, Rehm sowie von Kirsch et al. herangezogen werden. Für die Vertreter der ersten Gruppe stellt die betriebswirtschaftliche Logistik eine spezielle Systemtheorie dar.[217] Dabei nehmen sie eine Trennung in theoretische und angewandte Logistik vor. Ausgangspunkt für die Theorie der Logistik ist die Feststellung, daß die Logistik verschiedene Wissensgebiete[218] und somit auch wissenschaftliche Disziplinen einschließt. Die Theorie der Logistik beschäftigt sich mit dem Begriffssystem und den mathematischen Modellen zur Beschreibung von realen logistischen Systemen.[219] Die von den Autoren vertretene Mathematisierung der Logistik hat ihre Wurzeln in der militärischen Logistik und in den frühen Erfolgen des Operations Research zur Lösung der dort vorhandenen Materialflußprobleme. Dies wird anhand des folgenden Zitates deutlich:

"Logistics is the science concerned with the logical arrangement of the functional areas required to achieve a desired goal. In its best known sense, as a military term, logistics refers to the branch of military science concerned with the mathematics of transportation and supply, and the movement of bodies of troops. The military definition has been broadened for use in the study of the distribution systems, but retains its essential meaning, as can be seen by substituting the term 'logical arrangements'. In fact, let us now say 'logical conceptual arrangements' in place of 'mathematics'."[220]

---

216) In diesem Sinne werden Transfersysteme üblicherweise als Netzwerke interpretiert. Unter einem logistischem Netzwerk wird dann in Anlehnung an die Graphentheorie ein Gebilde verstanden, das aus Knoten und gerichteten Kanten besteht. Dabei stellen die Knoten Zeitüberbrückungs- oder Transformationsprozesse dar, die Kanten symbolisieren Raumüberbrückungsprozesse. Vgl. zur Netzwerkperspektive in der Logistik auch Delfmann (1989b), S. 95f., Fey (1989), S. 92f., Schary (1984), S. 15, Ballou (1985), S. 26, Coyle, Bardi (1984), S. 21f., House, Karrenbauer (1982), S. 121, Ihde (1991), S. 25 oder die Behandlung von Tourenplanungsproblemen in Abschnitt B.1.a1.

217) Vgl. Kessel, Borrmann, Rehm (1991), S. 31.

218) Angeführt werden die Wissensgebiete der Betriebswirtschaftslehre, der Informatik und der Technik. Vgl. Kessel, Borrmann, Rehm (1991), S. 32. Zu einer identischen Systematik der logistischen Wissensgebiete gelangt Meyer (1993), S. 258f.

219) Kessel, Borrmann, Rehm (1991), S. 32.

220) Mossman, Morton (1965), S. 3.

Die angewandte Logistik hingegen verwendet in diesem Verständnis die Theorie der Logistik zur Analyse, Planung, Gestaltung und Steuerung von realen logistischen Systemen[221].

Unabhängig von der Tatsache, daß die Anwendung der allgemeinen Systemtheorie grundsätzlich auf der Basis verschiedener Ansätze erfolgen kann[222], weisen die meisten Systemansätze zur betriebswirtschaftlichen Logistik Lücken oder sogar Mängel auf, die im folgenden näher untersucht werden sollen[223].

Wesentlich im Rahmen der systemtheoretischen Perspektive in der betriebswirtschaftlichen Logistik sind die Vollständigkeit der Systemabgrenzung sowie der postulierte Gestaltungs- und Steuerungsanspruch. In Anlehnung an verbreitete Definitionen soll hier unter System eine Menge von Elementen[224] verstanden werden, die miteinander in Beziehung stehen sowie über spezifische Eigenschaften und Differenzierungsfähigkeit zur Umwelt verfügen.[225] Logistik-Konzepte, die eine Fundierung über systemtheoretische Ansätze anstreben, müßten demzufolge zur Beschreibung logistischer Systeme deren Komponenten, Eigenschaften, die Art der Beziehungen zwischen den Systemkomponenten und die Unterscheidung zur Systemumwelt spezifizieren. Die in der Literatur vorhandenen Ansätze zur Konzipierung logistischer Systeme weisen dabei folgende Merkmale auf:

- Die Abgrenzung der Komponenten logistischer Systeme wird überwiegend auf der materiellen Ebene der Transfersysteme und -prozesse durchgeführt. Die Eigenschaft, Transferleistungen zu erstellen[226], ist für die Charakterisierung als Element eines logistischen Systems ausreichend. Somit können spezifisch soziale Komponenten logistischer Systeme, wie etwa kulturelle Phänomene in Form von Bewertungs-

221) Pfohl nennt in identischer Weise als Vorteile der systemischen Perspektive deren Anwendung in Form von beschreibenden, erklärenden und gestaltenden Aussagen zur Logistik. Vgl. Pfohl (1990), S. 20f.

222) Dies hat dann unmittelbar Konsequenzen auf die von der Logistik-Konzeption beanspruchte holistische Perspektive und auf das Analyseprozedere. Vgl. zu den Ausgestaltungsmöglichkeiten von Systemansätzen und deren Gegensätzen in Form von Ganzheits- oder Teileorientierung Müller-Merbach (1992), S. 854f.

223) Vgl. Hohmann, Sokianos (1985), S. 63.

224) Diese Elemente oder Komponenten können selbst wieder Systeme sein.

225) Vgl. zum Systembegriff Willke (1991), S. 37, Bunge (1979), S. 7.

226) Vgl. Kirsch (1971), S. 227, Pfohl (1990), S. 5, Rose (1979), S. 14.

mustern oder Wissen, das zur Lösung logistischer Probleme benötigt wird, nicht in die Systemkonzeption mit einbezogen werden.

- Als relevante Beziehungen zwischen Komponenten des logistischen Systems werden allgemein Austauschbeziehungen materieller oder quasi-materieller[227] Art auf der Ebene des Transfersystems diagnostiziert. Über diese reinen Austauschbeziehungen auf Transferebene existieren jedoch auch Beziehungen zur Koordination z.B. in Form von Regeln, direkten Anweisungen oder gegenseitiger Abstimmung.[228]

- Zur weiteren Spezifikation von speziellen logistischen Systemen sind deren Eigenschaften sowie deren Beziehungen zur Systemumwelt, somit die Systemgrenzen zu präzisieren. Dies ist insbesondere im Hinblick auf die häufig postulierte Integrationswirkung des Logistik-Konzeptes evident. Im Gegensatz zur Koordination, die Systemgrenzen nicht zwangsläufig verändert, werden bei einer Integration Systemgrenzen eliminiert, so daß aus mehreren Systemen eine geringere Anzahl neuer Systeme entsteht. Zur Unterstützung der Integrationsthese der Logistik müßte mithin eine Präzisierung der Systeme erfolgen, deren Systemgrenzen verändert werden. Zumeist wird in der Literatur postuliert, daß durch die systemtheoretische Analyse der logistischen Leistungserstellung die Optimierung des Gesamtsystems im Gegensatz zur Optimierung von einzelnen Subsystemen erreicht wird.[229] Unabhängig vom sicherlich zu hohen Anspruch des Optimalkriteriums[230] sind in systemtheoretischer Hinsicht die Bewertungsinterdependenzen zu präzisieren.

Insgesamt wird so deutlich, daß der in der Logistikliteratur verwendete Systemansatz als zu unpräzise und wenig elaboriert bezeichnet werden kann. Somit ist die konzeptionelle Fundierung der betriebswirtschaftlichen Logistik noch offen. Sie soll im folgenden Abschnitt auf der Basis der Technologie-Konzeption erarbeitet werden.

---

227) Unter quasi-materiell soll hier die Übertragung von Signalen etwa in Form von Daten verstanden werden.

228) Vgl. zu den möglichen Formen der Koordination in sozialen Systemen etwa Mintzberg (1981), S. 104 oder Quinn, Mintzberg, James (1988), S. 278-280.

229) Vgl. Rupper (1987a), S. 12, Reisch (1992), S. 4, Rey (1990), S. 45, Kessel, Borrmann, Rehm (1991), S. 32.

230) Dies würde wohlstrukturierte Probleme voraussetzen, ein Zustand, der bei komplexen Problemen in der Logistik sicher nicht vorliegt. Vgl. die Abschnitte C.1 und E.

D. Die Technologie-Konzeption als Forschungsrahmen für die betriebswirtschaftliche Logistik

Auf der Basis der bisherigen Ausführungen zur Entwicklung der betriebswirtschaftlichen Logistik in Praxis und Wissenschaft kann nun ihre konzeptionelle Präzisierung und wissenschaftstheoretische Einordnung vorgenommen werden. Dazu sollen zunächst die Inhalte der vorangegangenen Abschnitte grob zusammengefaßt und als vorkonzeptionelles Ergebnis terminologisch und inhaltlich komprimiert werden. Im nächsten Schritt ist dann auf abstrakter Ebene die Technologie-Konzeption vorzustellen. Dazu gehört die Erklärung des wissenschaftstheoretischen Hintergrundes und die Präzisierung ihrer Komponenten. Darauf aufbauend ist unter Verwendung der bisherigen Ausführungen zur Logistik zu prüfen, ob diese eine Technologie in obigem Sinne darstellt.

1. Reformulierung der Ergebnisse der historischen Logistikentwicklung als Ausgangspunkt für die konzeptionellen Grundlagen

Die bisherigen Untersuchungen zum Kontext logistischen Handelns auf praktischer und wissenschaftlicher Ebene lassen eine Unterteilung in drei Ebenen sinnvoll erscheinen. Zunächst ist der Objektbereich der Logistik in Anlehnung an den festgestellten Minimalkonsens der verschiedenen Logistikdefinitionen in Abschnitt A zu präzisieren. Die zweite Ebene stellt, aufbauend auf den Ausführungen des Abschnitts B, die Beurteilungs- und Bewertungsdimension der betriebswirtschaftlichen Logistik dar, die sich überwiegend aus den Entwicklungen im praktischen Unternehmenskontext ergeben hat. Schließlich kann als dritte Konstitutionsebene der aus praktischen und wissenschaftlichen Erkenntnisprozessen entstandene Wissens- und Methodenfundus zur Lösung logistischer Probleme gemäß den Ausführungen und Beispielen in Abschnitt C spezifiziert werden.

a. Ojektbereiche der betriebswirtschaftlichen Logistik

In Anlehnung an den bereits festgestellten Minimalkonsens verschiedener Logistik-definitionen[231] kann der Objektbereich der betriebswirtschaftlichen Logistik wie folgt definiert werden.

Gegenstand der Logistik sind aus traditioneller Perspektive grundsätzlich Transfer-systeme und die in ihnen stattfindenden Transferprozesse. Dabei sind Transferprozesse Vorgänge, die die räumlichen und zeitlichen Merkmale von Objekten verändern[232]. Mit den Transferprozessen untrennbar verbunden sind vor- und nachbereitende Aktivitäten.[233] Transfersysteme sind sozio-technische Systeme, deren originärer[234] Zweck die Abwicklung von Transferprozessen darstellt. Elemente von Transfersystemen sind somit auf materieller Ebene alle Vorrichtungen, die zur Vorbereitung oder Durchführung von Transferprozessen dienen, sowie jene Einrichtungen, die zur Übertragung von Daten und Informationen zur Steuerung und Regelung von Transferprozessen benötigt werden. Transfersysteme konstituieren sich jedoch nicht nur aus materiellen Komponenten, sondern sie enthalten immer auch Menschen[235], die Transferprozesse durchführen, planen, vorbereiten und kontrollieren. Objekte[236] von Transferprozessen können Realgüter[237], Personen oder Energie gleichermaßen sein.[238]

---

231) Vgl. Abschnitt A.2.

232) Vgl. Ihde (1991), S. 3. Grundsätzlich wird zwischen Transformationsprozessen, die die physi-schen Eigenschaften von Objekten verändern, etwa bei Fertigungs- und Konsumtionsprozessen, und Transferprozessen unterschieden. Diese Unterscheidung ist allerdings eher theoretischer Natur, da beide Vorgänge in der Regel simultan stattfinden. Auf der Basis des interpretati-onstheoretischen Handlungsmodells aus Abschnitt A.2 kann hier jedoch exakter formuliert werden. Danach sind Transferprozesse Interpretationskonstrukte in dem Sinne, daß sie Hand-lungen darstellen, denen als ausschließlicher oder dominierender Zweck die Änderung von räumlichen oder zeitlichen Merkmalen von Objekten zugeschrieben wird.

233) Hierunter sind Ordnungsleistungen, wie etwa die Kommissionierung oder Handlingleistungen, wie Verpacken oder Etikettieren zu subsumieren.

234) Originär bedeutet an dieser Stelle, daß die eigentliche Systemleistung - mithin die Eigenschaft, die aus allgemeinen Systemen Transfersysteme macht - in der Durchführung von Transferprozessen liegt.

235) Vgl. Magee, Copacino, Rosenfield (1985), S. 4.

236) Vgl. zu den Objekten von Transferprozessen etwa Feierabend (1980), S. 45f.

237) Unter Realgütern sollen hier sowohl Waren, wie Roh-, Hilfs- und Betriebsstoffe oder Vor-, Halbfertig- und Endprodukte, als auch allgemeines Material, wie Verpackungs-, Abfall- und Entsorgungsstoffe, subsumiert werden. Vgl. auch Abschnitt A.1 in diesem Kapitel.

Der Objektbereich der Logistik umfaßt nun die Planung, Durchführung und Kontrolle von Transferprozessen[239] genauso wie die Planung, Entwicklung und den Betrieb der dazu benötigten Transfersysteme.

Die betriebswirtschaftliche Logistik befaßt sich speziell mit den Transfersystemen und prozessen, die innerhalb und zwischen Unternehmen sowie zwischen Unternehmen und Konsumenten existieren bzw. stattfinden. Sie fallen im Zusammenhang mit der im Sachziel eines Unternehmens definierten Leistungserstellung regelmäßig an und können als gewöhnlich bezeichnet werden.[240] Diese Einschränkung schließt somit aus, daß jeder beliebige Transferprozeß in einem Unternehmen als Gegenstand logistischer Aktivitäten bezeichnet wird.[241]

Die Definition legt den materiellen Rahmen der Logistik fest und lehnt sich dabei an den in Kapitel A.2 ermittelten Minimalkonsens der in der Literatur gebräuchlichen Definitionen an. Explizit fehlen in der Definition Angaben zur Beurteilung logistischen Handelns. Diese sind Gegenstand logistischer Bewertungskonzeptionen.

---

238) In einer sehr weiten Abgrenzung der Logistik werden als Objekte auch Nominalgüter und Informationen eingeschlossen. Vgl. Szyperski, Klein (1993), S. 189. Dieser Auffassung kann hier nur bedingt gefolgt werden. Zur ausführlichen Begründung vgl. Abschnitt D.3.

239) Dies beinhaltet auch, wie bereits oben in Anlehnung an gebräuchliche Definitionen skizziert, die dazu benötigten Daten- und Informationsflüsse.

240) So trennen z.B. Schulten, Blümel (1984), S. 7 zwischen auf die Hauptfunktionen des Unternehmens bezogenen Logistikfunktionen und weiteren. Zu den letzteren rechnen sie etwa Ver- und Entsorgungsprozesse von unternehmenseigenen Kantinen, medizinischen Einrichtungen oder Beschaffung von Arbeitsschutzkleidung. Entsprechend dieser Auffassung sollen hier Transferprozesse und -systeme für Unterstützungseinheiten und -stäbe gleichfalls in den Objektbereich der Logistik miteinbezogen werden. Dies begründet sich dadurch, daß dort Transferprozesse ebenso regelmäßig durchgeführt werden wie bei den eigentlichen Leistungserstellungseinheiten. Weiterhin müssen die Materialver- und -entsorgungsprozesse von beiden Unternehmensgebieten teilweise sogar integriert geplant und durchgeführt werden, so z.B. bei Sondermüll oder recyclebaren Stoffen.

241) Allerdings beschränkt diese Definition die Logistik nicht lediglich auf die Wertschöpfungsaktivitäten im engeren Sinne oder die kundengerichteten Transfers, da bei der Leistungserstellung regelmäßig z.B. auch Entsorgungsprozesse anfallen. Somit müssen Entsorgungs- und Retrologistik eingeschlossen werden. In einem weiten Begriffsverständnis können allerdings diese Transferprozesse unmittelbar mit den Wertschöpfungsprozessen verbunden werden, sie stellen ein transferspezifisches Kuppelprodukt dar. Vgl. zur Systematisierung der Entsorgungslogistik Pfohl (1993), S. 24 oder zur Retrologistik und Verpackungsproblematik Delfmann (1992), S. 25.

b. Logistische Bewertungskonzeptionen

Hat sich bezüglich des grundlegenden Gegenstandsbereiches der Logistik im Verlaufe der historischen Entwicklung keine Veränderung ergeben, so gilt dies nicht für die Bewertungskonzeptionen. Hierunter sind nun die explizit zugrundeliegenden Ziele, Bewertungs- und Beurteilungsmuster zu verstehen, die Kontext und Handlungen in der Logistik determinieren und intendieren. In den vorangegangenen Abschnitten wurde deutlich, daß sich die Bewertungsgrößen zur Beurteilung der Güte logistischer Handlungen veränderten. So wurde im praktischen Kontext auf die Entwicklung von der reinen Frachtratenminimierung über Kosten-Trade-off Analysen in der Distribution und Erfolgsbeitrags- sowie Erfolgspotentialorientierung hingewiesen. Weiterhin betont die systemische Perspektive die Anforderung an eine stärkere Integration und Abstimmung der logistischen Handlungen untereinander und mit anderen Funktionsbereichen.

Konsequent nennt Pfohl[242] daher als wesentliche Komponenten einer Logistik-Konzeption deren Systemperspektive sowie das Gesamt- oder Totalkostendenken. Andere Autoren[243] sehen Vollständigkeit, Transparenz, Durchsetzungsvermögen, Kontrollmöglichkeiten und Kostengerechtigkeit als deren Bestandteile an.

An dieser Stelle ist zunächst weniger die konkrete Ausgestaltung oder der Inhalt einer logistischen Bewertungskonzeption von Bedeutung[244], sondern vielmehr die Tatsache, daß generell eine umfassende Beurteilung von Transfersystemen und -prozessen angestrebt wird.

c. Wissensformen zur Fundierung der Logistik

Wie bereits in Abschnitt C ausführlich dargelegt, wird zur Lösung logistischer Probleme Wissen eingesetzt, welches nicht nur auf praktischen Erfahrungen, sondern in zunehmendem Maße auch auf wissenschaftlichen Erkenntnissen beruht. Der Integrationsanspruch moderner Logistik-Konzeptionen erlaubt keine isolierte Ausführung oder Planung von logistischen Prozessen. Diese Zunahme an Interdependenz kann nur durch systematischen Erwerb und Verbreitung von Kenntnissen über Wirkungszusammen-

---

242)   Vgl. Pfohl (1990), S. 19-21.

243)   So z.B. Rupper (1987), S. 12.

244)   Vgl. hierzu Abschnitt IV. C.1.a.

hänge in Transfersystemen gehandhabt werden. Wie die Ausführungen in Abschnitt C verdeutlichten, werden zur Realisierung des Integrationsanspruches neben praktischem Wissen, welches aus der Durchführung von Transferprozessen entsteht, zunehmend auch solche Methoden und Verfahren eingesetzt, die sich wissenschaftlicher Erkenntnisse und Wissensbestände bedienen. Die Gründung einer eigenständigen Disziplin Logistik mit entsprechenden Verbänden oder Funktionsbereichen in Unternehmen ging mit der zunehmenden Nutzung wissenschaftlicher Methoden zur Lösung von Transferproblemen einher.

Der gegenwärtige Entwicklungsstand der betriebswirtschaftlichen Logistik läßt sich nun auf der Basis dieser Vorüberlegungen konzeptionell als spezielle Technologie präzisieren.

2. Theoretische Grundlagen einer Technologie-Konzeption

Für die weitere Vorgehensweise erscheint es sinnvoll, die Logistik konzeptionell so einzuordnen, daß sowohl ihr auf die Lösung von Praxisproblemen ausgerichteter Charakter als auch die dazu verwendeten wissenschaftlichen Ansätze thematisiert werden können.

Logistik beschäftigt sich weder in wissenschaftlicher noch in praktischer Hinsicht mit natürlichen Phänomenen, sondern ausschließlich mit künstlichen, also vom Menschen geschaffenen Sachverhalten[245]. Aus dieser Perspektive ist Logistik zunächst eine Technologie i.S. Johann Beckmanns[246]. Für die wissenschaftliche (und praktische) Behandlung logistischer Probleme ist es notwendig, die gewonnenen Erkenntnisse und das Wissen zur Logistik zu systematisieren und die verschiedenen Teilgebiete sowie die Nachbarbereiche der Logistik in Beziehung zu setzen. Dazu bietet sich die Technologie-Konzeption aus mehreren Gründen, die im folgenden aufgezeigt werden, an.

---

245) Vgl. Bunge (1985), S. 222.

246) Dieser bezeichnet in seinem 1806 erschienenen 'Entwurf der allgemeinen Technologie' die Technologie als "Wissenschaft von dem, was die Menschen mit Hilfe ihrer Körperorgane, vor allem der Hände, hervorbringen". Zitiert nach Ropohl (1973), S. 152.

a. Einführung in die Technologie-Konzeption

Bevor Logistik als Technologie spezifiziert werden kann, gilt es zu verdeutlichen, was allgemein unter einer Technologie zu verstehen ist. Dies soll hier auf der Basis einer breit ausgearbeiteten, spezifischen Technologie-Konzeption[247] geschehen, die nach dieser allgemeinen Einführung vorgestellt und im nächsten Abschnitt für die Logistik spezifiziert werden soll.

Das Wesen von Technologien wird bei einem Vergleich mit der reinen und der angewandten Wissenschaft einerseits sowie der Technik und der Kunst andererseits deutlich.

Wie bereits oben dargelegt, beschäftigen sich Technologien allgemein mit der Entwicklung und Herstellung von künstlichen, konkreten Dingen materieller und immaterieller Natur, deren Zweck darin besteht, eine bestimmte Funktion[248] zu erfüllen. Diese von Menschen geschaffenen künstlichen Dinge werden in der Sprache der Technologie als Artefakte bezeichnet.[249] Hierin liegt bereits ein wesentlicher Unterschied zur reinen oder angewandten Wissenschaft, welche an der Produktion von Wissen und Erkenntnissen an sich interessiert ist und dazu natürliche Dinge und Phänomene studiert. Technologie verwendet die Ergebnisse von Grundlagen- und angewandter Forschung in den Wissenschaften[250], der Wissenskörper der Technik konstituiert sich ausschließlich aus vorwissenschaftlichen Wissensbeständen[251].

---

247) Vgl. hierzu im wesentlichen Bunge (1974), S. 19-39, Bunge (1983b), S. 207-215, Bunge (1983c), S. 165-188, Bunge (1985), S. 219-311.

248) Diese Funktionalität oder Zweckgerichtetheit bzw. Instrumentalität, die den Menschen - in physischer oder psychischer Hinsicht - entlasten soll, fehlt bspw. bei der Kunst. Letztere produziert zwar auch Artefakte, allerdings sind diese auf ästhetische Betrachtung angelegt. Vgl. Rapp (1973), S. 109.

249) Für Artefakte ist wesentlich, daß sie durch erlernbares Wissen entstanden sind und von anderen genutzt werden können. Artefakte lassen sich weiter in: (1) Dinge (Artefakte im engeren Sinne), wie etwa künstliche Moleküle, Maschinen, Fabriken,; (2) Zustände, wie die Ausrottung von Krankheiten; (3) Veränderungen, wie z.B. Lesen lernen, unterscheiden. Vgl. Bunge (1985), S. 222, Bunge (1979), S. 209.

250) Vgl. Bunge (1985), S. 225, Bunge (1983b), S. 214, Bunge (1983c), S. 166.

251) Vgl. Bunge (1985), S. 220. Zu einer anderen Unterscheidung zwischen Technik und Technologie gelangt Stählin (1973), S. 82f. auf der Basis der Ausführungen Poppers. Danach ist Technik "... die unmittelbar praktische Anwendung der Technologie...", Stählin (1973), S. 83.

Der technologische Prozeß, in dessen Rahmen ein Artefakt entsteht, gliedert sich in drei Phasen[252]:

(1) In der Entwicklungsphase wird eine Repräsentation eines Artefaktes angefertigt. Dazu stehen den Entwicklern neben einem Fundus an substantivem wissenschaftlichen und technologischen Wissen Intuition, Erfahrung, generelle Prinzipien intellektueller Arbeit sowie bereits etablierte Methoden zur Verfügung.

(2) Die nächste Phase ist die Versuchs- oder Testphase, in der z.b. Prototypen, Pilotanlagen o.ä. angefertigt werden. Hierunter fallen auch Simulationsverfahren zur rechnergestützten Erprobung in der Vorrealisierungsphase.

(3) Die letzte Phase stellt der Implementierungsplan dar. Hierzu können flexible und starre Planung zur Realisierung der Artefakte verwendet werden. Grundsätzlich gelten dafür die allgemeinen Einwendungen und Prinzipien zur Planung.

Die betriebswirtschaftliche Logistik stellt eine Technologie im obigen Sinne dar. Dies resultiert einerseits daraus, daß sie nicht als reine oder angewandte Wissenschaft eingestuft werden kann,[253] sondern auf die konkrete Lösung tatsächlicher (betriebswirtschaftlicher) Probleme ausgerichtet ist. Dabei wird sie sowohl als praktische als auch als akademische Disziplin betrieben, d.h. sie verwendet Wissen aus verschiedenen wissenschaftlichen[254] und praktischen Forschungsbereichen und Domänen zur Lösung ihrer Probleme. Damit hat sich die Logistik - und das wurde auch in der Skizzierung ihrer Entwicklungsgeschichte deutlich - von der Technik des Transportes und der Lagerhaltung zur Technologie gewandelt.

b. Grundlagen einer speziellen Technologie-Konzeption

Ausgangsbasis einer speziellen Technologie-Konzeption ist die folgende Definition. Danach beinhaltet Technologie

252)   Vgl. Bunge (1985), S. 225-231.

253)   Als solche müßte sie zum Ziel haben, durch wiederholbare Forschungsprozesse verläßliches Wissen oder Gesetze über die materielle Welt zu produzieren bzw. zu entdecken. Vgl. hierzu auch Rapp (1974), S. 102.

254)   Dies unterscheidet Technologie von reiner Technik, da letztere lediglich durch vorwissenschaftliches Wissen gekennzeichnet ist. Vgl. Bunge (1985), S. 220.

"(...) the scientific study of the artificial or, equivalently, as R&D (research and development). If preferred, technology may be regarded as the field of knowledge concerned with designing artifacts and planning their realization, operation, adjustment, maintenance and monitoring in the light of scientific knowledge."[255]

Technologien werden allerdings nicht isoliert betrieben. Vielmehr sind sie eingebettet in eine Familie von Technologien, bei der die jeweiligen Komponenten untereinander in Beziehung stehen. Die einzelnen Technologien lassen sich dabei wie folgt charakterisieren.[256]

Zunächst konstituiert sich eine Technologie durch die professionelle Gemeinschaft (professional community). Diese repräsentiert ein soziales System, welches sich aus Personen zusammensetzt, die eine spezielle Ausbildung erhalten haben, miteinander Informationsaustauschbeziehungen unterhalten, gemeinsame Werte teilen sowie Forschung in die Entwicklung, Planung und Bewertung spezifischer Artefakte initiieren oder traditionell betreiben. Weiterhin gehören hierzu natürlich auch die beherbergende Gesellschaft, die die Technologie fördert oder zumindest toleriert, sowie der spezielle Gegenstandsbereich, innerhalb dessen technologische Entwicklung betrieben wird.

Neben diesen materiellen Komponenten beinhaltet jede Technologie auch Bestandteile, die primär spezifische Wissensformen repräsentieren.

Zunächst gehören hierzu ethische Grundlagen, die als philosophisches Hintergrundwissen bezeichnet werden können. Weil Technologien niemals zweckfrei betrieben werden, sondern vielmehr der Lösung praktischer Probleme dienen, sind diese ethischen Grundlagen auch immer zweck- oder aufgabenbezogen.[257] Trotzdem werden Technologien nie dogmatisch betrieben, da sie letztlich der Suche nach Wahrheit und somit einer kritischen Prüfung verpflichtet sind.

Weiterhin entwickeln Technologien formales Hintergrundwissen, welches aus zeitgemäßen logischen und mathematischen Theorien besteht. Die Elaboriertheit und der Umfang dieses formalen Hintergrundwissens ist ein Indikator für den Entwicklungsstand der Technologie selbst. Hierzu gehört auch das Ausmaß, mit dem Technologien

---

255) Bunge (1985), S. 231. Vgl. zur ausführlichen Behandlung des technologischen Prozesses Abschnitt IV.C.

256) Vgl. Bunge (1985), S. 231-237 sowie Sikora (1994), S. 196f.

257) Vgl. Bunge (1985), S. 234.

Erkenntnisse und Methoden von Nachbartechnologien oder von anderen Wissenschafts-
bereichen sinnvoll einbeziehen.

Aus der technologischen Arbeit gehen nicht nur Artefakte hervor, sondern es wird
auch technologiespezifisches Wissen produziert. Dieses setzt sich aus aktuellen über-
prüfbaren Theorien, Hypothesen, Daten sowie Methoden, Entwicklungen und Plänen
zusammen, die kompatibel mit den zeitgemäßen Erkenntnissen in den Wissenschaften
und Nachbartechnologien sein müssen. Je nach Geschichte und Art einer Technologie
kann dieses technologiespezifische Wissen im Umfang differieren. Er ist allerdings
unabdingbar zur Formulierung eines technologischen Problems, weil sonst lediglich
technische oder prototechnologische[258] Probleme konstruierbar sind.

Die Ziele der Technologen sind auf die Entwicklung neuer Artefakte, die Entdeckung
alternativer Nutzungsmöglichkeiten bereits existierender Artefakte sowie Pläne zu deren
Realisation und Bewertung ausgerichtet. Wesentlich für die Ziele ist, daß sie auf Entwicklungen ausgerichtet sind und sich dabei der Hilfe der Wissenschaften bedienen.

Die Verfolgung der Ziele führt zur Herausbildung von praktischen und theoretischen
Problemen, die von Technologen als aktuelle Problematik einer Technologie bezeichnet
wird. Diese Problematik ist in sämtlichen Komponenten einer Technologie präsent,
allerdings mit jeweils unterschiedlicher Intensität.

Die Methodik einer Technologie beinhaltet die Methoden, die grundsätzlich bei der
Entwicklung, Bewertung und Realisierung von Artefakten eingesetzt werden können.
Sie lassen sich differenzieren in

- die wissenschaftliche Methode, die in der Konstruktion eines rein kognitiven Problems, der Formulierung und Überprüfung von Hypothesen sowie der sich evtl.
  anschließenden Hypothesenkorrektur oder Problemreformulierung besteht;

- die technologische Methode, die in der Konstruktion eines praktischen Problems, der
  Entwicklung des Prototyps eines Artefaktes, anschließender Test- und Korrektur-
  phase sowie der Konstruktion des Artefaktes bzw. der Problemreformulierung
  besteht.

---

258) Prototechnologien sind keine Technologien im hier skizzierten Sinne, weil ihnen wichtige
      Komponenten, z.B. die Nutzung des Wissens anderer Technologien oder Wissenschaften oder
      das formale Hintergrundwissen, fehlen . Vgl. Bunge (1985), S. 233.

Schließlich beinhaltet eine Technologie Werte in Form von Werturteilen über natürliche und künstliche Dinge oder Prozesse, die im Lichte der jeweils verfolgten Ziele getroffen werden. Hierin unterscheidet sich die Technologie von der Grundlagenwissenschaft, da letztere grundsätzlich werturteilsfrei betrieben werden muß.

Aus den bisherigen Ausführungen wurde bereits deutlich, daß Technologien nicht isoliert betrieben werden. Vielmehr sind sie in einem System konzeptionell und sozial miteinander verbunden und haben vielfältige Überschneidungen.[259]

Technologien verändern sich ständig, sind permanentem Wandel unterworfen. Dieser wird sowohl durch die Entstehung neuer Probleme innerhalb der Technologie als auch durch die Veränderungen in den Erkenntnissen verschiedener wissenschaftlicher Gebiete, deren sich die Technologie bedient, ausgelöst.

Wesentlich für die hier zu behandelnde Problemstellung ist weiterhin, daß Technologien nur Abstraktionen[260] sind. In der Realität sind technologische Werte, Wissensbestände und Überzeugungen immer an Personen und Gemeinschaften gebunden, die deren Einsatz, Reproduktion und Weiterentwicklung betreiben.

Im folgenden Abschnitt wird geprüft, ob die betriebswirtschaftliche Logistik eine Technologie im dargelegten Sinne repräsentiert. Zu diesem Zweck können die einzelnen Komponenten der Technologie logistikspezifisch konkretisiert werden.

3. Betriebswirtschaftliche Logistik als Technologie

Die Konkretisierung logistischer Technologiekomponenten kann nun nach den Erläuterungen in den Abschnitten B und C vorgenommen werden. Die dort dargelegten Entwicklungspfade und Bestandteile der Logistik in Wirtschaftspraxis und wissenschaftlichen Forschungsgebieten dienen der Spezifikation der Komponenten einer speziellen Logistik-Technologie.

---

259) Bunge spricht in diesem Zusammenhang von der Familie aller Technologien. Vgl. Bunge (1985), S. 236.

260) ebd.

Die professionelle Gemeinschaft der Logistiker erscheint mittlerweile etabliert. Indizien dafür sind z.b.

- die Organisation in entsprechenden Verbänden[261],

- die Verbreitung der logistischen Ausbildung im wissenschaftlichen Bereich an Hochschulen innerhalb verschiedener Studiengänge,

- die Beziehungen, die über Publikationsmedien, Kongresse und Veranstaltungen, aber auch durch Forschungsprojekte und die Mitgliedschaft in den Verbänden zwischen den Mitgliedern der professionellen Gemeinschaft institutionalisiert werden.

Kritisch ist in bezug auf die professionelle Gemeinschaft anzumerken, daß es bislang kaum Ausbildungsgänge gibt, die explizit auf der Basis wissenschaftlicher Grundlagen einen spezifischen Abschluß unter der Bezeichnung Logistik ermöglichen. So wird Logistik in der wissenschaftlichen Ausbildung sowohl in ingenieurwissenschaftlichen als auch in ökonomischen Studiengängen als ein Spezialisierungsgebiet angeboten, dann jeweils mit unterschiedlichen Inhaltsschwerpunkten[262]. Ein getrennter Studiengang Logistik existiert bislang recht selten[263]. Ebensowenig ist in der nichtwissenschaftlichen Ausbildung ein einheitliches Berufsbild eines Logistikers zu finden, vielmehr werden z.b. verkehrsträgerspezifische oder an gesetzlich definierten Berufsbildern orientierte[264] Ausbildungen einheitlich anerkannt.[265]

---

261) In Deutschland sind hier exemplarisch die Deutsche Gesellschaft für Logistik (DGfL), die Bundesvereinigung Logistik (BVL) oder der Bundesverband Materialwirtschaft und Einkauf (BME) zu nennen. Für einen Überblick über amerikanische Logistikverbände vgl. etwa Johnson, Wood (1986), S. 21-25.

262) Einen groben Überblick über die an deutschen Hochschulen existierenden Institutionen mit logistischen Spezialisierungsmöglichkeiten, deren Forschungsschwerpunkte und Praxisprojekte liefert bspw. o.V. (1991), S. 45-52. Für die an amerikanischen Universitäten herrschende Ausbildungssituation gibt eine von der Harvard Universität im Zeitraum von 1960 bis ca. 1980 durchgeführte Längsschnittanalyse Einblick. Vgl. Lück (1984), S. 89ff.

263) In Europa bietet lediglich die Fachhochschule Venlo in einem eigenen Fachbereich Logistik einen integrierten Studiengang mit dem Abschluß eines Ingenieurs Logistik-Management. Vgl. o.V. (1993), S. 312.

264) Beispiele hierfür sind die Berufsbilder des Luft- oder Eisenbahnverkehrskaufmannes bzw. der Speditionskaufleute.

265) Die Bemühungen, das Berufsbild und die Ausbildungsinhalte des Logistikers - auch auf internationaler Ebene - festzulegen und zu standardisieren, dauern z.Z. noch an. Vgl. Graebig (1991), S. 35.

Die beherbergende Gesellschaft muß an dieser Stelle nicht weiter problematisiert werden. Insgesamt wird die Logistik-Technologie durch die übergeordneten sozialen Systeme, zumindest in Deutschland, eher gefördert. Dies läßt sich anhand der Finanzierung von logistischen Forschungsprojekten durch öffentliche Stellen belegen[266]. Die von der jeweiligen Gesellschaft geschaffenen politisch-rechtlichen, sozio-ökonomischen und kulturellen Rahmenbedingungen beeinflussen den Entwicklungsstand einer Technologie nachhaltig.[267] Für die Logistik-Technologie sind z.B. vorhandene Verkehrs- und Kommunikationsinfrastrukturen oder der Reifegrad benachbarter Wissenschaften und Technologien maßgebliche Einflußgrößen.[268]

Der Gegenstandsbereich oder die Domäne der betriebswirtschaftlichen Logistik läßt sich zunächst als Planung, Entwicklung, Gestaltung und Betreiben von Transfersystemen[269] und den korrespondierenden steuernden bzw. kontrollierenden Informationssystemen konkretisieren. Hinsichtlich der Objekte der Transferprozesse erscheint beim gegenwärtigen Entwicklungsstand der Logistik-Technologie eine Einschränkung auf Realgüter sinnvoll, obgleich in der Literatur auch Nominalgüter (»Finanz- oder Zahlungsströme«), Personen, Energie sowie Daten oder Informationen thematisiert werden.[270] Die Einschränkung auf Realgüter scheint aus mehreren Gründen zweckmäßig und plausibel:

- Die Problematik des Transfers von Nicht-Realgütern wird bereits innerhalb anderer Technologien behandelt. So ist z.B. der Daten- oder Informationsfluß Gegenstand der Elektrotechnik und der Informatik, der Energiefluß Objektbereich der Technologie des Elektroingenieurwesens. Gleichwohl gilt auch hier, daß diese Technologien sich der Erkenntnisse und Artefakte der Logistik-Technologie bedienen. Somit

---

266) Vgl. z.B. Bochum, Meißner (1988) sowie Däunert (1994)

267) Exemplarisch kann hier auf Entwicklungsstadien der Logistik in Kapitel II.B verwiesen werden: Wesentliche Impulse zur Etablierung der Logistik wurden z.B. durch verändertes Nachfrageverhalten und den korrespondierenden Produktionsbedingungen ausgelöst, die in der Konsequenz die Produkt- und Teilevielfalt und somit die Anforderungen an die Logistik vergrößerten.

268) Vgl. zur Thematik gesellschaftlicher Rahmenbedingungen der Logistik etwa Ihde (1991), S. 120ff., Pfohl (1990), S. 255ff.

269) Für die betriebswirtschaftliche Logistik sind allerdings nur die Transfersysteme von Bedeutung, die innerhalb oder zwischen Unternehmen sowie zwischen Unternehmen und Endverbrauchern bestehen.

270) Vgl. Jünemann (1989), S. 12.

können spezifische Komponenten dieser Nachbartechnologien naturgemäß identische Elemente der Komponenten der Logistik-Technologie enthalten.[271]

-   Die professionelle Gemeinschaft der Technologen der betriebswirtschaftlichen Logistik ist aufgrund ihrer Historie[272] eher an solchen Ver- und Entsorgungsprozessen orientiert, die mit Realgütern operieren.

-   Das benötigte Wissen über Transferobjekte und -systeme unterscheidet sich z.T. beträchtlich. Das Beispiel der Vorschriften und Verordnungen zur Beförderung gefährlicher Güter mag verdeutlichen, wie umfangreich die Kenntnisse allein im Realgüterbereich sein können. Identisches gilt für den Transfer von Daten und Informationen.[273] Es erscheint nicht sinnvoll, die Logistik-Technologie durch die Einbeziehung möglichst vieler Transferobjekte über ihre geschichtlichen Wurzeln hinaus aufzublähen.

Logistik-Technologie hat somit die Aufgabe, Artefakte zu entwickeln, die strukturelle Rahmenbedingungen für den Transfer von Realgütern darstellen. Logistische Artefakte in diesem Sinne lassen sich sehr breit definieren. Beispiele für Artefakte sind etwa Transportverpackungen und -behälter, Ladehilfsmittel oder die in Abschnitt C.2.b vorgestellten Materialflußsteuerungsinstrumente wie KANBAN oder DRP.

Speziell das Beispiel der Fertigungssteuerung in Abschnitt C.3.c sowie der aktuelle Integrationsanspruch der Logistik verdeutlichten jedoch, daß eine Beschränkung des Gegenstandsbereiches auf reine Transfersysteme zu eng erscheint. Durch die Entwicklung der Konzepte zur Fertigungssteuerung werden schließlich gleichzeitig Aktivitäten der Transformation (durch die Festlegung der Produktionsreihenfolge) und des Transfers geplant. Von daher soll im folgenden der Gegenstandsbereich der Logistik-Technologie mit der Entwicklung von Artefakten charakterisiert werden, welche transferspezifische Eigenschaften von allgemeinen Wertschöpfungssystemen verändern.

---

271) So weisen bspw. das formalwissenschaftliche Hintergrundwissen und die Methodik zur betrieblichen Layoutplanung in der betrieblichen Fertigung identische Bestandteile auf, wie bei der Ermittlung der Netzwerkstruktur von elektrischen Hochspannungsleitungen. Die professionelle Gemeinschaft und das Hintergrundwissen, z.B. über Transferobjekteigenschaften und Transfermittel, sind jedoch völlig unterschiedlich.

272) Vgl. Abschnitt B.

273) Vgl. Klein (1992), S. 202, der grundlegende Unterschiede zwischen den Transferobjekten 'Ware' und 'Information' charakterisiert.

Die Ziele der Logistik-Technologie sind ganz allgemein darauf ausgerichtet, die Qualität transferspezifischer Eigenschaften von Wertschöpfungssystemen durch den Einsatz wissenschaftlicher Methoden und Erkenntnisse zu verbessern. Die Spezifizierung transferspezifischer Eigenschaften lassen sich hier in einer vorläufigen Abgrenzung, z.B. anhand von Größen des Lieferservice, vornehmen. Trotz dieser breiten Abgrenzung dürfte im gegenwärtigen Entwicklungsstand der Wissensbestand der Logistik im Bereich der Entwicklung und Steuerung von Transfersystemen am stärksten ausgeprägt sein.

Weiterhin können die ethischen Annahmen und somit das philosophische Hintergrundwissen[274] für die betriebswirtschaftliche Logistik präzisiert werden. Logistik-Technologen gehen grundsätzlich davon aus, daß sich Transfersysteme und die transferspezifischen Eigenschaften von Wertschöpfungssystemen steuern und beherrschen lassen. Dies setzt voraus, daß es bezüglich deren Entwicklung, Veränderung und Betreibens Gesetze, Regeln oder zumindest begründ- und nachweisbare Wirkungszusammenhänge gibt.[275] Allerdings ist diese Annahme in Anbetracht der Komplexität von Transfersystemen hier kritisch zu überprüfen. So erfordert insbesondere der Integrationsanspruch in arbeitsteiligen Wertschöpfungssystemen eine Revision der dominierenden Regelungsprinzipien.

Das formale Hintergrundwissen der Logistik-Technologie wurde bereits ausführlich dargelegt[276]. Der Entwicklungsstand kann als weit fortgeschritten bezeichnet werden. Dies trifft sowohl für die Konstruktion formaler Modelle zur Unterstützung oder Lösung logistischer Probleme im Rahmen des Operations Research als auch für das mathematische Hintergrundwissen, das in den jeweiligen Teilbereichen des Operations Research eingesetzt wird, zu. Die Evolution der betriebswirtschaftlichen Logistik wurde wesent-

---

274) Auf die Notwendigkeit der Einbeziehung philosophischen Hintergrundwissens weist bereits Stock (1990), S. 5, hin: "... materials from the area referred to as 'philosophy of science' could be applied to logistics theory development."

275) Beispielhaft könnten hier die bereits formulierten und bekannten Regeln wie Lieferservice-Kosten-Trade-off, optimale Bestell- oder Losgrößenformel, generelle Kosten-Trade-offs genannt werden, die allerdings aufgrund des mangelnden Ausbaus der Logistik-Kostenrechnung noch als sehr vage und unpräzise bezeichnet werden müssen. Besser erscheint die Situation in den ingenieurwissenschaftlichen Bereichen der Logistik, insbesondere bezüglich der materiellen Komponente von Materialflußsystemen.

276) Vgl. dazu Abschnitt II.C.1.

lich durch den formalwissenschaftlichen Impetus geprägt. Dabei wird die Entwicklung dieses formalen Hintergrundwissens in verschiedenen Gremien[277] betrieben.

Das spezifische Wissen der Logistik-Technologie begründet sich auf verschiedene Wissenschaften und Technologien. Hervorzuheben sind hierbei insbesondere:

- Technologien ingenieurwissenschaftlicher Ausrichtung, die zur Entwicklung und Steuerung von Materialfluß- und Lagerhaltungssystemen benötigt werden, so z.B. Architektur[278], Maschinenbau, Elektroingenieurwesen, Informatik und Kommunikationswissenschaften, Steuerungstechnik u.a.[279]

- Verschiedene Sozio- und Psychotechnologien, die unterstützend zur Bewertung von Transfersystemen eingesetzt werden können (so z.B. in der Serviceforschung zur Untersuchung über Wahrnehmung des und Anforderungen an den Logistikservice; weiterhin sind Verfahren des Operations Research zu nennen, die eine Bewertung von Transfersystemen mit ökonomischen Größen ermöglichen).

- Auch wenn Teilbereiche eines Transfersystems (moderne Hochregalläger, Fahrerlose Transportsysteme der innerapparativen Produktionslogistik o.ä.) fast ohne menschliche Hilfe computergestützt betrieben werden können, bleiben diese im Lichte des Integrationsanspruches aktueller Logistik-Konzeptionen Segmente, die in ein soziotechnisches System eingebettet sind. Die Koordination von Transferprozessen in logistischen Ketten oder Netzwerken bei Entscheidungsautonomie in den jeweiligen Knoten ist ein Managementproblem, welches nur durch den Einsatz aller Technologien und Wissenschaften gelöst werden kann, die auch für allgemeine Managementprobleme Verwendung finden.

Die Problematik der Logistik-Technologie ist teils ausführlich, teils nur sehr unvollständig formuliert. So sind neben den in Abschnitt C vorgestellten Forschungsschwerpunkten folgende Probleme zu benennen:

- Das verwendete spezifische Hintergrundwissen ist unvollständig. So wird in der Logistik-Technologie der Entwicklungsschwerpunkt häufig auf einer eher exaktwis-

---

277) Zu nennen sind hier Autoren, die in Publikationsorganen mit überwiegend OR-orientiertem Interesse an Transport- und Lagerhaltungsproblemen, so z.B. Zeitschriften wie Transportation Research, veröffentlichen.

278) Vgl. Reichardt (1993), S. 23.

279) Vgl. Roos (1992), S. 41.

senschaftlichen Ebene gesucht und dabei vernachlässigt, daß logistische Systeme soziale Systeme mit allen Konsequenzen sind. Die Ausdehnung des Hintergrundwissens auf andere Wissenschaften und Technologien, die stärker auf die sozialsystemische Praxis abzielen, ist somit erforderlich.

- Weitere Probleme entstehen z.b. durch Unsicherheiten bzgl. der zu untersuchenden Fragestellungen oder der Art der anzustrebenden Problemlösungen. Beispielhaft können hier bezüglich der Integrationsproblematik die Alternativen der stärkeren Vernetzung von rechnergestützten Kommunikations- und Abwicklungssystemen, die präzisere Festlegung von Koordinationsmechanismen zwischen Organisationseinheiten sowie die Schaffung von neuen Organisationseinheiten, die eine integrierte Leistungserstellung in komplexen Logistik-Netzwerken ermöglichen, genannt werden.

Der in der Logistik-Technologie verfügbare Wissensfundus ist erst in wenigen Bereichen[280] weit entwickelt, insgesamt aufgrund des geringen Alters der Technologie in vielen Gebieten[281] noch ausbaubedürftig. Beispiele für durch die Logistik-Technologie entwickelte Wissensgebiete sind neben den bereits erwähnten formalen Modellen und Theorien der Operations Research spezielle Methoden und Konzepte der Materialflußsteuerung[282], Pläne und Entwicklungen der Materialfluß- und Lagertechnik[283] oder Methoden der logistischen Kontrolle[284]. Für den weniger elaborierten Bereich sind insbesondere Lücken in den Wissensgebieten zu nennen, die einen Anspruch darauf erheben, den hohen Integrations- und Innovationsanspruch mit spezifischen Kontroll- und Steuerungsinstrumenten[285] regeln zu wollen.

---

280) Zu nennen sind hier sicherlich Heuristiken und Algorithmen des Operations Research zur Lösung von Transport-, Lagerhaltungs- sowie Packproblemen. Vgl. Abschnitt II.C.1.

281) Und dies sind nicht nur lediglich die in Kapitel II.C genannten Forschungsschwerpunkte.

282) Anzuführen wären hier bspw. die Just-in-time Philosophie oder die KANBAN-Steuerung in der Produktionslogistik.

283) Wie etwa Fahrerlose Transportsysteme oder chaotische Lagerhaltung in automatisierten Hochregallägern.

284) Etwa das noch in der Entwicklung befindliche Logistik-Controlling, inclusive der entsprechenden logistischen Kosten- und Leistungsrechnung, die eine Analyse der Kosten-Trade-offs in der Logistik oder zwischen der Logistik und anderen Unternehmensbereichen ermöglichen sollte.

285) Dies trifft gleichermaßen auf Steuerungskonzepte des Logistik-Controlling wie auch auf solche Konzepte zu, die durch organisatorische Regeln zur Lösung der aktuellen strategischen Probleme der Logistik beitragen wollen. Vgl. hierzu jedoch die Problembeschreibung in Abschnitt III.

Neben allgemeinen Methoden wissenschaftlicher und technologischer Natur existieren innerhalb der Logistik-Technologie auch spezifische Methoden, wie z.b. Verfahren des Operations Research[286], Flußdiagramme, Netzplantechnik oder die Durchführung und Anwendung von Simulationstechniken. Systematisierungskriterien für Methoden können z.b. an der Struktur der logistischen Probleme orientiert sein[287] oder nach dem Gegenstandsbereich[288] unterschieden werden.

Im Gegensatz zu wissenschaftlichen Disziplinen, die im Grunde werturteilsfrei betrieben werden sollten, liegen einer Technologie bei der Entwicklung von Artefakten immer Werturteile zugrunde. Technologien bewerten und beurteilen ihre Umwelt und die entwickelten logistischen Artefakte im Hinblick auf deren Beitrag zur Erfüllung bestimmter Zweck oder Ziele. Wie in Abschnitt II.B deutlich wurde, haben sich gerade die logistischen Bewertungsmuster während der Entwicklung der betriebswirtschaftlichen Logistik sehr stark verändert. Beispielsweise basieren die im Rahmen der Produktionsplanung- und -steuerung verfolgten logistikrelevanten Ziele, so etwa die Verkürzung der Durchlaufzeiten zur Reduktion der Lieferzeiten bei gleichzeitiger Senkung der Kosten der Lagerhaltung in Produktion und Warenverteilung, auf logistikspezifischen Werturteilen oder Werturteilssystemen[289]. In der Produktionsplanung führten[290] Änderungen in den Werturteilen zur Entwicklung von verschiedenen Instrumenten (Artefakten) zur Steuerung und Regelung des Material- und Informationsflusses.

Logistische Werturteile reichen über die reine Bewertung anhand von vorgegebenen Zielen und Zielsystemen hinaus. Sie stellen grundlegende Sichtweisen und Einstellungen dar. So werden z.B. im KANBAN-System die Ziele der Produktionsplanung durch stärker dezentral orientierte Selbststeuerung realisiert, wohingegen MRP II-Systeme

---

286) Neben Optimierungstechniken insbesondere die zahlreichen Heuristiken im Bereich der Lagerhaltungsmodelle, Standortwahl, Tourenplanung und Packprobleme. Vgl. die Ausführungen und Beispiele in Abschnitt C.1.

287) So z.B. wohl- oder schlechtstrukturierte Probleme. Vgl. Adam (1993) S. 3ff.

288) Hierunter sind etwa die spezifischen Komponenten eines Transfersystems zu verstehen.

289) Diese Werturteile symbolisieren sich sprachlich in Begriffen, die häufig zur Veranschaulichung von aktuellen Logistik-Konzeptionen genannt werden, so z.B. 'Fluß- statt Bestandsorientierung', 'Just-in-time Philosophie' oder 'Ganzheitliche Perspektive'. Darüber hinaus sind hier auch die in Abschnitt B skizzierten Änderungen von Intentionen und Bewertungsgrößen für logistisches Handeln zu nennen. So etwa die Entwicklung von reinen Kostengrößen (auszahlungs- und später wertorientiert) zu Erfolgsgrößen mit entsprechenden Trade-off-Analysen und schließlich zur strategischen Ausrichtung auf die Entwicklung von Erfolgspotentialen.

290) Vgl. die Ausführungen zu Konzepten und Instrumenten der Materialflußsteuerung in Abschnitt C.3.c

zentralistischer ausgerichtet sind. Trotz identischer Ziele (Reduzierung der Durchlaufzeiten und Lagerkosten der Fertigung und Warenverteilung) sind hier unterschiedliche
Artefakte (KANBAN und MRP II) auf der Basis unterschiedlicher Werturteile
(Selbststeuerung vs. zentrale Steuerung) entwickelt worden, die jedoch zu vergleichba-
ren Zielerreichungsgraden führen.

Die Wertekomponente wird in der Logistik explizit durch die zugrundeliegende
Logistik-Konzeption artikuliert, repräsentiert und entwickelt. Die Qualität von Transfersystemen oder logistischen Netzwerken ist daher auch immer abhängig von der Qualität
und der Etablierung der jeweiligen Logistik-Konzeption. Gerade ihre Veränderung n
Richtung Ganzheitlichkeit, Flußorientierung und strategische Ausrichtung führte aber
zur gestiegenen Bedeutung der betriebswirtschaftlichen Logistik-Technologie, die eine
größere Aufmerksamkeit bezüglich organisatorischer Regelungen erfordert.

Abschließend kann nun die betriebswirtschaftliche Logistik wie folgt definiert werden:

**Die betriebswirtschaftliche Logistik ist eine spezielle Technologie, deren
allgemeiner Gegenstandsbereich die Veränderung transferspezifischer
Eigenschaften von Wertschöpfungssystemen ist. Einen besonderen
Schwerpunkt bilden hierbei Probleme der Entwicklung und der Veränderung von Transfersystemen.**

Unter Transfersystemen sollen hier sozio-technische Systeme verstanden werden,
deren primärer Zweck die Durchführung von Transferprozessen ist. Transferprozesse
sind sämtliche Handlungen und Vorgänge, die räumliche und zeitliche Eigenschaften
von Objekten verändern. Objekte von Transferprozessen i.S. der betriebswirtschaftlichen Logistik sind primär Realgüter. Gleichwohl können die für transferspezifische
Aufgabengebiete relevanten Informations- und Datenversorgungssysteme ebenfalls
Gegenstand der betriebswirtschaftlichen Logistik sein. Zur Lösung ihrer Probleme
bedient sich die Logistik-Technologie sowohl wissenschaftlicher Disziplinen und weiterer spezieller und allgemeiner Technologien als auch auf vorwissenschaftlichem Wege
gewonnener Erkenntnisse.

Die spezielle Logistik-Technologie weist jedoch im derzeitigen Entwicklungsstand
Mängel und Lücken auf, die im folgenden Abschnitt konkretisiert werden. Sie begründen den Forschungsbedarf und die Problemstellung dieser Arbeit.

E. Zur Notwendigkeit einer organisationstheoretischen Erweiterung der Logistik-Technologie

Nach der konzeptionellen Fundierung der Logistik als spezielle Technologie kann die im Rahmen dieser Arbeit zu behandelnde Problem- und Aufgabenstellung nun präzise formuliert und die weitere Vorgehensweise begründet werden. Ausgangspunkt bildet der gegenwärtige Entwicklungsstand der Logistik-Technologie hinsichtlich der einzelnen Komponenten. Hervorzuheben sind hierbei insbesondere die Eigenheiten von Transfersystemen, die Generierung und Etablierung von Zielen und Wertkomponenten sowie die Konstituierung der Logistik-Technologie in Unternehmen sowie in logistischen Ketten.

Bereits der Aufbau und der derzeitige Leistungsanspruch von Transfersystemen stellen besondere Herausforderungen an die betriebswirtschaftliche Logistik-Technologie. Darüber hinaus führt der Integrationsanspruch, der aktuellen Logistik-Konzepten als Wertesystem zur transferspezifischen Beurteilung und Strukturierung von Wertschöpfungsprozessen zugrunde liegt, dazu, daß die Abgrenzung der unter einheitlichen Zielgrößen zu bewertenden Leistungserstellungsaktivitäten in größerem Rahmen erfolgt.[291] Zusätzlich wird durch den strategischen Anspruch der betriebswirtschaftlichen Logistik eine Darlegung der mit Innovationssituationen verbundenen Problematik nötig. Dabei hat es die bisherige Logistikliteratur versäumt, logistik-technologische Entwicklungssysteme zu konkretisieren und die daraus resultierenden Anforderungen zur Koordination auf einem breiteren organisationstheoretischen Fundament zu verhandeln.

Im folgenden Kapitel werden daher die bisherigen Beiträge der Logistikliteratur zur Lösung organisatorischer Probleme und deren verwendete Hintergrundannahmen dargelegt. Dabei ist festzustellen, daß sich der überwiegende Anteil der logistischen Organisationsliteratur mit aufbauorganisatorischen Regeln zur Wahrnehmung von Transferaufgaben befaßt. Konzeptionellen Hintergrund bildet der kontingenztheoretische Ansatz in der Organisationsforschung. Im einzelnen bedeutet dies die Konstruktion von logistischen Kontingenzfaktoren aus dem Gegenstandsbereich, dem Wertesystem oder den Zielen der Logistik-Technologie und die Manifestation dieser Faktoren in konkreten Regeln und Koordinationsformen aufbau- und -ablauforganisatorischer Art.

---

291) Eine ausführliche Begründung dieser These erfolgt in Kapitel III. Desweiteren wird dort auch behandelt, nach welchen Kriterien dann eine Abgrenzung im Hinblick auf Bewertungs- und Steuerungsaufgaben vorgenommen werden kann.

Die Behandlung der organisatorischen Koordination von Transfersystemen anhand des kontingenztheoretischen Ansatzes löst jedoch noch nicht die Innovationsproblematik der Logistik-Technologie. In Kapitel IV ist daher die Institutionalisierung der Logistik-Technologie in Unternehmen zu thematisieren

Der wesentliche Fortschritt bei der Konzeptualisierung der Logistik als spezielle Technologie liegt darin, daß der materielle und konzeptionelle Rahmen für logistikspezifisches Wissen explizit zum Untersuchungsgegenstand erhoben wird. Innovationsprobleme[292] erfordern eine Erweiterung und Modifikation des bisher zur Lösung von Routineaufgaben etablierten Wissens. Logistik-Technologie muß zunächst feststellen, wer in Unternehmen an der systematischen Entwicklung und Präzisierung logistischen Wissens partizipiert. Für eine vollständige Konkretisierung der Logistik-Technologie im Unternehmenskontext sind jedoch die unternehmensspezifischen Umwelten der Logistik-Technologie zu ermitteln. Dies ist aus zwei Gründen unabdingbar. Zum einen wurde in der Darstellung der Grundlagen zur Technologie bereits erörtert, daß die Ziele, die eine Technologie durch die Entwicklung konkreter Artefakte unterstützt, nicht innerhalb der Technologie selbst entstehen, sondern von Auftraggebern vorgegeben werden. Zweitens wird das Wissen über logistische Artefakte nicht nur in der Entwicklungsphase, sondern auch während der Implementierungsphase und im permanenten Einsatz ständig erweitert und konkretisiert. Technologen partizipieren somit auch an den kommunizierbaren Erfahrungen von Anwendern und Benutzern logistischer Artefakte. Schließlich wird Logistik-Technologie nicht nur von Technologen in praxisnahen Forschungs- und Entwicklungslabors betrieben, sondern auch von Technologen, die in Personalunion gleichzeitig Mitglieder des Transfersystems oder des Managementsystems sind.

Der zweite Teil der in dieser Arbeit zu behandelnden organisationstheoretischen Fragestellung zielt somit explizit auf die strategisch-wettbewerblichen Aufgaben der betriebswirtschaftlichen Logistik, mithin auf die Lösung von schlechtstrukturierten Problemsituationen. Die Basis für strukturelle Gestaltungsempfehlungen bilden hierbei geänderte organisationstheoretische Grundannahmen, weil der kontingenztheoretische Ansatz in bezug auf die Erklärung der Innovationsfähigkeit ergänzungsbedürftig ist.[293] Daher soll in Kapitel IV, insbesondere auf der Basis des Konzeptes organisatorischen

---

292) Die strategischen Aufgaben des Aufbaus von Erfolgspotentialen werden üblicherweise als schlechtstrukturierte Innovationsprobleme bezeichnet. Vgl. Delfmann (1989), S.106.

293) Für eine ausführliche Begründung dieser These vgl. das kritische Resümee in Kapitel III oder Türk (1989), S. 5.

Lernens, ein Ansatz zur organisatorischen Integration der Logistik-Technologie entwikkelt werden.

III. Organisationsstrukturelle Problemstellung und ihre Lösungsansätze in der betriebswirtschaftlichen Logistik

Auf der Grundlage des im vorhergehenden Kapitel entwickelten Logistikverständnisses kann nun eine Darstellung und kritische Bewertung der derzeitigen Forschungsergebnisse zur Organisation der betriebswirtschaftlichen Logistik vorgenommen werden. Die Konzipierung der betriebswirtschaftlichen Logistik als spezielle Technologie erlaubt es, die Abgrenzung der bisherigen Forschungsfragen und die verwendeten wissenschaftlichen und technologischen Konzepte und Erkenntnisse zu präzisieren.

So ist zunächst in einem ersten Schritt die organisatorische Problemstellung auf der Basis des aktuellen Entwicklungsstandes der betriebswirtschaftlichen Logistik-Technologie zu entfalten. Dazu sind die im vorherigen Kapitel aufgezeigten Anforderungen an die Logistik im Hinblick auf deren strategische Dimension und den postulierten Integrationsanspruch neu zu formulieren. Im Mittelpunkt des Interesses stehen dabei Fragen zur Koordination durch Regeln aufbauorganisatorischer Natur.

Anschließend kann die Darstellung der bisherigen Ansätze zur Organisation der Logistik in zwei Stufen erfolgen. Zunächst wird allgemein die verbreitete organisatorische Konzeptualisierung und deren dominantes organisationstheoretisches Paradigma, nämlich der kontingenztheoretische Ansatz, erörtert. Darauf aufbauend können die bisherigen Lösungsbeiträge systematisch präsentiert werden. Dabei beschränkt sich die in der Literatur behandelte Problemstellung im wesentlichen darauf, strukturelle Gestaltungs- und Handlungsempfehlungen für Transfersysteme und -prozesse sowie deren Interaktion mit ihren relevanten Umwelten auf der Basis von Regelungen speziell aufbauorganisatorischer Art zu entwickeln. Die in den frühen 80er Jahren durchgeführten Untersuchungen zur Organisation der Logistik sind um aktuelle Ansätze der logistischen Segmentierung zu erweitern.

Abschließend sind der kontingenztheoretische Ansatz und die darauf basierenden aufbau- und ablauforganisatorischen Regelungen für Transferprozesse auf der Basis der Logistik-Technologie kritisch zu würdigen und die sich daraus ergebenden Forschungsfragen zu präzisieren.

A. Die organisatorische Grundproblematik in der betriebswirtschaftlichen Logistik-Technologie

1. Organisationstheorien als Komponente der Logistik-Technologie

a. Zur Grundproblematik organisationswissenschaftlicher Forschung

Die wissenschaftliche Auseinandersetzung mit Organisationen[1] verfolgt gleichzeitig mehrere Intentionen. Einerseits sind Erklärungs- und Analysemuster für die Entstehung und die Funktionsweise von Organisationen zu entwerfen. Andererseits sollen aus dem Verständnis über diese Funktionsweisen Handlungsempfehlungen entwickelt und formuliert werden.[2] Ergebnisse organisationswissenschaftlicher Forschung sind explizite Theorien, die Ausgangsbasis auch für unternehmerisches oder Managementhandeln darstellen.

Die Organisationswissenschaft selbst ist dabei allerdings kein einheitliches Forschungsfeld, sondern sie ist vielmehr in der Zusammensetzung bezüglich der Forschungsgemeinschaft, der konzeptuellen Rahmen und der zentralen Gegenstandsbereiche der Forschung heterogen.[3]

---

1) In einer breiten Begriffsverwendung, die mit dem allgemeinen betriebswirtschaftlichen Organisationsverständnis übereinstimmt, sollen Organisationen hier zunächst allgemein als soziale kooperative Systeme interpretiert werden, deren Entwicklung darauf ausgerichtet ist, individuelle Beiträge und Handlungen auf eine Zielerreichung hin zu verstärken. Vgl. Hodge, Anthony (1988), S. 7, Frese (1992), S. 2.

2) Somit verfolgt organisationswissenschaftliche Forschung sowohl empirisch deskriptive als auch normative Intentionen.

3) Vgl. Sikora (1989), S. 79. Er bezeichnet in Anlehnung an Bunge die Organisationswissenschaften als "... ein locker verbundenes System von Forschungsfeldern...", ebd., ähnlich auch Motyka (1989), S. 16. Für Frese (1992), S. 359 besteht der "... gegenwärtige Erkenntnisstand der Organisationstheorie (...) aus einer Ansammlung zum Teil sehr heterogener Einzelerkenntnisse." Im Gegensatz zu diesen Positionen wird von Organisationswissenschaftlern der eher positivistisch orientierten Aston Group sehr wohl eine organisationstheoretische Disziplin aufzubauen, der von soziologischen Forschungsfeldern abgrenzbar ist und als eigenes, in sich geschlossenes Forschungsgebiet konstruiert wird: "Organization theory is no longer the sociology of organizations; it has developed as a discipline in its own right with it own problematics, theoretical structures and methods." Hinings (1988), S. 2. Vgl. dazu auch Donaldson (1985) sowie die teilweise heftig ausgetragenen Debatten im Anschluß an dessen Beitrag bei Kieser (1987), Clegg (1988), Aldrich (1988), Karpik (1988), Donaldson (1988).

Für die betriebswirtschaftliche Logistik kann zunächst allgemein die Forderung erhoben werden, daß sie sich zur Lösung ihrer aktuellen Probleme[4] der breiten Vielfalt organisationstheoretischer Ansätze bedienen sollte.

Grundsätzlich ist für die hier interessierenden Fragestellungen und insbesondere für die Reflektion über den gegenwärtigen Forschungsstand organisationstheoretischer Fragestellungen in der betriebswirtschaftlichen Logistik zu ermitteln, welcher Art Aussagen und Objektbereiche organisationswissenschaftlicher Forschung sein können. Dabei kann zwischen der konstruierten Symptomatik, deren zugrundeliegenden Ursachen und den konkret zu entwickelnden organisatorischen Artefakten differenziert werden.

Mögliche Gegenstandsbereiche der wissenschaftlichen Erforschung von Organisationen lassen sich allgemein etwa wie folgt einteilen:[5]

- Organisationsgrenzen und Umwelt

Die Definition von Organisationsgrenzen sowie die Interaktion mit der Umwelt sind Grundvoraussetzung zur Überlebensfähigkeit von sozialen Systemen. Unter Umwelt von Organisationen sind alle deren Handlungsweisen bestimmenden Bedingungen oder sonstige soziale Systeme zu subsumieren.

- Informations- und Entscheidungsprozesse

Organisationen müssen Informationsbeziehungen zur Umwelt etablieren, die Erkenntnisse über relevante Umweltänderungen übermitteln und somit auch Argumente für zu treffende Entscheidungen liefern.

- Organisationsentwicklung

Umweltänderungen erfordern organisatorische Anpassungs- und Veränderungsprozesse in Form von Entwicklung und Transformation. In diesem Zusammenhang ist neben der Veränderung von konkreten Organisationseinheiten auch die Veränderung von kognitiv-normativen Bezugsrahmen in Form von Unternehmensstrategien relevant.

---

4) Wie im folgenden aufgezeigt wird, sind dies insbesondere die Probleme der Integration und Innovation sowie die daraus resultierenden Komplexitätsprobleme. Vgl. Abschnitt III.A.2 bis III.A.4.

5) Vgl. etwa Hodge, Anthony (1988), S. 9ff., Scott (1986), S. 35ff., Quinn, Mintzberg, James (1988), S. 276ff., Mintzberg (1981), S. 116.

- Art der Arbeitsleistung

In Unternehmen werden verschiedene Formen von Arbeit verrichtet. Traditionelle Klassifizierungen[6] unterscheiden hier etwa zwischen objektbezogener und dispositiver Tätigkeit. Diese Einteilung gilt es im weiteren Verlauf zu konkretisieren.

- Organisationsstruktur

Basis für konkrete Organisationsstrukturen ist die formale Regelung der Koordination der durch Arbeitsteilung getrennten Komponenten. Letztere stellen organisatorische Bausteine dar, die je nach zugrundeliegendem organisationswissenschaftlichen Paradigma unterschiedlich ausgestaltet werden.[7] Insgesamt werden durch die Ausgestaltung der Struktur die Grundlagen für die Entscheidungs- und Kompetenzverteilung sowie die Art der Koordinationsbeziehungen geregelt.

- Politische Determinanten

Organisationen bestehen nicht lediglich aus Aggregaten einzelner Individuen, sondern sie unterteilen sich in soziale Gruppen und Koalitionen mit unterschiedlichen Machtstrukturen, die in politischen Prozessen Handlungslegitimität aushandeln.

- Kultur

Spezifische Eigenschaften wie Ideologien und Werte beeinflussen die Zielbildung und das Verhalten von Organisationsteilnehmern sowie deren relevanten Umwelten. Diese identitätsstiftenden Merkmale von Organisationen sind wesentlich für Entwicklungs- und Veränderungsfähigkeit und in unterschiedlichen Ausprägungen in sozialen Systemen immer präsent.[8]

Die genannten Bausteine können die organisationswissenschaftliche Forschung in verschiedener Art inspirieren und paradigmatischen Charakter entwickeln. Insgesamt

---

6) Vgl. hierzu Gutenberg (1983), S. 3.

7) So unterscheidet etwa Mintzberg im Rahmen des konfigurationstheoretischen Ansatzes zwischen Strategischer Spitze, technischen und Unterstützungseinheiten, mittlerer Führungsebene und Arbeitsebene. Vgl. Quinn, Mintzberg, James (1988), S. 278.

8) Dabei sind kulturelle Phänomene nie monokausal zu konstruieren. Soziale Systeme weisen meist mehrere Kulturen mit unterschiedlichen Dominierungsgraden auf, die sich ergänzen oder miteinander in Konflikt stehen können. Vgl. Wilkins, Ouchi (1983), S. 468, Schienstock (1993), S. 302 sowie zur Problematik dominierender Unternehmenskulturen Schreyögg (1988), S. 22ff.

sind die Ergebnisse und Perspektiven unterschiedlicher Organisationstheorien gemeinsam für die Probleme der betriebswirtschaftlichen Logistik verwendbar.

Ausgangspunkt für diese Verknüpfung ist allerdings zunächst die Formulierung der logistischen Problematik, für die Organisationstheorien Beiträge liefern sollen.

b. Organisationstheorien im Kontext einer speziellen Logistik-Technologie

Die Konzeptualisierung des Gegenstandsbereiches der Logistik-Technologie als Transferprozesse und -systeme ermöglicht die Integration organisationswissenschaftlicher Fragestellungen und Erkenntnisse in zweifacher Hinsicht.

Transferprozesse und -systeme stellen nur einen Ausschnitt organisatorischer Realität in sozialen Systemen dar. Es ist jedoch die besondere Eigenschaft von Transferprozessen, daß sie verstreut in verschiedenen Unternehmenseinheiten durchgeführt werden und daß zahlreiche - von der primären Aufgabenstellung her nicht transferorientierte - Einheiten signifikanten Einfluß auf die Leistungserstellung von Transfereinheiten ausüben[9]. Die Planung und Entwicklung logistischer Artefakte ist durch die postulierte integrative Bewertungsperspektive[10] zunehmend darauf angewiesen, die bei der Erstellung von Transferleistungen erforderlichen organisatorischen Koordinationsprozesse sowohl innerhalb von Transfersystemen als auch zwischen Transfersystemen und deren Umwelten zu berücksichtigen. Zielsetzung ist dabei, die Bildung von Organisationseinheiten nach einer Analyse kritischer Interdependenzen[11] der Aufgabeninhalte vorzunehmen. Logistik-Technologie muß somit die Erkenntnisse organisationswissenschaftlicher Forschung in ihren eigenen konzeptuellen Rahmen[12] integrieren und nutzen. Sie kann auf diese Weise dazu beitragen, Ziele, die in Unternehmen oder in Unternehmenskonglomeraten für die Erfüllung von Transferaufgaben entwickelt werden, besser zu erreichen.

---

9)   Zur Veranschaulichung mag die Interdependenz von Produktentwicklungs- oder -konstruktions- und Transferprozessen dienen. Erstere haben maßgeblichen Einfluß z.B. auf Handling-, Transport- und Lagereigenschaften von Halbfertig- und Fertigprodukten, auf die Anzahl der zu beschaffenden und einzulagernden Vorprodukte sowie über das Produktionslayout auf den inner- und zwischenbetrieblichen Materialfluß.

10)   Vgl. dazu das nächste Kapitel A.2.

11)   Vgl. Frese (1992), S. 372.

12)   Vgl. Bunge (1983a), S. 90.

- 93 -

Konkret bedarf es dazu einer Erweiterung des allgemeinen logistischen Hintergrundwissens durch organisationswissenschaftliche Erkenntnisse, die ihrerseits wieder auf der
Grundlage soziologischer, (sozial-) psychologischer, politischer oder ökonomischer
Wissenschaftsdiziplinen[13] gewonnen wurden. Das philosophische Hintergrundwissen
der Logistik-Technologie ist in der Form zu erweitern, daß Transferleistungen in
arbeitsteiligen sozialen Systemen erstellt werden. Diese sozialsystemische Perspektive
erfordert bei der Entwicklung von logistischen Artefakten die Beachtung entsprechender
Grenzen der fremdbestimmten Gestaltbarkeit. Weiterhin sollten insbesondere die in der
Logistik zur Anwendung gelangenden Methoden auf Basis der Erweiterung des
technologischen Hintergrundwissens um Managementmethoden zur Beeinflussung von
sozialen Systemen erweitert werden.

Der zweite Aspekt behandelt die Problematik, daß die Logistik selbst als eigenständige Disziplin in Unternehmen etabliert, also durch organisatorische Regelungen integriert werden muß. Dieser Aspekt erscheint insbesondere im Hinblick auf die strategische Bedeutung der Logistik unabdingbar. Logistik-Technologie als Wissensdomäne
zur Gestaltung und zum Betreiben von Transfersystemen und zur Verbesserung der
Transfereigenschaften von Wertschöpfungssystemen muß in Organisationen entwicklungsfähig, also auf die Erweiterung und Verbesserung der etablierten logistischen
Wissensbestände und Werte hin orientiert institutionalisiert werden. Diese Integration
der Logistik, sowohl allgemein in Unternehmen als auch speziell in den Transfersystemen, ist durch aktuelle organisationswissenschaftliche Erkenntnisse zu unterstützen, da
hier explizit über die reine Aufgabenebene der Transferhandlungen hinaus die Veränderung von kognitiven Zuständen durch Interaktion thematisiert wird.

Diese beiden organisationstheoretischen Problemfelder der betriebswirtschaftlichen
Logistik führen insbesondere durch die Integrations- und Innovationsansprüche ihrer
geltenden Ziel- und Wertesysteme zu einer Erhöhung der Komplexität innerhalb des
Gegenstandsbereiches der Technologie und innerhalb der Technologie selbst. Aufgrund
ihrer herausragenden Bedeutung für die logistische Organisationsproblematik sollen
deren Integrations-, Innovations- und daraus resultierenden Komplexitätsaspekte
zunächst eingehender erörtert werden.

---

13)   Neben Organisationspraktikern werden Vertreter der bezeichneten Gruppen als aktive Teil-
      nehmer organisationswissenschaftlicher Forschung genannt. Vgl. etwa March, Simon (1976), S.
      10.

2. Der Integrationsanspruch als Ausgangspunkt für die Notwendigkeit der organisationstheoretischen Erweiterung der Logistik-Technologie

Die betriebswirtschaftliche Logistik wird von zahlreichen Autoren[14] untrennbar mit einer integrativen Perspektive verbunden. Allerdings wird die konkrete Ausgestaltung dieser Perspektive sehr unterschiedlich realisiert. Eine ausführliche Präzisierung des Integrationsbegriffes und seiner Implikationen erfolgt selten. Daher ist hier Integration zunächst auf einer abstrakten Ebene zu beschreiben und anschließend für die Logistik zu konkretisieren.

Allgemein wird unter Integration die Herstellung einer Einheit aus mehreren Einheiten verstanden.[15] In einer systemtheoretischen Betrachtungsweise bedeutet dies die Verbindung von mehreren Elementen oder Subsystemen zu einem System. Dabei vollzieht sich Integration i.s. einer Systembildung graduell[16], d.h. die Intensität der Verbindungen[17], die zwischen Elementen oder Subsystemen eines Systems bestehen, ist für den Integrationsgrad entscheidend. Eine Präzisierung des in der Logistikliteratur verwendeten Integrationsverständnisses setzt somit voraus, daß die zu verbindenden Komponenten und Subsysteme, die Intentionen und die Formen möglicher Verbindungen, also etwa mögliche Beziehungen der Systemkomponenten, sowie das Ausmaß der Integration spezifiziert werden.

Im folgenden soll daher eine Darstellung des gebräuchlichen Integrationsverständnisses in der betriebswirtschaftlichen Logistik systematisiert wiedergegeben werden. Grundsätzlich kann bei dieser Systematisierung unterschieden werden zwischen Integrationsobjekten und Lösungsansätzen zur Integration.

---

14) Vgl. etwa Ballou (1985), S. 3, Bowersox, Closs, Helferich (1986), S.5, Murray, Calaby (1988), S. 175, Stock, Lambert (1987), S. 39.

15) Vgl. hierzu etwa Lehmann (1980), Sp. 976.

16) Vgl. Bunge (1979), S. 35.

17) Verständlicherweise erfordert die Integration von rein physischen Systemen, etwa die Verbindung von einem Wasserstoff- und zwei Sauerstoffatomen zu einem Wassermolekül, andere Kräfte und Verbindungsarten als die Integration in sozialen Systemen, bei denen z.B. Informations- und Kommunikationsbeziehungen oder Macht den inneren Zusammenhalt herstellen. Vgl. Bunge (1979), S. 35.

a. Anlaß und Gegenstand von Integrationsbestrebungen

Ursächlich für integrierende Maßnahmen ist die holistische Bewertungsperspektive, die sich im Rahmen der Entwicklung der betriebswirtschaftlichen Logistik herausgebildet hat. Frühe Ansätze dazu finden sich in der bereits erwähnten Studie von Lewis, Culliton, Steel über Kosten Trade-off Analysen in der Warenverteilung bei dem Einsatz von Luftfracht.[18] Grundsätzlich lag der Schwerpunkt dieser einheitlichen Bewertung zunächst auf der Analyse von Kosteninterdependenzen[19], die zwischen Teilaktivitäten von Transferprozessen auftreten.

Diese Bewertung auf reiner Kostenbasis wurde später auch auf Leistungsgrößen und Erfolgspotentiale ausgedehnt. Wesentlich ist hierbei, daß gleichzeitig der Umfang der einheitlich zu bewertenden Handlungen erweitert wurde und schließlich nicht nur die Planung, Durchführung und Kontrolle von Transferprozessen, sondern auch die sie beeinflussenden Unternehmensaktivitäten mit einbezogen werden. Dabei nimmt allerdings sowohl mit der Anzahl der bewerteten Aktivitäten als auch mit der Veränderung der Bewertungsgröße die Komplexität zur integrativen Bewertung zu. Dies ergibt sich auch aus der Operationalisierung der verschiedenen Bewertungs- oder Zielgrößen.

Allgemein sollen durch die ganzheitliche Bewertungsperspektive Interdependenzen zwischen Teilhandlungen, die im Zusammenhang mit der Erstellung von Transferleistungen stehen, aufgezeigt werden.

Grundsätzlich kommen als Objekte, also als Komponenten, Elemente oder Subsysteme der logistischen Integration sämtliche Transferprozesse und -systeme wie auch deren relevante Umwelten[20] in Betracht. Der logistische Integrationsaspekt wird durch aktuelle Entwicklungen forciert. Zu nennen wären hier die engen Beziehungen, die in bestandsarmen interorganisatorischen Liefer[21] und Distributionsnetzwerken realisiert

---

18)   Vgl. Lewis, Culliton, Steele (1956).

19)   Dies manifestiert sich dann später in dem Begriff des 'total cost approach'. Vgl. Stock, Lambert (1987), S. 39, Magee, Copacino, Rosenfield (1985), S. 7, Pfohl (1990), S. 21.

20)   Die Ansicht darüber, was als relevante Umwelt von Transfersystemen angesehen wird, kann sehr stark differieren. Neben weiteren intraorganisatorischen Funktions- und Wertschöpfungsbereichen wie Marketing, Produktion, Beschaffung sowie Forschung und Entwicklung kann dies auch die Umwelt von Unternehmen sein, so z.B. die Partner im logistischen Netzwerk.

21)   Hier ist insbesondere an die just-in-time Lieferbeziehungen zu denken. Vgl. Macbeth (1987), S. 55, Harber et al. (1990), S. 27f., Daugherty, Spencer (1990), S. 13, Ansari (1986), S. 10f., Perry (1988), S. 19ff.

werden, oder die strategischen Partnerschaften, die zur Verwirklichung von Konzepten der Retro- oder Entsorgungslogistik erforderlich sind. Hierbei werden die interorganisatorischen Materialflüsse erst durch integrierte Steuerungssysteme, die zwischen den jeweiligen Partnerunternehmen bestehen, ermöglicht.

Je nach Untersuchungsausschnitt können die eigentlichen Transferhandlungen, die ausführenden sozio-technischen Systeme oder die relevanten Planungs-, Steuerungs- und Kontrollprozesse und -einheiten zu integrierende Komponenten sein. Nun ist allerdings nur mit der Spezifizierung möglicher Integrationsobjekte und der abstrakten Formulierung einer allgemeingültigen Integrationsdefinition noch sehr wenig ausgesagt über konkrete Schritte zur Herstellung von Integration und deren Konsequenzen.

b. Ansätze zur Realisierung des Integrationsanspruchs

Die in der Logistikliteratur getroffenen Aussagen zur Integration beziehen sich auf die Bewertungsebene, Integration durch Pläne sowie Integration durch Koordination auf der Basis organisatorischer Regelungen.

Die einheitliche Bewertung von Transferprozessen und deren Kontexthandlungen hat zur Konsequenz, daß die koordinierte Realisierung der Zielgrößen angestrebt wird. Diese Koordination soll verhindern, daß lediglich einzelne isolierte Teilfunktionen oder -einheiten in ihrer Effizienz verbessert werden, dadurch aber das Ergebnis des Gesamtsystems durch die Vernachlässigung von Interdependenzen und Trade-off Beziehungen gefährdet wird.[22] Die integrative Bewertung von arbeitsteilig erstellten Leistungen ermöglicht es zunächst, bestehende Interdependenzen[23] aufzuzeigen.[24] Allerdings sichert eine integrierte Bewertung noch nicht, daß diese Interdependenzen auch effizient genutzt werden.

---

22) Magee, Copacino, Rosenfield (1985), S. 8 formulieren dies so: '... concentration on improving the efficiency of individual procurement, production or selling operations is a dead-end road if the efficiency of the individual function throws the total system out of balance.'

23) So unterscheidet Frese (1993), S. 29ff. Interdependenzen in Form von sequentieller Verknüpfung von Realisationsprozessen (innerbetriebliche Leistungsverflechtung) sowie aufgrund von Überschneidung der Entscheidungsfelder (Ressourcen und Marktinterdependenzen).

24) Strenggenommen setzt dies voraus, daß gleichzeitig mit der integrierten Bewertung auch eine isolierte Bewertung der Teilaufgaben vorgenommen wird. Hierdurch können z.B. durch partielle Variation in subsystemischen Leistungserstellungseinheiten Auswirkungen auf andere Teilsysteme und das Gesamtsystem ermittelt werden.

Zunächst können Beziehungen, die zwischen verschiedenen Handlungsebenen der Erstellung von Transferleistungen oder zwischen Transferhandlungen und den sie beeinflussenden Aktivitäten bestehen, im Rahmen von Plänen berücksichtigt werden.[25] Hierbei wird neben dem Ansatz einer simultanen Totalplanung, bei dem interdependente Entscheidungstatbestände verschiedener Handlungsbereiche als Gesamtmodell konstruiert und gelöst werden, die Bildung und Integration von Partialplänen betrieben.[26]

Der erste Lösungsansatz[27] ist, insbesondere bei komplexen, schlechtstrukturierten Problemen, nicht realisierbar.[28] Daher ist die Dekomposition von komplexen Problemen, deren isolierte Lösung in Form von Teilplanungen und die anschließende Integration dieser Teilpläne erforderlich.

Neben der Integration von Entscheidungen und Handlungen durch Planungssysteme trägt der Einsatz von organisatorischen Koordinationsinstrumenten zur Realisierung von Interdependenzen bei. Formale Grundlage hierfür bildet die Organisationsstruktur, die ein System von Regeln zur dauerhaften Verhaltenssteuerung zwischen Akteuren darstellt.[29] Die betriebswirtschaftliche Logistikliteratur hat sich ausführlich mit der Frage beschäftigt, wie Logistik in die Aufbauorganisation von Unternehmen zu etablieren ist, so daß eine integrierte Materialflußsteuerung ermöglicht wird. Diese Ansätze sollen in diesem Kapitel vorgestellt und kritisch diskutiert werden.

---

25) Vgl. zu der Koordinationsfunktion von Plänen etwa Staehle (1990), S. 507, Delfmann (1993), Sp. 3241.

26) Vgl. hierzu und den folgenden Ausführungen etwa Delfmann (1989b), S. 89f., Darr (1992), S. 295ff.

27) Stellvertretend soll an dieser Stelle das Konzept der Integrierten Unternehmensplanung von Helmut Koch erwähnt werden. Vgl. Koch (1982).

28) Vgl. Berens, Delfmann (1995), S. 20f., Koch (1982), S. 13.

29) Vgl. Grochla (1978b), S. 13.

3. Komplexität, strategischer Innovationsanspruch der Logistik und organisationstheoretische Implikationen

An die betriebswirtschaftliche Logistik wird jedoch nicht nur der Anspruch zur umfassenden Integration gestellt. Vielmehr erlangt sie durch die Forderung, zur Realisierung von Wettbewerbsvorteilen beizutragen, signifikante strategische Bedeutung.[30]

Unabhängig von der konkreten Rolle, die in der Literatur der betriebswirtschaftlichen Logistik im Rahmen der strategischen Unternehmensführung zugedacht wird[31] und den möglichen Inhalten logistikorientierter Strategien[32] sind hier zunächst grundlegend die Konsequenzen dieser strategischen Aufwertung für die organisatorischen Fragestellungen näher zu betrachten.

Allgemein kann die Aufgabe, die dem strategischen Management der Gegenwart[33] zukommt, mit der Sicherung der Überlebensfähigkeit des Unternehmens in nicht statischen Umwelten beschrieben werden. Dieser dynamische Charakter von Unternehmensumwelten erfordert reflexiv, daß Unternehmen selbst entwicklungsfähig sind. Unabdingbare Voraussetzung hierzu ist die generelle Fähigkeit zur Innovation.[34] Dabei ist der Innovationsbegriff sehr weit zu fassen und kann als die Generierung und Umsetzung neuer Ideen interpretiert werden, die neben der Erfüllung ökonomischer Zwecke Fort-

---

30) Vgl. Heskett (1977), S. 90, der bereits frühzeitig die strategische Relevanz der Logistik gewürdigt hat. Vgl. zur Entwicklung der strategischen Bedeutung der Logistik auch Abschnitt II.B.

31) Die Unterschiede bestehen hinsichtlich des Stellenwertes der betriebswirtschaftlichen Logistik: Ansätzen, die eine Logistikstrategie als eine aus der Gesamtunternehmensstrategie abgeleitete Funktionalstrategie betrachten, stehen solche gegenüber, die der Logistik einen wesentlichen oder dominanten Beitrag bei der Entstehung von Gesamtunternehmensstrategien beimessen. Vgl. Kohn, McGinnis, Kesava (1990), S. 22ff., Persson (1991), S. 2, Rao, Stenger, Young (1988), S. 251.

32) Diese sind häufig an den generischen Wettbewerbsstrategien Porters orientiert. Vgl. Shapiro (1984), S. 121f., Rao, Stenger, Young (1988), S. 247f.

33) Zu den Entwicklungsstufen des strategische Managements vgl. Wüthrich (1990), S. 179 und die dort angegebene Literatur.

34) Wobei es zunächst unerheblich ist, ob die Überlebenssicherung reaktiv durch Adaption an veränderte Umweltbedingungen erfolgt oder Unternehmen selbst die Veränderung aktiv betreiben und dadurch für ihre Umwelt(en) Gründe zur reaktiven Anpassung liefern. Beide Situationen erfordern für die Organisation Innovationsleistungen, wenngleich der erste Fall zunächst leichter erscheint, da erfolgreiche Entwicklungsmuster von der Umwelt bereits vorgelebt werden.

schritt[35] für Unternehmen und Volkswirtschaften bedeuten.[36] Der Kunden- und Marktbezug von Innovationen dokumentiert schließlich ihre strategische Bedeutung. Der Innovationsdruck wird in der betriebswirtschaftlichen Logistikliteratur sehr wohl zur Kenntnis genommen:

> "Modern logistics managers must find innovative ways to help their companies improve profits, increase market share, improve cash flow, open new territories, introduce new products, and get stockholders and boards of directors ".[37]

Allerdings unterliegt die Initiierung und Realisierung von Innovationsprozessen in Verbindung mit den Integrationsansprüchen der modernen Logistik-Konzeption sowie den aktuellen Umweltbedingungen in mehrfacher Hinsicht einem hohen Grad an Komplexität. Dieser Komplexitätsaspekt der betriebswirtschaftlichen Logistik verdient an dieser Stelle bereits eine knappe Erläuterung und Würdigung, da er weiterreichende Implikationen für die organisationstheoretischen Fragestellungen enthält.

In einer ersten Interpretation läßt sich Komplexität allgemein als verknüpfte Vielfalt verstehen.[38] Kriterium für Komplexität ist demnach die Anzahl der Variablen, die zur Beschreibung relevanter Phänomene eines Systems[39] notwendig sind.[40] Die Ausführungen zur Integrität logistischer Systeme haben verdeutlicht, daß es durchaus legitim ist, diese als komplexe Systeme im Sinne verknüpfter Vielfalt zu bezeichnen. Neben

---

35) Der Innovationsbegriff wird somit reduziert auf positive Veränderungen und nicht auf Veränderung allgemein. Diese Einschränkung ist zwar verständlich, in der Praxis jedoch führt dies bisweilen zu erheblichen Schwierigkeiten. So wird vorausgesetzt, daß bei der Bewertung von Innovationen keine Bewertungsdefekte auftreten. Z.B. präzisiert Zahn den Fortschrittsbegriff in der Weise, daß dieser dazu beiträgt, Knappheit zu reduzieren, Ertrag aus eingesetzten Ressourcen zu erhöhen oder den Kundennutzen zu verbessern. Vgl. Zahn (1991), S. 121. Auch wenn ein derart auf Quantifizierbarkeit hin orientierter Fortschritts- und Innovationsbegriff wünschenswert erscheint, ist dies sicherlich häufig erst nach einem erheblichen time-lag feststellbar, und die Wirkungszusammenhänge zwischen Innovationsereignis und intendierten Ergebnissen sind schwer nachzuvollziehen.

36) Vgl. Zahn (1991), S. 121, Kamm (1987), S. 1.

37) Busher, Tyndall (1987), S. 33.

38) Diese Interpretation wird von zahlreichen Autoren vertreten. Vgl. etwa Ashby (1974), S. 184ff., Hayek (1972), S. 12.

39) Malik (1993), S. 22, bezeichnet diesen Aspekt der Komplexität in Anlehnung an Ashby auch als die Anzahl verschiedener Zustände, die ein System aufweist oder annehmen kann.

40) Eine eingehende Auseinandersetzung mit dem Komplexitätsbegriff nimmt Blaseio vor. Dabei würdigt er kritisch die Reduktion des Komplexitätsbegriffes auf die Quantität der Verknüpfungen und plädiert dafür, zusätzlich die Qualität, somit die "Reichhaltigkeit" der Verknüpfungen als relevantes Kriterium zu verwenden. Vgl. Blaseio (1984), S. 22.

diesem statischen Aspekt beinhalten komplexe Systeme weiterhin dynamische Elemente, die eine gesonderte Betrachtung erfordern.[41]

Systeme verändern sich im Zeitablauf, d.h. sie nehmen unterschiedliche Zustände an. Die Entwicklung in Abhängigkeit von der Zeit läßt sich als Linie im Zustandsraum des betreffenden Systems, als sogenannte Trajektorie darstellen. Insbesondere für soziale Systeme lassen sich spezifische Bedingungen charakterisieren, die deren Eigenschaft 'komplex' in dynamischer Hinsicht präzisieren. Eine kritische Auseinandersetzung erfordert hier jedoch der bei Entwicklungsprozessen häufig beanspruchte Kausalitätsaspekt. So liegt Kausalität gemeinhin dann vor, wenn Systeme bei gleichen Ausgangsbedingungen gleiche Trajektorien und Endzustände einnehmen (schwache Kausalität) oder bei ähnlichen Ausgangsbedingungen ähnliche Trajektorien und Endzustände realisieren (starke Kausalität). Abgesehen von dem Umstand, daß Kausalität für soziale Systeme häufig ein irrelevantes Kriterium repräsentiert,[42] stellt eine von kausaler Ursache-Wirkungs-Relation determinierte Dynamik kein neues Moment im Vergleich zur verknüpften Vielfalt dar. Vielmehr läßt sich dies bereits in der verknüpften Vielfalt mit Situationen als Elemente und Kausalrelationen als Verknüpfungen darstellen.

Der dynamische Aspekt (sozial-)systemischer Komplexität wird erst deutlich, wenn man die Eigenschaften der Irreversibilität und Selbstorganisation sozialer Systeme näher analysiert. Entwicklungsprozesse von Systemen sind reversibel, wenn deren Trajektorien umgekehrt werden können, das System somit zum Anfangszustand zurückkehren kann. Dies ist bei sozialen Systemen grundsätzlich nicht möglich, da deren Akteure über Gedächtnis verfügen, somit lernfähig sind und eine Rückkehr zum Ausgangszustand bemerken. Der Gedächtnis- oder Wissenszuwachs, der in sozialen Systemen durch lernendes Beobachten grundsätzlich eintritt, verursacht somit Irreversibilität von Entwicklungsprozessen und stellt ein wesentliches Kennzeichen der Dynamik komplexer sozialer Systeme dar.

Ein weiteres Merkmal der Komplexität dynamischer Entwicklungen ist die Eigenschaft sozialer Systeme zur Selbstorganisation, auf die an dieser Stelle allerdings nur am Rande eingegangen werden soll. Die systemische Perspektive komplexer Systeme ist

---

41)   Vgl. zu den folgenden Ausführungen Blaseio (1984), S. 22f.

42)   Dies resultiert daraus, daß der Zustandsraum meist nicht vollständig beschrieben oder hergestellt werden kann, somit Ursache - Wirkungsrelationen nicht sicher ermittelbar sind.

weniger deskriptiv als vielmehr konstruktiv ausgerichtet.[43] Komplexität ist demnach keine sozialen Systemen innewohnende Eigenschaft, sondern sie entsteht erst durch die Grenzen des Orientierungsvermögens des Beobachters;[44] die Attribuierung 'komplex' stellt somit Zuschreibungspraxis und Selbstbeschreibung des Beobachters dar. Selbstorganisation ist nach dieser Interpretation die komplexitätsreduzierende Reaktion auf Komplexität.[45] Dem drohenden Orientierungsverlust wird komplexitätsreduzierendes Orientierungsverhalten, z.b. durch Dekomposition, Suche nach Kausalitätsbeziehungen oder in Form von Erhöhung der Eigenkomplexität, gegenübergestellt.

Besondere Bedeutung hat dabei der Prozeß der Strategieformulierung[46], durch den Zwecke, Inhalte und Interaktionsbedingungen der Innovationsgenerierung in Unternehmen thematisiert werden können. Dieser besitzt weitreichende Implikationen für die Organisation der Logistik. Strategieformulierung ist im hier zugrunde gelegten Verständnis als komplexitätsreduzierende Realitätskonstruktion in sozialen Systemen zu interpretieren. Im Vordergrund stehen dabei Innovationsprobleme für die jeweilige Organisation. Soll die betriebswirtschaftliche Logistik einen Beitrag in diesem Strategieverständnis leisten, muß sie im sozialen System in spezifischer Weise repräsentiert sein. Die strategische Bedeutung der betriebswirtschaftlichen Logistik ist allgemein so zu interpretieren, daß durch den Einsatz logistischer Kompetenz die Erreichung von schwer imitierbaren Wettbewerbsvorteilen gewährleistet werden soll.[47] Logistische Kompetenz ist allgemein die Fähigkeit von Organisationen, die Leistungsfähigkeit von Transfersystemen zu verändern. Wesentlich für die Entwicklung dieser Kompetenz sind sämtliche Bedingungen, die die Interaktion über transferspezifische Wirkungszusammenhänge beeinflussen. Interaktion in sozialen Systemen wird durch formale und informale organisatorische Regeln bestimmt. Somit sind die bisherigen Beiträge zur Lösung organisatorischer Fragestellungen der Logistik einer kritischen Analyse zu unterziehen.

---

43)   Vgl. Krohn, Küppers (1989), S. 18.

44)   Vgl. Blaseio (1984), S. 25.

45)   Kritisch hinsichtlich der Einstufung von sozialen Systemen als selbstorganisierend äußert sich Hejl (1991), S. 322f.

46)   Vgl. zu den verschiedenen Denkschulen der Strategiebildung etwa Mintzberg (1990), S. 108.

47)   Vgl. Murray, Calaby (1988), S. 177.

B. Basiskonzept zur organisatorischen Gestaltung von Transfersystemen und -prozessen: Der kontingenztheoretische Ansatz

Im wesentlichen basieren die derzeit in der betriebswirtschaftlichen Logistikliteratur existierenden Erklärungs- und Lösungsansätze zu organisatorischen Fragestellungen auf dem weitverbreiteten sogenannten "kontingenztheoretischen Ansatz"[48]. Daher sollen grundlegende Annahmen und methodische Vorgehensweise hier eingehender dargestellt werden.

Dazu sind zunächst die Grundannahmen, die von Vertretern unterschiedlicher kontingenztheoretischer Forschungsströmungen postuliert werden, darzulegen. Hierdurch kann ein grundlegendes Verständnis für die Vorgehensweise und den Anspruch kontingenztheoretischer Forschung erreicht werden. Anschließend sind dann konkrete Aussagensysteme des Ansatzes so zu formulieren, daß die kontingenztheoretischen Ansätze zur betriebswirtschaftlichen Logistik im nächsten Abschnitt in ihrem Lichte operational vorgestellt werden können.

1. Entwicklung und Grundlagen des kontingenztheoretischen Ansatzes

Die Entstehung und Entwicklung[49] des kontingenztheoretischen Ansatzes läßt sich nicht speziell einem einzigen Vertreter oder einer einzelnen Gruppe der organisationswissenschaftlichen Forschung zuordnen. Ausgangspunkt waren Dissonanzen, die im Zusammenhang mit dem Weber'schen Bürokratiemodell bei der Analyse von Organisationen auftraten. Offensichtlich konnten organisationale Erfolge und Unterschiede in den formalen Strukturen nicht alleine auf der Basis des Idealtypus der Bürokratie erklärt

---

48) Eine andere gebräuchliche synonyme Bezeichnung lautet "situativer Ansatz". In dieser Arbeit soll - von der ursprünglichen Bezeichnung der Aston-Gruppe ausgehend - der Begriff des Kontingenzansatzes verwendet werden. Vgl. zur Diskussion der beiden Begriffe etwa Kieser, Kubicek (1992), S. 46.

49) Vgl. für die hier skizzierte Darstellung der Entwicklungspfade des kontingenztheoretischen Ansatzes etwa Kieser, Kubicek (1992), S. 47ff., Staehle (1990), S. 48f., Khandwalla (1977), S. 237ff.

werden.[50] Neben Woodward (1958) unternahmen Burns und Stalker (1961) daher Versuche, den Einfluß der Umwelt oder des situativen Kontextes auf die Organisationsstruktur zu erklären. Diesen ersten kontingenztheoretischen Ansätzen folgten dann ab der zweiten Hälfte der sechziger Jahre weitere wissenschaftliche Unternehmungen[51].

Grundlegend für kontingenztheoretische Forschungsansätze ist die Reflektion auf systemtheoretische Überlegungen zur Sichtweise von Organisationen als offene Systeme.[52] Konsequenz daraus ist die Annahme, daß eine kausale Abhängigkeit[53] zwischen der konkreten Ausprägung von Organisationsstrukturen eines Unternehmens und bestimmten situativen Einflußgrößen[54] existiert. Dieser Zusammenhang, so wird weiterhin postuliert, läßt sich durch empirische Untersuchungen erfassen und für die Erklärung von Unterschieden in den Strukturmerkmalen heranziehen.

Die Ergebnisse kontingenztheoretischer Forschung sollen der Erreichung sowohl von theoretischen als auch technologischen Wissenschaftszielen dienen[55]. Im Rahmen des kontingenztheoretischen Ansatzes wird somit explizit von der zielorientierten, effizienten Gestaltbarkeit von Organisationsstrukturen ausgegangen.

Die grundsätzliche Vorgehensweise besteht nun darin, auf der Basis von verschiedenen Variablenarten ein organisatorisches Wirkungsmodell zu konstruieren. Dabei stellen

---

50) Diese Art von Bürokratiekritik unterscheidet sich von früheren organisationssoziologisch fundierten kritischen Auseinandersetzungen mit Weber. Jene üben an Webers soziologischer Theorie der Gesellschaftsentwicklung normative Kritik, während sich die kontingenztheoretische Kritik primär empirisch mit Unterschieden idealtypischer Merkmale von Bürokratien im Vergleich zu real auftretenden Organisationsformen beschäftigt. Vgl. Türk (1989), S. 1, Ochsenbauer (1988), S. 112.

51) So etwa Lawrence und Lorsch (1967) in Harvard oder die bereits erwähnte Aston-Gruppe um Pugh, Hickson, Hinings u.a. sowie später Donaldson oder Child. Vgl. Türk (1989), S. 1, Kieser, Kubicek (1992), S. 54.

52) Vgl. Katz, Kahn (1966) und dort insbesondere S. 19ff. sowie des weiteren Scott (1986), S. 160, Clegg, Dunkerley (1980), S. 199.

53) Über die Existenz kausaler Abhängigkeiten besteht im kontingenztheoretischen Ansatz kein Zweifel. Die Problematik besteht allerdings darin, diese Kausalitätsbeziehungen durch entsprechend feine Meßmethoden zu verifizieren. Vgl. Kieser, Kubicek (1983), S. 61f.

54) Synonym zu dieser Bezeichnung werden in dieser Arbeit die Begriffe situative(r), Kontext- oder Kontingenzfaktor/-variable benutzt.

55) Vgl. Kieser, Kubicek (1992), S. 55f. Diese bezeichnen als Aufgabe theoretischer Wissenschaftsziele die Generierung von Erklärungen für empirisch beobachtbare Phänomene, wohingegen technologische Wissenschaftsziele Begründungen für konkrete Gestaltungsempfehlungen liefern sollen. Diese Einteilung ist somit kompatibel zur Wissenschafts-/Technologiedifferenzierung nach Bunge. Vgl. auch Abschnitt II.D.2.a..

- *104* -

die Kontextvariablen unbeeinflußbare Situationsbedingungen von Organisationen dar und lassen sich differenzieren in solche externer (Umwelt) oder interner (nicht struktureller) Art.[56] Strukturvariablen sind sämtliche organisatorisch institutionalisierten formalen Regelungen, mit denen ein Unternehmen auf unterschiedliche Situationen reagiert.[57] Im Rahmen analytischer Ansätze wird versucht, Kausalitätsbeziehungen zwischen Kontext und Strukturvariablen empirisch nachzuweisen. Technologische Programme müssen darüber hinaus Wirkungen, die Struktur-Kontext-Muster auf das Verhalten von Organisationsteilnehmern ausüben, anhand von Effizienzvariablen[58] ermitteln.

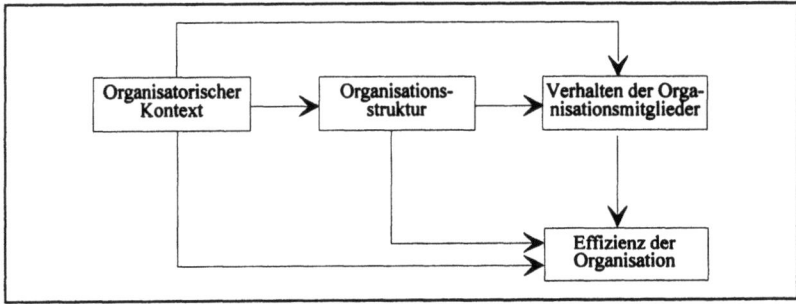

Abb. 3   Erweitertes Grundmodell des kontingenztheoretischen Ansatzes
Quelle: in Anlehnung an Kieser, Kubicek (1992), S. 57

Für den weiteren Verlauf erscheint es sinnvoll, vor der Spezifizierung von logistik- oder konkreter transferrelevanten Variablenausprägungen die allgemeinen, in der bisherigen kontingenztheoretischen Literatur verwendeten Muster übersichtsartig zu rekapitulieren.

---

56)   Vgl. Frese (1992), S. 115.

57)   Frese (1992), S. 113 nennt hier vor allem Regeln zur Übertragung von Entscheidungskompetenz sowie die Institutionalisierung von Kommunikationsbeziehungen.

58)   Vgl. Kieser, Kubicek (1992), S. 57, Staehle (1990), S. 50.

2. Allgemeine Kontextvariablen in der Kontingenztheorie

Wie bereits erwähnt, werden im kontingenztheoretischen Ansatz unter Kontext alle externen und internen Situationsbedingungen verstanden, die die Struktur einer Organisation beeinflussen. In der Kontingenztheorie existieren, je nach vertretenem Forschungsansatz, mehrere verschiedene inhaltliche Schwerpunkte zur Abgrenzung und Spezifizierung von Situationsbedingungen. Grob lassen sich die vorhandenen Ansätze danach unterscheiden, ob sie monokausal lediglich eine einzige Variable oder multikausal mehrere Kontextvariablen in die Untersuchungen mit einbeziehen. Motyka unterscheidet die vorhandenen Ansätze signifikanter danach, ob sie eine eher deterministische Relation zwischen Kontext und Organisationsstruktur unterstellen oder voluntaristisch verschiedene intervenierende Handlungsmöglichkeiten zwischen Kontext und Struktur zulassen.[59] Der Kontext von Organisationsstrukturen läßt sich nach dem Grad der Beeinflußbarkeit des jeweiligen Situationsmerkmals differenzieren in unternehmensinterne und -externe Variablen.[60] Als dominierende Kontextvariablen[61] wurden zunächst interne Merkmale wie technische Arbeitsbedingungen und Unternehmensgröße sowie die externe Kontextbedingung der Umweltkomplexität ermittelt.

a. Ausprägungsformen technologischer Situationsvariablen

Die Einbeziehung von technologischen Variablen[62] wurde erstmalig in den Untersuchungen von Woodward[63] für die Erklärung von Organisationsstrukturen herangezo-

---

59) Vgl. Motyka (1989), S. 81. Als voluntaristisch stuft er dann jene Konzepte ein, in denen personale Handlungsträger oder unternehmenspolitische Entscheidungen die Entstehung von spezifischen Organisationsstrukturen verantworten.

60) Vgl. etwa Kieser, Kubicek (1992), S. 208.

61) In der Literatur existiert eine beträchtliche Anzahl potentiell relevanter Kontextvariablen. So etwa für die internen Situationsbedingungen Unternehmensziele, Produktprogramm, geographische Dislozierung von Unternehmenseinheiten, Informations- und Kommunikationstechnologie oder Ausbildungsgrad der Organisationsteilnehmer, respektive für die externen Kontextvariablen allgemeine Situationsdimensionen wie gesellschaftliche und kulturelle Bedingungen oder konkrete aufgabenspezifische Dimensionen wie Branchensituation, Kundenstrukturen oder die Umweltdynamik. Vgl. hierzu den Überblick bei Kieser, Kubicek (1992), S. 208f. oder Frese (1992), S. 115

62) In der einschlägigen Literatur wird hierfür häufig lediglich die Bezeichnung Technologie verwendet. Wie im folgenden aufzuzeigen sein wird, korrespondiert der dort verwendete Technologiebegriff allerdings nur peripher mit dem dieser Arbeit zugrundeliegenden breiten Technologiekonzept. Zur Vermeidung von Begriffsverwirrung wird hier daher im kontingenztheoretischen Zusammenhang die Bezeichnung der technologischen (Situations- oder) Kontextvariablen benutzt.

gen. Im Anschluß daran beschäftigten sich zahlreiche Folgeuntersuchungen[64] von verschiedenen Organisationsforschern mit technologischen Variablen. Dabei ist die operationale Präzisierung dieser Variablen selten geglückt. Übereinstimmung besteht jedoch dergestalt, daß diese technologischen Variablen direkt die Arbeitsaufgaben der Leistungserstellung im eigentlichen Kerngeschäft einer Organisation betreffen.[65] Woodward betrachtet als technologischen Kontext die Fertigungsverfahren industrieller Produktionsunternehmen. Sie differenziert diese nach dem Grad der jeweils auftretenden Komplexität und unterteilt in Einzel-, Großserien- sowie Massen- oder Prozeßfertigung. Die von ihr aufgestellte These, daß mit steigender Komplexität der Fertigungsverfahren die organisatorischen Regelungen aufwendiger werden, konnten in Folgeuntersuchungen nicht immer nachvollzogen werden.[66]

Perrow[67] erweitert Woodwards technologischen Variablenbegriff so, daß dieser nicht nur auf die Arbeitsleistung der industriellen Produktion, sondern auf jegliche Transformationsprozesse, also auch Dienstleistungen, angewendet werden kann. Dazu interpretiert er als technologische Variablen allgemeine Techniken und Methoden, die ein Aufgabenträger zur Lösung und Erfüllung der gestellten Probleme und Aufgaben einsetzt. Die Aufgabensituation differenziert Perrow nun anhand der beiden Dimensionen Problemlösungssuche (search) und Variabilität.[68] Dadurch wird eine grundsätzliche Einteilung der Aufgabenanforderungen nach ihrem Routinisierungsgrad möglich.

Kieser und Kubicek trennen technologische Variablen in solche der Fertigungstechnik und jene der Büro- und Kommunikationstechnik.[69] Obschon von ihnen erkannt wird, daß der Technologiebegriff nicht nur lediglich Techniken und Methoden zur Auf-

---

63) Vgl. Woodward (1958), Woodward (1965) und die anschließende Folgeuntersuchung in Woodward (1970).

64) Vgl. etwa zu den Untersuchungen der Aston-Gruppe Hickson, Pugh, Pheysey (1969) oder des weiteren Perrow (1965) sowie Harvey (1968).

65) Vgl. Scott (1986), S. 40 und 282, Pugh, Hickson (1976), S. 38.

66) Vgl. Hickson, Pugh, Pheysey (1969), S. 395, Donaldson (1976), S. 273.

67) Vgl. Perrow (1970), S. 75ff., Perrow (1965), S. 915ff. und Perrow (1972), S. 166.

68) Die Dimension Problemlösungssuche unterteilt er danach, ob für eine bestimmte Aufgabe bereits bewährte und bekannte Lösungsverfahren vorliegen, Variabilität bezeichnet den Problemsituationstyp hinsichtlich der Ausprägungen Gleichartigkeit und Stabilität sowie Verschiedenartigkeit und Dynamik. Vgl. Perrow (1970), S. 79.

69) Vgl. Kieser, Kubicek (1992), S. 307ff. und 349ff.

gabenerfüllung und Problemlösung[70], sondern auch die dazu benötigten Wissensbestände beinhaltet, konstruieren sie dann die technologischen Variablen ausschließlich auf der Basis verfahrenstechnischer Aspekte[71].

b. Größe der Organisation

Eine weitere interne Kontextvariable stellt die Größe eines Unternehmens dar. Zwar sind in der betriebswirtschaftlichen Literatur zahlreiche Parameter zur Ermittlung der Unternehmensgröße bekannt[72], in der kontingenztheoretischen Literatur hat sich allerdings aus mehreren Gründen die Anzahl der Organisationsteilnehmer als Variable durchgesetzt. Dies wird einerseits damit begründet, daß eine starke Korrelation zwischen den verschiedenen Indikatoren zur Messung der Unternehmensgröße besteht und andererseits mit der Anzahl der Organisationsteilnehmer das Ausmaß der interpersonellen Arbeitsteilung zunimmt und der dadurch entstehende höhere Koordinationsbedarf durch strukturelle Regeln ausgeglichen werden muß.[73] Dieser Zusammenhang wurde nun in empirischen Untersuchungen differenzierter zu ermitteln versucht. Wesentliche Beiträge im Rahmen dieser Forschungsrichtung wurden von der Aston Gruppe sowie von Blau und Schoenherr geleistet.[74] Neben der Frage des Einflusses der Unterneh-

---

70) Dies wären lediglich die Methodik und möglicherweise bestimmte Artefakte des hier verwendeten Technologiekonzeptes. Vgl. Kapitel II.D.

71) Also etwa für die Fertigungstechnologie in Anlehnung an Woodward die jeweiligen Fertigungsverfahren, oder für die Informationstechnologie die eingesetzten Datenverarbeitungsanlagen oder -verfahren. Vgl. Kieser, Kubicek (1992), S. 308 und S. 317.

72) So verwenden Pugh et al. (1969), S. 97 das Reinvermögen als Variable zur Messung der Organisationsgröße, weitere mögliche Variablen sind bspw. Umsatz oder Bilanzsumme. Vgl. Kieser, Kubicek (1992), S. 292.

73) Vgl. ebd. sowie Frese (1992), S. 116.

74) Vgl. Pugh et al. (1969), Blau, Schoenherr (1971) sowie Frese (1992), S. 117ff., Scott (1986), S. 320ff.

mensgröße auf den Grad der Bürokratisierung[75] und Spezialisierung[76] sollen auch die Wirkungen hinsichtlich Standardisierung und Zentralisierung[77] ermittelt werden.

c. Umwelt

Die Umwelt als externe Kontextvariable von Organisationen wird im Rahmen des kontingenztheoretischen Ansatzes im Hinblick auf die ihr zugrundeliegende Komplexität thematisiert. Bei komplexeren Umweltzuständen wird eine stärkere Affinität zu organischen Unternehmensstrukturen unterstellt als bei überschaubaren statischen Unternehmensumwelten, welche eher mechanistische Strukturen[78] fördern. Das Verständnis von Umweltkomplexität wird zunächst identisch mit dem Komplexitätsverständnis als verknüpfte Vielfalt vorgenommen. Danach sind die Anzahl der Beziehungen, die Organisationen zur Umwelt unterhalten, sowie die Variabilität dieser Beziehungen für das Komplexitätsausmaß verantwortlich.

Die systematische Präzisierung des Umweltbegriffes und dessen Operationalisierung im Hinblick auf empirische Forschung erweist sich in der kontingenztheoretischen Forschung dann allerdings als problematisch. Üblicherweise wird eine Abgrenzung so vorgenommen, daß die Kausalitätsbeziehungen zwischen Umwelt und Organisation im Vordergrund stehen. So etwa in der Form, daß zur Umwelt all jene Elemente oder

---

75)   Dieser wird operationalisiert durch den Anteil der administrativen Größe an der Gesamtorganisation oder das Verhältnis von Leitungs- und Leitungshilfsstellen zu Ausführungsstellen (L/A-Relation). Vgl. Scott (1986), S. 318 oder Hill, Fehlbaum, Ulrich (1989), S. 350. Der Bürokratisierungsgrad umfaßt auch das Ausmaß der Verhaltenssteuerung von Organisationsteilnehmern durch formale Regeln und deren schriftliche Fixierung (Formalisierung).

76)   Kieser, Kubicek (1992), S. 76 bezeichnen als Spezialisierung allgemein "... die Form der Arbeitsteilung, bei der Teilaufgaben unterschiedlicher Art entstehen."

77)   Die Standardisierung bezeichnet das Ausmaß der Programmierung von Verfahrensabläufen. Vgl. Frese (1987), S. 203. Die Zentralisierung mißt die Hierarchisierung von Entscheidungsbefugnissen. Vgl. Frese (1992), S. 118.

78)   Die Begriffe der mechanistischen und organischen Koordinationsstrukturen wurden erstmalig von Tom Burns und G.M. Stalker beschrieben. Mechanistische Strukturen sind durch die spezialisierte Differenzierung funktioneller Aufgaben, hierarchische Strukturen im Kontroll-, Autoritäts- und Kommunikationssystem, die Übertragung und genaue Definition von Rechten, Pflichten und Methoden in dei Verantwortlichkeit einer funktionellen Position gekennzeichnet. Organische Strukturen zeichnen sich hingegen u.a. durch die Dominanz von Spezialistenwissen, die permanente Interaktion über Aufgabeninhalte sowie die Abnahme der Aufgabendifferenzierung, die Vernetzung von Kontroll-, Autoritäts- und Kommunikationsbeziehungen und schließlich durch eine Erhöhung des Ausmaßes an lateraler Kommunikation aus. Vgl. Burns, Stalker (1961), S. 96-100.

Systeme zählen, deren Eigenschaften und Verhalten Einfluß auf die jeweilige Organisation haben.[79] Dabei wird die Problematik der eindeutigen Trennung zwischen Umwelt und Organisation hervorgehoben.[80]

Neben der Umweltkomplexität ist auch das Ausmaß oder die Intensität der Umweltbeziehungen entscheidend für die Ausgestaltung von Unternehmensformen. Grundsätzlich sind hier, je nach betrachtetem Umsystem, verschiedene Formen und somit auch Meßgrößen für die Ermittlung der Beziehungsintensität möglich.[81]

Insgesamt sind pauschale Urteile über Erfolge bestimmter organisationsstruktureller Maßnahmen bei Umweltkomplexität oder Abhängigkeitsbeziehungen nicht möglich.[82] Mittlerweile wurden im Rahmen der kontingenztheoretischen Forschung verschiedene Modelle zur Erklärung dieser Wirkungsbeziehungen entwickelt, die hier allerdings nicht wiedergegeben werden sollen.[83]

3. Grundlagen organisationsstruktureller Gestaltungsparameter des kontingenztheoretischen Ansatzes

Für die technologische Ausrichtung kontingenztheoretischer Forschung besteht im Gegensatz zu rein theoretisch-analytischen Ansätzen der Anspruch, durch organisatorische Gestaltung die Ziel- oder Zweckausrichtung von sozialen Systemen zu verbessern.[84] Solche Gestaltungsmaßnahmen werden damit begründet, daß die Leistungserstellung in Unternehmen arbeitsteilig erfolgt, somit Koordination zur Sicherung der Gesamtaufgabenerfüllung notwendig wird[85]. Wesentlich hierbei sind verschiedene Formen von Koordinationshandlungen und -instrumenten sowie Maßnahmen, die all-

---

79) Vgl. Frese (1992), S. 145.

80) So etwa von Starbuck (1976), Kubicek, Thom (1976), Cyert, March (1963).

81) So differenzieren etwa klassische Ansätze zwischen Beziehungen zur Muttergesellschaft und zu anderen Organisationen in Form von Lieferanten- oder Kundenunternehmen. Vgl. Pugh et al. (1969), S. 93ff.

82) So wird die vermutete Korrelation zwischen bürokratischen 'mechanistischen' Strukturen und stabiler Umwelt sowie 'flexiblen' organischen Strukturen und dynamischer Umwelt durch empirische Untersuchungen teilweise bestritten. Vgl. Kieser, Kubicek (1983), S. 325.

83) Vgl. etwa die Ansätze von Wilson (1966), Lawrence, Lorsch (1969) oder Khandwalla (1975).

84) Vgl. Kieser, Kubicek (1992), S. 60.

85) Vgl. Kosiol (1976), S. 76.

gemein den strukturellen Kontext individueller Handlungen so verändern, daß die Notwendig zur Durchführung von Koordinationshandlungen oder des Einsatzes von Koordinationsinstrumenten reduziert wird. Diese Unterscheidung folgt im wesentlichen der Differenzierung von Hoffmann. Er trennt strukturelle Maßnahmen danach, ob sie den in Organisationen entstehenden Koordinationsbedarf reduzieren oder decken. Dabei nennt er drei auf Leavitt zurückgehende Gruppen, die zur Reduzierung oder Deckung des Koordinationsbedarfes zur Verfügung stehen. Im einzelnen sind dies strukturelle, technokratische und personale Koordinationsformen.[86] Grundsätzlich besteht allerdings eine Interdependenz zwischen den verschiedenen Koordinationsformen in der Art, daß strukturelle Koordinationsformen reduzierbar sind auf technokratische Koordinationsmethoden der Standardisierung und persönliche Koordination.[87]

Die in der Literatur im Rahmen kontingenztheoretischer Untersuchungen verwendeten Parameter sind äußerst vielfältig, allerdings hinsichtlich ihrer Systematik ähnlich. Die hier gewählte Form der Darstellung ist daher stellvertretend für zahlreiche Ansätze.

Zunächst soll ein knapper Überblick über grundlegende Koordinationsformen gegeben werden, die sowohl strukturellen als auch nichtstrukturellen Gestaltungsparametern zugrunde liegen.

Anschließend werden die jeweiligen Parameter der Organisationsgestaltung spezifiziert. Ausgangspunkt bilden Maßnahmen, die auf der Ebene individueller Arbeitsplätze (Stellen) und den strukturellen Beziehungen zwischen Arbeitsplätzen (Stellengefügen) ansetzen. Sodann werden Ausgestaltungsformen des Leitungs- und Entscheidungssystems sowie technokratische Koordinationsinstrumente und institutionelle Verbindungseinheiten erörtert.[88]

---

86) Vgl. Hoffmann (1980), S. 305ff., Breilmann (1989), S. 43f., Freichel (1992), S. 178f. Zur Problematik der Reduzierung des Koordinationsbedarfes vgl. auch Emery (1969), S. 21ff.

87) Vgl. Mintzberg (1988), S. 278 sowie die Systematik im folgenden Abschnitt.

88) Diese Einteilung erfolgt überwiegend in Anlehnung an Mintzberg (1988), S. 278ff. und Kieser, Kubicek (1992), S. 73ff.

a. Formen organisatorischer Koordination

Koordination dient der Nutzung von Interdependenzen, die zwischen Aufgaben und Handlungen in arbeitsteiligen Leistungserstellungsprozessen bestehen.[89] Wie bereits ausgeführt, kann die Differenzierung von Hoffmann reduziert werden auf grundlegende Koordinationsprinzipien. Diese unterscheiden dann die Koordinationsformen nach der Basis der eingesetzten Medien (persönliche, technokratische)[90] oder nach der Dauer der Koordination (ad hoc, Standardisierung).[91]

(1)   Personelle Koordination

Die älteste Form der Koordination ist die **Selbstabstimmung** im Rahmen des persönlichen Kontaktes. Diese Koordinationsform ist zwar institutionalisierbar[92], ihr Vorteil, der sie zur universellen Koordinationsform werden läßt,[93] liegt jedoch in der informellen Natur der konkreten Ausgestaltung. Eine weitere Form der persönlichen ad hoc Koordination ist die **direkte Beaufsichtigung**, bei der Abstimmung im Rahmen hierarchischer Strukturen durch persönliche Weisung erzielt wird.

(2)   Standardisierung

Standardisierung führt zur Prädeterminierung von Handlungen, Handlungsmustern oder -ergebnissen.[94] Dabei stehen verschiedene Ebenen zur Verfügung, die Ansatzpunkte für Standardisierungsmaßnahmen liefern.

Zunächst können direkt die jeweils zu verrichtenden **Arbeitsabläufe** in programmierter Form[95] entwickelt und vorgegeben werden. Dies geschieht im Rahmen von

---

89)   Vgl. Kieser, Kubicek (1992), S. 95.

90)   Vgl. Kieser, Kubicek (1992), S. 104.

91)   Vgl. Mintzberg (1988), S. 278.

92)   So z.B. durch Gremien wie Besprechungen, Konferenzen, Komitees. Vgl. Kieser, Kubicek (1992), S. 108.

93)   Die Selbstabstimmung ist sowohl zur Koordination i.R. einfacher Routineprozesse als auch für komplexe Problemsituationen geeignet. Vgl. Mintzberg (1988), S. 279.

94)   Vgl. Mintzberg (1988), S. 279. Eine engere Begriffswahl verwenden Hill, Fehlbaum, Ulrich. Für sie ist Standardisierung das "... antizipierende Durchdenken von Problemlösungswegen und die darauf aufbauende Festlegung von Aktivitätsfolgen (...), so daß diese im Wiederholungsfall mehr oder weniger routiniert und *gleichartig* ablaufen." Hill, Fehlbaum, Ulrich (1989), S. 266.

Arbeitsanalysen durch Spezialisten, z.B. bei der Entwicklung von Verfahrensricht-linien.[96] Gleichwohl führen Lernprozesse, die bei der Ausführung der Programme ein-treten, zu deren Veränderung.

Bei der Standardisierung von **Arbeitsergebnissen** erhöht sich tendenziell die Variabilität der Handlungen, die zur Erreichung dieser Ergebnisse führen. Traditionelles Instrument zur Standardisierung von Ergebnissen sind Pläne und Planungsaktivitäten. Auf die organisatorische Koordination von Planungsaktivitäten soll an dieser Stelle jedoch nicht eingegangen werden.[97]

Mit der Standardisierung von **Fertigkeiten und Wissen**, die zur Ausführung einer bestimmten Tätigkeit erforderlich sind, werden Aspekte der Aus- und Weiterbildung thematisiert. Grundsätzliche Instrumente hierzu sind etwa die unternehmensexterne Berufsausbildung sowie unternehmensinterne Sozialisations-, Ausbildungs- und Trai-ningsprozesse.[98] Auch bei dieser Koordinationsform ist der individuelle Freiheitsgrad der eingesetzten Fähigkeiten zur Erfüllung der Aufgabe abhängig von der konkreten Art der Tätigkeit. So ist z.B. der Wissens- und Fähigkeitsbedarf bei einfachen Routinetätig-keiten mit hohem Spezialisierungsgrad geringer einzuschätzen als die Tätigkeit eines professionalisierten Spezialisten, z.B. die Arbeit eines Entwicklungsingenieurs. Grund-sätzlich stellt die Standardisierung von Wissen und Fähigkeiten zunächst die Voraus-setzung zur kommunikativen Auseinandersetzung im Rahmen von Koordinations-prozessen dar. Weiterhin ermöglicht die Einbeziehung von Wissen und Fähigkeiten jedoch auch die Behandlung von Koordinationsprozessen in Innovationssituationen sowie grundsätzlich die Erweiterung von Wissen im Rahmen von Lernprozessen.

Schließlich wird Koordination durch **kulturelle Parameter** wie etwa das Teilen gemeinsamer **Werte, Überzeugungen und Normen** sichergestellt:

---

95) Kieser, Kubicek (1992), S. 110 sprechen dann auch explizit von Koordination durch Pro-gramme.

96) Vgl. ebd.

97) Vgl. hierzu etwa Delfmann (1993), Sp. 3232ff.

98) Kieser, Kubicek (1992), S. 125f. sprechen auch von der Standardisierung von Rollen, die mit dem Erlernen und Ausüben von Berufen einhergeht.

"In dem Maße, in dem die Mitglieder einer Organisation übereinstimmende Werte und Normen 'verinnerlicht' haben - sich mit ihnen identifizieren - , können sie ihre Aktivitäten auch ohne strukturelle Vorgaben aufeinander abstimmen."[99]

Insgesamt stellen kulturelle Größen - ebenso wie die Professionalisierung - die Voraussetzung für eine effiziente Kommunikation dar. Allerdings wird hierbei in gewisser Hinsicht eine (aktive) Standardisierungsgrenze erreicht. Unternehmenskulturen können nicht beliebig gestaltet oder verändert werden, sie unterliegen vielmehr vielfältigen Einflüssen, die sich einer direkten Steuerung entziehen. Gleichwohl bleibt an dieser Stelle festzuhalten, daß diese Orientierungsgrundlagen überhaupt thematisierbar, somit auch Gegenstand von Veränderungsprozessen sind.

b. Gestaltungsparameter auf der Ebene von Stellen und Stellengefügen

b1. Spezialisierung und Stellenbildung als Ausgangspunkt für die Entstehung von Organisationsstrukturen

Wie bereits bei der Darlegung der Interdependenzproblematik in der betriebswirtschaftlichen Logistik deutlich wurde, resultiert die Notwendigkeit, organisationsgestaltend tätig zu werden, aus der arbeitsteiligen Leistungserstellung in Unternehmen. Eine übliche Form der Arbeitsteilung stellt die Spezialisierung[100] dar. Spezialisierung bewirkt, daß eine Aufgabe zur effizienteren Erfüllung in mehrere verschiedene Teilaufgaben gegliedert und diese dann Stellen oder Stellengefügen zur Ausführung übertragen werden.[101]

Bei der Bildung von Teilaufgaben, die in bestimmten Stellen ausgeführt werden sollen, wird nach dem Umfang und der Art der Aufgabe unterschieden. Dabei definiert sich die Art der Aufgabe über den Inhalt der jeweils wahrzunehmenden Teilaufgaben, der

---

99) Kieser, Kubicek (1992), S. 118.

100) Zum Begriff der Spezialisierung in der betriebswirtschaftlichen Organisationsliteratur vgl. Bleicher (1980), Sp. 2405, Hill, Fehlbaum, Ulrich (1989), S. 174ff. und 191ff., Picot (1990), S. 119ff., Reiß (1992), Sp. 2287ff., Welge (1987), S. 395.

101) Vgl. Kieser, Kubicek (1992), S. 76.

Umfang einer Aufgabe wird hingegen durch die Anzahl der in ihr enthaltenen Teilaufgaben bestimmt.[102]

Bei der Spezialisierung werden also zunächst Aufgaben analytisch in Teilaufgaben dekomponiert und anschließend Aggregate von Teilaufgaben gebildet.[103] Insgesamt tritt dadurch eine Reduktion der Variabilität - also des Umfanges der von einer Stelle zu bewältigenden Gesamtaufgabe - ein.

Im Rahmen der Spezialisierung werden zunächst, unabhängig von den jeweiligen Aufgabenträgern, die Anforderungen an individuelle Stelleninhaber definiert. Dabei ist die Form der Spezialisierung maßgeblich für Voraussetzungen und Maßnahmen bezüglich der Qualifizierung von Stelleninhabern.

Grundsätzlich kann Spezialisierung in zweierlei Weise realisiert werden. Traditionelle Spezialisierungsformen z.B. in der industriellen Fertigung zielen auf eine Reduzierung der Kosten der Leistungserstellung durch stärkere Arbeitsteilung ab. Dabei wird der Umfang von Aufgaben soweit reduziert, daß eine Kostensenkung aus folgenden Gründen erwartet wird:[104]

- Durch die Reduzierung der Einarbeitungszeiten sinken die Rüstkosten bei einem Wechsel des Stelleninhabers;

- mit der hohen Spezialisierung tritt eine Dequalifizierung der Stellenanforderungen ein. Somit lassen sich insgesamt die Lohnkosten senken;

- der geringe Umfang der auszuführenden Tätigkeiten führt zu Lerneffekten und somit zur Erhöhung der Arbeitsleistung.

Die Arbeitshandlungen solcher Stellen werden primär über die Formalisierung des Verhaltens, welches durch Training eingeübt wird, und durch direkte Beaufsichtigung der Stelleninhaber oder deren Arbeitsergebnisse erreicht.

---

102) Vgl. Schwarz (1983), S. 88.

103) Die hier skizzierte Vorgehensweise entspricht den traditionellen Instrumenten der Aufgabenanalyse und -synthese. Vgl. Kosiol (1976), S. 32.f. sowie S. 42ff. und 76ff.

104) Vgl. Kieser, Kubicek (1992), S. 78.

Im Gegensatz dazu führt die zweite Form der Spezialisierung zur Qualifizierung von Stellenanforderungen, da sich hierbei der Umfang der Aufgaben erhöht. Am stärksten ausgeprägt ist diese Tendenz, wenn die Spezialisierung mit einer Professionalisierung, d.h. mit dem Erlernen abgrenzbarer Berufsbilder einhergeht.[105] Ein wesentlicher Mechanismus zur Koordination von Arbeitshandlungen solcherart spezialisierter Stellen ist somit die Ausbildung.

Ausbildung umfaßt sämtliche unternehmensinternen und -externen Maßnahmen, die das Wissen sowie die Fähigkeiten und Fertigkeiten auf personaler Ebene vergrößern und erweitern. Im Gegensatz zur Formalisierung von Arbeitsabläufen, bei der ein beträchtliches Ausmaß an Macht auf die arbeitsanalysierenden Einheiten entfällt, ist der Kompetenzzuwachs bei Ausbildungsmaßnahmen auf der Ebene der Stelleninhaber zu suchen.

Die in der Aufgabensynthese gebildeten Stellen werden wiederum zu Stellengefügen mit einer speziellen Struktur aufgebaut. Die verschiedenen Prinzipien zur Bildung dieser aufbauorganisatorischen (Stellen-)Gesamtstruktur sollen im folgenden dargelegt werden.

b2. Die Bildung des Stellengefüges zur Errichtung der aufbauorganisatorischen Gesamtstruktur

Die durch die Aufgabenanalyse und -synthese determinierten Teilaufgaben bestimmen einerseits formal die Inhalte individueller Arbeitsstellen. Desweiteren legen diese Maßnahmen der organisatorischen Gestaltung die übergeordnete Struktur[106] einer Organisation fest. Im einzelnen geschieht dies mit der Aufgabensynthese durch die Zusammenfassung von Teilaufgaben zu Stellen unter einheitlicher Leitung[107] in einer Organisationseinheit sowie der Zusammenfassung von Einheiten zu Abteilungen. Insgesamt wird dadurch neben der Strukturierung der unternehmerischen Gesamtaufgabe auch die formale Autoritätsverteilung in der hierarchischen Leitungsstruktur determiniert.

---

105) Vgl. Kieser, Kubicek (1992), S. 79. Ein Beispiel für eine derartige Spezialisierung wäre etwa die Stelle eines Arbeitsmediziners im Unternehmen.

106) Im deutschsprachigem Raum wird diese formale Struktur grundsätzlich als Aufbauorganisation bezeichnet.

Zur Bildung und Verteilung von Teilaufgaben und Aufgabenkomplexen auf Stellen und Stellengefüge werden verschiedene Kriterien und Prinzipien herangezogen. So führte bereits Kosiol neben den weitverbreiteten sachlichen (Verrichtungs-[108] und Objektprinzip[109]) und formalen Kriterien (Rang, Phase und Zweck) zur Strukturierung von Aufgabenkomplexen auch personelle oder ausrüstungstechnische Gründe an.[110] Weitere Ansätze, die im Rahmen der logistischen Problemstellung von großer Relevanz sind, differenzieren in markt- oder prozeßorientierte Kriterien.[111]

Marktorientierte Gründe leiten sich aus Unterschieden in der Kundenstruktur, etwa hinsichtlich der räumlichen Verteilung, den Anforderungen an den Kundenservice oder nach Umsatzanteilen ab.[112]

Gleichermaßen von großer Bedeutung für logistische Organisationsformen ist die Strukturierung nach Prozeßmerkmalen.[113] Im Gegensatz zur verrichtungsorientierten oder Funktionalorganisation ist hierbei nicht die Gleichartigkeit der Tätigkeiten maßgeblich für die Aufbaustruktur. Vielmehr werden organisatorische Einheiten entsprechend der Struktur der Bearbeitungsprozesse im gesamten Leistungserstellungsprozeß, mithin also nach der Struktur der Prozeßabfolge, gebildet. Die Prozeßorientierung bei

---

107) Stellen, die mit Leitungsaufgaben betraut sind, werden als Instanzen bezeichnet. Vgl. Kieser, Kubicek (1992), S. 82.

108) Für nach dem Verrichtungsprinzip aufgebaute Organisationsstrukturen hat sich die Bezeichnung Funktionalorganisation etabliert. Vgl. Frese (1993), S. 171.

109) Unter Objekten versteht Kosiol im wesentlichen Produkte. Vgl. Kosiol (1976), S. 84f.

110) Vgl. für einen Überblick etwa Kosiol (1976), S. 81ff., Grochla (1982), S. 97f.

111) Vgl. etwa Hodge, Anthony (1988), S. 349.

112) Insgesamt existiert eine beträchtliche Anzahl von Merkmalen zur Markt- oder Kundendifferenzierung. Vgl. etwa Abell (1980), S. 11ff. Frese führt hierzu aus, daß sich diese Kriterien zum überwiegenden Teil lediglich auf die Strukturierung von Teilbereichen auswirkten, das dominante Merkmal für die Gliederung von Gesamtunternehmen aber ausnahmslos die regionale Differenzierung sei. Vgl. Frese (1993), S. 388.

113) Neben traditionellen Ansätzen von Kosiol (1976), S. 183ff. und Nordsieck (1961) sowie deren Weiterentwicklung von Gaitanides (1983) sind hier insbesondere aktuellere Ansätze zu erwähnen, die u.a. auf der Basis veränderter Informations- und Kommunikationstechnik prozeß- oder arbeitsablauforientierte Strukturen in indirekten Unternehmensbereichen wie der Verwaltung etablieren wollen. Vgl. Striening (1988).

der Strukturierung von Organisationen scheint per se schon ideale Voraussetzungen für die Realisierung des Flußprinzips zu liefern.[114]

Grundsätzlich wird die traditionelle Zielsetzung der Spezialisierung mit der wirtschaftlicheren Aufgabenerfüllung, die bei dieser Form der Arbeitsteilung erwartet wird, begründet.[115] Letztlich führt aber Spezialisierung und die damit verbundene Arbeitsteilung dazu, daß die Handlungen von Stellen und Einheiten aufeinander abgestimmt werden müssen, sofern Interdependenzen nicht gefährdet werden sollen. Diese Koordinationsleistung wird von Stellen und Einheiten ausgeführt, die explizit mit Leitungsaufgaben betraut sind.

c. Das Entscheidungs- und Leitungssystem von Unternehmen

Die organisatorische Leitungsstruktur[116] repräsentiert in ihrer formalen Ausprägung die Beziehungen der mit Entscheidungs- und Weisungskompetenz ausgestatteten Leitungsstellen (Instanzen)[117]. Instanzen entstehen dadurch, daß die rechtlich bestellte Unternehmensführungsinstanz[118] Leitungsaufgaben an untergeordnete Stellen delegiert und diese ihrerseits Entscheidungskompetenz[119] und Weisungsbefugnis an untergeordnete Einheiten überträgt. Allein die Analyse der mit formaler Leitungs- und Entscheidungskompetenz ausgestatteten Instanzen stellt jedoch eine zu enge Perspektive dar. Vielmehr bestehen Gestaltungsparameter der Dezentralisierung nicht nur in vertikaler, sondern auch in horizontaler Hinsicht. Dabei entspricht die vertikale Dezentralisation der skizzierten formalen Übertragung von Entscheidungskompetenzen, wohingegen

---

114) So verweisen Hodge, Anthony (1988), S. 354f. explizit auf die schnittstellenüberwindende Flußperspektive der Prozeßorientierung.

115) Zu den Vorteilen der Spezialisierung vgl. Kieser, Kubicek (1992), S. 77ff.

116) Eine weitere gebräuchliche Bezeichnung hierfür ist der auf Pugh et al. zurückgehende Begriff der Konfiguration. Vgl. Kieser, Kubicek (1992), S. 126.

117) Vgl. ebd.

118) Bspw. der Vorstand einer Aktiengesellschaft.

119) Für ein Kompetenzverständnis in dieser Hinsicht sind sicherlich Begriffe wie Autorität oder Macht zutreffender . Wesentlich für den Formalisierungsaspekt ist die Tatsache, daß einer Stelle oder Einheit offiziell das Recht zur selbständigen Entscheidung übertragen wurde. Vgl. Frese (1992), S. 43.

horizontale Dezentralisation auch informale Aspekte der Übertragung von Entscheidungskompetenz auf Nichtleitungseinheiten bedeutet.[120]

Neben vertikaler und horizontaler Dezentralisation muß weiterhin unterschieden werden, ob die Übertragung von Befugnissen lediglich temporär oder unbefristet erfolgt und wie umfangreich die dezentralisierte Entscheidungsbefugnis letztlich ist.[121]

Die Struktur der Weisungsbeziehungen zwischen Instanzen sowie zwischen Instanzen und Ausführungsstellen kann nun nach verschiedenen Kriterien aufgebaut werden.

Neben dem Fayol'schen Prinzip der Einheit der Auftragserteilung, welches zum Einliniensystem führt, und dem Taylorschen Funktionsmeisterprinzip, aus dem das Mehrliniensystem resultierte,[122] sind Konfigurationsformen mit Linien- und Stabsstellen oder temporären Instanzen möglich.[123]

d. Bildung lateraler Verbindungen

Die Bildung von Organisationseinheiten führt in der Regel dazu, daß mit dem intendierten Ergebnis, nämlich der Zunahme der Kommunikation innerhalb der jeweiligen Einheit, gleichzeitig die Kommunikationsfähigkeit zwischen Einheiten abnimmt.[124] So erleichtert die verrichtungs- oder funktionsorientierte[125] Strukturierung von Stellen und

---

120) Mintzberg nennt drei Arten horizontaler Dezentralisation: (1) Abgabe von formaler Linienkompetenz an die Stäbe, die allgemeine Standards definieren, (2) Verteilung von Macht auf Spezialisten und schließlich (3) Entscheidungskompetenz kann unter den Organisationsteilnehmern gleich verteilt werden, da die Koordination durch eine gemeinsame Ideologie sichergestellt wird. Vgl. Mintzberg (1988), S. 290. Zum Dezentralisationsbegriff in der Organisationslehre vgl. auch die ausführliche Diskussion bei Frese (1992), S. 57ff. und die dort angegebene Literatur.

121) Mintzberg differenziert hier zwischen selektiver und paralleler Dezentralisation. Im Gegensatz zur selektiven Dezentralisation, bei der lediglich für wenige ausgewählte Gebiete dezentrale Entscheidungsbefugnis ermöglicht wird, sind bei der parallelen Dezentralisation komplexe Entscheidungsbereiche delegiert. Vgl. Mintzberg (1988), S. 290.

122) Zur Beurteilung von Ein- und Mehrliniensysteme vgl. Bühner (1991), S. 109.

123) Auf eine ausführliche Darstellung dieser Konfigurationsprinzipien wird an dieser Stelle verzichtet, da diese bei der Diskussion der kontingenztheoretischen Logistikansätze behandelt werden. Vgl. für eine ausführliche Darstellung etwa Kieser, Kubicek (1992), S. 127ff.

124) Vgl. Mintzberg (1988), S. 287.

125) Die Situation bei der Verwendung anderer Strukturierungskriterien ist in der Tendenz identisch, auch wenn sich Art und Ausmaß der Kommunikationsprobleme anders präsentieren können.

Einheiten zwar die Koordination innerhalb der jeweiligen Funktionsbereiche, da die Spezialisierung hier zur Vereinfachung der Kommunikation führt. Allerdings wird die Abstimmung zwischen den Funktionsbereichen - wie etwa Beschaffung und Produktion - erschwert und muß durch geeignete strukturelle Maßnahmen sichergestellt werden. Staehle führt darüber hinaus an, daß die hierarchische Primärorganisation insbesondere hinsichtlich der Innovationsfähigkeit Nachteile aufweist. Er plädiert daher für die Etablierung einer Sekundär- oder Parallelorganisation, die neben der auf effiziente Erfüllung von Routineaufgaben bedachten Primärorganisation Innovationsfähigkeit erreichen soll.[126]

Zur Ausgestaltung lateraler Verbindungen werden zahlreiche Organisationsformen vorgeschlagen. An dieser Stelle kann lediglich ein knapper Überblick vermittelt werden.

(1)   Matrixprinzip

Bei der Gestaltung von Organisationseinheiten nach dem Matrixprinzip entstehen duale Autoritätsstrukturen[127], d.h. über eine Stelle sind gleichzeitig zwei Instanzen weisungsbefugt und ergebnisverantwortlich. Grundsätzlich sollen hierbei Ressourceninterdependenzen durch die parallele Segmentierung eines Entscheidungskomplexes nach verschiedenen Kriterien realisiert werden.[128] Die Entscheidungskompetenz wird auf zwei Leitungseinheiten (Instanzen) verteilt, die dann gemeinsam weisungsberechtigt und ergebnisverantwortlich sind. Somit ist das Matrixprinzip streng vom Funktionsmeisterprinzip der Mehrlinienorganisation zu unterscheiden.[129] Letzteres führt gerade nicht zu Kompetenzüberschneidungen, da die Funktionsmeister lediglich bezüglich ihrer definierten (funktionalen) Kompetenzbereiche entscheidungs- und weisungsbefugt sind. In dieser Hinsicht ist das Funktionsmeisterprinzip eindimensional. Im Rahmen des Matrixprinzips werden jedoch mehrdimensionale[130] Entscheidungsstrukturen mit entsprechenden Kompetenzüberschneidungen gefördert und gewollt.[131] Dies setzt aller-

126)   Vgl. Staehle (1990), S. 714 sowie die Konzepte der dualen Organisation von Szyperski, Winand (1979) S. 195ff. und der ambidextren Organisation von Gaitanides, Wicher (1986), S. 387f.

127)   Vgl. Mintzberg (1988), S. 289.

128)   Vgl. Frese (1992), S. 178.

129)   Vgl. hierzu explizit Frese (1992), S. 179.

130)   Üblicherweise realisieren Matrixstrukturen zwei Dimensionen. Möglich ist jedoch auch die Berücksichtigung von zusätzlichen Dimensionen, so etwa bei der Tensororganisation. Vgl. Schwarz (1983), S. 138.

131)   Vgl. Staehle (1990), S. 666.

dings voraus, daß in den entsprechenden Leitungsstellen konstruktive Konfliktlösungs-
techniken und Entscheidungsregeln[132] beherrscht werden.

(2) Integrationsstellen

Eine Unterscheidung kann danach vorgenommen werden, ob die jeweilige Integra-
tionsstelle auf Dauer oder lediglich temporär eingerichtet wird und ob sie mit formaler
Macht, so etwa Weisungs- oder Entscheidungskompetenz, ausgestattet ist.[133] Allerdings muß sich diese Kompetenz nicht unbedingt auf die Einheiten beziehen, zwischen
denen Integration herzustellen ist. Es reicht grundsätzlich aus, wenn die Kontrolle über
kritische Ressourcen - so etwa Budgets - vorhanden ist, auf die die jeweiligen Einheiten
zurückgreifen müssen.

Beispiele für solche Integrationsstellen sind etwa Verbindungseinheiten zwischen
Funktionalbereichen, Stabsstellen oder Produktmanager.

(3) Integrationseinheiten

Integrationseinheiten sind Stellengefüge, die Verbindungen zwischen Stellen und
Organisationseinheiten ermöglichen. Auch hierbei kann danach unterschieden werden,
ob eine dauerhafte oder lediglich eine zeitlich begrenzte Aufgabe vorliegt. Weitere Differenzierungskriterien sind die Zusammensetzung sowie die Art der Integrationslei-
stung. Neben permanenten Organisationsformen wie etwa Stäbe oder unbefristete Kollegien sind hier Projektteams, Task-Forces oder befristete Kollegien anzuführen.

---

132) Bartlett, Ghoshal charakterisieren Matrix Management dann auch primär nicht in struktureller
Hinsicht, sondern vielmehr als ideologische Grundhaltung zur Erweiterung managerialer Orientierungsgrundlagen und Kommunikationsstrukturen. Vgl. Bartlett, Ghoshal (1990), S. 140.
Für eine Übersicht möglicher Entscheidungsregeln in der Matrixorganisation vgl. auch Frese
(1992), S. 184.

133) Vgl. Mintzberg (1988), S. 287f.

C. Ausgestaltungsformen des kontingenztheoretischen Ansatzes in organisationsstrukturellen Gestaltungsempfehlungen für die betriebswirtschaftliche Logistik

1. Einleitung

In der betriebswirtschaftlichen Logistikliteratur[134] sind - gemessen am Umfang der dort insgesamt vorhandenen Literatur - vergleichsweise wenige Untersuchungen zu finden, die sich explizit mit organisatorischen Fragestellungen auseinandersetzen. In den grundlegenden Annahmen dominiert dabei das kontingenztheoretische Paradigma, d.h. die Fragestellung, wie Stellen, Einheiten und Abteilungen in Unternehmen aufgebaut und miteinander verbunden werden, so daß bei Vorliegen bestimmter situativer Faktoren ein hoher Effizienzgrad erreicht wird. Die Probleme, die im Rahmen dieser kontingenztheoretisch orientierten logistischen Organisationsforschung behandelt werden, sind dann wie folgt strukturiert.

Ausgangspunkt, sowohl für analytische als auch für technologische organisatorische Untersuchungen und Aufgaben, sind Aussagen darüber, welche Aufgaben und Funktionen originär logistischer Natur sind. Im Entwicklungsverlauf der betriebswirtschaftlichen Logistik ist hier eine deutliche Zunahme der ihr zugerechneten Aktivitäten zu verzeichnen.

In der nächsten Stufe werden situative Faktoren ermittelt, die einen maßgeblichen Einfluß auf Bildung von logistischen Stellen, Einheiten oder Abteilungen besitzen. Neben Faktoren, die bereits bei der Charakterisierung der kontingenztheoretischen Organisationsforschung erwähnt wurden, sind hier spezifisch logistische Einflußfaktoren zur organisatorischen Gestaltung zu diskutieren.

Schließlich werden im letzten Schritt konkrete Ausgestaltungsformen für Regelungen organisationsstruktureller Natur entwickelt und diskutiert. Einen Schwerpunkt bildet hierbei die Darstellung und kritische Diskussion der Vorschläge zur Ausgestaltung der organisatorischen Gesamtstruktur in Form der Aufbauorganisation (Primär- und Sekundärorganisation). Von Relevanz sind jedoch ebenso sämtliche zur Verfügung stehenden

---

134) Wie im einzelnen noch aufgezeigt wird, betrifft dies sowohl den anglo-amerikanischen als auch den deutschen Sprachraum.

Koordinationsinstrumente, somit auch Maßnahmen zur ablauforganisatorischen Gestaltung und Veränderung.

2. Logistische Aufgabenanalyse als Ausgangspunkt organisationsstruktureller Gestaltung

Insbesondere in der ersten Hälfte der 80er Jahre wurden die Grundlagen zu organisationsstrukturellen Untersuchungen der betriebswirtschaftlichen Logistik gebildet,[135] deren grundlegendes Paradigma bis in die heutige aktuelle Diskussion hineinreicht. Diese Ansätze unterstellen der betriebswirtschaftlichen Logistik - unter Betonung der Integrationsaufgabe, die der modernen Logistik-Konzeption zugrunde liegt - einen funktionalen Zusammenhang, der demjenigen traditioneller Funktionsbereiche in Unternehmen gleichkommt. Terminologisch dokumentiert sich dies in der Bezeichnung der Logistik als Querschnittsfunktion[136], die andere Funktionsbereiche wie Beschaffung, Produktion oder Absatz 'durchdringt'. Bedingung für die organisationsstrukturelle Realisierung dieser funktionalen Perspektive ist die Spezifizierung von Aktivitäten, die originär logistischer Natur sind und dann konsequenterweise nicht fragmentiert, sondern durch formal-legitimierte Regeln aufbauorganisatorischer Art institutionell integriert geplant, ausgeführt und kontrolliert werden.[137] Als Gründe für diese Zentralisierungsbemühungen werden die aus der Interdependenzproblematik bekannten Problembereiche der trade-offs zwischen Subsystemen des logistischen Systems, die Aufwer-

135) Ausgangspunkt hierzu bilden Abhandlungen auf empirischer und theoretischer Basis, so z.B. die A.T. Kearney Studien, vgl. o.V. (1981), Seger (1985), S. 146 oder die Untersuchung von Miller, Gilmour (1979), S. 143ff. Weiterhin wurden grundlegende Thesen zur Aufbauorganisation der Logistik formuliert von Kirsch, Gabele (1980), Pfohl (1980), Pfohl (1987) sowie die empirischen Arbeiten z.B. in der mittelständischen Industrie von Heinrich, Felhofer (1985) und in verschiedenen Branchen, so z.B. in der Körperpflegemittelindustrie von Felsner (1987), in der chemischen Industrie von Endlicher (1981), in der Getränkeindustrie von Born (1984) und Lück (1984), im Handel von Bowersox, Daugherty (1987) sowie in einer jüngeren Untersuchung zu logistischen Dienstleistern von Freichel (1992).

136) Vgl. Kirsch, Gabele (1980), S. 4, Pfohl (1980), S. 1207.

137) Diese Art der Gestaltung von Organisationsstrukturen leitet sich aus der klassischen Organisationslehre Kosiolscher Provenienz ab. Danach gliedert sich das Tätigkeitsgebiet eines Organisators in zwei Teilbereiche. Zunächst ist eine *Aufgabenanalyse* durchzuführen, die einen Überblick über die konkret zu verteilenden Tätigkeiten und Aufgaben liefert. Anschließend werden in der *Aufgabensynthese* diese zergliederten Teilaufgaben zu Gesamtheiten zusammengefasst und auf Stellen verteilt. Vgl. Kosiol (1976), S. 32f. sowie für die explizite Forderung nach dieser Vorgehensweise bei der Organisation der Logistik Ihde (1980), Sp. 1228. Auf identische Weise wurde die Problematik der integrierten Materialwirtschaft bereits von Grochla und seinen Schülern behandelt, vgl. etwa Grochla (1969), Sp. 975, Grochla (1978a), S. 172ff., Puhlmann (1985), S. 35ff., Fieten (1984a).

tung logistischen Problembewußtseins sowie der bei einer fragmentierten Lösung postulierte höhere Koordinationsaufwand zwischen logistischen Aufgaben angeführt.[138]

a. Abgrenzung logistischer Aktivitäten und Aufgabenbereiche

Basis dieser Ansätze ist zunächst der Versuch der Identifizierung von Einzelaktivitäten oder Objekten, die im Rahmen der Leistungserstellung von Industrieunternehmen als logistische Aktivitäten oder Gegenstandsbereiche charakterisiert werden können.[139] In der Literatur wird die Spezifikation dieser Aktivitäten mehr oder weniger konkret auf der Basis verschiedener struktureller Ordnungskriterien vorgenommen. Aus diesem Grunde soll hier zunächst ein ausgewählter Überblick über die existierenden Abgrenzungsformen geliefert werden.

Bei Vermeidung größtmöglicher Ausdifferenzierung lassen sich dazu im wesentlichen zwei Vorgehensweisen feststellen. Die Autoren der ersten Richtung nehmen eine Abgrenzung logistischer Aufgabengebiete und Aktivitäten anhand der klassischen Funktionsbereiche Beschaffung, Produktion und Absatz vor.[140]

Die zweite Vorgehensweise versucht, eine Charakterisierung spezifisch logistischer Tätigkeiten und Objekte vorzunehmen, ohne sich dabei an den klassischen Funktionsbereichen einer industriellen Organisation zu orientieren. Dabei existieren wiederum

---

138) Vgl. zu dieser Argumentationsrichtung etwa Pfohl (1992), Sp. 1257, Seger (1985), S. 141, Ihde (1980), Sp.1228. La Londe (1983), S. 5 nennt darüber hinaus die verbesserte Ausnutzung von Unternehmensaktiva, eine höhere Effizienz und Flexibilität im Wettbewerb sowie die konsequentere Ausrichtung von Unternehmensressourcen auf gegenwärtige und zukünftige Marktchancen als Gründe für eine Rekonfiguration logistischer Systeme.

139) In diesem Sinne Pfohl (1980), S. 1204: "Die betriebswirtschaftliche Logistik bildet ein gedanklich abzugrenzendes Aufgabenbündel, das spezifische Anforderungen an mögliche Aufgabenträger stellt und eine Spezialisierung auf dieses Aufgabenbündel nahelegt."

140) Vgl. etwa die Einteilung bei Ayers (1985), S. 431, Felsner (1987), S. 19. Grundsätzlich wird hierzu auch auf der Basis der primären Aktivitäten der Wertkette Porters argumentiert, die letztlich eine materialflußorientierte Perspektive der Leistungserstellung repräsentieren. Vgl. hierzu etwa Delfmann (1989b), S. 94f.

zwei grundlegende Versionen. Die erste Untervariante trennt logistische Handlungen in Basis- und Unterstützungsaktivitäten.[141]

Die zweite Untervariante unterteilt logistische Aktivitäten nach der Art möglicher Arbeitsformen in operative, dispositive, administrative und politische Teilaufgaben.[142]

Die von Endlicher vorgenommene Konstruktion eines logistischen Aufgabenkataloges stellt eine in dieser Hinsicht sehr fein ausdifferenzierte Abgrenzung dar.[143] Er ordnet in einer Matrix beispielhaft logistische Aufgaben, die in klassischen funktionalen Bereichen[144] erstellt werden, verschiedenen logistischen Wirkebenen zu.

Die Verschiedenartigkeit der Ansätze in der Literatur verdeutlicht, daß die konkrete Abgrenzung logistischer Aufgaben- und Tätigkeitsbereiche somit offensichtlich nicht eindeutig und immer nur kontextinduziert durchgeführt wird. Daher soll an dieser Stelle ausführlicher lediglich auf die allgemeinere Darstellungsform der logistischen Basis- und Unterstützungsaktivitäten eingegangen werden. Die Unterscheidung zwischen den beiden Aktivitätstypen läßt sich nach Ballou so begründen, daß erstere unabhängig von der konkreten unternehmensspezifischen Situation in jedem logistischen Kanal ausgeführt werden müssen, wohingegen logistische Unterstützungsaktivitäten lediglich

---

141) Vgl. Ballou (1987), S. 9 sowie die frühere Unterscheidung in Schlüssel- und Unterstützungsaktivitäten bei Ballou (1985), S. 7ff. Er weist darauf hin, daß die inhaltlichen Abgrenzungen zur Logistik unternehmensindividuell vorgenommen werden und daher die Zuordnung und Klassifizierung von bestimmten Aktivitäten als logistische Handlungen nicht allgemeingültig durchführbar sind. Vgl. hierzu die Spezifizierung logistischen Handelns als Interpretationskonstrukt in Kap. II.A.2. Auch die hier vorgenommene Abgrenzungsform logistischer Aktivitäten stellt lediglich einen Versuch dar, die in der logistischen Literatur gefundenen Übereinstimmungen in den Abgrenzungsformen widerzuspiegeln. Einen ähnlichen Ansatz wählen Williamson, Spitzer, Bloomberg (1990), S. 72f. Sie unterscheiden funktionelle Kategorien (Transport, Standortstruktur, Lagerhaltung, Materialhandhabung sowie Kommunikation und Information), die sich jeweils wieder aus spezifischen Logistikaktivitäten konstituieren.

142) Vgl. Endlicher (1981), S. 36ff., der dies als Wirkebenen logistischer Funktionen bezeichnet. Weitere Autoren nehmen ähnliche, allerdings weniger differenzierte Einteilungen vor, etwa in planerische, operative oder Service-Funktionen. Vgl. auch Feierabend (1980), S. 48ff., Magee, Copacino, Rosenfield (1985), S. 397, Coyle, Bardi, Langley (1988), S. 529..

143) Vgl. Endlicher (1981), S. 39.

144) Beachtlich ist dabei die sorgfältige Differenzierung, z.B. in vier produktionslogistische Bereiche. Demgegenüber fehlt dann die Kommissionierung in der Distributionslogistik, was sicherlich auf die spezifische Situation der von ihm untersuchten Branche zurückzuführen ist. Vgl. Endlicher (1981), S. 39.

nach Maßgabe der situativen Rahmenbedingungen ausgeführt werden.[145] Insgesamt erscheint diese Einteilung sehr heterogen, sie ist jedoch in dieser Form zur Spezifizierung logistische Aktivitäten in der Literatur etabliert.

b. Logistische Basisaktivitäten

Grundlage für die Abgrenzung logistischer Basisaktivitäten sind die eigentlichen Transferaufgaben der Raum- oder Zeitüberbrückung. Hierzu sind neben Transport und Lagerung auch die korrespondierenden Informations- und Datenübertragungsprozesse zu rechnen.

(1) Transport

Neben der Grundfunktion der eigentlichen Raumüberbrückung in Form des Transportes oder der Beförderung gehören zum Transport auch die Zusatzfunktionen Verteilen und Sammeln sowie die Hilfsfunktion des Pufferns.[146] Hinsichtlich der Gegenstands- und Problembereiche lassen sich erhebliche Unterschiede zwischen den Transportfunktionen im Rahmen der externen Beschaffung oder Distribution von Gütern und der internen Produktionslogistik[147] feststellen. Zu ersteren sind neben der Auswahl der Verkehrsmittel auch Entscheidungen über Fremdvergabe oder Eigentransport, die Durchführung von Transporten im eigenen Werkverkehr, die Tourenplanung, Frachtkonsolidierung sowie die Beladung und somit die Stauraumoptimierung zu rechnen. Innerapparative Transportprobleme konzentrieren sich primär auf die technisch-ingenieurwissenschaftliche Handhabung des Materialflusses.

---

145) Vgl. Ballou (1985), S. 8. Nach seiner Ansicht ist darüber hinaus der Anteil der Basisaktivitäten an den logistischen Gesamtkosten oder ihre Bedeutung für die Güte der gesamten Aufgabenerfüllung beträchtlich. Vgl. ebd.

146) Vgl. Gudehus (1973), S. 143ff. Dieser rechnet zur Grundfunktion des Transports noch den Umschlag von Gütern. Vgl. ebd. Eine allgemeine Spezifizierung von Transportsystemen nach ihren technischen Komponenten liefert Martin (1985), S. 27ff.

147) Endlicher (1981), S. 39 differenziert hier sehr sorgfältig und treffend zwischen innerapparativer, innerbetrieblicher, zwischenbetrieblicher und Zwischenwerks-Logistik. Die innerapparative Produktionslogistik wird dabei als Materialflußverfahren gekennzeichnet, bei dem die Vorgänge wie Abfüllen, Transportieren, Wiegen oder Verpacken automatisch durchgeführt werden. Vgl. ebd.

(2)   Lagerhaltung und Bestandsmanagement

Auch hierbei kann zwischen einer rein technisch-ingenieurwissenschaftlichen Problemstellung bei der Entwicklung und Errichtung von Lagersystemen[148) und der dispositiven Entscheidung über Bevorratungsstrategien unterschieden werden.

Zum Bestandsmanagement zählen die Entwicklung von Lagerhaltungspolitiken für
Roh-, Hilfs- und Betriebsstoffe sowie Halb- und Fertigprodukte, das Aufstellen von
kurzfristigen Verkaufsprognosen, die Festlegung der Anzahl, der Größe und des Ortes
von Beständen sowie die Definition der betrieblichen Hauptlagerstufe.

(3)   Kommunikations- und Steuerungssysteme

Materialtransferprozesse werden durch Informations- und Datenflüsse ausgelöst und
gesteuert.[149) Ein wesentlicher Teil im Rahmen dieser logistischen Aktivitäten ist der
Bereich der Auftragsabwicklung.

Die Auftragsabwicklung[150) als Kern der physischen Distribution[151) stellt einen
bedeutsamen Einflußfaktor für die Güte der insgesamt erbrachten Logistikleistung dar.
Allgemein umfaßt sie die Prozesse der

- Auftragsübermittlung,

- Auftragsaufbereitung,

- Auftragsdisposition,

- Datenverwaltung,

---

148)   Dies beinhaltet neben der Konzeption der eigentlichen Lagerorte die Teilprobleme der Ein- und
        Auslagerungstechnik. Vgl. hierzu Martin (1985), S. 34.

149)   Vgl. Magee, Copacino, Rosenfield (1985), S. 4.

150)   Die Abgrenzung des Gegenstandsbereiches der Auftragsabwicklung wird in der Literatur teil-
        weise sehr unterschiedlich vorgenommen. Für eine umfassende Diskussion des Auftragsabwick-
        lungsbegriffes vgl. Darr (1992), S. 18ff.

151)   Vgl. Skjoett-Larson (1982), S. 46.

- Erstellen der Papiere und Dokumente sowie die

- Fakturierung.[152]

Durch die Entwicklungen im Bereich der Informations- und Kommunikationstechnik haben sich wesentliche Bedingungen für die Auftragsabwicklung[153] und deren Interdependenz zu anderen Funktionsbereichen geändert. Grundsätzlich erfordert die Aufgabenstellung der Auftragsabwicklung die enge Koordination zur physischen Distribution, zur Produktionsplanung, zum Finanz- und Rechnungswesen und zur Daten- und Informationsverarbeitung.

(4)   (Liefer-)Servicespezifikation

Für Ballou stellt schließlich auch die Präzisierung von Liefer- und Logistikservicestandards eine Kernaufgabe der Logistik dar. Hierdurch werden unter anderem die Höhe von Lagerbeständen und die Leistungsfähigkeit von Transport- und Auftragsabwicklungssystemen festgelegt. Allerdings ist das hierbei zugrundeliegende Serviceverständnis recht eng, da sich z.B. auch die Durchlaufzeiten in der Fertigung und somit die Produktionskapazität auf die Lieferzeiten auswirken können. Obgleich die Definition von logistischen Leistungskriterien durchaus als eine originäre logistische Aufgabe bezeichnet werden kann, läßt sie sich nicht so eindeutig auf spezielle Stellen oder Einheiten verteilen wie die zuvor genannten Aktivitäten.

c. Logistische Unterstützungsaktivitäten

Die Klassifizierung als Unterstützungsaktivitäten soll die Bedeutung dieser Handlungen im logistischen Leistungserstellungsprozeß nicht verringern. Im Vergleich zu logistischen Basisaktivitäten müssen sie jedoch nicht zwangsweise in jedem logistischen

---

152)   Vgl. Darr (1992), S. 20.

153)   So entfällt, je nach Automatisierungsgrad, die Erstellung von Belegen bei gleichzeitiger Trennung von Informations- und Warenfluß. Die engere informatorische Vernetzung erweitert allerdings die im Rahmen der Auftragsabwicklung zu produzierenden Informationen, z.B. i.R. der Statusabfrage. Insgesamt sind diese Entwicklungen mit Veränderungen der Arbeitsabläufe und somit auch der Organisationsstrukturen verbunden. Vgl. Schulte (1991a), S. 231.

Kanal durchgeführt werden.[154] Im wesentlichen werden hierzu folgende Handlungsbereiche gerechnet:[155]

(1)   Lagerhausbetrieb

Hierunter werden jene Aktivitäten subsumiert, die zur Schaffung von Lagerraum in
einem Lagerhaus notwendig sind. Beispiele hierfür sind etwa die Ermittlung des Lager-
raumbedarfes, der Art des Lagerhauses sowie der benötigten Lagerhauskonfigura-
tion[156] oder die Ein- und Auslagerung von Beständen in das Lager.

(2)   Materialhandhabung

Neben Entscheidungen über die Auswahl der benötigten Ausrüstung wird hierzu häufig auch der gesamte Bereich der Kommissionieraktivitäten gezählt.[157] Grundsätzlich
wird die Materialhandhabung durch die Bildung von logistischen Einheiten erleichtert.[158]

(3)   Verpackung

Die Verpackung muß nicht nur den spezifischen Eigenschaften logistischer Objekte
in bezug auf Sicherheits-, Qualitäts- und ökonomischen Kriterien gerecht werden, sondern darüber hinaus noch zunehmend ökologisch-juristische Anforderungen erfüllen.
Logistische Aktivitäten beinhalten somit nicht nur lediglich die eigentlichen Ver-
packungshandlungen zum Warentransport oder zur Einlagerung, sondern auch die Entscheidung über die konkrete Verpackungsform.

---

154)   Vgl. Ballou (1985), S. 10.

155)   Vgl. Ballou (1987), S. 10, Ballou (1985), S. 8, Fey (1989), S. 52f.

156)   Hierunter ist die Anzahl und räumliche Anordnung von benutzten Lagerhäusern zu verstehen.
        Vgl. Magee, Copacino, Rosenfield (1985), S. 5.

157)   Vgl. Shapiro, Heskett (1985), S. 221ff.

158)   Vgl. Felsner (1987), S. 30.

3. Operationalisierung logistikrelevanter Kontextvariablen

Bevor nun eine Diskussion konkreter organisationsstruktureller Gestaltungsempfehlungen durchgeführt werden kann, sind die hierfür im Rahmen einer kontingenztheoretischen Argumentationsweise bestimmenden Kontextvariablen und deren postulierte Wirkungsmechanismen darzulegen. So wird in den empirischen Studien zur Organisation
der Logistik[159] lediglich das Alter eines Unternehmens als entscheidende Variable zur
Erklärung der organisatorischen Integration[160] verwendet: Demnach findet in Verlauf
des Lebenszyklus in Unternehmen eine (hierarchische) Aufwertung der logistischen
Aufgabenbereiche statt. In der Literatur existieren jedoch noch zahlreiche weitere Kontextvariablen.[161] Neben allgemeinen, bereits aus der Diskussion der konzeptionellen
Grundlagen der Kontingenztheorie bekannten Größen[162] werden auch Versuche unternommen, spezifisch logistische Kontextvariablen zu bestimmen. Der folgende Überblick beschränkt sich auf die wesentlichen Variablen und lehnt sich in seiner Systematik
an die allgemeinen Kontingenzfaktoren an.

a. Logistische Technologievariablen

Technologische Kontextvariablen, denen ein Einfluß auf die logistische Organisationsstruktur unterstellt wird, haben in vielfältigen Ausprägungsformen Eingang in die
wissenschaftliche und praxisorientierte Literatur gefunden. Grundsätzlich können dabei
technologische Variablen in zwei Gruppen unterteilt werden.

---

159) Vgl. die zitierten Ansätze aus dem vorangegangenen Abschnitt sowie das Reifemodell bei Beier
(1973), S. 73ff. Neben der pauschalen Variablen 'Alter eines Unternehmens' gibt es aber auch
Versuche, aus dem Lebenszyklus eines Produktes Anforderungen an Transfersysteme und somit
an die Organisation der Logistik abzuleiten. Vgl. Hutchinson (1987), S. 38f.

160) Die dann, wie sich in der überwiegenden Anzahl der empirischen Untersuchungen herausstellt,
durch aufbauorganisatorische Zentralisation realisiert wird.

161) Diese werden allerdings nicht im Sinne einer strengen, auf exakte empirische Verifizierung
ausgerichteten kontingenztheoretischen Forschung propagiert, sondern überwiegend auf der
Basis von plausiblen Annahmen als hypothetische Wirkungszusammenhänge formuliert. Vgl. zu
dieser 'gemilderten' Kontingenztheorie in der logistischen Organisationsforschung Freichel
(1992), S. 103ff. insbes. S. 106, sowie Simon (1989), S. 148f.

162) Vgl. Abschnitt III.B.2.

al. Technologische Variablen des Materialtransfers

Zunächst sind die Faktoren bedeutsam, die die Technik und somit die benötigte Ausrüstung für den eigentlichen Materialtransfer hinsichtlich der Aufgabenbereiche des Transports, der Lagerung und des Materialhandlings betreffen. Als wesentliche Einflußgrößen hierfür werden die stofflichen Eigenschaften der zu transferierenden Realgüter sowie das Ausmaß der Verschiedenartigkeit von Materialien und Produkten, die in einem Transfersystem transportiert und gelagert werden müssen, genannt.[163] Speziell für die Fertigung werden darüber hinaus die eigentliche Fertigungstechnologie und der Organisationstyp der Fertigung als technische Einflußgröße angeführt.[164] Entsprechend der Vielfalt technologischer Variablen werden auch unterschiedliche Wirkungsmechanismen auf die organisationsstrukturellen Variablen postuliert. So geht etwa Pfohl davon aus, daß bei homogener Produktstruktur die technische Ausrüstung zur Durchführung der Materialtransfers und somit die Zentralisationsfähigkeit logistischer Aufgaben zunimmt.[165] Weiterhin unterstellt er, daß auftragsorientierte Produktion eher im Rahmen der Werkstattfertigung durchgeführt wird und daß dann die Tendenz zur Zentralisierung von logistischen Funktionen in solchen Aufgabengebieten steigt, die traditionell der Materialwirtschaft zugeordnet werden.[166]

a2. Technologische Variablen des Informations- und Datenflusses

Auf die Auswirkungen der Entwicklung im Bereich der Informations- und Kommunikationstechnik wurden bereits in Kapitel II eingegangen[167]. Explizit als Einflußgröße auf die logistische Organisationsgestaltung wird die Informationstechnologie von Endli-

---

163) Üblicherweise wird dies über die Breite der insgesamt herzustellenden oder zu distribuierenden Produktpalette oder die Anzahl der zu beschaffenden Komponenten eines Produktes operationalisiert. Vgl. Pfohl (1987), S. 4f., Endlicher (1981), S. 144f., Christopher (1986), S. 55.

164) Vgl. Felsner (1987), S. 97, Pfohl (1987), S. 6f., Busch (1988), S. 29. Gelegentlich wird auch die Branche als Einflußgröße genannt. Vgl. Busch (1988), S. 29. Deren logistische Relevanz wird dann zumeist jedoch wieder durch die Produkteigenschaften, die Fertigungstechnologie oder durch Umweltfaktoren wie z.B. die Anzahl der Beschaffungs- und Absatzmarktteilnehmer oder den branchenüblichen logistischen Servicegrad bestimmt. Vgl. zu einer ausführlichen Diskussion von Branchen als Kontextvariablen auch Magee, Copacino, Rosenfield (1985), S. 396ff., Felsner (1987), S. 109ff.

165) Vgl. Pfohl (1987), S. 5, identisch auch Felsner (1987), S. 107 und Kirsch, Gabele (1980), S. 7.

166) Vgl. Pfohl (1987), S. 6.

167) Vgl. Abschnitt II.B.

cher behandelt.[168] Dabei subsumiert er unter Informationstechnologie allerdings primär die automatisierte Datenverarbeitung[169] und behandelt weniger die Entwicklungen im Bereich der Informationsübertragung und Kommunikation. Bei der Analyse der Auswirkungen der Entwicklungen in der automatisierten Datenverarbeitung erweitert er die Aufgabenbereiche der Logistik auf der politischen, dispositiven und administrativen Ebene; im operativen Bereich der eigentlichen Transferleistungserstellung sind hingegen nach seiner Ansicht nur indirekte Auswirkungen festzustellen. Dabei ist allerdings zu berücksichtigen, daß Endlicher seine Untersuchungen in der chemischen Industrie bereits Anfang der 80er Jahre durchführte. Die technische Entwicklung im Bereich der automatisierten Datenverarbeitung hat mittlerweile deutliche Veränderungen auch in den operativen Logistikbereichen bewirkt. Beispiele hierfür sind die datentechnische Integration von Fahrzeugen des Straßengüterverkehrs durch moderne Kommunikationstechnologie[170], die Zunahme der automatisierten Datenverarbeitung im Materialhandlingsbereich, in der Kommissionierung, im Lagerbereich sowie bei der Materialflußsteuerung in der Produktion[171] und in starkem Maße auch in der Auftragsabwicklung.

Einen breiteren Ansatz zur Untersuchung der durch Informations- und Kommunikationstechnik induzierten organisatorischen Folgewirkungen wählt Wegner.[172] Schwerpunkte seiner Analyse bilden in technischer Hinsicht Groupware, wissensbasierte Systeme und Electronic Data Interchange.[173] Deren Auswirkungen werden dann hinsichtlich

---

168) Vgl. Endlicher (1981), S. 163ff.

169) In Anlehnung an Kieser, Kubicek definiert Endlicher als Informationstechnologie '... alle in einem Unternehmen "angewendeten Verfahren zur Datenverarbeitung bzw. Informationsverarbeitung ..."'. Endlicher (1981), S. 163.

170) Hierzu sind spezielle Fahrzeuginformationssysteme entwickelt worden, die neben der Möglichkeit der dezentralen Datenerfassung und -verarbeitung im Fahrzeug auch den elektronischen Datenaustausch ermöglichen.

171) Für den engeren Bereich der industriellen Produktion behandeln Becker, Rosemann (1993) sowie Rück, Stockert, Vogel (1992) ausführlicher die Interdependenzen zwischen Logistik und CIM. So werden neben der Veränderung der Materialtransferprozesse in den eigentlichen Fertigungsprozessen durch die CIM-Konzeption auch die Teilbereiche der Beschaffungs-, Distributions- und Entsorgungslogistik einbezogen. Zwar werden ausführlich die technischen Möglichkeiten behandelt, die hinsichtlich der Unterstützung operativer und administrativer logistischer Leistungserstellung durch die aktuelle Informationsverarbeitungs- und -übertragungstechnik bestehen, organisatorische Fragestellungen behandeln die Autoren jedoch nicht.

172) Vgl. Wegner (1993), S. 112.

173) Vgl. Wegner (1993), S. 89ff.

- *132* -

prozessueller[174) und struktureller[175) Bestandteile der logistischen Organisation untersucht.

Neben einer transaktionskostenanalytischen Bewertung der organisatorischen Folgewirkungen des Technikeinsatzes liefert Wegner Prognosen hinsichtlich der Konsequenzen für den organisatorischen Spezialisierungs- und Dezentralisierungsgrad.[176) Dabei nimmt nach seiner Ansicht mit zunehmendem Technikeinsatz der Zentralisierungsgrad von Entscheidungsbefugnissen durch die bessere Informationsversorgung ab. Gleichsam sinkt tendenziell der Spezialisierungsgrad, weil z.B. durch den Einsatz wissensbasierter Systeme eine Reintegration von Aufgabengebieten durchgeführt werden kann.[177)

b. Logistische Variablen der Unternehmensgröße

Die Operationalisierung der Unternehmensgröße anhand materialtransferspezifischer Variablen ist ebenfalls in zahlreichen Variationen durchgeführt worden. Grundsätzlich wird dabei zunächst von der Struktur, der Kapazität und dem Auslastungsgrad der Material- und korrespondierenden Informationsflußnetze ausgegangen. Als Indikator für die Unternehmensgröße dienen dann die Anzahl der zu verbindenden Knoten sowie die tatsächlich realisierten Kanten im Transfernetzwerk.[178) Weitere Variablen sind die Anzahl der logistischen Entscheidungselemente[179), die Stärke der Materialtransfer-

174) Als logistische Prozesse werden neben der Zielvereinbarung und Systemgestaltung auch Planungs- und Steuerungs- sowie Auftragsabwicklungsprozesse behandelt. Vgl. Wegner (1993), S. 122ff.

175) In struktureller Hinsicht bilden die aufbauorganisatorischen Grundformen der divisionalen und funktionalen Organisation Schwerpunkte. Vgl. Wegner (1993), S. 155ff.

176) Vgl. Wegner (1993), S. 185ff.

177) Vgl. Wegner (1993), S. 187. Zu identischen Ansichten kommen Bowersox, Closs, Helferich (1986), S.316 und Schary, Coakley (1991), S. 26, wobei letztere ihre Argumentation über die Grenzen eines Unternehmens auf den logistischen Kanal ausdehnen. Die Reintegrationsthese widerspricht allerdings der Einschätzung Endlichers (1981), S. 169f., der durch den Bedarf an Experten für die logistische Datenverarbeitung eher noch von einer Zunahme des Spezialisierungsgrades - mit den entsprechenden Konsequenzen für den dadurch steigenden Koordinationsbedarf - ausgeht.

178) Pfohl nennt hierfür die Anzahl der Fertigungsstätten und Lagerhäuser sowie die logistisch relevanten Beziehungen zwischen ihnen (Vgl. Pfohl (1987), S. 7 und Pfohl (1992), Sp. 1264). Als weiterer Indikator wird auch der Tatbestand gesehen, ob lediglich nationale oder auch inter- oder multinationale Ausdehnungen des Netzes vorliegen. Vgl. etwa Felsner (1987), S. 107.

179) Vgl. Persson (1982), S. 32. Er versteht hierunter neben der Größe der Organisation auch die Breite der Produktpalette.

- 133 -

ströme[180]) oder die Anzahl der insgesamt wahrzunehmenden logistischen Aufgaben[181]). Wenn auch nicht in primärer, so ist jedoch in sekundärer Hinsicht der Aufbau der bereits bestehenden Organisationsstruktur Indiz für die Größe eines Unternehmens.[182]) Sie wird häufig als unternehmensinterner Kontextfaktor für die Gestaltung der Logistik behandelt,[183]) die sich letztendlich dieser Struktur anpassen soll.

Hinsichtlich der Wirkungszusammenhänge zwischen Unternehmensgröße und organisatorischen Gestaltungsvariablen wird zumeist die Zentralisierung von Logistikaktivitäten in den Vordergrund gestellt.[184]) Dabei wird überwiegend gefordert, mit zunehmender Unternehmensgröße logistische Aufgabenbereiche aufbauorganisatorisch zusammenzufassen.[185])

c. Logistische Variablen der Umwelt

Die Relevanz der Umweltkomplexität für die Entwicklung der Logistik wurde bereits an anderer Stelle thematisiert.[186]) Hier sind jedoch weniger allgemeine Entwicklungen und deren Einfluß auf die logistische Leistungserstellung als konkrete Umweltbeziehungen aus einzelwirtschaftlicher Logistikperspektive von Bedeutung. Dabei wird im Rahmen der kontingenztheoretischen Logistikforschung unter Umwelt nicht die allgemeine Unternehmensumwelt, sondern grundsätzlich die Gesamtheit der Faktoren verstanden, die das logistische System beeinflussen, mithin auch unternehmensinterne Größen. Verbreitete Determinanten hierfür sind neben der Prognostizierbarkeit des Material- oder Güterbedarfes[187]) die Art und Anzahl der Schnittstellen zwischen Transfersystemen[188]),

180) Vgl. Kirsch, Gabele (1980), S. 7; eine üblicherweise hierfür verwendete Präzisierung ist z.B. die Tonnage. Vgl. Felsner (1987), S. 91.
181) Vgl. Endlicher (1981), S. 157f.
182) Die i.R. der organisatorischen Fragestellungen der betriebswirtschaftlichen Logistik häufig diskutierte divisionale Organisationsform ist erst ab einer gewissen Unternehmensgröße realisierbar.
183) Vgl. Ihde (1980), Sp. 1228, Endlicher (1981), S. 56.
184) Vgl. Schulte (1991b), S. 402, Kirsch, Gabele (1980), S. 7, Penman (1991), S. 22.
185) Vgl. Pfohl (1992), Sp. 1265, Felsner (1987), S. 107.
186) Vgl. Abschnitt II.B.
187) Für Persson ist hierfür die Frage bedeutsam, ob ein Unternehmen auftrags- oder prognoseorientiert fertigt. Vgl. Persson (1982), S. 32. In diesem Zusammenhang wird dann die Wahl der betrieblichen Hauptlagerstufe relevant. Vgl. dazu auch die Ausführungen in Abschnitt D.3.a.

gesetzliche Rahmenbedingungen[189] sowie die allgemeine Wettbewerbssituation der Beschaffungs- und Absatzmärkte. Als in dieser Hinsicht bedeutsam werden Kriterien genannt, die die Strukturen von Material- und Informationsflußnetzwerken betreffen, so etwa Anzahl und geographische Dislozierung von Marktteilnehmern[190] sowie das erforderliche Logistik-Serviceniveau.[191]

Selbstverständlich werden ebenso Unternehmens- oder Geschäftsfeldstrategien[192] sowie die bereits bestehende Organisationsstruktur[193] des Gesamtunternehmens als relevante (logistik-)externe Rahmenbedingungen zur Erklärung und Gestaltung der logistischen Organisationsstrukur herangezogen.

Auch in bezug auf die Umweltkomplexität sind die postulierten Kausalitätsbeziehungen zur Organisationsstruktur heterogen. Der allgemeine Grundtenor lautet, daß bei einer Komplexitätszunahme der Umweltbeziehungen die Tendenz zur Zentralisierung logistischer Aufgaben zunimmt.[194]

---

188) Eine in der Literatur häufig verwendete Klassifizierung von Schnittstellen des Material- und Güter- sowie Informationsflusses in Industrieunternehmen stammt von Feierabend (1980), S. 57ff. Er unterscheidet zwischen Schnittstellen erster, zweiter und dritter Ordnung. Die ersten beiden charakterisieren unternehmensinterne Übergängen innerhalb des Transfersystems (erster Ordnung) oder zwischen Transfer- und weiteren Subsystemen wie etwa dem Transformationssystem (zweiter Ordnung). Die Schnittstelle dritter Ordnung schließlich markiert den Übergang zwischen Unternehmen und Umwelt. Die Schnittstellen werden weiterhin nach Transferobjekten differenziert. Feierabend unterscheidet hier zwischen Material und vier verschiedenen Informationsarten (Planungs-, Vollzugs-, Service- sowie dispositive Informationen).

189) Vgl. Endlicher (1981), S. 178. Diese Variable wird im heutigen Europa durch die Entwicklungen im Binnenmarkt als besonders komplexitätsfördernd angesehen.

190) Auch hierfür wird als Differenzierungskriterium die Frage nach der internationalen Ausdehnung der Märkte verwendet. Vgl. Endlicher (1981), S. 58 und S. 174ff., der mit der Internationalisierung auch eine Zunahme speziell logistischer Aufgaben und Tätigkeiten - so z.B. durch die Abwicklung von Zollformalitäten - verbindet.

191) Vgl. Busch (1988), S. 29, Schulte (1991b), S. 404, Kirsch, Gabele (1980), S. 7.

192) Vgl. Stock, Lambert (1987), S. 622, Heskett (1985), S. 822, Bowersox, Dröge (1989), S. 63. Diese Einschätzung folgt dem Chandlerschen Postulat des "structure follows strategy" in der Strategie-Struktur-Forschung.

193) Vgl. Stock, Lambert (1987), S. 623, Felsner (1987), S. 107.

194) Vgl. Pfohl (1987), S. 4.

d. Sonstige Kontextvariablen mit logistikspezifischem Hintergrund

Die Mehrzahl der in der Literatur erwähnten Bestimmungs- und Einflußgrößen für die logistische Organisationsstruktur lassen sich mit Hilfe der skizzierten drei Hauptvariablengruppen Technologie, Unternehmensgröße und Umwelt beschreiben. Dennoch sind einige Beispiele zu finden, die sich nur schwer in diese Klassifizierung einordnen lassen oder die eine gesonderte Berücksichtigung verdienen.

Häufig werden **personelle Kriterien**[195] als relevante Variablen angeführt. Neben der fachlichen Qualifikation stehen hier auch Aspekte mikropolitischer Widerstände gegen organisatorischen Wandel im Vordergrund. Es erscheint zunächst plausibel, daß eine explizite Berücksichtigung der Logistik in organisationsstrukturellen Maßnahmen, wie etwa Zentralisierung und Spezialisierung, zunächst auch eine an der logistischen Problemstellung orientierte Ausbildung bei Aufgabenträgern und Führungskräften erfordert.[196]

Felsner nennt als originär logistische Kriterien[197], die über den Zentralisationsgrad[198] der Logistik entscheiden, die Logistikkosten, den Lieferservice, die Fertigungsstruktur sowie die physische Struktur. Die letzteren wurden bereits im Rahmen der Variablen Unternehmensgröße und Technologie behandelt, so daß hier lediglich die ersten beiden diskutiert werden müssen.

Über die Höhe der **Logistikkosten** wird letztendlich die Bedeutung der logistischen im Vergleich mit der gesamten Leistungserstellung deutlich. Dabei geht Felsner davon aus, daß nicht allgemein absolute oder relative Logistikkosten, sondern lediglich deren beeinflußbarer Anteil[199] für den Stellenwert entscheidend ist. Zwar verweist er auf die

---

195)   Vgl. Felsner (1987), S. 124, Magee, Copacino, Rosenfield (1985), S. 4, Endlicher (1981), S. 58.

196)   Vgl. Endlicher (1981), S. 58 und S. 185ff. Dieser moniert das Ausbildungsdefizit in bezug auf die Vermittlung komplexer Zusammenhänge der logistischen Leistungserstellung, welches in logistiknahen Professionen auftritt. Hierdurch entstehen nach seiner Auffassung hohe Koordinationsanforderungen, da die verschiedenen Verantwortungsbereiche aufeinander abgestimmt werden müssen.

197)   Vgl. Felsner (1987), S. 97. Dessen Variablen werden in der Literatur übernommen, vgl. etwa Schulte (1991a), S. 244f.

198)   Hierunter versteht er die Zusammenfassung von logistischen Einzelfunktionen unter einheitlicher Leitung. Vgl. ebd.

199)   Vgl. Felsner (1987), S. 81f.

Problematik der Abgrenzung logistischer Kosten[200], Hinweise für eine Unterscheidung zwischen beeinflußbaren und nicht beeinflußbaren Kostenbestandteilen liefert er jedoch nicht. Grundsätzlich werden Wirkungszusammenhänge zwischen Höhe der beeinflußbaren Logistikkosten und Zentralisationsgrad logistischer Funktionen sowie deren hierarchischer Einordnung unterstellt.

Das **Serviceniveau** wurde bereits unter den Umweltvariablen als entscheidende Größe für die Ausgestaltung logistischer Organisationsformen behandelt. Felsner betrachtet nicht allgemein den Kunden- oder den Logistikservice[201], sondern den Lieferservice in der Warenverteilung[202]. In organisatorischer Hinsicht ist der Lieferservice dann konsequenterweise auch nur für die Distribution relevant.[203] Für eine absatzorientierte Organisationsform bei hohem Serviceniveau plädieren Kirsch und Gabele.[204]

Bezüglich des Zusammenhanges zwischen Serviceniveau und Organisationsstruktur wird dabei so argumentiert, daß mit steigenden Anforderungen an den Lieferservice auch die Anforderungen an die logistische Leistungserstellung zunehmen, somit eine Zentralisierung dieser Aktivitäten nötig erscheint.[205]

Persson führt als weitere spezifische Kontextvariable die Existenz **autonomer logistischer Entscheidungsbereiche** an.[206] Diese Variable wird insbesondere im Hinblick auf die logistische Segmentierung[207] bedeutsam. Allerdings beschränkt Persson die Trennung dieser Bereiche lediglich auf Produktgruppen. Differenzierungskriterien sind dann technologische Unterschiede, Marktunterschiede oder Eigenarten der räumlichen Dislozierung.[208]

---

200) Vgl. auch Abschnitt II.C.3.a1.

201) Vgl. zu den verschiedenen Servicebegriffen die Diskussion in Abschnitt II.C.b.

202) Vgl. Felsner (1987), S. 82ff.

203) Vgl. Felsner (1987), S. 98. Zwar verweist er im Zusammenhang mit der hierarchischen Einordnung auf die Bedeutung des Lieferservice, die Ausführungen bleiben hier jedoch recht vage. Vgl Felsner (1987), S. 104f.

204) Vgl. Kirsch, Gabele (1980), S. 7.

205) Vgl. Schulten (1991b), S. 404.

206) Vgl. Persson (1982), S. 34.

207) Vgl. hierzu Abschnitt D.3.

208) Vgl. Persson (1982), S. 32.

D. Dominante Muster logistischer Organisationsstrukturen

1. Einleitung

Die Darstellung und Würdigung des Forschungsstandes zur Bildung von logistischen Organisationsstrukturen erweist sich aufgrund von Inkonsistenzen in der Literatur als sehr problematisch. Diese resultieren daraus, daß in den jeweiligen Untersuchungen und Ausführungen keine explizite Trennung zwischen dem Objektbereich der Logistik[209] sowie den damit im Zusammenhang stehenden Aktivitäten und der logistischen Bewertungsperspektive[210] durchgeführt wird. Daraus ergeben sich Konsequenzen, die letztlich die Erstellung einer Synopse organisationsorientierter Logistikliteratur prägen. Grundsätzlich manifestiert sich dies durch die Existenz zweier verschiedener Ansätze[211] zur Lösung logistischer Organisationsprobleme.

Im Rahmen des ersten Ansatzes - er soll im folgenden als traditioneller Ansatz bezeichnet werden - wird zunächst davon ausgegangen, daß logistikspezifische Aktivitäten durch eine Aufgabenanalyse ermittelt, durch Synthese sinnvoll zusammengefaßt und in Stellen und Organisationseinheiten integriert werden können. Hierbei werden die interdependenten Fragestellungen der internen und externen organisatorischen Gestaltung der Logistik behandelt.[212]

Die Problematik dieses Ansatzes besteht darin, daß die Abgrenzungskriterien, die zur Unterscheidung von logistischen und nicht-logistischen Aktivitäten führen, häufig undurchsichtig oder willkürlich erscheinen.[213] Dieser Mangel ist allerdings nicht ausschließlich mit der Nachlässigkeit der Vertreter dieses Ansatzes begründbar, sondern

---

209) Im engen Sinne sind dies Materialtransferprozesse. Vgl. die Ausführungen in Kap. II.D.3.

210) Diese wurde bereits als ganzheitliche oder Flußperspektive charakterisiert. Ein in der Literatur verbreiteter Begriff in diesem Zusammenhang ist auch der der Logistik-Konzeption. Vgl. Kap II.D.1.b, sowie Pfohl (1992), Sp.1266.

211) Deren Trennung kann hier nur aufgrund ihrer impliziten Annahmen analytisch durchgeführt werden. Bei der weiteren Diskussion wird sich ergeben, daß durch die angesprochenen Inkonsistenzen eine strenge Trennung nur schwer durchführbar ist.

212) Bei der internen Gestaltung sind organisatorische Regeln zwischen Einzelaufgaben der Logistik Gegenstand der Untersuchung, während die externe Gestaltung primär an den Regeln zur Koordination der Logistikaufgabe mit weiteren Unternehmensaufgaben interessiert ist. Vgl. Bleicher (1991), S. 143, Laßmann (1992), S. 299.

213) So bezeichnet Frese dann auch folgerichtig die Abgrenzung des Umfanges selbständiger Logistikfunktionen als eigentliche organisatorische Herausforderung. Vgl. Frese (1993), S. 190.

liegt partiell auch in der Natur der Sache. So ging aus den Ausführungen in Abschnitt
II.A.2 hervor, daß Handlungen Interpretationskonstrukte darstellen, die lediglich unter
Verwendung von Zuschreibungs- und Deutungsregeln als solche verstanden werden
können. Da diese Regeln für die Logistik in den vergangenen Jahrzehnten aber starke
Entwicklungs- und Veränderungsprozesse durchlaufen haben,[214] führt die Charakterisierung von Aktivitäten als 'logistisch' zum Zwecke der organisationsstrukturellen
Gestaltung ohne Präzisierung der zugrunde gelegten Zuschreibungsregeln zwangsläufig
zur Inexaktheit. Dies kann aber nicht im Sinne der analytisch-synthetischen Vorgehensweise bei der Organisationsgestaltung sein.

Aktuelle Ansätze logistischer Organisationsforschung und -praxis gehen hingegen
davon aus, daß sich aus den Spezifika logistischer Leistungserstellung sowie insbesondere aus den dabei zugrundeliegenden Prinzipien Kriterien ableiten lassen, die zur veränderten Segmentierung und Strukturierung von Organisationen führen. In den Vordergrund tritt dabei weniger die Organisation von Logistikaktivitäten als vielmehr die
Organisation von Unternehmen nach der logistischen Bewertungsperspektive und deren
Einflußfaktoren. Schwerpunkt bilden etwa Ansätze, die anhand der Trennlinie, die
durch die betriebliche Hauptlagerstufe entsteht, oder anhand unterschiedlicher Servicekriterien aufbauorganisatorische Rahmenbedingungen definieren.

Diese beiden Ansätze bilden im folgenden den analytischen Rahmen zur Darstellung
des Forschungs- und Entwicklungsstandes der Organisation der Logistik.

2. Grundlegende traditionelle Ansätze zur Integration logistischer Aktivitäten
durch aufbauorganisatorische Maßnahmen auf Gesamtunternehmensebene

Die organisatorische Aufgabenstellung behandelt hierbei im wesentlichen die Fragen
nach dem Funktionsumfang, dem Zentralisierungsgrad, der hierarchischen Einordnung
und der konkreten aufbauorganisatorischen Form der Logistik.[215] Schwerpunkt allgemeiner Darstellungen in der Literatur ist dabei die Frage der externen Organisation der
Logistik, somit das Problem der Rolle der Logistik im Rahmen der gesamten Organisa-

---

214)   Vgl. Abschnitt II.B sowie das Phasenschema zur Organisation der Logistik in Kapitel 2.a dieses
        Abschnitts.

215)   Vgl. Felsner (1987), S. 97, Schulten (1991b), S. 403, Kirsch, Gabele (1980), S. 7.

tion eines Unternehmens.[216] Wesentlich für die in diesem Abschnitt zu diskutierenden Ansätze ist deren grundlegende Annahme, daß es abgrenzbare logistische Aktivitäten gibt und daß es gemäß den logistischen Bewertungsprinzipien sinnvoll ist, diese Aktivitäten in gewissem Maße organisatorisch zu zentralisieren. Allerdings sind hinsichtlich des Zentralisierungsgrades konträre Positionen sowohl in der deskriptiven als auch in der technologischen logistischen Organisationsforschung feststellbar, die ihre Standpunkte jeweils aufgrund empirischer Untersuchungen zu belegen versuchen.

Im folgenden ist bei diesen Ansätzen differenzierter zu untersuchen, welche konkreten Gestaltungsempfehlungen zur Integration logistischer Aktivitäten im Rahmen aufbauorganisatorischer Regelungen bisher gegeben wurden und wie dabei die Operationalisierung der kontingenztheoretischen Grundannahmen im einzelnen vorgenommen wird. Basis bildet zunächst die allgemeine Problemstellung der aufbauorganisatorischen Zentralisation der betriebswirtschaftlichen Logistik auf der Grundlage verbreiteter Kontingenzfaktoren. Diese werden anschließend anhand konkreter logistischer situativer Rahmenbedingungen spezifiziert.

Durch die Organisationsstruktur werden offizielle Verantwortungs- und Leitungsbereiche, Autoritätsverhältnisse sowie Kommunikationskanäle und -strukturen festgelegt. Mit der aufbauorganisatorischen Zentralisation logistischer Leistungserstellung[217] soll dann explizit eine Steigerung der Effizienz bewirkt werden.[218] Anlaß zur Zentralisationsthese lieferten empirische Untersuchungen, deren Ergebnis als Phasenmodell der logistischen Organisationsentwicklung Eingang in die Literatur gefunden hat. Mit Hilfe dieses Phasenmodells soll hier zunächst der Einstieg in die Thematik gefunden werden. Da das zentralistische Paradigma des Phasenmodells durch weitere empirische Untersuchungen unter teilweise starke Kritik geraten ist, werden hier im Anschluß Ansätze vorgestellt, die die Organisation logistischer Aktivitäten in ein- und mehrdimensionalen Organisationsformen differenzierter behandeln.

---

216) Zwar werden in zahlreichen Studien auch Ansätze der internen Organisation der Logistik behandelt, diese beschränken sich jedoch sinnvollerweise auf spezielle Situationstypen, so z.B. auf bestimmte Branchen, Unternehmensgrößen oder ausgewählte Teilfragen zur Organisation.

217) Viele Autoren sehen nur so die Möglichkeit, deren Fragmentierung zu überwinden. Vgl. Kirsch et al. (1973), S. 350, Felsner (1987), S. 126, Pfohl (1992), Sp. 1257, Bowersox, Closs, Helferich (1986), S. 303.

218) Vgl. Pfohl (1980), S. 1202.

Die konkrete Ausgestaltung der Organisationsform und somit die Realisierung des Zentralisierungsgrades wird dabei in Übereinstimmung mit der kontingenztheoretischen Ausrichtung abhängig gemacht von situativen Faktoren. Eine grobe Unterscheidung von Lösungsansätzen wird i.d.R. so vorgenommen, daß die bestehende Organisationsstruktur oder die Unternehmensstrategie als Kontextfaktor für die Logistikorganisation herangezogen wird. Bei eindimensionalen Organisationsformen ist deshalb zu unterscheiden zwischen der Integration der Logistik in die verbreiteten Formen funktionaler (verrichtungsorientierter) und divisionaler (objekt- oder spartenorientierter) Organisationen.[219]

a. Empirische Untersuchungen zur Entwicklung der organisationsstrukturellen Integration logistischer Aktivitäten und Aufgabenbereiche

Die zur Belegung der logistischen Integrationsthese häufig angeführten empirischen Studien differenzieren zwischen drei Entwicklungsstadien,[220] die Unternehmen in bezug auf die Charakterisierung verschiedener Aktivitäten als logistische Aktivitäten erreichen können. Diese Stadien unterscheiden sich in dem Ausmaß der aufbauorganisatorischen Integration und Zentralisation logistischer Aktivitäten und können allgemein[221] wie folgt beschrieben werden:[222]

(1)   Erstes Entwicklungsstadium

Voraussetzung für den Eintritt in dieses Entwicklungsstadium ist, daß logistisches Problembewußtsein und logistische Prinzipien vom Management als solche definiert und internalisiert werden.[223] Als Folge davon entstehen dann erste Ansätze, die

---

219)   Diese Unterscheidung ist in der Logistikliteratur weit verbreitet. Vgl. etwa Pfohl (1980), S. 1208ff., Dröge, Germain (1989), S. 83. Die räumliche Gliederung von Organisationen wird hier unter den Segmentierungsansätzen verhandelt.

220)   Vgl. o.V. (1981) sowie Bowersox, Daugherty (1987) und Seger (1985), Farrell (1987), S. 89, McGinnis, Kohn (1990), S. 42ff., Williamson, Spitzer, Bloomberg (1990), S. 73.

221)   Zwischen den verschiedenen Ansätzen des Phasenmodells bestehen Unterschiede hinsichtlich der konkreten Ausgestaltung der aufbauorganisatorischen Lösungen oder der Schwerpunkte und Zielsetzungen logistischer Integration. Das hier skizzierte Phasenmodell stellt eine Synopse der verschiedenen Ansätze dar.

222)   Vgl. Bowersox, Closs, Helferich (1986), S. 304ff., Bowersox, Daugherty (1987), S. 48, o.V. (1981), S. 4f., McGinnis, Kohn (1990), S. 42f., Seger (1985), S. 141.

223)   Vgl. Bowersox, Closs, Helferich (1986), S. 304.

bestimmte Funktionen, die bislang organisatorisch getrennt ausgeführt wurden, in einer Einheit zusammenfassen.

In dieser Entwicklungsstufe werden die Schwerpunkte logistischer Aufgabengebiete seitens der Unternehmensführung i.d.R. ausschließlich entweder im Rahmen der Warenverteilung oder in der Materialwirtschaft gesehen. Der Schwerpunkt logistischer Managementaufgaben ist operativer Natur, dominantes Ziel dabei ist die Kostenreduktion. Die vorgeschlagenen organisatorischen Lösungswege unterscheiden sich nur unwesentlich. Allgemein werden hier nur wenige logistische Funktionen im Rahmen bestehender Organisationsstrukturen in einer Einheit[224] auf der dritten oder vierten Hierarchieebene gebündelt, ohne daß gravierende Veränderungen in der Gesamtstruktur vorgenommen werden. So gehen etwa die Ergebnisse der A.T. Kearney Studie davon aus, daß in dieser Entwicklungsphase die Zielsetzung der Kostenreduktion in der Warenverteilung zur Integration folgender logistischer Aktivitäten führt[225]:

- Transportsteuerung der Warenverteilung

- innerbetrieblicher Transport

- Betreiben der regionalen Distributionsläger

- Planung von Transfersystemen

- die entsprechenden logistischen Steuerungs- und Managementaktivitäten

(2)   Zweites Entwicklungsstadium

In der zweiten logistischen Entwicklungsstufe führen positive Erfahrungen, die im Rahmen der organisatorischen Zentralisierung gemacht wurden, zu einer weiteren hierarchischen Aufwertung der Logistik. Auch findet keine ausschließliche Orientierung an Kostengrößen mehr statt, vielmehr wird der Beitrag der Logistik zu Umsatz und Ertragssteigerung erkannt. So ist das Management stärker sensibilisiert für die Wünsche und Anforderungen der Kunden in bezug auf Servicekriterien. Konsequenz daraus ist

---

224) Beispiele hierfür wären die Einheiten Materialwirtschaft oder Physische Distribution, die dann der Produktion oder Beschaffung bzw. dem Marketing hierarchisch unterstellt wären. Vgl. Bowersox, Closs, Helferich (1986), S. 306.

225) Vgl. Seger (1985), S. 141f.

die Integration von Service-Aktivitäten[226] und der Auftragsabwicklung in den Aufgabenbereich der Logistik. So wird etwa auf der zweiten Hierarchieebene eine Logistikeinheit, z.B. ein Zentralbereich Physische Distribution, etabliert. Gemäß der A.T. Kearney Studie werden dieser neben den Funktionen der ersten Entwicklungsstufe folgende Tätigkeiten und Verantwortungsbereiche übertragen:

- Liefer- und Customer Service

- Auftragsabwicklung

- Lagerhaltung von Fertigprodukten

- Abwicklung von Eingangstransporten

(3)   Drittes Entwicklungsstadium

Schließlich führt die Ausrichtung an strategischen Wettbewerbsvorteilen, welche durch die Integration der gesamten logistischen Kette erreicht werden können, zur adäquaten Unterstützung durch Managementaktivitäten sowie zu korrespondierenden organisatorischen Maßnahmen. In dieser Phase werden sämtliche Aktivitäten der Logistik, also sowohl beschaffungs- und produktionsorientierte als auch jene der Distribution, in einem Zentralbereich hierarchisch koordiniert oder auf der Basis formalisierter Pläne aufeinander abgestimmt.[227] Die A.T. Kearney Studien stellen dabei eine Erweiterung der Aktivitäten der zweiten Entwicklungsstufe um folgende Funktionskomponenten fest:

- Erstellen von Absatzprognosen

- Produktionsplanung und -steuerung

- Beschaffung und Materialwirtschaft

- Technische Logistik

- Internationale Transferprozesse

---

226)   Diese können hier durchaus in dem breiten Sinne des Kundenservice verstanden werden, der nicht nur Kriterien der eigentlichen Verkaufsphase, sondern auch solche der Vor- und Nachverkaufsphase umfaßt. Vgl. etwa die Darstellung bei Ballou (1973), S. 55.

227)   Vgl. Bowersox et al. (1988), S. 129.

Schon anhand dieser Aufzählung wird deutlich, daß sich die Problematik der logistischen Integration in der Literatur nicht auf die reinen Transferprozesse beschränkt, sondern auch angrenzende, d.h. Transferprozesse beeinflussende Aktivitäten wie z.B. die Auftragsabwicklung oder die Erstellung von Bedarfsprognosen mit einbezieht.

Spätestens in der dritten Phase werden Organisationseinheiten der Logistik Entscheidungskompetenzen über Aktivitäten eingeräumt, die eindeutig nicht ausschließlich dem Materialtransfer zurechenbar sind.[228] Dies erklärt sich aus der bereits thematisierten Problemstellung, daß zur Bildung von Stellen und Organisationseinheiten der Logistik nicht allein die Klassifizierung der auszuführenden Aktivitäten als Kriterium gewählt wird. Vielmehr entstehen durch die Werte und Normen aktueller Logistik-Konzeptionen Kriterien, die zur Organisationsgestaltung auch für solche Aktivitäten verwendet werden, die nicht unmittelbar transferorientiert sind.

Die in den verschiedenen empirischen Untersuchungen als Ergebnis ermittelten Trends postulieren im Zeitablauf eine anteilsmäßige Verschiebung der Unternehmen von Stufe 1 zu Stufe 3, sie gehen somit von der Überlegenheit zentralisierter logistischer Organisationsstrukturen aus.[229] Diese These wird durch die Untersuchung der Ohio State University weiter gestützt.[230] In deren Rahmen werden seit 1972 jährliche Befragungen über den Karriereverlauf[231] von Logistikmanagern durchgeführt. Dabei konnte zunächst ebenfalls der Zentralisierungstrend hinsichtlich logistischer Aktivitäten bestätigt werden. Als Gründe für diesen Trend werden mehrere Argumente angeführt,

---

228) So hat die Güte von Absatzprognosen zwar unmittelbare Auswirkungen auf die Kosten und die Qualität von Transferprozessen, ihre Erstellung setzt jedoch Kenntnisse voraus, die sich alleine durch die logistische Fachkompetenz nicht erfüllen lassen. Ayers (1985), S. 426 nennt drei Möglichkeiten zur Lösung der Prognosenproblematik an der Schnittstelle zwischen Marketing und Logistik. So können einerseits Daten, die von Marketingeinheiten zur Verfügung gestellt werden, in logistischen Einheiten zu eigenen Prognosen erstellt werden. Weiterhin lassen sich Prognosen, die bereits von Marketingexperten aus eigenem Datenmaterial erstellt wurden, von Logistikexperten reinterpretieren. Schließlich kann eine bessere Fundierung durch die Durchführung von eigenen Feldstudien unter logistischer Kompetenz erreicht werden. Im letzten Fall müssen Logistiker jedoch Marketingexpertise generieren. Eine ähnliche Problematik stellt der Versuch der exakten Trennung von Transformations- und Transferprozessen dar. Hierauf wurde bereits in Kapitel II.A.2 hingewiesen.

229) Vgl. Bowersox, Daugherty (1987), S. 49.

230) Vgl. La Londe, Emmelhainz (1981), S. 1ff., Bowersox, Closs, Helferich (1986), S. 311f., Masters, La Londe, Pohlen (1992), S. 48ff., Gordon (1990), S. 36ff.

231) Dieser wird operationalisiert über Parameter wie Ausbildung, bisherige Praxiserfahrung, Verantwortungsbereich, organisatorische Einordnung, Berichtsverantwortung und hierarchische Stellung der befragten Logistik-Manager. Vgl. La Londe, Emmelhainz (1985), S. 42ff.

die insgesamt die These unterstützen, daß durch Zentralisierung die Leistungsfähigkeit der Logistik verbessert wird.[232)]

Die Entstehung der positiven Effekte wird eher durch indirekte als durch direkte Wirkungen begründet. So erwarten die Befürworter zentralisierter Logistikstrukturen eine Erhöhung des Formalisierungsgrades und hierdurch eine intensivere und verbindliche Kommunikation logistischer Missionen, die Erstellung expliziter logistischer strategischer Pläne sowie eine stärkere Partizipation in Strategieformulierungsprozessen für das Gesamtunternehmen. Als Konsequenzen hieraus werden neben der verbesserten Prioritätensetzung und der Verringerung von Ambiguitäten innerhalb der logistischen Leistungserstellung und an den Schnittstellen zu anderen Funktionen auch erweiterte Möglichkeiten bei der Ressourcenakquisition vermutet. Weiterhin ist durch die strukturelle Zentralisierung mit einer Verbreiterung der logistischen Wissens- und Erfahrungsbasis der Mitarbeiter[233)] zu rechnen. Durch die symbolische Aufwertung der Logistik werden bessere Aufstiegsmöglichkeiten und transparentere Karriereverläufe geschaffen, die die Attraktivität logistischer Stellen für qualifiziertes Personal erhöhen. Insgesamt führen diese indirekten Effekte längerfristig zu einer qualitativen Verbesserung der Logistikaktivitäten, einer erleichterten Realisierung von Synergieeffekten und letztendlich auch zur Reduzierung der Logistikkosten insgesamt.

Allerdings ist eine undifferenzierte Zentralisierung logistischer Aktivitäten nicht opportun. Das hier charakterisierte Phasenschema geht mithin davon aus, daß ein wesentlicher Kontextfaktor für die organisatorische Ausgestaltung der Logistik das Alter des Unternehmens ist. Für eine differenziertere Analyse werden jedoch in der kontingenztheoretischen Logistikforschung weitere Faktoren berücksichtigt. Darüber hinaus erscheint es grundsätzlich fraglich, ob die Integration der logistischen Leistungserstellung ausschließlich über eine organisatorische Zentralisation und die korrespondierende hierarchische Koordination erreicht werden kann.[234)]

---

232) Vgl. Dröge, Germain (1989), S. 85, Felsner (1987), S. 42, Pfohl (1980), S. 1220f.

233) Dieser Effekt wurde bereits allgemein unter der Spezialisierung verhandelt. Vgl. Abschnitt B.3.b.b1.

234) Vgl. zu dieser zeitgemäßeren Ansicht auch Heinrich, Felhofer (1985), S. 76f.; Bowersox, Dröge (1989), S. 70, Schary, Coakley (1991), S. 26f., Wegner (1993), S. 173f. Explizite Kritik am Phasenmodell, die sich gleichsam auf empirische Analysen stützt, üben McGinnis, Kohn (1990), S. 59 sowie Bowersox, Daugherty (1987), S. 58f. Auch die jüngeren Untersuchungen der Ohio State University führten zu Ergebnissen, die nicht mehr ausschließlich vom Zentralisierungstrend ausgehen. Vgl. etwa den Kommentar zur 1992er Untersuchung von Masters, La Londe, Pohlen (1992), S. 48 und 50.

Im folgenden sind Lösungsvorschläge für Organisationsformen der Logistik auf Gesamtunternehmensebene in ein- und mehrdimensionalen Organisationsstrukturen[235] differenzierter zu diskutieren. Dabei stehen in den Basisansätzen Bestrebungen im Vordergrund, logistische Entscheidungskompetenz zu zentralisieren.

b. Eindimensionale Organisationsformen

Wie bereits ausgeführt, findet bei eindimensionalen Organisationsformen eine Strukturierung ausschließlich nach verrichtungs- oder objektorientierten Kriterien statt. Die grundsätzlichen Fragestellungen nach dem Zentralisierungsgrad, der hierarchischen Einordnung, der konkreten organisatorischen Ausgestaltung und dem Funktionsumfang kann daher anhand dieser beiden Kriterien untersucht werden. Die objektorientierte Gliederung wird hier anhand der verbreiteten Form der Divisionalorganisation verhandelt.

b1. Logistik in der Funktionalorganisation

In industriellen Fertigungsunternehmen ist die Funktionalorganisation die älteste und in einigen Branchen wohl auch noch verbreitetste Organisationsstruktur. Frese beschreibt den Grundgedanken der Funktionalorganisation so, daß durch die Anwendung des Funktionsprinzips Einheiten entstehen, die jeweils die für eine Gruppe von Handlungen notwendigen Kompetenzen in sich bündeln.[236] Die Struktur richtet sich dabei nach den Wertschöpfungsaktivitäten der Wertkette[237], so daß auf der zweiten Hierarchieebene in der Regel die Bereiche Beschaffung und Einkauf, Produktion, Absatz und Marketing sowie weitere Unterstützungsbereiche wie Personal, Forschung und Entwicklung oder Organisation und Datenverarbeitung gebildet werden.

---

235) Eine identische Vorgehensweise wählen Voegele (1986), S. 102 u. 108 und Pfohl (1992), Sp. 1257.

236) Vgl. Frese (1993), S. 315.

Für die logistische Leistungserstellung in der 'Vorlogistikphase' bedeutet dies zunächst, daß Transferaktivitäten fragmentiert[238] in den jeweiligen Bereichen durchgeführt und bewertet werden.

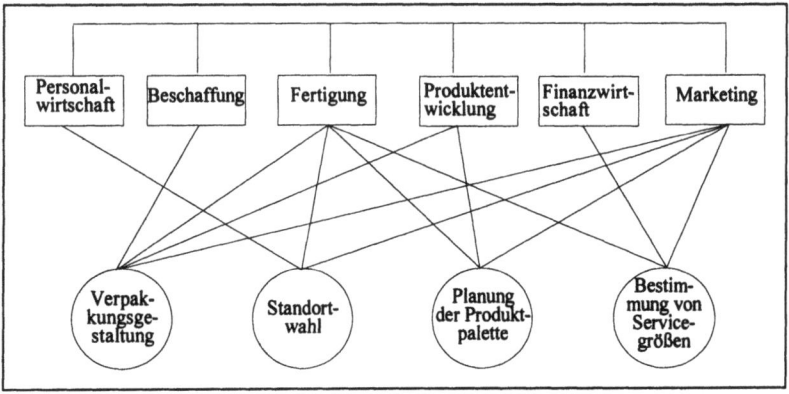

*Abb. 4   Logistik-Verantwortungsbereiche in einer Funktional-Organisation
Quelle: in Anlehnung an Heskett (1985), S. 819*

Eine bereits früh[239] postulierte These in der logistischen Organisationsforschungspraxis lautet, daß die Effizienz von Transferprozessen in Unternehmen durch struktu-

---

237)   Zur besseren Analyse von Kostenverhalten und Differenzierungspotential unterteilt die Wertkette ein Unternehmen in Primär- und Unterstützungsaktivitäten der Wertschöpfung. Zu den Primäraktivitäten werden Eingangslogistik, Fertigung, Ausgangslogistik, Marketing und Verkauf sowie der Kundenservice gerechnet. Unterstützungsaktivitäten sind jene der Beschaffung sämtlicher benötigter Güter, der Technikentwicklung, des Managements von Humanressourcen sowie die Infrastruktur des Unternehmens, ohne die Aktivitäten der Unternehmensleitung, der Finanzierung, des Rechnungswesens, des Rechts, der formalisierten Planung und des Qualitätsmanagements. Vgl. Porter (1986), S. 63.

238)   Ein weiterer Ausdruck hierfür ist 'aufgesplittert'. Vgl. Pfohl (1980), S. 1204. Grundsätzlich wird darunter verstanden, daß verschiedene Organisationseinheiten eigenverantwortlich für die Wahrnehmung logistischer Aufgaben zuständig sind und diese lediglich schwach koordinieren. Vgl. ebd.

239)   Die Notwendigkeit zur organisatorischen Integration logistischer Aktivitäten zum Zwecke der Verbesserung der logistischen Leistungserstellung wurde bereits von Brewer und Rosenzweig formuliert. Diese fordern explizit die einheitliche Leitung von logistischen Aktivitäten. Vgl. Brewer, Rosenzweig (1961), S. 71.

relle Koordination in Form von aufbauorganisatorischer Zentralisierung gesichert werden muß:

"Der *übergreifende* Charakter der logistischen Funktion - ihr *Querschnittscharakter* - erfordert, daß eine zweckmäßige Organisationsform sich nicht nur auf Verhaltens- und Funktionsregeln (...) für einzelne Leistungsbereiche beschränken darf. Die Tatsache, daß die Organisationspraxis dieses Erfordernis erst in letzter Zeit beachtet, erklärt in vielen Fällen die unbefriedigende Effizienz der betrieblichen Logistik."[240]

Bereits bei der Darstellung des Phasenschemas zur organisatorischen Integration logistischer Aktivitäten[241] wurden die Zentralisationstendenzen in funktionalen Organisationen deutlich. Zentralisation im aufbauorganisatorischen Sinne bedeutet hierbei, daß Stellen, die mit der Wahrnehmung logistischer Aufgaben betraut sind, zu Stellengefügen zusammengefaßt und unter einheitlicher Leitung koordiniert werden.[242] Der höchste Zentralisierungsgrad liegt dann vor, wenn sämtliche Logistikaktivitäten[243] einer zentralen Logistik-Organisationseinheit[244] hierarchisch[245] unterstellt sind:

"A stage III type organization is emerging that is structuring procurement, manufacturing operations, and physical distribution under single management guidance. This organizational logic permits maximum coordination of all trade-offs under a single top level executive."[246]

Pfohl begründet eine Zusammenfassung logistischer Aktivitäten in einer eigenständigen Organisationseinheit mit der Erleichterung deren Koordination.[247] Neben der verbesserten Realisierung von Synergieeffekten manifestiert sich dies in der Berücksichtigung von Entscheidungsinterdependenzen, der Vereinheitlichung von Verfahren und Methoden, der Spezialisierung von Beschäftigten sowie einer höheren Akzeptanz logi-

---

240)   Ihde (1980), Sp. 1226.

241)   Vgl. den vorhergehenden Abschnitt.

242)   Zentralisation ist dann gleichbedeutend mit dem Begriff der horizontalen Integration. Vgl. Puhlmann (1985), S. 76f.

243)   Häufig werden dann auch Aktivitäten, die lediglich einen mehr oder weniger starken Einfluß auf die Transferprozesse besitzen - wie etwa die Erstellung von Bedarfsprognosen - der Logistik untergeordnet.

244)   Diese kann - je nach Unternehmensgröße - ein Zentralbereich oder eine (Haupt-)Abteilung sein. Vgl. Schulte (1991b), S. 405.

245)   Hierarchische Unterstellung bedeutet letztlich, daß die Spielräume zur Entscheidungskompetenz vertikal zur übergeordneten Einheit hin zunehmen. Vgl. Frese (1993), S. 41.

246)   Bowersox (1983), S. 28.

247)   Vgl. Pfohl (1980), S. 1207

- *148* -

stischer Probleme auf Ausführungs- und Leitungsebene.[248] Die Lösung logistischer Integrationsprobleme, die letztlich aus der Flußperspektive resultieren, wird hier also durch aufbauorganisatorische Integration und hierarchische Koordination angestrebt.

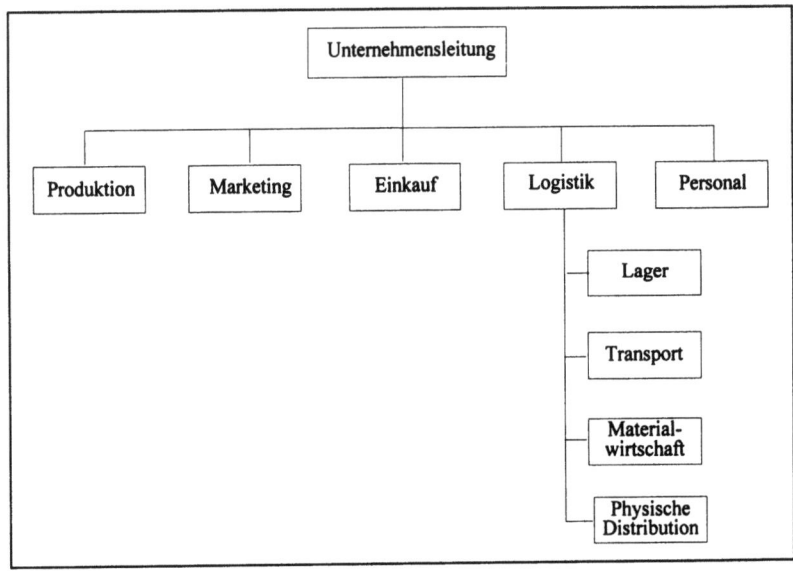

*Abb. 5   Logistischer Zentralbereich in einer funktionalen Organisation
Quelle: in Anlehnung an Rupper (1987), S. 24*

Das Ausmaß der Zentralisation, also der aufbauorganisatorischen Integration, sowie die Wahl der konkreten Organisationsform der Logistik werden differenzierter durch Kontingenzfaktoren begründet.

Wie bereits dargelegt, geht das Phasenschema der Logistikentwicklung[249] davon aus, daß mit zunehmendem Verbreitungsgrad der Logistik-Konzeption[250] in Unternehmen der Funktionsumfang sowie der Zentralisierungsgrad der Logistik zunehmen.

248)   Vgl. Pfohl (1992), Sp. 1257.

249)   Vgl. Abschnitt D.2.a.

250)   Logistik-Konzeption meint konkret die bei der Planung, Steuerung, Durchführung und Kontrolle von Materialflußprozessen zugrundeliegenden Werte und Normen, so z.B. die klassischen Attribute holistisch, system- und flußorientiert. Vgl. Felsner (1987), S. 39f.

Dabei wird eine direkte Beziehung zwischen dem Grad der Zentralisierung und der Güte der logistischen Leistungserstellung unterstellt.[251] Diese pauschale Einschätzung, die überwiegend in der ersten Hälfte der achtziger Jahre vorherrschte, wurde durch weitere empirische Untersuchungen zumindest in Frage gestellt.[252]

Danach ist vielmehr davon auszugehen, daß eine organisatorisch zentralisierte Gesamtlösung, wie sie in der 'stage III type' Organisation skizziert wurde, nicht zwangsläufig und unter allen Umständen sinnvoll erscheint. Verbreitet sind daneben zahlreiche Ansätze, die Schwerpunkte hinsichtlich der logistischen Leistungserstellung eher anhand der klassischen Funktionsbereiche bilden.[253] Solche teilzentralisierten Lösungen, die differenzierter anhand logistischer Kontextfaktoren begründet werden, sollen im folgenden vorgestellt werden. Bestimmend für das Ausmaß dieser funktionalen Zentralisation sind die bereits dargelegten logistischen Kontextfaktoren. Als besonders relevant für den Zentralisierungsgrad logistischer Aktivitäten werden die Kontextfaktoren Logistikkosten und Lieferservice sowie die technologischen Variablen der Materialflußstrukturen in der Fertigung, der Beschaffung und der Warenverteilung angesehen.

Bezüglich der konkreten Ausgestaltung der *externen Organisation* der Logistik in funktional gegliederten Unternehmen lassen sich fünf Grundformen diagnostizieren:[254]

(1) Materialwirtschaft

Hierbei werden Funktionen wie Bedarfsermittlung, Beschaffung, Eingangstransporte, Management der Bestände an Roh-, Hilfs- und Betriebsstoffen und fremdbezogenen Halbfertigprodukten sowie der Materialtransfer zur Produktion organisatorisch integriert. Diese Lösung wird dann bevorzugt, wenn Materialeinzel- und -gemeinkosten hohe Werte annehmen, die Strukturen der Materialbeschaffung einen hohen, diejenigen

---

251) Vgl. Mallory (1983), S. 731ff., Bowersox et al. (1987), S. 1ff., Gill (1977), S. 103ff.

252) Vgl. Bowersox, Daugherty (1987), S. 49, McGinnis, Kohn (1990), S. 44, Miller, Gilmour (1979), S. 148, Heinrich, Felhofer (1985), S. 65.

253) Vgl. Felsner (1987), S. 14, Miller, Gilmour (1979), S. 143-153, Kirsch, Gabele (1980), S. 6.

254) In der Literatur sind mehr oder weniger differenzierte Aufteilungen vorhanden. Die hier verwendete Klassifizierung lehnt sich an jene von Pfohl und Felsner an. Vgl. Pfohl (1980), S. 1209, Felsner (1987), S. 97, Voegele (1986), S. 215f., Schulte (1991a), S. 245, ähnlich auch Puhlmann (1985), S. 301.

der Produktion und Warenverteilung hingegen einen geringen Komplexitätsgrad[255] aufweisen und die Anforderungen an den Logistikservice insgesamt gering sind. Dabei empfiehlt Pfohl die Institutionalisierung als Hauptabteilung im Bereich der Beschaffung.[256]

(2)   Integrierte Materialwirtschaft

Im Gegensatz zu breiten Abgrenzungen, bei denen der Funktionsumfang der integrierten Materialwirtschaft material-, fertigungs- und absatzorientierte Teilsysteme sowie systemübergreifende Aufgaben umfaßt,[257] wird hier jenen Ansätzen gefolgt, die Aufgaben der Warenverteilung nicht mit einbeziehen[258].

Wirkungszusammenhänge werden dabei wie folgt postuliert: Unternehmen, deren Beschaffungs- und Produktionsstrukturen komplex und deren Materialeinzel- und -gemeinkosten hoch sind, die aber einen geringen Lieferservicegrad realisieren, tendieren eher zu integrierten Materialwirtschaftskonzeptionen. Neben den Funktionen der zuvor skizzierten Materialwirtschaft werden dann auch noch die Transferaktivitäten in der Fertigung der entsprechenden Organisationseinheit übertragen. Üblicherweise wird

---

255)   Pfohl (1980), S. 1209 operationalisiert hier den Komplexitätsgrad in den verschiedenen Ebenen lediglich über die Anzahl der zu transferierenden Produkte und Einsatzstoffe oder der Bezugsquellen und Kunden. Wie in Abschnitt III.A.4 verdeutlicht wurde, ist jedoch allein die Anzahl der Parameter bestenfalls ein Indiz für das Komplexitätsmaß. So ergänzt er in einem späteren Beitrag diese Größen noch um dynamische Elemente wie etwa Varietät von Transport-, Lager- und Handlingprozeduren oder um Veränderungen hinsichtlich der Beschaffungs- und Distributionskanäle. Vgl. Pfohl, Zöllner (1987), S. 5. Aus diesen Gründen wird hier im folgenden ausschließlich mit dem Komplexitätsgrad argumentiert.

256)   Vgl. Pfohl (1980), S. 1209.

257)   Für einen Überblick vgl. Puhlmann (1985), S. 63f., Kathawala, Nauo (1989), S. 9.

258)   Vgl. Felsner (1987), S. 97. Diese Auffassung ist hier vorzuziehen, da die Aufgaben der Warenverteilung insgesamt einen Entscheidungskomplex bilden, der sich aufgrund seiner marktorientierten Perspektive mit eigenen Kontingenzfaktoren sinnvoll abgrenzen läßt. So macht etwa Fieten (1982), S. 31 den Verbleib der Auftragsabwicklung im Absatzbereich - die Alternative wäre ihre Integration in die Materialwirtschaft - abhängig von der Intensität des Kundenkontaktes.

diese Organisationsform so ausgestaltet, daß auf Bereichsebene entsprechende Einheiten gebildet werden. Zahlreiche Beispiele hierfür finden sich in der Automobilindustrie.[259]

(3) Distributionslogistik

Erfolgt der Aufbau der Logistik von der Absatzmarktseite, werden Ausgestaltungen in der Form vorgeschlagen, daß Aktivitäten wie das Bestandsmanagement von Fertigprodukten, die Auftragsabwicklung, die Einrichtung der Distributionsstruktur und das Betreiben von Lagerhäusern organisatorisch zentralisiert werden. Dies wird insbesondere dann empfohlen, wenn die Kosten der Warenverteilung hoch sind und sich der verlangte oder angebotene Lieferservice auf anspruchsvollem Niveau befindet. Zusätzlich sollen die Distributionsstrukturen - im Gegensatz zur Beschaffung oder Fertigung - einen hohen Komplexitätsgrad aufweisen.[260] Auch hier wird die Organisation als selbständiger Bereich oder als Hauptabteilung empfohlen.[261]

(4) Beschaffungs- und Distributionslogistik

Liegen sowohl komplexe Strukturen in den Beschaffungs- und Absatzstrukturen mit entsprechend hohen Kostenanteilen vor und stellt der Lieferservice eine bedeutende Wettbewerbskomponente dar, so können, bei relativ einfach strukturierten Fertigungsbedingungen, die beschaffungs- und distributionslogistischen Aufgaben zentralisiert werden.[262] Auch hierbei kann, je nach Bedeutung dieser Aufgaben insgesamt, eine Organisationseinheit auf Bereichs- oder Hauptabteilungsebene eingerichtet werden.

(5) Logistik

Schließlich ist der höchste Zentralisierungsgrad erreicht, wenn sämtliche Logistikaktivitäten organisatorisch integriert sind. Im Gegensatz zum bereits skizzierten Phasen-

---

259) Als Paradebeispiel hierfür galt bereits relativ früh die Organisation der Logistik bei BMW, die eine Bereichslösung realisierten und hierzu ein Vorstandsressort einrichteten. Vgl. hierzu etwa Schäfer (1981), S. 11. Eine umfangreiche Analyse der Organisation der Werkslogistik in der Automobilindustrie liefert Simon (1989), S. 260ff., weitere Untersuchungen zur Organisation der Logistik in der deutschen Automobilindustrie unternahmen Pfohl, König, Zettelmeyer. (1986). Darin wird ebenfalls die mangelnde Distributionsorientierung der Logistik von Automobilherstellern deutlich. Vgl. Pfohl, König, Zettelmeyer (1986), S. 7.

260) Vgl. Voegele (1985), S. 216, Felsner (1987), S. 99f., Pfohl (1980), S. 1209.

261) Vgl. Pfohl (1980), S. 1209.

262) Vgl. Felsner (1987), S. 100.

schema wird dies bei einer kontingenztheoretisch differenzierten Analyse allerdings nur dann als sinnvoll erachtet, wenn die Strukturparameter des Materialflusses in sämtlichen Primäraktivitäten der Wertkette[263] komplex sind, die Logistikkosten am Gesamtumsatz einen hohen Anteil haben und darüber hinaus der Lieferservice bedeutend für die Wettbewerbsposition ist. Für die externe Organisation wird dann die Einrichtung eines Logistik-Bereiches mit entsprechendem Vorstandsressort vorgeschlagen.[264]

Die hier vorgestellten Ansätze gehen offensichtlich davon aus, daß durch organisationsstrukturelle Zentralisation die Koordination der Transferaktivitäten verbessert werden kann. Im Gegensatz zum Phasenschema differenzieren sie aber hinsichtlich des Ausmaßes der Zentralisation, und zwar in Abhängigkeit von definierten Kontingenzfaktoren.

Hinsichtlich der *internen Organisation* der Logistik stehen im eindimensionalen Bereich ebenfalls mehrere Gestaltungsalternativen zur Disposition, die je nach Kontextsituation differieren. Es wurde bereits darauf hingewiesen, daß die Ausgestaltungsmöglichkeiten zur internen Organisation von der Realisierungsform der Außenorganisation und hier insbesondere vom Zentralisierungsgrad abhängen.[265]

Die wohl am häufigsten diskutierte Lösung in diesem Zusammenhang ist die der Organisation der Logistik als Stabs- oder Linienfunktion.[266] In der Logistikliteratur finden sich detaillierte Untersuchungen über die internen aufbauorganisatorischen Strukturen der Logistik nur im Kontext von Unternehmen, die über eine mehrdimensionale Organisationsstruktur verfügen.

---

263) Somit auch in den vor- und nachgelagerten Wertkettensystemen der Beschaffungs- und Absatzmärkte.

264) Vgl. Pfohl (1980), S. 1209, Bowersox, Closs, Helferich (1986), S. 309.

265) Vgl. Abschnitt D.1.

266) Vgl. Pfohl (1992), Sp. 1267, Lück (1984), S. 128ff., Bowersox, Closs, Helferich (1986), S. 316, Rose (1979), S. 243, Schulte (1991a), S. 246f.

b.2. Logistik in divisionalen Organisationsformen

Divisionalen Organisationsformen[267] liegt eine Gliederung nach dem Objektprinzip zugrunde. Beispiele für Objekte in dieser Hinsicht sind Produkte oder Produktgruppen, Absatz- oder Beschaffungsregionen[268] sowie Kundengruppen. Gründe und Formen eine objektorientierter Gliederung von Organisationen sind vielfältig.[269] Divisionalisierung führt auf der zweiten Hierarchieebene zu Organisationseinheiten in Form von Divisionen oder Sparten, die weitgehend selbständig und eigenverantwortlich geführt werden. Diese Eigenverantwortlichkeit manifestiert sich formal sowohl bei der Mittelvergabe als auch bei der Ergebniskontrolle. Durch die Divisionalisierung kann eine größere Marktnähe sowie eine erhöhte Flexibilität und Adaptionsfähigkeit erreicht werden.[270] Für die Kapitalgeber des Gesamtunternehmens führt die Divisionalisierung zu einer größeren Risikostreuung. Synergien werden häufig nur über den Kapitaltransfer zwischen den Einheiten[271] oder das erhöhte Ausbildungspotential genutzt.

Die grundlegende Problemstellung ähnelt bei der divisionalisierten Unternehmensstruktur der der funktionalen Organisation[272]. Im wesentlichen ist die Frage zu klären,

---

267) Die Ausprägungsformen und Bezeichnungen von divisionalen Organisationsformen sind vielfältig. Gängige Begriffe sind gemäß der verschiedenartigen Objekte Produkt-, Sparten-, Geschäftsbereich-, Regionen- oder vertikale Organisation. Vgl. Endlicher (1981), S. 71.

268) Die Bildung von regionalen Strukturen ist vor allem i.R. internationaler Geschäftätigkeit von Bedeutung.

269) Der Prozeß, der zur Bildung divisionaler Organisationsformen führt, wird im allgemeinen als Diversifikation oder Diversifizierung bezeichnet. Letztlich ist die exakte Abgrenzung des Begriffes problematisch. Vgl. Bühner (1993), S. 21. Grundsätzlich herrscht aber im allgemeinen Konsens darüber, daß Diversifikation mit dem Eintritt in neue Märkte und/oder mit der Erweiterung oder Ergänzung der bestehenden Produktlinie verbunden ist.

270) Vgl. Quinn, Mintzberg, James (1988), S. 588.

271) Die Ausnutzung von Synergien in divisionalisierten Unternehmen ist lange Zeit vernachlässigt worden und stellt erst in jüngster Zeit wieder ein Thema für praktische und theoretische Untersuchungen dar. Vgl. Clarke, Brennan (1990), S. 9, Porter (1987), S. 30, Ehrensberger (1993), S. 3.

272) Die Unterschiede liegen darin, daß Interdependenzen, die sich aus der Struktur des Materialflusses ergeben, in der funktionalen Organisationsform grundsätzlich anders geartet sind als in divisionalen Unternehmen. So sind bei ersterer die zur Herstellung eines Produktes nötigen Materialflußprozesse über alle Funktionsbereiche zu koordinieren, soll eine integrierte Logistik-Konzeption realisiert werden. Bei einer divisionalisierten Organisation gilt dies zwar auch jeweils innerhalb einer Division, zwischen den einzelnen Divisionen bestehen jedoch nicht zwangsläufig Materialtransferprozesse. Weiterhin können die Unterschiede zwischen den Divisionen oder deren Kundengruppen so groß sein, daß z.B. die Synergien durch Zentralisierungsmaßnahmen geringer sind als bei funktionalen Organisationen. Vgl. Dröge, Germain (1989), S. 85.

ob Teile der logistischen Leistungserstellung zentralisationswürdig sind[273]) und welcher Art die konkrete aufbauorganisatorische Lösung sein soll. Dabei wird die organisatorische Zentralisierung von Logistikaktivitäten bei divisionalisierten Unternehmen üblicherweise in Form eines Zentralbereiches Logistik durchgeführt.[274]) Die Lösung dieser Probleme wird in der Literatur anhand von Kontingenzfaktoren differenziert vorgenommen.

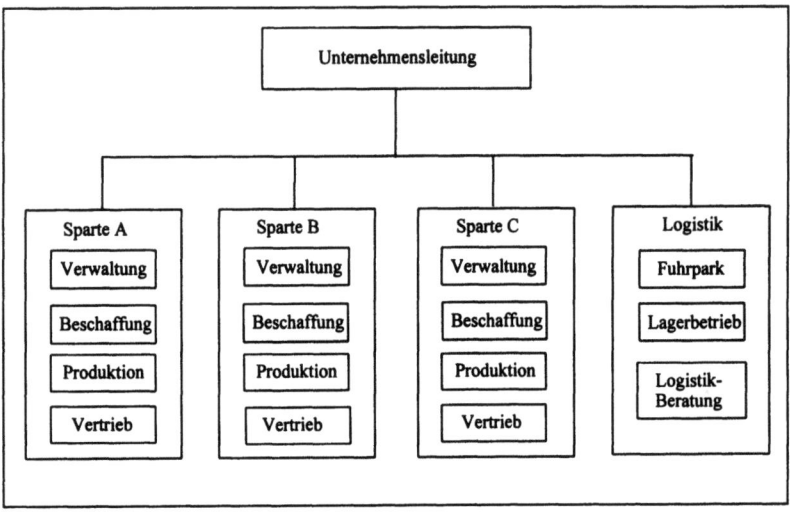

Abb. 6   *Logistik-Zentralbereich in einem diversifizierten Unternehmen*

Ihde nennt als wesentliches Kriterium für die Zentralisationswürdigkeit von Logistikaufgaben in Produktsparten die Eigenschaften der jeweils hergestellten Produkte und Produktgruppen.[275]) Er plädiert bei zu großen Differenzen für eine dezentrale Lösung,

---

273)   Vgl. o.V. (1982), S. 46.

274)   Vgl. Pfohl (1992), Sp. 1259.

275   Vgl. Ihde (1980), Sp. 1231.

die jedoch durch flexible Strukturen unterstützt werden sollte.[276)] Allerdings bezieht Ihde seine Ausführungen explizit nur auf die Transportleistungen.

In einer empirischen Untersuchung gehen Daugherty und Dröge der Frage nach, inwieweit in divisionalisierten Unternehmen die Logistik externalisierbar ist.[277)] Diese Fragestellung kann in weiten Bereichen auch auf die Zentralisationswürdigkeit von Logistikaufgaben in Zentralbereichen übertragen werden. Schwerpunkt ihrer Analyse bilden die Aktivitäten Transport, Lagerhausbetrieb, Auftragseingang und -abwicklung, Bestandsmanagement sowie Frachtprüfung und -abrechnung. Weiterhin beschränken sie ihre Untersuchungen auf zwei organisatorische Grundformen. Als Typ 1 charakterisieren sie jene Unternehmen, bei denen sowohl Linien- als auch Stabsverantwortung über die Logistik in einem Zentralbereich gebündelt sind. Typ 2 sind dann jene Organisationen, in denen logistische Linienaufgaben dezentral in den Sparten verantwortet, Stabsfunktionen jedoch auf der Gesamtunternehmensebene zentralisiert werden.

Beide Formen sind geeignet für die Belieferung von Kunden, die von mehreren Sparten Leistungen empfangen. Dieser Faktor kann natürlich vice versa auf die Bedingungen auf dem Beschaffungsmarkt ausgedehnt werden. Gleiches gilt, wenn das Unternehmen eine Servicestrategie betreibt, bei der Kunden oder Lieferanten lediglich von einer Stelle oder Einheit aus betreut werden. Als weitere Einflußfaktoren, die für die hier zu untersuchende Fragestellung bedeutsam sind, nennen sie den Umfang der zentralisationsfähigen Aktivitäten, die Qualität des Serviceniveaus sowie das Niveau der Datenverarbeitung und Kommunikationsinfrastruktur.

Ausschließlich mit der divisionalisierten Organisationsform setzt sich Endlicher in seiner Untersuchung zur Organisation der Logistik auseinander. Zwar fundiert er seine Aussagen fallstudienartig lediglich auf der Basis eines einzigen Unternehmens der chemischen Industrie, gleichwohl sind seine sehr differenzierten Aussagen hier zur Kenntnis zu nehmen. Im wesentlichen untersucht er den Einfluß klassischer Kontingenzfaktoren auf die Organisationsform der Logistik. Einschränkend muß dazu allerdings festgestellt werden, daß das von ihm betrachtete Unternehmen über eine mehrdi-

---

276) Eine Lösung in diesem Sinne sind nach seiner Auffassung Teams, die aus Logistik-Managern der verschiedenen Divisionen gebildet werden. Als Beispiel führt er hier die Befrachtungskonferenzen in der Seeschiffahrt an. Vgl. Ihde (1980), Sp. 1232.

277) Vgl. Daugherty, Dröge (1991), S. 22-29.

mensionale Struktur verfügt.[278] Die Ergebnisse seiner Untersuchung werden im folgenden wiedergegeben.

Endlicher unterteilt die organisatorischen Gestaltungsmöglichkeiten der Logistik im divisionalen Kontext in drei Themengebiete.[279]

Zunächst behandelt er die Zentralisationswürdigkeit von logistischen Aufgaben, die in den Hauptführungsbereichen[280] wahrgenommen werden. Als Beurteilungskriterien hierfür nennt er neben der Verringerung der Interdependenzen innerhalb der Logistik die Interdependenzen zu nicht-logistischen Verantwortungsbereichen.[281]

Der zweite Aspekt beinhaltet die organisatorischen Eingliederungsmöglichkeiten der Logistik. Dabei interessieren konkret die Fragen der Dezentralisierung von Logistikaufgaben auf die Hauptführungsbereiche sowie die Teil-Zentralisierung in verschiedenen organisatorischen Strukturierungsformen[282]. Abschließend führt er eine Bewertung[283] hinsichtlich der logistischen Zielsetzungsaspekte, der gesamtorganisatorischen Auswirkungen, der Stellung der Logistik im Gesamtunternehmen und der Schnittstellenproblematik durch. Ergebnis ist, daß die Organisation von zentralisationswürdigen Logistikaufgaben als Zentralbereich bei gleichzeitiger Übertragung von Fachbereichskompetenz von nicht zentralisationswürdigen Aufgaben auf den Zentralbereich absolut vorziehenswürdig ist.[284]

---

278) Vgl. zu mehrdimensionalen Organisationsformen den folgenden Abschnitt.

279) Vgl. Endlicher (1981), S. 195ff.

280) Hauptführungsbereiche in diesem Sinne sind Sparten, Zentralbereiche und Werksverwaltungen. Vgl. ebd.

281) Vgl. Endlicher (1981), S. 196. Als weiteres Kriterium nennt er noch die bessere Nutzung gemeinsamer Ressourcen. Dies stellt jedoch letztlich nur eine zusätzliche Form von Interdependenzen dar. Vgl. hierzu etwa Frese (1993), S. 36.

282) Insgesamt skizziert Endlicher hier 11 verschiedene Formen der Teil-Zentralisierung, die wiederum in Hauptgruppen unterteilt sind. Diese Hauptgruppen beinhalten die Teil-Zentralisation auf Stäbe, die Koordination der Logistikfunktionen in Fachbereichen, die Zusammenfassung von zentralisationswürdigen Logistikaufgaben zu einem Ressort innerhalb eines Zentralbereiches sowie deren Zusammenfassung in einem selbständigen Zentralbereich Logistik. Vgl. die Übersicht bei Endlicher (1981), S. 243.

283) Allerdings bleibt unklar, wie die Bewertung im einzelnen erfolgt ist. Endlicher führt lediglich aus, daß die Bewertung subjektiv und somit kaum vergleichbar mit ähnlichen Untersuchungen sei. Vgl. Endlicher (1981), S. 244.

284) Vgl. Endlicher (1981), S. 244.

Grundsätzlich ist bezüglich der logistischen Organisationsforschung in diversifizierten Unternehmen jedoch anzumerken, daß eine differenzierte Analyse der Synergiepotentiale, mithin der Verflechtung zwischen den Sparten eines diversifizierten Unternehmens, nur unzulänglich vorgenommen wird. Verflechtungen stellen materielle oder immaterielle Beziehungen zwischen Sparten dar, die die gemeinsame Nutzung von Ressourcen[285] nahelegen.[286] Erst eine Konkretisierung der durch Logistik zu erreichenden Synergiepotentiale kann differenzierte Aussagen über die logistischen Organisationsstrukturen in diversifizierten Unternehmen ermöglichen. Dazu ist jedoch zu klären, ob logistischen Ressourcen materieller oder immaterieller Art Verflechtungen zwischen den Sparten darstellen.

c. Logistik in mehrdimensionalen Organisationsformen

Die Diskussion der eindimensionalen Organisationsformen hat ergeben, daß unabhängig vom gewählten Gliederungskriterium[287] auf der zweiten Hierarchieebene Einheiten entstehen, die jeweils getrennt voneinander[288] logistische Aufgaben wahrnehmen oder zumindest logistische Kompetenz entwickeln müssen. Bei diesen Organisationsformen führte die Kritik an der mangelnden Realisierung von Synergieeffekten und Trade-offs zu Reorganisationsmaßnahmen, die eine stärkere organisationsstrukturelle Zentralisierung logistischer Aufgabenbereiche bewirkten. Durch die Zentralisierung werden dabei logistische (Teil-)Aufgaben und Aktiva[289] aus traditionell gegliederten Organisationseinheiten ausgelagert. Je nach Umfang der realisierbaren Logistik-Konzeption ist das Ausgliederungsmaß beträchtlich. Die dazu erforderlichen Reorganisationsprozesse werden entweder nur mit erheblichen Friktionen[290] durchführbar sein

---

285)   Rein finanzverflochtene Diversifikationen sollen also nicht unter Verflechtungen in obigem Sinne verstanden werden. Vgl. dazu auch Biggadike (1979), S. 17.

286)   Vgl. Chatterjee, Wernerfelt (1991), S. 33ff. Als mögliche Verflechtungsarten werden in der Literatur Prozeß-, Technologie-, Markt- und Nebenproduktverflechtungen genannt. Vgl. Penrose (1980), S. 110; Bühner (1993), S. 143 unterscheidet gröber in finanzielle, funktionale und organisatorische Synergien, die durch Verflechtungen zu realisieren sind.

287)   Also konkret verrichtungs- oder objektbezogene Strukturierung.

288)   Logistische Leistungen z.B. in den Funktionsbereichen eines Einproduktunternehmens völlig unkoordiniert durchzuführen ist schlicht unmöglich, da sonst ein Materialfluß überhaupt nicht stattfinden könnte. Die obige Aussage kann sich dann nur darauf beziehen, daß das Ausmaß der Koordination des Materialflusses unter expliziten logistischen Bewertungs- und Gütekriterien gering ist.

289)   Konkret in Form von Arbeitsmitteln, Geräten, Maschinen und vor allem Personal.

290)   Vgl. Bochum, Meißner (1990), S. 103.

oder die Reorganisation gestaltet sich zeitaufwendig. Beide Lösungen erscheinen ineffizient. Darüber hinaus erhöhen sich bei einer Auslagerung logistischer Aufgabengebiete und Aktiva zunächst die Koordinationskosten. Dabei kann dieser Effekt so stark sein, daß potentielle Synergieeffekte überkompensiert werden.

Aus dieser Problematik sind organisatorische Alternativen zu eindimensionalen Formen entstanden. Im wesentlichen werden zweidimensionale Ausprägungen als Matrixorganisation realisiert[291].

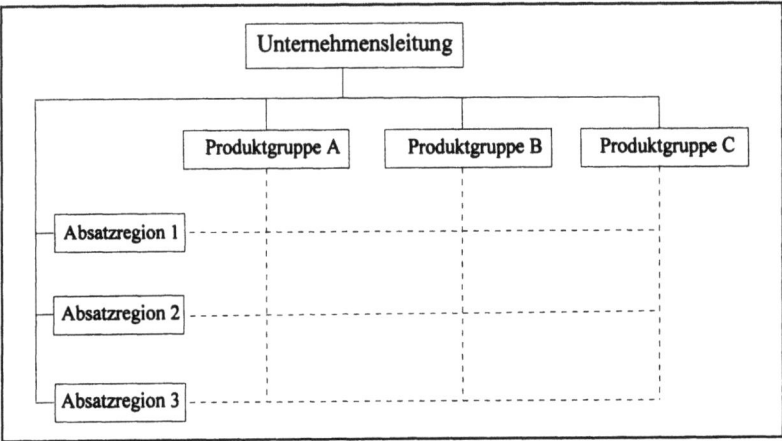

Abb. 7   Ausprägungsform einer Matrixorganisation

Zwar werden gelegentlich auch multidimensionale Organisationsformen wie etwa die Tensororganisation[292] genannt, ihre Bedeutung ist jedoch insgesamt in der logistischen Literatur gering, daher erübrigt sich hier eine Würdigung dieser Ansätze.

---

291)   Bisweilen wird auch das Stabsprinzip als mehrdimensionales Organisationsprinzip charakterisiert, da hierbei eine Trennung zwischen Entscheidungsvorbereitung und Entscheidungsbefugnis auf verschiedene Organisationseinheiten vorgenommen wird. Vgl. Frese (1993), S. 175. Dieser Einteilung soll hier nicht gefolgt werden, vielmehr werden unter mehrdimensionalen Organisationsstrukturen lediglich jene Formen zusammengefasst, bei denen eine Aufteilung von Entscheidungskompetenz erfolgt.

292)   Vgl. Voegele (1986), S. 122.

Die Metapher der betriebswirtschaftlichen Logistik als 'Querschnittsfunktion' implizierte eine zusätzliche Lösung organisationsstruktureller Natur:

"Eine solche Querschnittsfunktion, die nicht neben die güterwirtschaftlichen Grundfunktionen tritt, sondern diese durchdringt oder überlagert, ist auf der güterwirtschaftlichen Ebene selbst die betriebswirtschaftliche Grundfunktion 'Logistik'".[293]

Für eine in diesem Sinne verstandene Logistik wurden bereits recht früh mehrdimensionale Organisationsformen, insbesondere in der Ausprägung als Matrixorganisation, vorgeschlagen.[294]

Wie bereits ausgeführt[295], werden bei der Matrixorganisation Entscheidungskompetenzen und Weisungsbefugnisse bezüglich derselben Ressourcen auf zwei Instanzen nicht überschneidungsfrei übertragen. Die Gliederungskriterien können in Verrichtung und Produktgruppe, Verrichtung und Absatzregion oder Produktgruppe und Absatzregion kombiniert werden.[296]

Die in der Literatur vorhandenen Ansätze[297] ordnen Logistik überwiegend als verrichtungsorientiertes Programm in funktional oder nach Produktgruppen gegliederten Organisationen ein. Dabei wird diese Form der Logistikorganisation als vorteilhaft bezeichnet, weil sie durch die Abgrenzung des Verantwortungsbereiches die Führung nach Zielgrößen ermöglicht, eine hohe Flexibilität und somit die Anpassungsfähigkeit an verschiedene Unternehmensformen besitzt und schließlich die Integrationsfunktion der Logistik unterstützt.[298]

Die Kritik an der Realisierung der Logistik als sogenannte Querschnittsfunktion in Form der Matrixorganisation ist allerdings häufig ähnlich strukturiert wie bei eindimensionalen Organisationsformen auch. So wird zunächst der Kompetenzkonflikt, der beim

---

293)   Pfohl (1980), S. 1207.

294)   Vgl. De Hayes, Taylor (1972), S. 43.

295)   Vgl. Abschnitt B.3.d.

296)   Vgl. Voegele (1986), S. 119.

297)   Vgl. hierzu explizit Felsner (1987), S. 61f., Pfohl (1992), Sp. 1260f., Pfohl (1980), S. 1207, Busch (1988), S. 32, Rupper (1987b), S. 27, Stock, Lambert (1987), S. 615f., Coyle, Bardi, Langley (1988), S. 535.

298)   Vgl. De Hayes, Taylor (1972), S. 44, Felsner (1987), S. 63.

Matrixprinzip als positives Charakteristikum[299)] verstanden werden soll, für die relativ
junge Disziplin Logistik häufig nicht akzeptiert.[300)] Darüber hinaus richtet sich die Kritik gegen die Effizienz der Matrixorganisation. Schon allein durch die im Vergleich zu
eindimensionalen Organisationsformen erweiterte Anzahl an Führungskräften und Aus-
schüssen entstehen sowohl bei der Implementierung als auch bei der Aufrechterhaltung
der Matrixorganisation höhere Kosten.[301)] Am schwersten wiegt jedoch wohl die Kritik
der Idealisierung, die der Matrixorganisation anhaftet.[302)] Danach bleiben die intendierten positiven Effekte aus, wenn lediglich versucht wird, das Matrixprinzip durch die
organisationsstrukturelle Implementierung zu realisieren. Die Kritiker klagen zusätzlich
zur Aufbauorganisation die Entwicklung von teil- und akzeptierbaren Werten und Visionen sowie die Anwendung von Soziotechniken zur Unterstützung ein.[303)]

3. Aktuelle Ansätze logistischer Segmentierung

Im Gegensatz zu traditionellen Ansätzen der aufbauorganisatorischen Strukturierung
der Logistik gehen neuere Konzepte nicht mehr primär von einem Verständnis der Logistik ausschließlich als Funktions- und Aufgabenbereich aus. Dies bedeutet gegenüber
den traditionellen Ansätzen eine völlig veränderte Wahrnehmung von Kausalitätsbeziehungen im Rahmen des kontingenztheoretischen Ansatzes: So wird in den klassischen
Ansätzen nach Kontingenzfaktoren gesucht, die Hinweise auf die aufbauorganisatorische Strukturierung der Tätigkeiten und Funktionen der logistischen Leistungserstellung
liefern. Neuere Ansätze der logistischen Segmentierung legen jedoch als Kontingenzfaktoren verschiedene Ausprägungen der logistischen Perspektive zugrunde und
strukturieren danach die Aktivitäten der Leistungserstellung im Gesamtunternehmen. In
den Vordergrund treten weniger die Tätigkeiten und Handlungen, die originär dem
Aufgabengebiet der Logistik zuzurechnen sind,[304)] vielmehr werden Kompetenzen,

---

299)   Bisweilen wird allerdings sogar das Konfliktpotential in der Matrixorganisation geleugnet:
       "Instead of a line and staff relationship, there is a web of relationships, all acting and reacting in
       harmony." De Hayes, Taylor (1972), S. 44.

300)   Die Konsequenzen dieses Verständnisses als Querschnittsfunktion werden abwertend als
       'Hineinregieren in andere Funktionsbereiche' bezeichnet. Vgl. Bochum, Meißner (1990), S. 103.

301)   Vgl. Probst (1993), S. 59.

302)   Vgl. Christopher (1986), S. 57, Bartlett, Ghoshal (1990), S. 140.

303)   Vgl. Bartlett, Ghoshal (1990), S. 140.

304)   Somit entfällt natürlich auch das Problem der Abgrenzung von logistischen und nicht-logisti-
       schen Funktionen, welches sich letztlich doch nur anhand der jeweils akzeptierten Zuschrei-
       bungs- und Interpretationspraxis lösen läßt. Vgl. hierzu Abschnitt II.A.2.

Kommunikations- und Weisungsbeziehungen für Aktivitäten der gesamten Wertschöpfungs- oder Versorgungskette[305] nach Unterschieden hinsichtlich der Transfereigenschaften festgelegt. Die Ansätze zur logistischen Segmentierung sind somit partiell im Einklang mit dem Verständnis der Logistik als spezielle Technologie.

Logistische Segmente sollen hier als Teile der Wertschöpfungskette definiert werden, die hinsichtlich spezifischer Transfereigenschaften identische Anforderungsprofile besitzen und von daher als organisatorische Einheit koordiniert und nach außen abgegrenzt werden können.

Im wesentlichen lassen sich dabei zwei Ansätze feststellen, die sich bezüglich des Umfanges der betrachteten Unternehmensbereiche und der Differenziertheit der logistischen Perspektive unterscheiden. Beiden Ansätzen ist gemein, daß sie im Vergleich zu klassischen Lösungen nicht nach einer zentralisierten Organisationsform streben, sondern anhand von situativen Bedingungen differenzierte Formen der Steuerung und Kontrolle von Transferprozessen und den sie beeinflussenden Funktionen entwickeln.

Zunächst ist eine Segmentierungsform darzustellen, die sich eng am eigentlichen Materialfluß orientiert. Bei dieser Segmentierung nach der betrieblichen Hauptlagerstufe wird ausschließlich eine Aufteilung der Materialflußprozesse nach den Kriterien des push- und des pull-Prinzips vorgenommen. Der zweite Segmentierungsansatz konzentriert sich bei der Bildung logistischer Segmente auf marketing-logistische Aspekte des Logistik-Service. Beide Ansätze sollen im folgenden knapp dargestellt werden.

---

305) Diese Sichtweise dokumentiert sich in der logistischen Literatur im Begriff der 'supply chain' und des 'supply chain management'. Vgl. etwa Houlihan (1985), S. 51f., Ellram (1991), S. 13. In der deutschen Literatur wird hierfür häufiger der etwas mißverständliche Begriff der logistischen Kette verwendet. Vgl. Hautz (1992), S. 4, Pladerer (1985), S.128. Logistisch ist in diesem Zusammenhang nicht so zu interpretieren, daß ausschließlich Transferaktivitäten Gegenstand der Integrationsbestrebungen sind. Vielmehr erfolgt eine Betrachtung sämtlicher Aktivitäten der Leistungserstellung, die dann allerdings in einer ganzheitlichen logistischen Perspektive zu koordinieren sind.

a. Segmentierung nach der betrieblichen Hauptlagerstufe

Insbesondere für die Steuerung des Materialflusses spielt das Konzept der betrieblichen Hauptlagerstufe[306] eine große Rolle. Diese stellt eine Schnittstelle dar, die in ihrer allgemeinen Form die Trennlinie zwischen prognose- und (kunden-) auftragsorientierter Leistungserstellung markiert. Ein prominenter Ansatz in bezug auf diese Unterscheidung stellt das von Alderson und Bucklin[307] begründete Postponement-/ Speculation-Prinzip dar. Dabei geht es den Autoren primär um die Frage, an welchen Stellen der Wertschöpfungskette Lagerbestände einzurichten sind, für die noch keine konkreten Kundenaufträge vorliegen. Vor der betrieblichen Hauptlagerstufe werden Transfer- und Transformationsaktivitäten auf der Basis von Prognosen oder rein spekulativ auf der Basis von Extrapolationen aus Vergangenheitswerten durchgeführt (Speculation).

Halbfertig- oder Endprodukte werden dann gelagert, bis in den nachfolgenden Stufen der logistischen Kette Bedarf auftritt, der aus den spekulativen Lagerbeständen heraus befriedigt werden kann.[308] Nach dem Postponement-Prinzip sind diese Lagerbestände zur Reduktion der Lagerkosten möglichst nahe an der Beschaffungs- oder Rohstoffseite zu halten. Die Bearbeitung, also die Transformation von Rohstoffen und Vorprodukten in Halbfertig- und Endprodukte, wird solange hinausgezögert (postponed), bis in den nachfolgenden Wertschöpfungsstufen Bedarf vorhanden ist.[309] In einer engen Auslegung handelt es sich hierbei um jenen Bedarf, der aus konkreten Kundenaufträgen resultiert. Daher rührt auch die Bezeichnung order-penetration-point, mithin der Punkt in der logistischen Kette, bis zu dem der Kundenauftrag in das Unternehmen vordringt und die Leistungserstellungsaktivitäten determiniert. In einer weiten Auslegung können als Kunden jedoch auch sämtliche in der logistischen Kette nachgelagerten Stellen und

---

306) Vgl. zu dem Begriff Wagner (1978), S. 191ff., Rusch (1972), S. 184. Weitere Bezeichnungen sind order-penetration-point, vgl. Sharman (1985), S. 51, oder decoupling-point, Fellner (1986), S. 211.

307) Vgl. Alderson (1957) und Bucklin (1965).

308) Vgl. Bowersox, Murray (1987), S. 241f.

309) Strenggenommen ist zwischen einem geographic und einem value-added postponement zu unterscheiden. Für die physische Distribution formulierte Alderson das geographic postponement so, daß Entscheidungen über die Veränderung von Lagerorten von Gütern zum spätestmöglichen Zeitpunkt getroffen werden sollen. Vgl. Alderson (1957), S. 424. Value-added postponement bezieht sich hingegen nicht nur auf das Hinauszögern von Transfer-, sondern auch auf Transformations- und somit alle Wertschöpfungsaktivitäten. Vgl. La Londe, Mason (1985), S. 12, Bowersox, Carter, Monzka (1985), S. 31, Zinn, Bowersox (1988), S. 125f., Delfmann (1990b), S. 175f.

Einheiten interpretiert werden.[310] Wesentlich für die Materialflußsteuerung ist dann weniger das Vorliegen von Kundenaufträgen, sondern generell der Wechsel des zugrundeliegenden Steuerungsprinzips. In der Literatur wird dies mit Begriffspaaren wie pull/push, Bring-/Holprinzip sowie Auftrags-/Marktfertigung belegt.

---

[310] In diesem Falle ist es allerdings nicht mehr sinnvoll, von einer Strukturierung nach dem order-penetration-point zu sprechen, da dann die Aufträge der Kunden des Absatzmarktes nicht mehr das Entscheidungskriterium bilden.

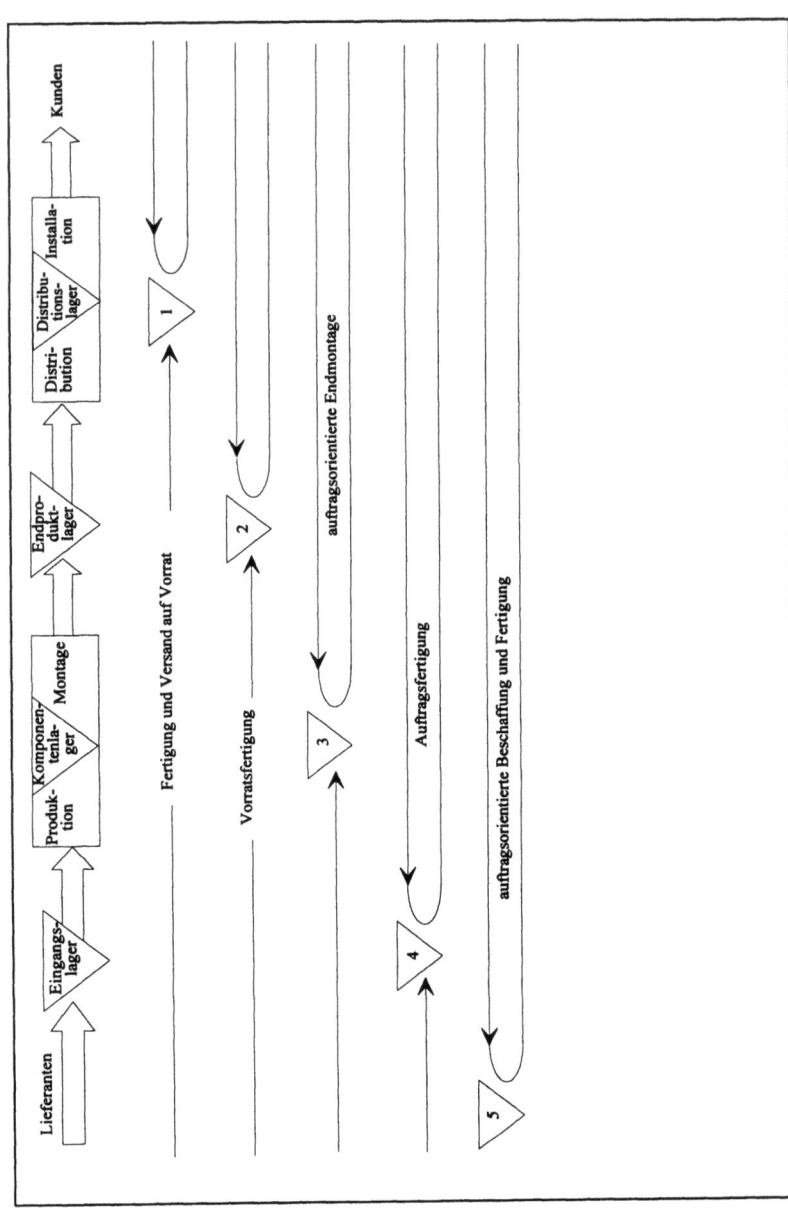

Abb. 8   Mögliche Positionen der betrieblichen Hauptlagerstufe
Quelle: in Anlehnung an Hoekstra/Romme (1987), S. 22

Die Wahl des Ortes der betrieblichen Hauptlagerstufe ist abhängig von verschiedenen situativen Faktoren. Neben der Branche werden hierzu die Regelmäßigkeit der Kundenkontakte sowie die Produktindividualität genannt.[311] Weiterhin sind für diese Entscheidung das Nachfrageverhalten und die Ansprüche der Kunden an die Lieferzeit sowie die Durchlaufzeiten in der Auftragsbearbeitung und Produktion relevant.[312] Tendenziell ist davon auszugehen, daß bei engen Kundenkontakten mit gut prognostizierbaren Nachfrageverläufen, langen Durchlaufzeiten in der Produktion und Produkten mit geringen kundenindividuellen Merkmalen die betriebliche Hauptlagerstufe nahe am Absatzmarkt positioniert wird. Umgekehrt verlangen kundenindividuelle Produkte, die in kurzen Produktionszyklen herstellbar sind und deren Bedarf schlecht prognostizierbar ist, einen beschaffungsnahen Ort der betrieblichen Hauptlagerstufe. Weiterhin sind natürlich die Lagerkosten und hier insbesondere die Kapitalbindungskosten ein wesentliches Entscheidungskriterium zur Bestimmung der betrieblichen Hauptlagerstufe.[313]

Die betriebliche Hauptlagerstufe selbst ist ein potentieller Kontingenzfaktor für die Bildung logistischer Segmente in der Unternehmensorganisation. Dies resultiert aus den unterschiedlichen Steuerungs- und Koordinationsprinzipien, die auf den beiden Seiten der betrieblichen Hauptlagerstufe realisiert werden. So sind stromabwärts gerichtete Aktivitäten eher zeitkritisch und bestandsarm, verlangen daher nach einer engen und flexiblen Koordination von Fertigungs-, Lager-, und Transportprozessen. Weiterhin werden Aktivitäten durch einen der Leistungserstellung entgegengerichteten Informationsfluß ausgelöst, der mit dem konkreten Kundenauftrag beginnt. Grundsätzlich besitzen Wertschöpfungsaktivitäten, die nach der betrieblichen Hauptlagerstufe durchgeführt werden, einen direkten Einfluß auf die Lieferzeit und die Lieferflexibilität. Tendenziell sind hier solche organisatorischen Koordinationsmechanismen zu verwenden, die dezentrale Selbststeuerung und somit eine höhere Flexibilität des Gesamtsystems gewährleisten.

Stromaufwärts gelegene Aktivitäten sind durch die Lagerbestände gegen Nachfrageschwankungen geschützt. Insofern könne hier die Koordinationskosten zwischen den Fertigungseinheiten durch eine Zentralisierung der Steuerung gesenkt werden. Allerdings sind auch hier Lösungen denkbar, die zur Bestandsreduzierung vor der betrieblichen Hauptlagerstufe beitragen. Dabei sind insbesondere jene Stellen im Fertigungs-

---

311) Vgl. etwa Lamb (1977), Sharman (1985), S. 52 sowie Zinn, Levy (1988), S. 36ff.

312) Vgl. van Hees (1987), S. 63.

313) Tendenziell werden kapitalintensive Produkte nicht spekulativ in Kundennähe gelagert.

prozeß betroffen, die bereits hochwertige Vorprodukte beziehen. Im Ergebnis führt diese Betrachtung dazu, daß in Unternehmen mehrere betriebliche Hauptlagerstufen existieren können. Diese trennen die gesamte Wertschöpfungskette in Segmente, die durch Bestandspuffer voneinander getrennt und durch Koordinationsmechanismen gesteuert werden, die sich strukturell (zentrale oder dezentrale Steuerung) oder inhaltlich (externer oder interner Kundenauftrag) unterscheiden.

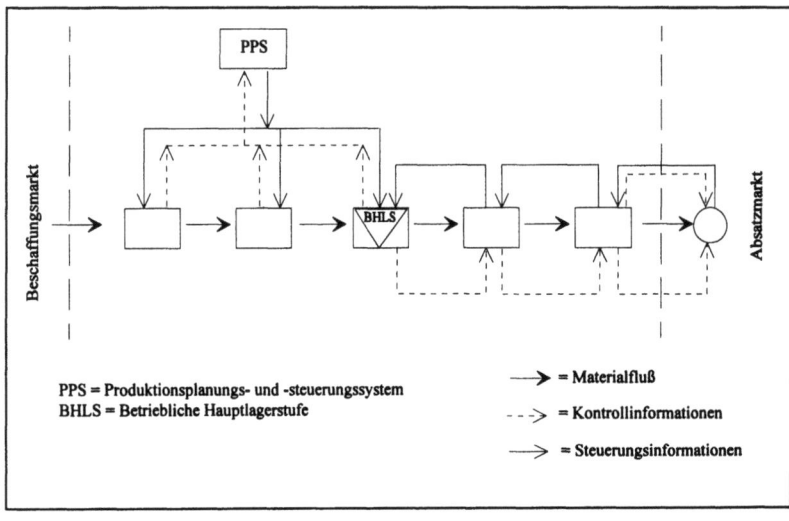

Abb. 9   Informationsflußstruktur vor und nach der betrieblichen Hauptlagerstufe

In der Literatur werden zwar die jeweiligen Steuerungskonzepte für auftrags- und prognoseorientierte Leistungserstellungsaktivitäten diskutiert[314], eine organisatorische Trennung in die der betrieblichen Hauptlagerstufe vor- und nachgelagerte Aktivitäten findet bisher allerdings eher implizit statt. Ausführlicher behandelt werden die Konsequenzen des Konzeptes der betrieblichen Hauptlagerstufe auf die Koordinations- und Entscheidungsstruktur von Unternehmen im Rahmen des Projektes 'Integrale Logistiek

---

314)   Im Prinzip sind dies Konzepte, die z.B. im Rahmen bestandsorientierter Liefer- und Produktionssteuerungskonzepte eine Rolle spielen. Vgl. hierzu die Übersicht bei Zäpfel (1989), S. 221-236 sowie die Ausführungen in Abschnitt II.C.3.c.

Professionele Sector' im Philips Konzern.[315] Danach ist die betriebliche Hauptlagerstufe organisatorisch insofern relevant, als sie in mehrfacher Hinsicht eine Schnittstelle
in der logistischen Kette bildet:[316]

- Sie trennt auftragsgesteuerte Aktivitäten von solchen, die marktgesteuert stattfinden, von daher stellt sie eine Schnittstelle für die verwendbaren Planungstech-
  niken dar;

- in der betrieblichen Hauptlagerstufe wird die unabhängige Nachfrage von der
  abhängigen getrennt;

- des weiteren ist sie meistens identisch mit der letzten größeren Lagerstufe[317],
  von dort werden die Kunden beliefert;

- durch sie wird ein bestimmter Freiheitsgrad für die stromaufwärts gelegenen
  Aktivitäten geschaffen, die hierdurch von den Turbulenzen des Marktes abge-
  koppelt werden;

- schließlich trennt sie zwei Gebiete, die hinsichtlich der zu treffenden Entschei-
  dungsformen sehr unterschiedlich sind: bis zur Hauptlagerstufe besteht das
  unternehmerische Risiko überwiegend darin, daß Fehlbestände aufgebaut werden können, stromabwärts dominiert das Risiko nichtausführbarer Kundenaufträge[318]. Gleichzeitig werden stromaufwärts Entscheidungen auf die Akzeptanz
  von Plänen und Prognosen konzentriert, stromabwärts müssen hingegen Entscheidungen über die Annahme von Kundenaufträge getroffen werden.

Insbesondere die unterschiedlichen Risiken sowie die damit verbundenen Differenzen hinsichtlich der Koordinationsanforderungen führen grundsätzlich zu verschiedenen
Formen der Ablauforganisation[319]. Dies manifestiert sich schließlich in korrespondierenden aufbauorganisatorischen Strukturen. Aktivitäten vor der betrieblichen Hauptlagerstufe können verrichtungsorientiert zusammengefaßt und zentral koordiniert wer-

---

315) Vgl. Hoekstra, Romme (1987).

316) Vgl. Hoekstra, Romme (1987), S. 80.

317) Das Attribut 'Größe' bezieht sich auf die Kapazität des Lagers.

318) Nichtausführbare Kundenaufträge entstehen durch 'materielle Illiquidität' und haben Fehlmen-
     genkosten zur Folge. Zum Begriff und zur Systematisierung von Fehlmengenkosten als Folge
     materieller Illiquidität vgl. Schmid (1977), S. 16ff.

319) So werden die stromaufwärts gelagerten Aktivitäten z.B. über MRP-Techniken koordiniert,
     stromabwärts geschieht dies etwa über Netzplantechniken. Vgl. Hoekstra, Romme (1987), S. 83.

den.[320] Nachgelagerte Aktivitäten sind eher prozeßorientiert und zwar gemäß den jeweiligen Auftragsabwicklungszyklen zu strukturieren. Diese unterteilen sich in spezifische Produkt/Marktkombinationen, die in getrennten Prozessen - sowohl den Informations- als auch den Warenfluß vom und zum Kunden betreffend - realisiert werden. Dabei können die jeweiligen Produkt/Marktkombinationen unterschiedliche Postponementgrade anstreben.[321]

Wesentlich für die aufbauorganisatorische Lösung nach der betrieblichen Hauptlagerstufe ist jedoch die Etablierung von prozeßorientierten Strukturen mit entsprechender Kompetenzverteilung.[322] Eine mögliche Form der Realisierung kundenorientierter Prozeßstrukturen ist die Segmentierung von Auftragsabwicklungsprozessen nach Kriterien des Lieferservice. Dieser Ansatz soll im folgenden Abschnitt dargestellt werden.

b. Segmentierung nach logistischen Servicekriterien

Aktuelle Ansätze zur logistischen Segmentierung erhalten grundlegende Bedeutung aus der Relevanz logistischer Serviceelemente[323] für die Erzielung von Wettbewerbsvorteilen.[324] Zielsetzung ist eine Marktsegmentierung, die auf der Basis logistischer Leistungskriterien erfolgt.[325] Ähnlich wie bei der Diversifikation wird dabei durch eine

320) Eine zentrale Koordination wird hier in traditioneller Weise betrieben, sie ist jedoch nicht notwendig. Vgl. Delfmann (1995), sowie die Ausführungen in Abschnitt IV.D.2.a.

321) Vgl. zur logistischen Segmentierung nach Marktkriterien den folgenden Abschnitt.

322) So führte die Prozeßperspektive bei IBM zur Entwicklung der Position eines Prozeßverantwortlichen (Process Owner). Vgl. Striening (1989), S. 327.

323) In der anglo-amerikanischen Literatur ist der Begriff des Customer Service gebräuchlich. Vgl. zur Begriffsdiskussion Kap. II.C.3.b. Customer Service-Kriterien umfassen allerdings nicht ausschließlich logistische Komponenten oder Leistungsbestandteile, sondern auch allgemeine Vertriebs- oder Marketingaspekte wie Beratung und Betreuung in der Pre- und After-Sales-Phase sowie technische Produktmerkmale wie bspw. Kompatibilität zu anderen Produkten, Lebensdauer oder Wartungsintervalle. Vgl. Hautz (1992), S. 5.

324) Dies drückt sich auch in einer korrespondierenden Definition des Customer Service als "... system organised to provide a continuing link between the time that the order is placed and the goods are received with the objective of satisfying customer needs on a long-term basis". Christopher, Schary, Skjott-Larsen (1979), S. 4.

325) Vgl. Lambert, Cook (1990), S. 25.

Erhöhung der unternehmensinternen Komplexität versucht, die Zunahme der Umwelt-komplexität zu absorbieren.[326]

Eine spezifische Form der Ausgestaltung logistischer Marktsegmente und der korre-spondierenden Organisationsstrukturen stellt das Konzept des 'logistics mission approach'[327] dar.

Dessen Grundidee ist es, den Absatzmarkt in Segmente mit identischen Anforderun-gen an Kriterien wie Lieferzeit, Lieferflexibilität oder -verfügbarkeit[328] aufzuteilen und organisationsintern Einheiten zu bilden, die jeweils für deren logistische Versorgung zuständig sind.[329] Ein weiterer Vorteil besteht hierbei darin, daß sich Unterschiede im Ressourcenverbrauch, die durch Differenzen im Serviceniveau hervorgerufen werden, eher verursachungsgerecht zuordnen lassen.[330] Dies ermöglicht schließlich eine genauere Kalkulation sowie die Verbesserung von Entscheidungen bezüglich des Ser-vicegrades.

---

326) Christopher, Schary, Skjott-Larsen (1979), S. 99 bezeichnen daher das Konzept des Customer Service auch als Anwendungsfall von Ashby's 'Law of Requisite Variety'. Demnach werden Kundenanforderungen als Ursachen von Varietät - und somit Komplexität - angesehen, der auf Seiten des Serviceangebotes eine entsprechende Anzahl von Verhaltensmöglichkeiten entge-genstehen muß.

327) Vgl. Christopher (1971), der gemeinhin als Begründer dieses Ansatzes gilt. Allerdings waren seine Anwendungsfälle zunächst auf staatlich-administrative Organisationen (z.B. Verteidi-gungsministerium) bezogen. In der Weiterentwicklung setzte Barrett das Konzept der logistics missions in bezug zu Kosten- und Ertragsgrößen und verband somit bisher getrennt bewertete Marketing- und Logistikleistungen zu strategischen Einheiten, die jeweils gemeinsam spezifi-sche Zielmärkte bedienen. Vgl. Barrett (1982), S. 6 sowie für einen Überblick Schary (1985), S. 37.

328) Neben den allgemeinen Lieferserviceanforderungen kommen technische (z.B. Verkehrsmittel-wahl und dementsprechend Verpackungsart, Kommunikationsform für die Auftragsübermittlung etc.) und geographische Einflußfaktoren für den Service in Betracht.

329) Strenggenommen ist nach diesem Verständnis bereits die Aufteilung in regionale Kunden-segmente eine logistische Segmentierung. Voraussetzung ist allerdings, daß tatsächlich aus-schließlich die geographische Lage für die Segmentierung ausschlaggebend war und nicht etwa Unterschiede, die z.B. durch kulturelle Differenzen (Sprache, nationale technische Vorschriften, Verbrauchsgewohnheiten, sofern sie nicht-logistischer Natur sind) hervorgerufen werden.

330) Zunächst stand dieser Aspekt auch im Vordergrund. Vgl. Barrett (1982), S. 6, Schary (1985), S. 39, Anandarajan, Christopher (1987), S. 56.

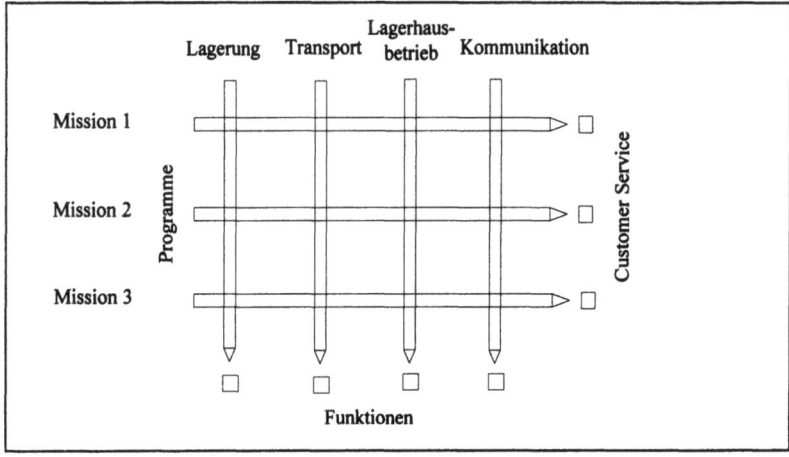

Abb. 10   Matrixorganisation von logistics missions
          Quelle: in Anlehnung an Christopher (1971), S. 61

Die Entwicklung konkreter Organisationsformen logistischer Segmente ist bislang theoretisch noch nicht hinreichend durchdrungen worden, auch wenn bereits vereinzelt Praxisbeispiele für deren Realisierung vorliegen.

Denkbare Lösungen lehnen sich in ihrer Grundstruktur an die Matrixorganisation an, wobei dann die Programme[331]) den logistischen Segmenten auf der Marktseite entsprechen. Die Integration mit dem Konzept der betrieblichen Hauptlagerstufe legt jedoch auch die Lösung nahe, daß logistics missions lediglich für die Teilprozesse in der gesamten Wertschöpfungskette gebildet werden, die den Bereich der Auftragsabwicklung[332]) betreffen:

"The key lies in the recoginition that the order and its associated information flows should be at the heart of the business."[333])

---

331)   Also die horizontal zu traditionellen Funktionsbereichen verlaufenden Aufgabengebiete.

332)   Diese Problemstellung ist allerdings grundlegend verschieden von der Aufgabe der Segmentierung von Warenverteilungssystemen. Letztere behandeln die Aufteilung von Verkaufsgebieten oder die Zuordnung von Kunden zu Lagerstandorten nach Kostenkriterien. Vgl. für eine Übersicht Blank (1980), S. 61-71.

333)   Christopher (1992), S. 28.

Somit werden nur solche Vorgänge aufbauorganisatorisch in den missions integriert, die der betrieblichen Hauptlagerstufe nachgelagert sind. Zwar kann es auch hierbei zu mehrdimensionalen Strukturen kommen,[334] jedoch betrifft dies dann nicht zwangsläufg die gesamte Wertschöpfungskette.[335] Im wesentlichen sind die missions dann logistische Segmente in Form von eigenständigen Organisationseinheiten, die den kompletten Auftragsabwicklungszyklus von Kunden eigenverantwortlich bearbeiten.

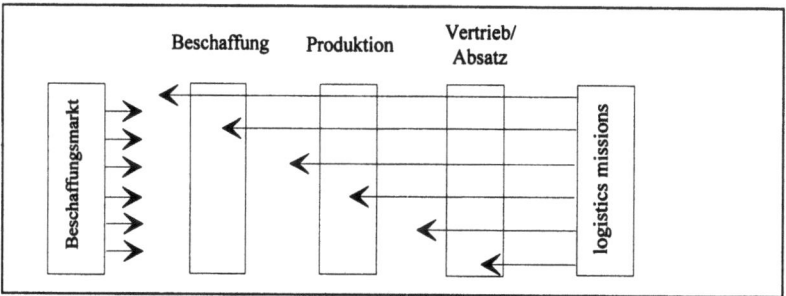

Abb. 11   'logistics missions' bei unterschiedlichen betrieblichen Hauptlagerstufen

Insgesamt ist der Segmentierungsansatz im Sinne der logistischen Organisationsproblematik für komplexe Wertschöpfungsketten von der Zulieferer- bis in die Distributionsebene bislang jedoch noch nicht so weit ausgereift wie bspw. die Segmentierungskonzeptionen in der Fertigung[336]. Insbesondere Fragen hinsichtlich der Segmentierung von Auftragsabwicklungsprozessen an der Schnittstelle zwischen Distribution und Fertigung, der Teambildung in der Auftragsabwicklung sowie der Koordinationsprobleme innerhalb und zwischen Segmenten sind bislang nicht differenziert behandelt worden.

---

334) Dies wäre dann der Fall, wenn in bestimmten Stufen der Wertschöpfungskette sowohl prognose- als auch auftragsorientiert disponiert wird. Strenggenommen liegen dann Ressourceninterdependenzen zwischen der betrieblichen Hauptlagerstufe vor- und nachgelagerten Prozessen vor. Vgl. Gaitanides (1983), S. 160, Frese (1993), S. 90f.

335) Allerdings sind Ansätze zur vollständigen lieferserviceorientierten Integration der Auftragszyklen selten. Die Lösung in dieser Situation sieht dann lediglich eine intensive Abstimmung verschiedener Wertschöpfungsstufen, so z.B. zwischen Auftragsbearbeitung sowie Fertigungsplanung und -steuerung vor. Vgl. Frese, Noetel (1992), S. 135.

336) Vgl. zur Fertigungssegmentierung Wildemann (1988), S.54.

Weiterhin wären logistics missions durchaus auch in der Beschaffung, so etwa im Rahmen verschiedener Beschaffungsstragien[337], denkbar.

E. Kritische Würdigung der bisherigen Ansätze logistischer Organisationsforschung und -praxis

Eine kritische Würdigung der vorliegenden Forschungsergebnisse zur Organisation der betriebswirtschaftlichen Logistik muß auf der Grundlage ihrer in Abschnitt III.A dargelegten Aufgabenstellung erfolgen. Wesentliche Kriterien zur Beurteilung organisatorischer Lösungen waren dort die Forderungen nach Integrations- und Innovationsfähigkeit, denen logistische Systeme genügen müssen, wobei sie einem beträchtlichen Ausmaß an Eigen- und Fremdkomplexität und somit interner sowie externer Dynamik gegenüberstehen. Im Rahmen der logistischen Organisationsforschung wurden verschiedene Wege ermittelt, wie Unternehmen durch organisationsstrukturelle Maßnahmen auf diese Komplexität reagieren. Neben einer kritischen Überprüfung der Forschungsansätze sind hier die aus ihnen abgeleiteten konkreten technologischen Handlungsempfehlungen zu würdigen. Dabei richtet sich die Detailkritik primär auf methodische Inkonsistenzen sowie auf die eingeschränkte Behandlung logistischer Probleme. Schließlich sind generell der kontingenztheoretische Forschungsansatz und sein Stellenwert im Rahmen organisationstheoretischer und -praktischer Probleme in der betriebswirtschaftlichen Logistik einer Prüfung zu unterziehen.

1. Ergebnisse logistischer Organisationsforschung

Die dominante These in der logistischen Organisationsforschung postuliert, daß durch organisationsstrukturelle Zentralisierung und hierarchische Koordination die Effizienz der logistischen Leistungserstellung erhöht werden kann.[338] Naturgemäß beschäftigen sich zahlreiche empirische Arbeiten[339] mit dieser These, die alleine schon

---

337) Mögliche Differenzierungskriterien mit logistischer Relevanz wären hier Lagerhaltungsstrategien, also die Bandbreite von Einzelbeschaffung im Bedarfsfall über Beschaffung auf Vorrat und verschiedene Formen der just-in-time Beschaffung.

338) Vgl. stellvertretend Ayers (1985), S. 431, Bowersox, Dröge (1989), S. 63, Langley (1986), S.7, Rupper (1987), S.21, Voegele (1986), S. 204.

339) Vgl. etwa Dröge, Germain (1989), S. 83, Bowersox, Dröge (1989), S. 61ff., Lück (1984), S. 158, Williamson, Spitzer, Bloomberg (1990), S. 73, o.V. (1981), S. 2.

durch entsprechende Beispiele aus der Praxis[340] bestätigt zu sein scheint. Obschon in einigen Fällen[341] der Nachweis einer Zentralisations- oder Hierarchisierungstendenz erbracht werden konnte, wurde sie in anderen Untersuchungen nicht bestätigt[342]. Allerdings genügt es unter den Bedingungen des kontingenztheoretischen Ansatzes nicht, lediglich festzustellen, daß überhaupt Unternehmen logistische Aufgaben organisatorisch zentralisieren. Für technologische Handlungsempfehlungen müßte in den empirischen Untersuchungen zusätzlich noch der Nachweis erbracht werden, daß zentralisierte Strukturen eine höhere Effizienz aufweisen als solche, die Logistik auf fragmentierter Basis betreiben.[343] Dies ist bislang aber erst in wenigen Untersuchungen explizit angestrebt worden.[344]

In diesem Zusammenhang werden methodische Probleme in der kontingenztheoretischen Logistikforschung evident. Diese entstehen zunächst durch die mangelnde Operationalisierung und Präzisierung des Logistik-Begriffes selbst. So wurde bei der Darstellung der verschiedenen Ansätze bereits unterschieden zwischen klassischen Konzepten, die Logistik primär funktionsorientiert abgrenzen, und aktuellen Ansätzen, für die Logistik eher eine Managementperspektive repräsentiert. Bei ersteren erscheint eine Operationalisierung innerhalb eines kontingenztheoretischen Forschungsansatzes noch möglich[345]. Forschungsschwerpunkt wäre hier der bereits skizzierte Weg, verschiedene organisatorische Gestaltungsformen dieser Aktivitäten in unterschiedlichen situativen Rahmenbedingungen auf ihre Effizienz hin zu vergleichen. Die in dieser Ausrichtung durchgeführten Untersuchungen konzentrieren sich auf den logistischen Integrations-

---

340) Vgl. etwa Quittenbaum, Müller (1987), S. 68f., Gräfe (1987), S. 71, Busch (1988), S. 32, Großeschallau (1990), S. 595, Allmann (1989), S. 36, Schäfer (1981), S. 11.

341) Neben den A.T.Kearney Studien auch in der Brauwirtschaft, vgl. Lück (1984), S. 158 sowie bei Bowersox, Dröge (1989), S. 66 und Dröge, Germain (1989), S. 86.

342) Vgl. etwa Heinrich, Felhofer (1985), S. 723, McGinnis, Kohn (1990), S. 59.

343) Wie in der Darstellung der kontingenztheoretischen Ansätze deutlich wurde, gehen bestimmte Autoren nicht uneingeschränkt von der pauschalen Vorteilhaftigkeit zentralisierter Strukturen aus. Vielmehr erörtern sie auf abstrakter Ebene Bedingungen dafür, so z.B. die Trade-offs zwischen Koordinationskosten und Integrationsvorteilen. Vgl. bspw. Pfohl (1980), S. 1220. Diese abstrakt formulierten Vorteilhaftigkeitsbedingungen für organisationsstrukturell integrierte Logistiklösungen müssen jedoch als meßbare Größen formuliert und anschließend verifiziert werden, sollen sie einer kontingenztheoretischen Forschung dienlich sein.

344) Vgl. Lancioni (1974), S. 52, Dröge, Germain (1989), S. 86-89.

345) Wie bereits dargelegt, geschieht dies üblicherweise in der Form, daß transferspezifische Aktivitäten und Funktionen definiert werden, die in den Bereich der logistischen Leistungserstellung fallen. In den empirischen Untersuchungen kann anschließend ermittelt werden, ob die Entscheidungskompetenz für diese Funktionen dezentral verteilt ist oder in speziellen Logistik-Organisationseinheiten gebündelt wird.

aspekt. Für die Ergiebigkeit dieser Ansätze sei an dieser Stelle auf die generelle Kritik an der kontingenztheoretischen Forschung verwiesen.

Gravierendere methodische Probleme entstehen im Rahmen des kontingenztheoretischen Forschungsansatzes jedoch dann, wenn Logistik nicht im Sinne spezifischer Transferaufgaben, sondern als Management-Philosophie zur Koordination sämtlicher Unternehmensaktivitäten abgegrenzt wird[346]. Zwar wird die betriebswirtschaftliche Logistik in den organisationswissenschaftlichen Untersuchungen in diesem Sinne thematisiert, allerdings ist deren Schwerpunkt nicht die Fragestellung, welche formalen Organisationsstrukturen die Entstehung und Verbreitung von kognitiv-normativen Orientierungsgrundlagen[347] und somit organisationale Lernprozesse ermöglichen. Vielmehr stehen bislang primär jene Aspekte im Vordergrund, die die Effizienz von Fremdsteuerungsprozessen für Transfervorgänge durch Managementhandeln innerhalb hierarchischer Koordinationsformen und korrespondierender Organisationsstrukturen behandeln.[348]

Somit wird ein offensichtlicher Mangel bisheriger logistischer Organisationsforschung deutlich: durch die Konzentration auf die Effizienz[349] von Strukturen werden strategische Aspekte der logistischen Organisation, nämlich die grundsätzliche Fähigkeit zur Innovationsleistung in komplexen Umwelten, vernachlässigt. Innovation tritt somit explizit nur in Form von revolutionären, diskontinuierlichen Veränderungsprozessen auf, die nicht in der jeweiligen Organisationsform entstehen, sondern ihr überwie-

---

346) Vgl. Staude (1987), S. 35, Weber (1992), S. 880.

347) Als solche können die logistischen Prinzipien wie Fluß- und Kundenorientierung interpretiert werden. Somit werden organisationale Lernprozesse relevant, denn die Verbreitung des Fließprinzips kann nicht durch formale Kontrolle alleine gesichert werden. Vielmehr bedarf es dafür zusätzlich allgemein geteilter Werte und Annahmen über den Gegenstandsbereich der logistischen Leistungserstellung.

348) Diese Kritik trifft auf die mehrdimensionalen Organisationsformen, wie z.B. die Matrixorganisation, genauso zu wie auf die neueren Ansätze der Logistikorganisation. Grundsätzlich wird bei beiden die logistische Kompetenz in Programmen konzentriert und intern gleichfalls wieder hierarchisch koordiniert. In den vorgestellten Fällen entweder durch Programm- oder Prozeßverantwortliche.

349) Effizienz bezieht sich auf die Ausführung von Routinefunktionen im Rahmen stabiler Kontextbedingungen und wird anhand von Kriterien wie Optimierung von Kosten-trade-offs, Reduzierung von Koordinationskosten, Optimierung der Serviceleistungen operationalisiert. Vgl. Pfohl (1992), Sp. 1257, Dröge, Germain (1989), S. 84, Heskett (1985), S. 820.

gend von außen[350]) durch radikale Reorganisationsprozesse zukommen. In strategischer Hinsicht mißt sich jedoch die Güte einer Organisationsstruktur gerade durch ihre Fähigkeit, in Routineprozessen zur Adaption und Innovation fähig zu sein.[351]) Dieser Kritikpunkt führt unmittelbar zur Fragestellung, ob durch technologische Gestaltungsempfehlungen, die auf der Basis des kontingenztheoretischen Ansatzes Regeln organisationsstruktureller Art aufstellen, die Integrations- und Innovationsprobleme, denen sich die derzeitige Logistik stellen muß, überhaupt hinreichend behandelt werden können. Diese allgemeine Kritik an der Kontingenztheorie[352]) kann unterteilt werden in einen methodischen und einen grundsätzlichen Argumentationsstrang[353]) und soll im folgenden ausführlicher dargestellt werden.

2. Detailkritik an der kontingenztheoretischen Logistikforschung

Die in methodischer Hinsicht geäußerte Kritik ist eng am Forschungsdesign der Kontingenztheorie orientiert, auf dessen Mängel sie hinweist, ohne grundsätzlich den Ansatz abzulehnen. Im Rahmen der logistischen Kontingenzforschung werden hier vor allem folgende Kritikpunkte relevant:[354])

(1)   Die Vergleichbarkeit und die Repräsentanz der Stichproben wird angezweifelt.

Um repräsentativ zu sein, müßten zur Auswahl einer Stichprobe der Aufbau der Grundgesamtheit bekannt sein und die Stichprobe einen hinreichend großen Umfang besitzen. Der Durchdringungsgrad von Unternehmen hinsichtlich der kontingenztheoretischen Forschung ist sicher noch als zu gering zu bezeichnen, als daß in dieser Terminologie hinreichende Erkenntnisse über eine Struktur der Grundgesamtheit von Organisationen vorliegen könnten. Insbesondere in der Logistikforschung lassen sich solche

---

350)   Außen beinhaltet in dieser Hinsicht dann z.B. auch die Veränderungsprozesse, die durch die strategische Spitze von Unternehmen sowie durch Stäbe und Berater wesentlich intendiert und beeinflußt werden.

351)   Dieses scheinbare Paradox verweist auf die Grundlagen der Emergenz von selbstreferentiellen, sich selbstorganisierenden Systemen. Danach sind systeminterne Eigenschaften, Regeln und Strukturen für die Veränderung des Systems maßgeblich. Vgl. etwa Heiden (1992), S. 72.

352)   Aufgrund des Alters und des weiten Verbreitungsgrades des kontingenztheoretischen Ansatzes ist diese Kritik mittlerweile als sehr elaboriert zu bezeichnen.

353)   Vgl. Türk (1989), S. 3ff., sowie Kieser, Kubicek (1992), S. 410, die allerdings die Bezeichnungen Detail- und Fundamentalkritik verwenden.

354)   Vgl. hierzu vor allem Starbuck (1981), S. 168, Kieser, Kubicek (1992), S. 411f.

grundlegenden Strukturen aufgrund des raschen Wandels von Unternehmensformen in der jüngsten Vergangenheit und der bislang insgesamt doch recht geringen Anzahl von Stichproben sicherlich noch nicht formulieren.

(2)   Verwendete Maße für Struktur- und Kontextvariablen sind nicht valide, nicht unabhängig sowie unvollständig.

Hierbei wird neben der fehlenden Trennschärfe von Variablen eingeklagt, daß Gültigkeit, Zuverlässigkeit und Vergleichbarkeit von verschiedenen Maßen für identische Strukturdimensionen nicht gegeben seien. Als Beispiele für die Logistik können etwa technologische Variablen der Informations- und Kommunikationsinfrastruktur genannt werden, die je nach Autor zu unterschiedlichen Annahmen hinsichtlich des Spezialisierungsgrades führen.[355] Ein weiteres Beispiel ist die Behandlung von Logistikkosten als unabhängige Kontextvariable.[356] Die Höhe der Logistikkosten selbst ist abhängig von der Organisationsform der logistischen Funktionen und dem Logistikverständnis: Bestehen ausgeprägte Logistikeinheiten, so werden mehr anteilige Gemein- oder Fixkosten als Logistikkosten spezifiziert.

Weiterhin kann an dieser Stelle auf die bereits erörterte Problematik der Operationalisierung von Logistik als Funktion oder Management-Philosophie hingewiesen werden. Insbesondere hier führte in der kontingenztheoretischen Logistikorganisationsforschung die mangelnde Präzisierung und Unterscheidung zwischen den beiden Bedeutungsinhalten zur Inexaktheit bei der Analyse struktureller Konsequenzen. Grundsätzlich verweist dies auf einen weiteren Kritikpunkt, nämlich daß bei der jeweiligen Interpretation von empirischen Ergebnissen die zugrundeliegenden Annahmen nicht vollständig expliziert werden.[357]

Ein weiteres Problem im Zusammenhang mit der Validierung von Kontextvariablen stellt die eigentliche Erhebungsmethodik dar. So wird von Kritikern moniert, daß im Rahmen von Interviews mit dem Management lediglich einseitige subjektive Einschätzungen über die Umweltkonstellation ermittelt und nicht die tatsächlichen Verhältnisse

---

355)   Vgl. Abschnitt III.C.3.a.a2.

356)   Vgl. Abschnitt III.C.3.d.

357)   Vgl. Kieser, Kubicek (1992), S. 412.

wiedergegeben werden.[358] Zwar wird auch in den entsprechenden Logistikuntersuchungen primär auf der Basis von Managementeinschätzungen eine Umweltbeurteilung ermittelt, jedoch ist die o.g. Kritik deshalb noch nicht zwangsläufig akzeptabel, da ein objektives Umweltbild weder ermittelbar[359] noch aus kontingenztheoretischer Perspektive sinnvoll wäre.[360]

(3)   Die Stabilität von Situations-Struktur-Beziehungen wird nicht hinreichend problematisiert.

Dieser Aspekt wird in der Literatur sowohl in der Detail- als auch in der Fundamentalkritik angesprochen.[361] Wesentlich an diesem Kritikpunkt ist die Statik, die durch die enge Kausalitätsbeziehung zwischen Kontextfaktoren, Organisationsstrukturen und dem Imperativ zur wirtschaftlichen Effizienz entsteht. Dabei wird der Vorwurf erhoben, daß der situative Ansatz konservativ im Sinne des Managementhandelns sei.[362] Dieser Vorwurf läßt sich weiterhin mit dem Argument unterstützen, daß durch die Orientierung an bestehenden und realisierten Kontext-Struktur Beziehungen lediglich Aussagen über bisher erfolgreiche Muster gemacht werden können. Technologische Gestaltungsempfehlungen müssen jedoch zusätzlich Informationen über zukünftig erfolgreiche Kombinationen liefern, sie dürfen nicht lediglich das Bestehende fortschreiben. Dieser Praxis folgen jedoch auch die Untersuchungen in der Logistik: So ist die erklärte Zielsetzung, die den Untersuchungen von Bowersox et al. zugrunde liegt:

"... to identify 'better performing' firms in terms of logistics capabilities."[363]

Schwerpunkte einer solchen Untersuchung sind dann auch primär die Ermittlung und Betonung von effizienz- und von innovationsfördernden Strukturen.[364]

---

358)   Vgl. Starbuck (1976), S. 1080, der dazu bemerkt, daß eine identische Umwelt zum selben Zeitpunkt von verschiedenen Beobachtern als komplex und unvorhersehbar bzw. als stabil und leicht verständlich wahrgenommen werden kann.

359)   Vgl. hierzu Abschnitt II.A.2.

360)   In diesem Sinne geht die Gegenkritik davon aus, daß strenggenommen lediglich jene Unternehmensinteressenten mit einbezogen werden müssen, die einen maßgeblichen Handlungsimpetus für die organisatorische Gestaltung ausüben; dieser wird dort dem Management zugesprochen. Vgl. etwa Yasai-Ardekani (1986), S. 18, Motyka (1989), S. 87.

361)   Vgl. Starbuck (1981), S. 170f., Benson (1977), S. 5.

362)   Vgl. Müller-Böling, Klein (1985), S. 22.

363)   Bowersox et al. (1988), S. 125.

Dieser Punkt führt unmittelbar zur Fundamentalkritik an kontingenztheoretischer Forschung überhaupt. Diese ist mittlerweile elaboriert[365] und soll im folgenden in ihren wesentlichen Bestandteilen wiedergegeben werden.

3. Fundamentalkritik an der logistischen Organisationsforschung

Die Fundamentalkritik am Kontingenztheoretischen Ansatz konzentriert sich primär darauf, dessen Grundannahmen herauszuarbeiten und diese auf der Basis veränderter theoretischer Organisationskonzeptionen zu bewerten.[366] Als konzeptioneller Rahmen hierfür kann der bereits skizzierte Gegenstandsbereich organisationswissenschaftlicher Forschung dienen.[367] Diese allgemeine Kritik muß hier - soweit möglich - auf die Problemsituation der Logistik konkretisiert werden. Die wichtigsten Kritikpunkte lassen sich wie folgt zusammenfassen.

Ein wesentlicher Vorwurf betrifft die sozialsystemische Perspektive, die dem kontingenztheoretischen Ansatz zugrunde liegt. Kritiker werfen ihm vor, daß er wesentliche Eigenschaften, die sozialen Systemen inhärent sind, nicht oder nur unzureichend berücksichtigt und einbeziehen kann. Exemplarisch kann hierfür die fehlende oder mangelhafte Operationalisierung historischer Ursprünge von Organisationen, somit die Einbeziehung kultureller, gesellschaftlicher und ökonomischer Prozesse zur Erklärung von Organisationsgeschehen gelten. Weiterhin fehlt die Thematisierung politischer Prozesse, wie z.B. Bildung von dominanten Koalitionen, die ihre Ziele gegen konfligie-

---

364) Wobei die erwähnte Untersuchung von Bowersox et al. noch weit über das übliche Maß der kontingenztheoretischen Forschung hinausgeht, da sie neben organisationsstrukturellen Regeln auch die Inhalte von Unternehmensstrategien und die Managementpraxis untersucht. Vgl. Bowersox et al. (1988), S. 130.

365) Als sehr ausführlich und theoretisch hinreichend fundiert wird die Kritik von Zey-Ferrell bezeichnet. Sie stellt darin sehr differenziert den Annahmen des kontingenztheoretischen Ansatzes Argumente weiterer Organisationstheorien gegenüber, wodurch sie dem Vorwurf der Theorielosigkeit, der Ansätzen der Detailkritik anhaftet, erfolgreich begegnen kann. Vgl. Zey-Ferrell (1981), S. 181ff.

366) Vgl. Zey-Ferell, Aiken (1981), S. 2ff., Kieser, Kubicek (1992), S. 413f., Türk (1989), S. 6ff., Benson (1983), S. 33ff., Benson (1977), S. 5, Motyka (1989), S. 104ff., Schoonhoven (1981), S. 350ff.

367) Vgl. Abschnitt A.1.a.

rende Interessen zu realisieren trachten.[368] Mithin kann auch die Entstehung und Verbreitung problemorientierten Wissens als sozialer Lernprozeß nicht zum Gegenstand des situativen Ansatzes gemacht werden.

Vielmehr wird ein eingeschränktes (Organisations-)Entwicklungsverständnis vertreten. Danach rührt die Veränderung von Organisationen ausschließlich aus dem klassischen Managementprozeß, in den überwiegend die dominante Führungskoalition und Expertenwissen aus Stäben einbezogen wird. Entwicklung findet dann ausschließlich durch externe Selektionsprozesse statt, die negative Veränderungen 'bestrafen'; interne Organisationsteilnehmer haben hierauf keinen Einfluß. Dieses Entwicklungsverständnis bezeichnet etwa Benson als Objektivismus und mechanistischen Kausalismus[369]. Er plädiert dafür, Organisationsstrukturen als Interpretationskonstrukte zu begreifen und daher das Augenmerk eher auf die Prozesse der Strukturgenese und -reproduktion zu lenken. Dazu müßte eine Perspektive eingenommen werden, die sich nicht lediglich auf die Meso- (also die Management- resp. Führungsebene), sondern auch auf die Mikro- und Makroebene von Unternehmen bezieht und dabei sowohl historische als auch tagtägliche Aspekte behandelt.

Grundsätzlich gilt diese Fundamentalkritik auch für die logistische Organisationsforschung, deren systemische Mängel bereits in Abschnitt II.C.4 angesprochen wurden und hier nicht weiter vertieft werden müssen. Erst in jüngerer Zeit werden Versuche unternommen, die quasi-mechanistischen Ansätze um personalistische und unternehmenspolitische Ansätze zu erweitern und somit den Einfluß von Management-Philosophien und Unternehmensstrategien bei der Bildung von Organisationsstrukturen zu berücksichtigen.[370]

---

368) Der Versuch, im Rahmen kontingenztheoretischer Forschung Variablen wie Management-Philosophien und -persönlichkeit oder konkrete Strategien einzubeziehen, scheint ebenfalls mißglückt zu sein, da diese Variablen sich einer operationalisier- und verifizierbaren Kontext-Struktur-Verhalten-Effizienz-Wirkungskette aufgrund ihrer atomistischen Beziehungszusammenhänge entziehen. Vgl. Motyka (1989), S. 99f. und Bühner (1991), S. 214ff., der die Einbeziehung von Persönlichkeitsmerkmalen des Organisationsgestalters in neokontingenztheoretischen Ansätzen versucht.

369) Vgl. Benson (1977), S. 6. Als weiterer Begriff hierfür wird der Ausdruck 'situativer Determinismus' verwendet. Vgl. Müller-Böling, Klein (1985), S. 13, Bühner (1977), S. 70.

370) Vgl. Bowersox et al. (1988), S. 130.

4. Zusammenfassung

Insgesamt ergibt sich also ein heterogenes Bild bei der Beurteilung bisheriger wissenschaftlicher Untersuchungen zur Organisation der Logistik.

So sind zunächst trotz der einschlägigen Kritik am dominierenden Grundkonzept logistischer Organisationsforschung deren bisherige Forschungsergebnisse und die daraus abgeleiteten Handlungsempfehlungen durchaus auch positiv zu würdigen. Die pauschale Zentralisations- und Totalintegrationsthese, die dem Phasenmodell zur Entwicklung der Logistik in Unternehmen zugrunde liegt, konnte durch differenziertere Aussagen zumindest partiell revidiert resp. präzisiert werden. So liegen mittlerweile vielfältige, explizit logistische Kriterien vor, die als Kontextvariablen unterschiedlichen Einfluß auf die Organisationsstruktur ausüben.

Allerdings wird die Vielfalt, die grundsätzlich in den organisationsstrukturellen Gestaltungsparametern enthalten ist, nur selten ausgeschöpft und gewürdigt. Schwerpunkte sind überwiegend interdependente Parameter wie Zentralisationsgrad, hierarchische Einordnung, Funktionsumfang und konkrete Organisationsform, denen sicherlich ein wesentlicher Einfluß auf die Effizienz logistischer Leistungserstellung nicht abzusprechen ist. Allerdings erscheint es fraglich, ob alleine durch Zentralisation von Entscheidungskompetenz und hierarchische Koordination, deren jeweils optimales Ausmaß durch situative Faktoren bestimmbar erscheint, die Integrität der Logistik gewährleistet werden kann. Insbesondere im Hinblick auf die Innovationsleistungen, die unter dem strategischen Anspruch mit der Logistik verbunden sind, erscheinen nicht-hierarchische Organisationsformen überlegen. Auf der Basis der Netzwerkmetapher werden hierzu bereits Alternativen vorgeschlagen[371]. Die Vorteile einer solchen Koordination in Form von flexiblen Hierarchien oder Heterarchien setzen allerdings auf allgemeiner Ebene ein spezifisches sozialsystemisches Unternehmensverständnis und korrespondierend dazu eine Konkretisierung der Logistik-Konzeption im speziellen voraus.

Integration und Innovation in der logistischen Leistungserstellung vollziehen sich danach in sozialen Entwicklungsgemeinschaften, die durch die Teilung gemeinsamen Wissens zu kollektiven Lernprozessen gerade in Routinesituationen befähigt werden. Vernetzte Strukturen verfügen in dieser Hinsicht über Emergenz, die von traditionellen Vorstellungen über die Entstehung von Ordnung in sozialen Systemen, wie etwa auf

---

371)   Vgl. etwa Delfmann (1989b), S. 95ff.

Märkten oder in Hierarchien, abweicht.[372] Verbunden mit dieser Perspektive ist auch ein Wandel von Managementaufgaben. Der Schwerpunkt der Aufgaben der organisationsinternen Führungselite ist danach nicht mehr die direkte Steuerung und Koordination des Leistungssystems eines Unternehmens, sondern die Schaffung von Kontexten, in denen Emergenz durch kollektive Lernprozesse entstehen kann. Die Fundierung eines solchen Ansatzes wird im folgenden vorgenommen.

---

372)   Vgl. Teubner (1992), S. 191.

IV. Innovationsfähige Logistik - Grundlagen und Entwurf einer lernenden Logistikorganisation

A. Einleitung

Die im vorangegangenen Kapitel vorgestellten Ansätze zur strukturellen Koordination der betriebswirtschaftlichen Logistik lieferten wesentliche Beiträge zur Steigerung der Effizienz logistischer Leistungserstellung unter gegebenen Kontextbedingungen. Dabei wurde jedoch die Problematik innovationsfördernder Organisationsstrukturen vernachlässigt. Besonders deutlich wird dies im Rahmen der Strategiediskussion. Strategien stellen Handlungsmuster dar, die das Überleben von Unternehmen im Wettbewerbsumfeld sicherstellen.[1] Weil dieses Wettbewerbsumfeld durch das Handeln der beteiligten Akteure dynamisch ist, müssen Strategien Aussagen zur Sicherung von Wettbewerbsvorteilen treffen. Die Sicherung von Wettbewerbsvorteilen in dynamischen Umwelten stellt somit ein Problem der Entwicklung von Innovationen dar.

In der Logistikliteratur werden Strategien[2] überwiegend als externe Faktoren behandelt, an die sich logistische Organisationsstrukturen anzupassen haben.[3] Dieser Auffassung liegt ein spezifisches Verständnis zugrunde, nach dem Strategien Ergebnisse eines geordneten arbeitsteiligen Prozesses sind. Sie werden dabei überwiegend unter den Mitgliedern der Gesamtunternehmensleitung und den konsultierenden Stäben ausgehandelt. Strategien als emergente Produkte eines inkrementalen Veränderungsprozesses, an dem zahlreiche Teilnehmer und Interessenten der Organisation partizipieren[4], lassen sich nur schwer mit den vorgestellten Ansätzen vereinen. Es gilt daher, eine grundlegende Revision des in der Logistik vertretenen Strategieverständnisses vorzunehmen, welches durch aktuelle organisationswissenschaftliche Paradigmen fundiert wird.

---

1) Frese nennt als Inhalte strategischer Entscheidungen die Festlegung der obersten Unternehmungsziele, die Wahl von Produkt-/Marktbereichen, die Bestimmung der konkreten Wettbewerbsstrategie in den Produkt-/Marktbereichen sowie die grundlegende Gestaltung adäquater interner Potentiale. Vgl. Frese (1987), S. 117f.

2) Dabei ist es gleichgültig, ob dies Logistik- oder Gesamtunternehmensstrategien betrifft.

3) Streng gemäß der Chandlerschen Perspektive des 'Structure follows Strategy'.

4) Vgl. zu diesem Strategieverständnis bspw. Mintzberg (1990), S. 151 und die dort angegebene Literatur.

Für die Entwicklung von Organisationsformen, die der strategischen Bedeutung der Logistik und der Komplexität ihrer Probleme angemessen sind, müssen daher konkret Organisationstheorien entfaltet werden, die ein besseres Verständnis über die Entstehung von Innovationen in sozialen Systemen generieren. Dies ermöglicht zunächst auf allgemeiner Ebene Aussagen darüber, wie Innovationen in der sozialsystemischen Praxis entstehen und welche Praktiken der sozialen Interaktion sich hierfür besonders eignen. Aufbauend auf der in Abschnitt II.D.3 vorgenommenen konzeptionellen Fundierung der betriebswirtschaftlichen Logistik als spezielle Technologie lassen sich diese Organisationstheorien für die logistische Innovationsfähigkeit von Unternehmen präzisieren. Die Diskussion dieser Theorien und die Vertiefung eines komplementären Verständnisses der betriebswirtschaftlichen Logistik im Rahmen einer speziellen Technologie und ihrer sozialen Entwicklungsprozesse abstrahiert von den bisher in der logistischen Organisationsforschung behandelten Themenschwerpunkten.[5] Über die Konkretisierung der strategischen Rolle der Logistik hinaus werden daher organisationsstrukturelle Ausprägungen und deren Rahmenbedingungen behandelt.

B. Empirischer Kontext und theoretische Bausteine einer aktualisierten logistischen Organisationsforschung

1. Einführung

Die Ergänzung der bisherigen logistischen Organisationsforschung muß sich insbesondere auf solche Theorien konzentrieren, die Erkenntnisse über Innovationsprozesse innerhalb sozialer Systeme und deren Interaktion mit der Umwelt produzieren. Hierbei führt die Reflektion zeitgemäßer empirischer Entwicklungen und organisationswissenschaftlicher Argumentationsstränge zu einem Paradigmenwechsel. Dieser wird ausgelöst durch Anomalien, die modernen soziologischen Theorien des langfristigen gesellschaftlichen Wandels inhärent sind.

Die aktuellen Entwicklungen in der organisationswissenschaftlichen Forschung lassen sich anschaulich vor dem Hintergrund dieser gegenwärtig stattfindenden Revision in den Humanwissenschaften darlegen. Die Debatte manifestiert sich in den konzeptionellen Grundpositionen der 'Moderne' und 'Postmoderne', und sie findet ihren Widerhall im

---

[5] Diese waren im wesentlichen die Fragen der Zentralisierung und Hierarchisierung logistischer Aufgaben in Unternehmen. Vgl. Abschnitt III.D.2.

Forschungsgegenstand der Organisationsanalyse und der allgemeinen Management-lehre. Die grundsätzliche Perspektive der (Post-)Moderne wird anhand der Werke von Lyotard, Derrida, Deleuze, Foucault, Habermas und Nietzsche rekonstruiert und auf die Management- und Organisationsforschung übertragen.[6] Grundsätzlich findet eine Umorientierung in der Hinsicht statt, daß infolge der geänderten Bedingungen einer postmodernen Gesellschaft auch das Verständnis über Rolle und Funktionsweise ihrer Organisationen sowie die Praxis für deren Analyse zu revidieren sind. Ausgangspunkt bilden Forschungsbemühungen, die unter dem Label der Postmoderne aktuelle Entwick-lungen in der gesellschaftlichen und organisatorischen Praxis skizzieren und deren Kon-sequenzen für organisationswissenschaftliche Unternehmungen aufzeigen. Organisato-rische Lerntheorien können als wesentliche Bausteine angesehen werden, die mittler-weile auch hinreichend elaboriert sind. Die betriebswirtschaftliche Logistik gewinnt im Lichte dieser organisationstheoretischen Ansätze eine eigene strategische Bedeutung als Kernkompetenz und strategische Ressource.

2. Gesellschaftliche Rahmenbedingungen und Organisationsformen im Zeitalter der Postmoderne

a. Positionen und Ausprägungsformen einer postmodernen Gesellschaft

Auch wenn sich postmoderne Positionen vielfach lediglich aus der Überwindung moderner Monismen und Totalismen konstituieren,[7] sollen an dieser Stelle zunächst die Grundzüge postmodernen Denkens skizziert und deren Implikationen für und Indizi-en in derzeitigen Gesellschaftsformen und -theorien dargelegt werden. Im Vordergrund steht allerdings weniger die Auseinandersetzung mit der Postmodernen in der Architek-tur, Kunst oder Literatur,[8] sondern vielmehr die Merkmale der postindustriellen Gesell-schaft. Diese wurde eindrucksvoll von Bell in dem gleichnamigen Werk charakteri-siert.[9] Bell nennt als wesentliche Symptome für postindustrielle Gesellschaften den

---

6)   Vgl. hierzu und zu den folgenden Ausführungen Crook, Pakulski, Waters (1992), S. 2ff., Clegg (1990), S. 9ff., Clegg, Couleau (1992), S. 8ff., Kirsch (1992), S. 430ff., Cooper, Burrell (1988), S. 91ff., Burrell (1988), S. 221ff., Power (1993), S.109ff., Gergen (1992), S. 207ff.

7)   Bspw. bezeichnet Lenk Postmodernismen auch als überkompensatorisch oder epigonal. Vgl. Lenk (1987), S. 310f.

8)   Die Behandlung dieser Themengebiete gesellschaftlichen Lebens würde den hier gesetzten Rahmen sprengen.

9)   Vgl. Bell (1973), für die deutsche Ausgabe Bell (1975).

stärkeren Anteil von Dienstleistungen an der Gesamtproduktion, die Professionalisierung und Betonung technologischen Wissens zur Handhabung der Komplexität. Weiterhin wird dieses Wissen in sozialen Netzwerken organisiert, die stärker systematischen Beziehungen unterliegen.[10]

Sehr anschaulich arbeiten Crook, Pakulski, Waters die Phänomene einer postmodernen Gesellschaft heraus.[11] Schwerpunkte ihrer Analyse bilden Wandlungsprozesse, die postmoderne Gesellschafts- und somit auch Organisationsformen produzieren. Ausgangspunkt sind die Prozesse der Differenzierung (differentiation), Vermarktung (commodification) und Rationalisierung (rationalization) und die Rolle, die ihnen bei der Entwicklung und Veränderung moderner Gesellschaften zukommt.[12]

Differenzierung wird in modernen Gesellschaftsformen als unabdingbare Voraussetzung zur positiven Entwicklung angesehen. Dabei ist Differenzierung nicht lediglich im Sinne der Arbeitsteiligkeit, die zur Effizienzsteigerung bei der Herstellung von Gütern in modernen Industriegesellschaften zugrunde liegt, zu interpretieren. Zur Sicherung der Funktionsfähigkeit von Gesellschaften werden die hierzu nötigen Integrationsaufgaben getrennt in spezialisierten Institutionen wahrgenommen.[13] Insofern stellt sich das Integrationsproblem entwickelter Gesellschaften nicht nur lediglich auf der materiellen Ebene, sondern auch auf der Ebene von Werten, Normen oder allgemein von Kulturen. Gerade diese organisierte Differenzierung gerät jedoch in postmodernen Gesellschaften zunehmend in die Krise. Lash und Urry bezeichnen dies als Disorganisation und spezifizieren wie folgt:[14]

- Es findet eine Entflechtung (spät-)kapitalistischer Organisationsformen statt. Dabei werden z.B. Kartelle aufgelöst, die Organisation der Arbeit flexibilisiert, die Größe von Produktionsstätten reduziert;

- Arbeitsmärkte differenzieren sich weiter in Klassen des Managements und der Dienstleistungsprofessionen, gleichzeitig sinkt der Anteil der im klassischen Sinne produzierenden (fertigenden) Arbeitsklasse;

---

10) Vgl. Bell (1975), S. 43ff., 114ff.

11) Vgl. Crook, Pakulski, Waters (1992), S. 2ff.

12) Vgl. Crook, Pakulski, Waters (1992), S. 3.

13) Neben Regierungsstellen werden hierzu politische Parteien und Gewerkschaften eingesetzt. Vgl. Crook, Pakulski, Waters (1992), S. 4.

14) Vgl. Lash, Urry (1987), S. 5f.

- der Einfluß und die Geschlossenheit des Staates reduzieren sich, indem die politische Kontrolle über Unternehmen abnimmt, der Wohlfahrtsstaat herausgefordert wird;

- es tritt eine geographische Streuung ein, da die Globalisierungstendenzen der Märkte und der Einfluß kapitalistischer Marktformen in Entwicklungsländern und ehemaligen sozialistischen Staaten zunehmen, Branchenkonzentration abnimmt, die Bedeutung von Industrieregionen sinkt;

- die Kultur wird einem postmodernen Wandel unterworfen, sie fragmentiert, es findet eine Verringerung von Raum-/Zeitdistanzen statt, die Trennung zwischen Hoch- und Populärkultur löst sich auf.

Ähnliches kann für die Formen der Herstellung von Waren und deren Vermarktung sowie die Art der Rationalisierung konstatiert werden.

Moderne Gesellschaften werden erst durch die Herstellung von Waren und deren Vermarktung ermöglicht. Die Herstellung von marktfähigen Gütern wird wiederum durch die Vermarktung von Arbeitsleistung unterstützt. Grundsätzlich ist der gesamte Prozeß der Modernisierung durch eine Ausdehnung des Prinzips der Warenbildung gekennzeichnet; es findet eine Proliferation von der ökonomischen in die kulturell-ideologische Ebene statt.[15] Hierdurch werden Werte und Normen, die soziales Handeln determinieren, zu Objekten wirtschaftlicher Transaktionen.

Rationalisierung kann in diesem Zusammenhang im Weberschen Verständnis der formalen Rationalisierung sozialen Handelns interpretiert werden. Danach wird soziales Handeln einer instrumentellen Bewertungsrationalität unterzogen, deren Argumentationsbasis sich auf Kosten-Nutzen-Kalkülen vollzieht.[16]

Ausführlich legt Brubaker die Implikationen des Weberschen Rationalitätsverständnisses für moderne Gesellschafts- und Arbeitsformen dar.[17] Rationales Handeln ist demnach durch drei Themengebiete charakterisiert. Zunächst erfolgt eine Begründung des Handelns auf primär wissenschaftlich fundiertem Wissen. Andere Wissensformen[18] werden für die Begründung von Handeln zurückgedrängt. Zum zweiten ist

---

15) Vgl. Crook, Pakulski, Waters (1992), S. 7.

16) Vgl. Crook, Pakulski, Waters (1992), S. 8.

17) Vgl. Brubaker (1984), S. 30ff.

18) So etwa das narrative Wissen des Alltagshandelns. Vgl. Lyotard (1982), S. 18.

rationales Handeln durch Prozesse der Entpersonalisierung gekennzeichnet. Danach wird der persönliche Machteinfluß zugunsten von Marktkräften oder administrativen Gesetzesregeln zurückgedrängt. Individuelle Einstellungen und Erwartungen passen sich diesen Machtsystemen an, wodurch eine Überbetonung von materiellem Erfolg und persönlicher Pflichterfüllung zu Ungunsten z.B. von persönlicher Entwicklung oder Beiträgen zur Humanisierung erfolgt. Und schließlich ist Rationalität mit einem spezifischen Kontrollverständnis verbunden, welches auf der Kalkulier- und Meßbarkeit der Ergebnisse menschlichen Handelns fußt. Soziales Handeln wird dabei auf Aspekte wissenschaftlicher, industrieller oder administrativer Prozesse reduziert.

Die Entwicklung moderner Gesellschaften und ihre Erhaltung wird durch die Prozesse der Differenzierung, Vermarktung und Rationalisierung erst ermöglicht. Die Richtung von Veränderungen ist gleichsam mit einer Zunahme systematischer Machtkonzentration auf die wirtschaftliche Produktion und administrativer Regulierung gerichtet.[19]

Die gegenwärtigen Entwicklungstrends deuten jedoch darauf hin, daß gerade diese Prozesse der Selbstreproduktion moderner Gesellschaften erodieren und zu Prozessen der Dedifferenzierung, Derationalisierung und Entmarktung transformieren. Die Folge ist eine Abkehr von modernen Gesellschaftsformen und die Entstehung postmoderner Sozialstrukturen. Diese lassen sich anhand der Ideen des Postindustrialismus, der Deorganisation und der postmodernen Kultur erläutern.[20]

Die gegenwärtigen industriellen Entwicklungen zeigen, daß entgegen der Praxis der Modernen[21] die sozialen Einheiten sowohl auf der strukturellen als auch auf der funktionalen Ebene differenzieren.[22] Zusätzlich führen Tendenzen der Hyperdifferenzierung in postmodernen Gesellschaften dazu, daß die Kontrollmedien[23] nicht mehr nur

---

19) Vgl. Crook, Pakulski, Waters (1992), S. 11.

20) Vgl. Crook, Pakulski, Waters (1992), S. 32f.

21) Konkretisierbar durch die dort vorherrschende Grundregel, nach der soziale Einheiten mit identischen Aufgaben auch identische Strukturen besitzen. So ist z.B. die industrielle Produktion durch Mensch-Maschine-Systeme, Trennung von Besitz und Kontrolle sowie Management von Arbeiterschaft, Massenproduktion u.ä. gekennzeichnet. Vgl. Crook, Pakulski, Waters (1992), S. 33, Leibenstein (1987), S. 161.

22) Als Beispiel mag ebenfalls die Situation industrieller Produktionsbedingungen herangezogen werden, wo derzeit neben klassischen Massenproduzenten mit den charakterisierten Strukturen auch zunehmend strategische Netzwerke und Nischenanbieter sowie verschiedene Formen des subcontracting auftreten. Vgl. Sydow (1992), S. 79, Kawasaki, Mc Millan (1986), S. 1.

23) Im wesentlichen sind dies Zahlungsmittel.

bestimmten sozialen Einheiten zur Verfügung stehen, sondern von zahlreichen Gruppierungen eingesetzt werden können.

Crook, Pakulski, Waters skizzieren die Effekte des Postmodernismus in verschiedenen Arenen des gesellschaftlichen Lebens.[24] Sie werden hier in verkürzter Form dargestellt.

(1)   Die Dezentralisierung von Macht, die Abnahme ökonomischer Klassenunterschiede und die Entstehung supra-nationaler Gebilde führen dazu, daß die Bedeutung staatspolitischer Prozesse und des Staatsapparates sinkt. Konkret äußert sich dies in einer horizontalen[25] und einer vertikalen[26] Macht- und Verantwortungsdelegation des Staates, Privatisierung von Staatsunternehmen und die Machtverteilung auf nicht-staatliche oder über-staatliche Organisationen. Durch die Auflösung von sozialen Klassen verlieren auch die politischen (Volks-)Parteien ihre typische Wählerschaft, neue Parteien treten in die politische Landschaft ein, die Struktur politischer Prozesse verändert sich.

(2)   Auch die Arbeits- und Produktionsbedingungen gestalten sich in postmodernen Gesellschaften anders. So wird durch die Substitution von mechanischer durch elektronische oder Informationstechnik eine Entkopplung organisatorischer Strukturen von technischen Bedingungen ermöglicht. Verbunden damit ist eine Ablösung von fordistischen Produktions- und Unternehmensführungsmaximen durch solche postfordistische Provenienz.

Die Auswirkungen diese Wandels sollen, da sie bedeutenden Einfluß auf die logistische Leistungserstellung besitzen, im folgenden näher untersucht werden.

---

24)   Im einzelnen sind dies Kultur, Staat, Klassen- und Geschlechtsunterschiede, politische Prozesse, Arbeit und Produktion sowie Wissenschaft. Vgl. Crook, Pakulski, Waters (1992), S. 36ff.

25)   Dies sind bspw. Handelsverbände, öffentliche Unternehmen oder Spezialagenturen, wie etwa die öffentlichen Dienste. Vgl. Crook, Pakulski, Waters (1992), S. 97.

26)   Primär handelt es sich hierbei um eine Revitalisierung kommunaler oder regionaler Autonomie und Selbstverwaltung. Vgl. Crook, Pakulski, Waters (1992), S. 98.

b. Organisationsformen postfordistischer Leistungserstellung und postfordistischen Wettbewerbs

Die Etablierung postfordistischer[27] Produktionsbedingungen betrifft nicht nur die unternehmensinternen Konzepte, sondern verändert allgemein etablierte Formen des Wettbewerbs.[28] Ausgelöst wurde dieser Wandel zunächst durch Restrukturierungsprozesse des ökonomischen Sektors in westlichen Nationen[29], durch den Wettbewerbserfolg japanischer Unternehmen[30] und durch die Wahrnehmung der veränderten Unternehmenspraxis und Wettbewerbsleitbildern, die stärker an dynamischen Bedingungen orientiert sind.[31] Dabei kann die empirische Evidenz der Wahrnehmung veränderter dynamischer Unternehmens- und Wettbewerbsleitbilder auf die 70er Jahre datiert wer-

27) Die Verwendung des Terminus 'Postfordismus' soll an dieser Stelle auf eine spezifische Ausprägung eines nach-fordistischen Zeitalters hinweisen. Nach den wirtschaftlichen Krisen in den 70er und 80er Jahren wurden traditionelle Formen der Organisation von einzelnen Unternehmen und der Wirtschaft insgesamt durch neue Organisationsformen abgelöst. Diese neuen Ausrichtungen und ihre Vertreter können - je nach Ausmaß der Veränderung der zugrundeliegenden Werte und Prämissen - in solche des Neofordismus (z.b. die sogenannte 'Regulation School' bei Aglietta (1979) und Palloix (1976)), des hier zu diskutierenden Postfordismus (und die Debatte der flexiblen Spezialisierung z.B. bei Piore, Sabel (1984)) und schließlich in die flexible Akkumulation (etwa Harvey (1989) und Scott (1988)) unterteilt werden. Vgl. Whitaker (1992), S. 195, Marceau (1992), S. 378.

28) Best spricht in diesem Zusammenhang vom Wechsel des 'Old Competition' zum 'New Competition', vgl. Best (1990), S. 1. Martin stellt einen allgemeinen Wandel hin zu einer neuen Ordnung oder Phase der sozio-ökonomischen Entwicklung fest. Vgl. Martin (1988), S. 202.

29) Als Beispiele werden hier die Veränderungen in britischen Unternehmen der Massenproduktion, Unternehmensformen in der Emilia-Romagna in Italien oder spezifische US-amerikanische Unternehmen genannt. Vgl. etwa Whitaker (1992), S. 186, Best (1990), S. 203, Piore, Sabel (1984), S. 213ff. sowie desweiteren Pascale (1990), S. 142ff, Starkey, McKinlay (1993), Petersen, Hillkirk (1991) und Denton (1991), S. 91-96, die jeweils über Erfahrungen des postfordistischen Wandels bei der Ford Motor Company berichten.

30) Die Untersuchungen über japanische Unternehmen, Unternehmenszusammenschlüsse und Wettbewerbsformen stellen einen bedeutenden Anteil an der postfordistischen Empirie dar. Vgl. etwa Abegglen, Stalk (1985), Kagono et al. (1985), Schneidewind (1993), S. 890ff.

31) Unabhängig davon, wann tatsächlich erste Veränderungen in den Unternehmen und in den Wettbewerbsbedingungen eintraten, wurde ein Durchbruch in der Wahrnehmung der veränderten Bedingungen zweifellos durch die Untersuchungen über die veränderten Produktionsphilosophien in der Automobilindustrie - insbesondere der japanischen - erzielt. Standen auch hier zunächst nur einzelne Techniken im Vordergrund, wie etwa die Just-in-time Lieferbeziehungen, so wurde spätestens mit der umfassenden weltweiten empirischen Studie das Ausmaß der Veränderungen deutlich und mit dem Begriff der 'Schlanken Produktion' belegt. Zur Dokumentation dieser Studie vgl. Womack, Jones, Roos (1991).

den.[32] Fundiert werden die Konzepte des Postfordismus und des 'Neuen Wettbewerbs' dann auch durch dynamische Unternehmens- und Wettbewerbstheorien.[33]

Auslöser für die Veränderungen ist zunächst ebenfalls die Erkenntnis, daß Unternehmen in turbulenten Umwelten nur dann überlebensfähig sind, wenn sie Fähigkeiten zur flexiblen (Re-)Aktion[34] entwickeln. Dabei können grundlegende Unterschiede zwischen (neo-)fordistischen und postfordistischen Revitalisierungsmaßnahmen diagnostiziert werden. So streben neofordistische Ansätze eine Flexibilisierung auf der Basis primär maschineller (produktions-)technischer Lösungen an. Beispiele hierfür sind die Anschaffung flexibler Produktionsanlagen und deren Integration zu flexiblen Produktionssystemen.[35] Allerdings werden alleine hierdurch die grundlegenden Prämissen fordistischer Produktions- und Industriephilosophie[36] nicht überwunden. Deren wesentliche Kernelemente sind die Massenfertigung für einen anonymen Markt, die starke Arbeitsteiligkeit innerhalb von Herstellungs- und Verwaltungsprozessen, verbunden mit einem hohen Maß an Fremdkontrolle der Arbeitsergebnisse, sowie die überwiegend markt- (d.h. über den Preis) determinierten Beziehungen zu Lieferanten und Vertriebspartnern. Postfordistische Flexibilität hingegen wird nicht allein durch technisch-mechanische Lösungen in den Produktionsbedingungen erreicht, sondern sie tritt vielmehr erst durch Veränderungen im Mitarbeiterpotential sowie in den internen Strukturen der Arbeitsorganisation und im Außenverhältnis zu Lieferanten, Vertriebspartnern und evtl. Wettbewerbern ein. Gleichwohl wirken dabei die Veränderungen in den technisch-mechanischen Rahmenbedingungen ebenfalls, allerdings nur noch katalytisch zur Revision sozio-politischer institutioneller Faktoren.[37]

---

32) Beginnend mit der Krise des Fordismus. Vgl. Harvey (1989), S. 189, Roobeek (1987), S. 130.

33) So etwa Ansätze zum Unternehmenswachstum, zur Gewinnung von unternehmensspezifischen Kenntnissen und zur Teamarbeit bei Penrose oder das Schumpetersche Unternehmerunternehmen sowie die korrespondierende Wettbewerbskonzeption. Vgl. Best (1990), S. 10.

34) Dies beinhaltet im Schumpeterschen Unternehmensverständnis, daß sich Unternehmen nicht nur lediglich geänderten Umweltbedingungen anpassen, sondern vielmehr aktiv Veränderungen im Wettbewerbsumfeld herbeiführen.

35) Unterstützung hierzu liefert der Einzug der Computertechnik in die Produktionsetagen in Form von CNC-Maschinen, Flexiblen Fertigungssystemen (FFS) und der Computerintegrierten Fertigung (CIM). Die Vorteile dieser Produktionstechniken bestehen darin, daß sie eine große Bandbreite von Produkten bei geringen Rüstzeiten und -kosten fertigen können. Vgl. Gertler (1988), S. 420.

36) Vgl. Roobeek (1987), S. 131f., Crook, Pakulski, Waters (1992), S. 170ff., Kenney, Florida (1988), S. 122.

37) Vgl. Reddy (1990), S. 249, Roobeek (1987), S. 140, Bessant, Senker (1987), S. 155ff.

Insbesondere in der Organisation der Arbeitsprozesse werden die Unterschiede zwischen (neo-)fordistischen und postfordistischen Leistungserstellungsprozessen deutlich. Streben erstere noch klare Aufgabenaufteilung bei stark arbeitsteiligen Prozessen an, die mit geringem Maß an Fähigkeiten und Fertigkeiten ausgeführt werden können, so sind letztere darauf ausgerichtet, durch überlappende, breitgefächerte Arbeitsgebiete den Ausbildungs- und Kenntnisstand ihrer Mitarbeiter sowie deren Selbständigkeit zu fördern.[38] Neben reinen Fertigungs- oder Montagetätigkeiten werden den Arbeitern dann auch Aufgaben der Qualitätskontrolle, der Wartung von Werkzeugen und Maschinen oder die Generierung von Verbesserungs- und Problemlösungsfähigkeiten übertragen. Erst durch die vollständige Integration in die industriellen Fertigungsprozesse wird das Personal befähigt, eine tatsächliche Flexibilisierung der Leistungserstellung zu erreichen.[39] Angestrebt ist die Realisierung einer Atmosphäre, in der gut ausgebildete Arbeitskräfte durch Rotation und den systematischen Aufbau von horizontalen Kommunikationskanälen offenen Zugang zu Informationen erhalten sowie Innovations- und Verbesserungsvorschläge selbst generieren. Insgesamt gilt es, die gemeinsam geteilte Wissensbasis zu vergrößern und hierdurch die Verständigung zu erleichtern. Postfordistische Flexibilität wird also nicht nur lediglich durch technische, sondern vielmehr durch strukturelle und persönliche Flexibilität erreicht.

---

38) Vgl. Cummings, Blumberg (1987), S. 42ff., Kenney, Florida (1987), S. 122, 131, Gertler (1988), S. 425f.

39) Vgl. auch Kenney, Florida (1988), S. 122, die zur Unterscheidung einer neofordistischen Flexibilisierung durch reinen Technikeinsatz von einer postfordistischen Flexibilisierung durch Personal- und Technikeinsatz den Begriff der strukturellen Flexibilität prägten.

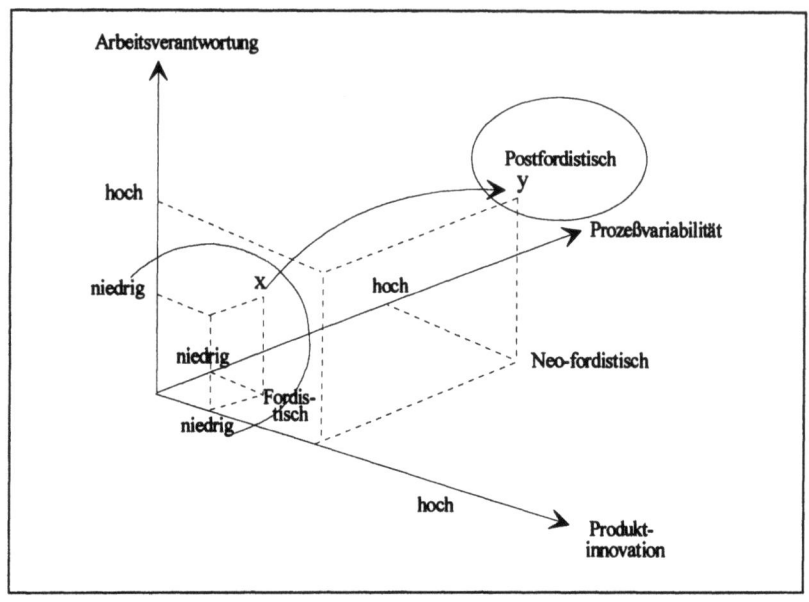

Abb. 12   Merkmale von Arbeit in fordistischen und postfordistischen Produktionssystemen
Quelle: in Anlehnung an Badham, Matthews (1989), S. 207

Neben technischen, humanzentrierten und arbeitsorganisatorischen Bedingungen verändern sich in postfordistischen Unternehmens- und Wettbewerbsstrukturen auch die Beziehungen zu Lieferanten, Vertriebspartnern, Kunden und sogar zu Wettbewerbern.[40] Dabei steht die Veränderung der Beziehungen von rein marktlichen Koordinationsformen zu strategischen Allianzen im Vordergrund.[41] Zielsetzung ist es, auch in interorganisatorischen Beziehungen ein erhöhtes Ausmaß an Flexibilität zu erreichen. Inbesondere in der Beziehung zwischen Automobilherstellern und deren Zulieferern werden solche Strukturen beschrieben, die Best auch als konsultative Kooperationen bezeichnet.[42] Im Gegensatz zu traditionellen Konzepten lassen sich diese Kooperationsnetzwerke nicht mit den gängigen Mustern von Markt und Hierarchie und deren Zwischenformen erklären, sie stellen vielmehr ermergente Strukturen eigenständiger

---

40)   Vgl. Nohria (1992), S. 2.

41)   Vgl. zur Thematik strategischer Allianzen, die letztlich eine spezifische Ausprägung strategischer Netzwerke darstellen, etwa Sydow (1992), S. 60-118.

42)   Vgl. Best (1990), S. 15.

Koordinationsformen dar.[43] Vorteile dieser Allianzen werden vor allem darin gesehen, daß in ihnen Möglichkeiten zur Selbstentwicklung freigesetzt werden. Diese sind jeweils dann notwendig, wenn die Komplexität von Veränderungsprozessen durch manageriale (Fremd-)Steuerung nicht beherrschbar ist, marktliche Koordinationsformen gleichzeitig an den hohen Transaktionskosten scheitern.[44]

So findet in den genannten Zulieferer-Hersteller-Netzwerken eine enge Verschränkung von Entwicklungs- und Produktionsprozessen statt, die nicht nur technischer Voraussetzungen bedarf[45], sondern auch enger Beziehungen zwischen Mitarbeitern verschiedener Management-, Produktions- oder Forschungs- und Entwicklungsebenen, um den Wissens- und Fähigkeitsaufbau und -transfer zu erleichtern.

Neben den hinreichend bekannten Beispielen der Automobilindustrie werden in der Literatur jedoch noch zahlreiche weitere Formen erfolgreicher strategischer Netzwerke vorgestellt. Neben Koordinationsformen im Handwerk werden hier etwa spezifische industrielle Regionen[46] oder die Bildung strategischer Allianzen, insbesondere im Rahmen von transnationalen Unternehmen, genannt.[47]

Die skizzierten Veränderungen gesellschaftlicher und wirtschaftlicher Natur ermöglichen nun die Rekonstruktion der Bedeutung der Logistik.

---

43)   Vgl. Semlinger (1993), S. 312, Powell (1990), S. 296.

44)   Somit versagen gleichzeitig die 'visible hand' des Managements in Hierarchien und die 'invisible hand' des Marktes angesichts der Komplexität. Vgl. Powell (1990), S. 303.

45)   Bspw. die entsprechende elektronische Datenaustauschinfrastruktur.

46)   Auf die Emilia-Romagna wurde bereits hingewiesen, als weiteres Beispiel wird gelegentlich auch die Textil- oder Werkzeugmaschinenproduktion in Baden-Württemberg genannt. Vgl. Powell (1990), S. 309f., Best (1990), S. 2.

47)   Die Konzeption transnationaler Unternehmen oder Allianzen unterscheidet sich von multinationalen oder globalen Unternehmen in der Hinsicht, daß sie Internationalisierung nicht zur Erlangung von Größendegressionseffekten oder komparativen Wettbewerbsvorteilen (z.B. Zugang zu Ressourcen, Unterschiede hinsichtlich der Personalkosten) nutzt, sondern die Vielfalt der international erworbenen Kompetenz zur Erhöhung der Flexibilität und Innovationsfähigkeit einsetzt. Vgl. Kogut, Kulatilaka (1994), S. 123, Ghoshal, Korine, Szulanski (1994), S. 96, Hedlund, Rolander (1990), 24ff.

c. Die Rolle der Logistik in postmodernen Gesellschafts- und Produktionsstrukturen

Die betriebswirtschaftliche Logistik ist einerseits Voraussetzung, andererseits auch Objekt aktueller gesellschaftlicher und ökonomischer Veränderungsprozesse. Für den Aufbau postfordistischer Produktionskonzeptionen stellt sie eine unabdingbare Voraussetzung dar:

"In such a production system, logistics is by far the most important factor..."[48]

Zentrale Bestandteile, die regelmäßig in die postfordistische Literatur Eingang finden, sind hierbei insbesondere Veränderungen im Rahmen der Produktions- und Beschaffungsorganisation, wobei der diskutierte logistische Anwendungsfall in der Regel die Just-in-time Beschaffung und Produktion darstellt.[49]

Die postfordistischen Beschaffungs-, Produktions- und Distributionsnetzwerke bieten nun erste Ansätze, die betriebswirtschaftliche Logistik, ihre Konzepte und den Kontext ihres Erfolges adäquat einzuordnen.

Wie bereits dargelegt, beruht der Erfolg postfordistischer Unternehmen und Netzwerke in ihrer hohen Flexibilitäts- und Innovationsfähigkeit. Diese beiden Faktoren sind es auch, die der Logistik zu ihrer Bedeutung verhelfen. Just-in-time Konzeptionen ermöglichen eben nicht nur Kosteneinsparungen durch die Reduzierung von Lagerkosten, sondern ihr Stellenwert wird erst durch die erhöhte Flexibilität ersichtlich, die durch die Verlagerung der betrieblichen Hauptlagerstufe[50] auf die Zulieferebene[51]

---

48) Roobeek (1987), S. 147.

49) Vgl. Semlinger (1993), S. 318, Kenney, Florida (1988), S. 135ff., Roobeek (1987), S. 147, Crook, Pakulski, Waters (1990), S. 185, Gertler (1988), S. 422.

50) In diesem Zusammenhang sollen als betriebliche Hauptlagerstufe die Punkte im logistischen Netzwerk verstanden werden, die vorgelagerte prognoseorientierte von nachgelagerten kundenauftragsorientierten Leistungserstellungsaktivitäten trennen. Das Konzept der betrieblichen Hauptlagerstufe kann im Rahmen der logistischen Segmentierung allerdings wesentlich differenzierter behandelt werden, nämlich wenn man nicht mehr nur pauschal die Integrationsreichweite des Kundenauftrages zur Segmentierung verwendet, sondern auch die Aufträge interner 'Kunden' zur Bildung flußorientierter Segmente zuläßt. Vgl. zu einer differenzierteren analytischen Betrachtung dieser Probleme logistischer Segmentbildung Delfmann (1995).

51) Strenggenommen ist es für das Kriterium der Flexibilität zunächst unerheblich, ob Zuliefernetzwerke mit externen Lieferanten oder vorgelagerten Wertschöpfungsstufen der eigenen Produktion bestehen.

erreicht wird. Durch Just-in-time Konzeptionen soll nun erhöhte Flexibilität in bezug auf Kundenwünsche bei gleichzeitigem Anbieten eines höherwertigen Customer Service realisiert werden. Diese Gründe werden auch für die Realisierung von Just-in-time Konzepten angegeben:[52]

- Die Schwankungsbreite der Nachfrage hat sowohl hinsichtlich der Art als auch der Menge zugenommen. Dies manifestiert sich in einer größeren Modellvielfalt, kürzeren Produktlebenszyklen, stärkerem Einfluß von Modetrends und einer schnelleren Produktanpassung.

- Die Anforderungen an Lieferzeit und -zuverlässigkeit nehmen stetig zu. Bei einer umfangreichen Produktpalette, kurzen Produktlebenszyklen und schwer prognostizierbaren Nachfrageschwankungen lassen sich diese Anforderungen nicht mehr durch kundennahe Fertigproduktläger erfüllen, weil hierbei das Bestandsrisiko zu groß wird. Gleichzeitig müssen, bei auftragsorientierter Fertigung die Durchlaufzeiten gesenkt werden, so daß die Anforderungen hinsichtlich der Lieferzeit erfüllt werden können.

- Allgemein etabliert sich die Fähigkeit, qualitativ hochwertige Produkte zu niedrigen Kosten zu produzieren, mithin verlangt die Wettbewerbssituation dies dann auch für das eigene Unternehmen.

Aus diesen Anforderungen resultiert das Bestreben, die betriebliche Hauptlagerstufe immer weiter in vorgelagerte Wertschöpfungsstufen zu verschieben sowie Techniken und die Organisation des Materialflusses so zu verbessern, daß die Dauer der Auftragsbearbeitung reduziert wird. Da bei postfordistischer Produktion die betriebliche Hauptlagerstufe aber nicht identisch mit den Fertigproduktlägern ist, sondern sich in vorgelagerten Wertschöpfungsstufen befindet, sind in der Auftragsbearbeitungszeit immer auch Durchlaufzeiten für einzelne Produktions- oder Montagestufen enthalten[53]. Der Beitrag der Logistik richtet sich daher nicht mehr ausschließlich auf die Wahrnehmung von Transferaktivitäten. Sie beschäftigt sich vielmehr mit den Transfereigenschaften von komplexen Wertschöpfungsketten, wobei die Aufgaben zunächst grob in zweierlei Hinsicht skizziert werden können.

---

52)   Vgl. Baglin et al. (1990), S. 491.

53)   Bei ausgereiften Just-in-time Konzepten umfaßt dies bekanntermaßen auch Produktionsstufen in der Zuliefererhierarchie.

Einerseits muß sie auf technisch-organisatorischer Ebene Lösungsvorschläge zur Reduzierung von Zeiten für inner- und außerbetrieblichen Transport, Materialhandhabung und die korrespondierenden administrativen Prozesse entwickeln; dadurch werden die Flexibilität erhöht und das angebotene Serviceniveau verbessert. Andererseits muß sie gleichzeitig Ansatzpunkte zur Kostenreduktion, z.B. durch Realisierung von Tradeoff Effekten und Veränderung von Kostenverläufen der Transport-, Umschlags- oder Lagerleistungen, aufdecken. Diese komplexen Probleme werden von der Logistik jedoch nur auf der Basis geänderter organisationstheoretischer Paradigmen gelöst. Im folgenden sollen daher zunächst die Grundlagen für dieses geänderte postmoderne Organisationsverständnis geschaffen werden.

3. Die Reflektion der Postmoderne in den Organisationswissenschaften

Die Veränderungen in den allgemeinen humanwissenschaftlichen Theorien, die hier mit dem Themenkreis der Postmoderne skizziert worden sind, sowie die empirischen Feststellungen von geänderten Formen und Rahmenbedingungen der organisatorischen Praxis führten zu einer Revision organisationswissenschaftlicher Grundpositionen und in der Folge zur Ergänzung des kontingenztheoretischen Ansatzes um weitere Organisationstheorien.[54] Bevor diese vorgestellt und eine Auswahl der hier interessierenden Ansätze vorgenommen werden kann, soll im folgenden kurz der Perspektivenwandel zur Konstruktion organisationswissenschaftlicher Probleme skizziert werden. Abschließend kann ausführlicher auf diejenigen organisationstheoretischen Ansätze eingegangen werden, die zur Behandlung logistischer Problemstellungen herangezogen werden sollen.

a. Ausprägungsformen organisationswissenschaftlicher Problemkonstruktionen

Ein Verständnis für die organisationswissenschaftlichen Forschungsansätzen zugrundeliegende Problematik[55] läßt sich durch einen historischen Rückblick generieren.

---

54) Auch wenn weiterhin noch beträchtliches Forschungs- und Erklärungspotential von ihm ausgeht, muß man strenggenommen konstatieren, daß der kontingenztheoretische Forschungsansatz seine dominierende Rolle in den Organisationswissenschaften verloren hat. Vgl. Carroll (1988), S. 1, Barley (1986), S. 78.

55) Problematik in diesem Sinne besteht aus miteinander in Beziehung stehenden Konzepten - ein konzeptionelles Schema -, die um einen Kerngedanken (Paradigma) entwickelt und organisiert sind. Vgl. Benson (1977), S. 3.

Dabei können drei Phasen hinsichtlich ihrer Schwerpunkte in der Forschungsproblematik unterschieden werden.[56]

Die erste Phase, datiert auf die späten 1960er, konzentrierte sich auf die Problematik der Ordnung von Organisationen. Im Zentrum steht hierbei die Frage, wie Organisationen angesichts externer Einflüsse und Veränderungen ihr Überleben als soziale Einheit sichern können. Organisationen sind in diesem Verständnis eindeutig von ihrer Umwelt unterscheidbare Einheiten, welche über bestimmte integrierende und stabilitätserhaltende Mechanismen verfügen, die das langfristige Überleben sichern. Verbunden damit ist ein spezifisches Kontroll- oder Steuerungsverständnis, welches an den Prinzipien der Kybernetik orientiert ist. Den Kern dieser organisationswissenschaftlichen Problematik bildet das Rationalmodell der Weberschen Bürokratie. Sie ist mithin konsequent modernen Ursprungs. Eine solche Grundposition geht davon aus, daß Organisationen erreichbare Ziele haben und Organisationsgestalter[57] strukturelle Maßnahmen[58] ergreifen können, die eine zieladäquate Ausrichtung der Organisation bewirken. Das Organisationsmodell, welches mit diesen Annahmen korrespondiert, entspricht einem Bild von Organisationen als statische soziale Einheiten, die über eindeutig definierbare Grenzen zur Umwelt verfügen und die in ihrer Form durch die jeweiligen Umweltkonstellationen beeinflußt oder sogar determiniert werden.[59] Eine in dieser Form konstruierte Problematik liegt dem kontingenztheoretischen Ansatz zugrunde und muß, da bereits in Kapitel II dargelegt und gewürdigt, hier nicht mehr vertieft behandelt werden.

Die Kritik an diesem vereinfachten Steuerungsmodell der Organisationsgestaltung führte neben anderen Ansätzen zur Entwicklung der Dominanz- oder Machtproblematik. Diese Konzepte realisieren, daß es ein 'außen', somit eine organisatorische Fremdsteuerung nicht gibt. Vielmehr wird ein Bild von Organisationen entworfen, bei dem verschiedene Gruppen um Macht und Einfluß konkurrieren. Gegenstand der Forschung und Theoriebildung sind dann die sozialen und politischen Prozesse, durch die organisatorische Macht verteilt und legitimiert wird und die letztlich auch zur Bildung von Organisationsstrukturen führen. Akteure in diesen Prozessen sind alle an der Organisation

---

56) Die hier verwendete zeitliche und inhaltliche Einteilung geht auf Reed (1992), S. 10f. zurück.

57) Üblicherweise die Führungs- oder Managementebene der jeweiligen Organisation. Vgl. Dermer (1988), S. 25.

58) Beispiele hierfür wären die Variablen in der Kontingenztheorie, also Spezialisierung, Zentralisierung, Kontrollspanne, Anreizsysteme, Koordinationsmechanismen. Vgl. Benson (1977), S. 4.

59) Vgl. Reed (1992), S. 3.

interessierten Personen(gruppen),[60] also nicht nur lediglich das Management oder die kapitalmäßigen Anteilseigner. Dieses Konzept der organisatorischen Problemkonstruktion unterscheidet sich bereits in mehrfacher Hinsicht von der zuvor skizzierten Ordnungsproblematik.

Zunächst erfolgt eine Aufweichung der klaren Grenzziehung zwischen interner Organisation und externer Umwelt, da Interessenten und Akteure nicht zwangsläufig Organisationsteilnehmer i. e. S. sein müssen. Vielmehr gehören hierzu bspw. auch Lieferanten, Kunden, Behörden oder eine interessierte Öffentlichkeit, Arbeitnehmerorganisationen wie auch Wettbewerber.[61]

Weiterhin hat dies zur Folge, daß es keine als streng gegeben vorauszusetzenden externen Umweltfaktoren mehr gibt, denen sich die Organisation nur noch durch strukturelle Maßnahmen reaktiv anpassen kann. Die strenge Trennung von Umwelt und Organisation, wie sie im kontingenztheoretischen Paradigma noch propagiert wird[62], läßt sich nicht mehr aufrecht erhalten. Vielmehr werden über die Beteiligung und Einbeziehung der Interessenten an den Willensbildungs- und Entscheidungsprozessen auch vermeintlich starre externe 'Faktoren' selbst wieder zu in Grenzen beeinflußbaren Variablen.[63]

Die Problemzentrierung auf die Entstehung und Verwendung von Macht in Organisationen führte im Rahmen des mikropolitischen Ansatzes ebenfalls zu einem geänderten Rationalitätsverständnis, da die substantive oder Zweckrationalität der Weberschen bürokratischen Herrschaft als zu eng angesehen und abgelehnt wurde.[64]

Gleichzeitig wird das Systemverständnis von sozialen Systemen revidiert. Die Aufgabe des engen kybernetischen Systemmodells führt zu Erkenntnissen über die Wirkungsweise sozialer Systeme als 'loosely coupled systems' und somit zur Betonung der Prozesse des Organisierens anstelle der statischen Momentaufnahmen einer doch nur

---

60) In der anglo-amerikanischen Literatur hat sich hierfür der Begriff 'stakeholder' durchgesetzt. Stakeholder sind alle 'Individuen oder Gruppen, welche die Ziele einer Organisation beeinflussen können oder welche von deren Zielerreichung betroffen sind', vgl. Freeman (1984), S. 25.

61) Vgl. Hellriegel, Slocum (1974), S. 29.

62) Vgl. Knights, Morgan (1993), S. 214, Gergen (1992), S. 223f.

63) Vgl. Roberts, King (1989), S. 65.

64) Vgl. Becker, Küpper, Ortmann (1988), S. 94f., Becker, Ortmann (1994), S. 205.

temporär existenten Organisationsstruktur.[65] Allerdings schimmert auch bei diesen (mikro-)politischen Modellen von Organisationen die moderne Grundposition durch. Zwar erfolgt eine Abkehr vom engen kybernetischen Funktionsmuster, jedoch wird es ersetzt durch ein anderes Maschinenmodell, das nun mit veränderten Mechanismen arbeitet. Dabei bestimmt allerdings nicht mehr die substantive Rationalität der Entscheidungskalküle die Funktionsweise der Maschine. Vielmehr sind es jetzt die Inhaber von neuralgischen Funktionen oder Stellen in der Gesamtstruktur der Organisation, die über ein Mehr an Macht verfügen. Auch hier scheint die Funktionsweise von sozialen Systemen kalkulierbar, da sie strukturdeterminiert ist. Nur wirkt der menschliche Interventionsmechanismus nicht mehr über bürokratische Regeln, statt dessen sind es Regeln der Mikropolitik, die die Funktionsweise bestimmen.[66]

Schließlich findet in der gegenwärtigen Organisationsanalyse ein linguistischer oder kultureller Wandel statt, in dem Symbolismen und Sprachspiel zur Konstruktion organisatorischer Realität den Kern der Forschungsproblematik bilden.[67] Merkmal dieser postmodernen organisationswissenschaftlichen Problematik ist die Akzeptanz pluralistischer Konzeptionen und Paradigmen, mithin die Verwendung multiparadigmatischer Erklärungsansätze und Problemkonstruktionen im Rahmen der Organisationsforschung.[68] Dabei werden allerdings auch grundlegende Unterschiede in der organisationswissenschaftlichen Problematik deutlich. Ansätze der Modernen gehen davon aus, das Originäre in den Dingen der Welt durch Beobachtung, Analyse und Experiment zu entdecken und in Worte zu fassen. Sprache in diesem Sinne ist ein Werkzeug oder Instrument im Dienste der Theorie zur Repräsentation des Originären oder Realen. In der postmodernen Perspektive verändert sich dieses Verhältnis: Organisationstheorien selbst stellen die Sprachspiele dar, mit denen organisatorische Realität erst konstruierbar, somit Sinn über den Untersuchungsgegenstand zwischen Wissenschaftlern, Forschern oder Praktikern hergestellt wird.

---

65)   Vgl. Weick (1969), S. 90f.

66)   Diese Kritik trifft auch auf das Phasenmodell der logistischen Organisationsentwicklung zu, welches in Abschnitt II.D.2.a dargestellt wurde. Macht ist dort eng verknüpft mit der Struktur der Hierarchie: Logistik scheint somit erst dann Macht und implizit wohl auch die angestrebten Ziele zu erreichen, wenn Positionen auf hohen Hierarchieebenen von ihr besetzt werden können.

67)   Vgl. Reed (1992), S. 11.

68)   Beispielhaft mag an dieser Stelle der Erklärungsansatz Lincolns zu japanischen Organisationsformen erwähnt werden: Zu deren Beschreibung und Erklärung bedient er sich insgesamt fünf organisationstheoretischer Ansätze. Vgl. Lincoln (1990), S. 256. Vgl. zur multiparadigmatischen Ausrichtung der Organisationswissenschaften Abschnitt II.A.1.a.

"For our theories of organizations are, first and foremost, forms of language. (...) theories of the organization do not exist apart from or independent of the surrounding intelligibilities of the culture. As theorists we must 'make sense', and if we are to make sense within our own culture, we have no recourse but to obey the culture's rules of intelligibility."[69]

In diesem Verständnis sind Organisationstheorien nicht wahr oder falsch im objektiven Sinne, vielmehr erzeugen ihre Beschreibungs- und Erklärungsmuster mehr oder weniger starke Resonanz mit einem signifikanten Anteil des gesamten Kulturkreises und führen so zu einer veränderten organisatorischen Realitätskonstruktion.[70]

b. Ansätze einer organisationstheoretischen Erweiterung auf der Basis des Konzeptes der Postmoderne

Die veränderte organisationswissenschaftliche Problematik schlägt sich in organisationstheoretischen Ansätzen nieder, die mittlerweile auf der Basis der postmodernen Perspektive offeriert werden. Obwohl diese insbesondere in der betriebswirtschaftlichen Organisationsforschung noch nicht als breit akzeptiert bezeichnet werden können,[71] ist der Stand der Diskussion als so fortgeschritten zu bezeichnen, daß sie als Grundlage für das Verständnis einer entwicklungs- und innovationsorientierten Logistikorganisation verwendet werden können.[72]

Organisationstheorien postmodernen Ursprungs unterscheiden sich bereits auf einer metatheoretischen Ebene hinsichtlich des Selbstzweckes von Theorien. Anders als im modernen Verständnis, nach dem Theorien der Suche nach Wahrheit dienen und in langwieriger wissenschaftlicher Forschung getestet werden, bevor sie schließlich zur Anwendung für Praktiker freigegeben werden,[73] legt ein postmodernes Verständnis den Schwerpunkt auf Deutlichkeit und somit Kommunizierbarkeit von Theorien. Theorien erhalten ihren Nutzen nicht aus dem Grad an Wahrheit, den sie erreichen, sondern aus

---

69) Gergen (1992), S. 205.

70) Vgl. Gergen (1992), S. 210.

71) Innerhalb der Organisationswissenschaften werden postmoderne Positionen bislang noch kontrovers diskutiert. Vgl. hierzu etwa die Auseinandersetzung zwischen Parker (1992a), Tsoukas (1992) und Parker (1992b).

72) Vgl. die Literaturhinweise in Abschnitt IV.B.1.

73) Der Problemkreis der Übertragbarkeit theoretischer Sätze in praktische Handlungsanweisungen - so etwa die tautologische Transformation - kann hier nur erwähnt werden. Für einen Überblick im organisationstheoretischen Gegenstandsbereich vgl. Nienhüser (1993), S. 235-251.

ihrem praktischen Verbreitungs- und Anwendungsgrad. Theorie und Praxis werden somit untrennbar miteinander verbunden.[74] Weiterhin sind Organisationstheorien postmodernen Ursprungs per se an den sozialen Prozessen der Innovation und des organisatorischen Wandels orientiert. Deshalb erscheinen sie für die hier zu untersuchenden Fragestellungen der Logistik so ergiebig.

Eine wesentliche Rolle nimmt der Diskurs in sozialen Systemen ein, die Frage also, wie sich Informationen, Wissen, Kommunikation und Sinn in sozialen Gemeinschaften konstituieren.[75] Der Diskurs wird nicht mehr als 'neutral' in dem Sinne verstanden, daß er lediglich der Kommunikation über die Realität an sich dient, vielmehr ist der Diskurs Ursprung der Differenzierung, somit zur Konstruktion der sozialen Realität. Diese Perspektive soll im folgenden weiter konkretisiert werden.

Die Einnahme epistemologischer Grundpositionen der Postmoderne zeichnet sich durch eine selbstreferentielle[76], kulturalistische und symbolische Wende[77] aus, die mit einer Rückkehr zum prozessualen Verständnis[78] von Organisationen verbunden ist. Diese Sichtweise unterscheidet sich grundlegend vom modernen Organisationsverständnis. Letzteres analysiert Organisationen in einer referentiellen Perspektive, die mit einem statischen Differenzierungsbegriff verbunden ist. Organisationen sind danach funktionale Gebilde, die auf die Erreichung definierter Ziele fixiert sind. Durch Arbeitsteilung, also Spezialisierung, sowie formale Aufteilung von Macht und Autorität, z.B. durch die Errichtung aufbauorganisatorischer Strukturen, soll die koordinierte Ausrichtung auf diese Ziele ermöglicht werden. Differenzierung in diesem Sinne ist kontrollorientiert, sie problematisiert nicht den Prozeß der Differenzierung an sich. Ziele werden durch die Organisation vorgegeben, und die organisatorischen Handlungen sind

---

74) Vgl. Gergen (1992), S. 217.

75) Damit wird eine Rehumanisierung sozialer Systeme eingeleitet, da dies spezifische Eigenschaften sind, die ausschließlich in durch Menschen gebildeten Systemen auftreten können. Vgl. Cooper (1989), S. 479.

76) Die selbstreferentielle Wende hier ist nur partiell gleichzusetzen mit der selbstreferentiellen Wende in der Wissenschaftslehre und Metaphilosophie. Vgl. zur letzteren Sikora (1989), Sp. 1954-1956.

77) Auch wenn die drei Aspekte in der Literatur getrennt verhandelt werden, sei an dieser Stelle betont, daß sie letztlich interdependente Teile eines umfassenden organisationstheoretischen Wandels darstellen.

78) Diese Perspektive wird durchaus in Übereinstimmung mit Webers Forschungsanliegen gesehen, dessen Analyseobjekt ebenfalls der Prozeß des bürokratischen Organisierens in der jeweils sozialen und physischen Umwelt darstellte und weniger die Organisation an sich. Vgl. Cooper, Burrell (1988), S. 92f.

anschließend darauf ausgerichtet, diejenige Alternative zu verwirklichen, die den besten Zielerreichungsgrad verspricht.[79] Handeln wird dabei losgelöst von der Bildung organisatorischer Ziele oder Zwecke analysiert.[80] Diese spezifische Vorstellung, bei der Organisationen von Menschen rational gestaltete und gesteuerte soziale Systeme darstellen, wird in der postmodernen Organisationstheorie als Kontrollmodell bezeichnet und einem Autonomiemodell gegenübergestellt.[81] In diesem sind Organisationen selbstreferentiell und handeln autonom, d.h. unabhängig von externer, rational geplanter menschlichen Steuerung.[82] Dabei wird in den Organisationswissenschaften der Aspekt der Selbstreferenz in Analogie zu den Ausführungen von Humberto Maturana und Francisco Varela oder anhand des Modells dissipativer Strukturen von Ilya Prigogine ausgestaltet und weiterentwickelt zur Theorie selbstorganisierender Systeme.[83]

Selbstreferenz kennzeichnet die Eigenschaft operationaler Geschlossenheit von lebenden Systemen. Danach sind soziale Systeme - wie alle lebenden Systeme[84] - insofern geschlossen, als sie nur auf der Basis inhärenter Regeln und Operationsmuster mit ihrer Umwelt in Interaktion treten können.[85] Aus dieser Erkenntnis resultieren wesentliche Konsequenzen in bezug auf die Fähigkeit von Organisationen, interne Entwicklungsprozesse zu realisieren.[86] Danach reproduzieren sich soziale Systeme in der Auseinandersetzung mit der Umwelt selbst; sie erarbeiten sich ein Bild von der Umwelt und der eigenen Position gemäß den formalen und informalen internen

---

79) Auch hier findet man den Denkrahmen des kontingenztheoretischen Lösungsansatzes in der logistischen Organisationsforschung wieder. Dort wurden die logistischen Organisationsfragen primär durch formale Strukturen, insbesondere durch das Ausmaß der Leitungsspanne und formalen Macht (über bestimmte Transformations- und Transferaufgaben) im Rahmen der hierarchischen Koordination gelöst.

80) Vgl. Mayntz (1976), S. 119.

81) Vgl. Cooper, Burell (1988), S. 104.

82) Vgl. ebd.

83) Vgl. Morgan (1986), S. 236f., Cooper, Burrell (1988), S. 104, Gemmill, Smith (1985), S. 753. Zur Entwicklung der Selbstorganisationsforschung vgl. den historischen Abriß bei Krohn, Küppers (1990), S. 3ff.

84) Die Theorien von Maturana und Varela beziehen sich primär auf biologische Systeme. Hinsichtlich der Übertragung auf soziale Systeme sahen die Autoren selbst Grenzen.

85) Vgl. Klimecki, Probst, Eberl (1991), S. 23, Morgan (1986), S. 236. Präzise wird der Begriff der Geschlossenheit mit der Definition autopoietischer Systeme festgelegt: "Die autopoietische Organisation wird als eine Einheit definiert durch ein Netzwerk der Produktion von Bestandteilen, die 1. rekursiv an demselben Netzwerk der Produktion von Bestandteilen mitwirken, das auch diese Bestandteile produziert, und die 2. das Netzwerk der Produktion als eine Einheit in dem Raum verwirklichen, in dem die Bestandteile sich befinden" Maturana, Varela, Uribe (1982), S. 158.

86) Vgl. Morgan (1986), S. 239, Probst (1986), S. 396f.

Regeln zur Realitätskonstruktion. Die Selbstreproduktion erfolgt also gemäß der Systemidentität und trägt zu deren Erhalt bei. In dieser Hinsicht wird das postmoderne Verständnis von Organisationen durch die kulturalistische und symbolische Wende unterstützt.

Organisatorischer Symbolismus geht dabei von der Annahme aus, daß ein Verständnis von sozialen Systemen nicht generiert werden kann, wenn man darauf verzichtet, den symbolischen Charakter sozialen Handelns zum Untersuchungsgegenstand zu machen.[87] Die kulturalistische Perspektive ermöglicht die Untersuchung von Prozessen der Sinngebung in sozialen Systemen. Danach repräsentiert eine Organisation eine kollektive Form menschlichen Bewußtseins,[88] die selbst Produkt kognitiver oder präziser Erkenntnisprozesse ist, bei denen der Geist Wissen über die Umwelt generiert. In sozialen Systemen werden dabei Wissen und Umwelt simultan und interaktiv durch die Organisationsteilnehmer konstruiert.[89] Die Repräsentationsformen von organisatorischem Wissen und Werten offenbaren sich allerdings nicht nur lediglich in diskursiv darlegbaren Formen, sondern auch in Symbolen wie etwa Mythen, Riten oder formalen Regeln.

Die Kultur einer sozialen Gemeinschaft stellt dann den Konsens dar, der es erlaubt, geteiltes und als gut befundenes Wissen abzugrenzen.[90]

Über die Konzepte des Diskurses und des Sprachspiels konzentriert sich die postmoderne Perspektive in einer bestimmten Weise auf jene Prozesse, die die Entstehung dieses Wissens bedingen. Danach sind gerade konfligierende Wissensformen und deren Austragung im Diskurs Quellen für Erweiterung und Modifizierung bestehenden Wissens und somit auch für sozialen und organisatorischen Wandel.

---

87) Vgl. Frost (1985), S. 5, Turner (1992), S. 47f.

88) In organisationstheoretischen Ansätzen des Symbolismus kommt hierzu auch das Unbewußte, welches hermeneutisch von unbedeutenden Metaphern unterschieden und für die Prognose zukünftiger Entwicklungspfade genutzt werden muß. Vgl. Turner (1992), S. 49 u. 51.

89) Vgl. Bougon, Weick, Binkhorst (1977), S. 606, Dunn, Ginsberg (1986), S. 956.

90) Vgl. Lyotard (1982), S. 39, der den in diesem Sinne gebrauchten Wissensbegriff weiter spezifiziert:

"Zunächst ist das wissenschaftliche Wissen nicht das ganze Wissen, es war immer in der Überzahl, immer im Wettstreit und Konflikt mit einer anderen Art des Wissens, die wir vereinfacht narrativ nennen...". Lyotard (1982), S. 18. Danach gehört hierzu nicht nur das auf der Basis wissenschaftlicher Intentionen erworbene Wissen, sondern auch Wissen, welches Kompetenz hinsichtlich technischer, ethischer und ästhetischer Kriterien vermittelt. Vgl. Lyotard (1982), S. 39.

Aus diesen Gründen soll im folgenden weitere Erkenntnis aus detaillierten Theorien zur Entstehung und Verbreitung organisatorischen Wissens gewonnen und für die Organisation der Logistik genutzt werden. Vor allem bieten sich dazu organisatorische Lerntheorien und Theorien sozialer Netzwerke an, die von ihrer Grundstruktur bereits postmodernes Gedankengut enthalten.

c. Organisatorisches Lernen als Kern eines entwicklungsorientierten Management- und Organisationsverständnisses

Organisatorische Lerntheorien entsprechen hinsichtlich ihres Aufbaues, ihrer Zusammensetzung und ihrer interdisziplinären Heterogenität durchaus einer postmodernen Organisationswissenschaft. Zwar liegen die Wurzeln von Lerntheorien in Theorien der Entwicklungs- und Lernpsychologie, allerdings verändern sich die Phänomene in sozialen Systemen, so daß letztlich auch sozialpsychologische und soziologische Theorien einfließen.[91] Die hohe Bedeutung organisatorischen Lernens für Unternehmen ist in der Literatur unbestritten, und Dodgson resümiert dafür folgende Argumente:[92]

(1)   Das Konzept der 'Lernenden Organisation' ist für Unternehmen dann relevant, wenn sie Strukturen und Systeme entwickeln wollen, die insgesamt anpassungsfähiger an Wandel sind. Weiterhin wird dadurch auch die Wettbewerbsfähigkeit beeinflußt.

(2)   Die Geschwindigkeit der technischen Veränderungsrate für Produkte, Prozesse und Unternehmen erhöht auch die Unsicherheit für Unternehmen. Dodgson nennt hier explizit logistische Steuerungskonzepte wie Just-in-time Belieferung oder Materials Requirements Planning.

(3)   Aufgrund ihrer dynamischen, an kontinuierlichen Veränderungsprozessen orientierten Perspektive ist die analytische Bedeutung des organisatorischen Lernkonzeptes hervorzuheben.

---

91)   Wesentliche Beiträge zu Lerntheorien wurden zudem aus dem Bereich der Kognitionswissenschaften geliefert. Vgl. hierzu etwa Varela (1990). Für eine Einführung in die Wurzeln der Lernforschung vgl. Shrivastava (1983), S. 8f.

92)   Vgl. Dodgson (1993), S. 376.

(4)   Schließlich ist organisatorisches Lernen ein integratives Konzept, welches die Verbindung von organisatorischer, Gruppen- und individueller Betrachtungsebene ermöglicht.

Gegenstand organisatorischer Lerntheorien ist es explizit, für die Grundlagen der sozialen Prozesse, die zur Veränderung allgemein akzeptierten Wissens in Organisationen führen, Interpretations- oder Erklärungsansätze zu liefern. Dazu gehört auch die Frage, in welcher Form sich organisatorisches Wissen letztlich manifestiert. Im folgenden soll daher ein Modell organisatorischen Lernens vorgestellt sowie Implikationen für strukturelle Rahmenbedingungen von Organisationen abgeleitet werden, die Lernprozesse erleichtern. Diese bilden dann Bausteine für die sozialen Prozesse der logistischen Artefaktentwicklung und deren Kontexte, die anschließend entwickelt werden.

c1. Grundmodell organisatorischer Lernprozesse

Traditionell wurden organisatorische Lernmodelle aus Kenntnissen über individuelles Lernen entwickelt. Allerdings ist die Übertragbarkeit dieser Erkenntnisse insofern problematisch, als Prozesse der Perzeption oder der Wissensgenerierung und -speicherung in den kognitiven Systemen sozialer Systeme anders erfolgen als in solchen einzelner Individuen.[93]

Das hier zu entwickelnde Lernmodell[94] ist in seiner Grundstruktur zunächst sowohl für Individuen als auch für soziale Gruppen anwendbar. Die Spezifizierung von explizit sozialsystemischen oder organisatorischen Lernprozessen erfolgt im zweiten Schritt.

Den Kern des Modells bildet zunächst ein einfacher Reiz-Reaktionsmechanismus[95], wie er in verhaltenswissenschaftlichen Modellen expliziert wird. Ein kognitives System[96] reagiert danach auf Reize aus der Umwelt durch bestimmte Verhaltensweisen. Dabei setzt die Entwicklung oder Ausübung dieser Verhaltensweisen noch nicht

---

93)   Vgl. Duncan, Weiss (1979), S. 88.

94)   Das hier vorgestellte Lernmodell beruht im wesentlichen auf den Arbeiten von Hedberg (1981) und Kim (1993).

95)   Die englischen Begriffe 'Stimulus-Response' geben dem Modell die Abkürzung SR-Modell.

96)   Dieser Term soll deshalb verwendet werden, weil das Grundmodell zunächst so unspezifisch dargestellt wird, daß es sowohl für individuelle (Gehirn) als auch kollektive (soziales System) Lernprozesse Gültigkeit besitzt. Der Begriff des kognitiven Systems wird hier also gleichzeitig für beide Arten von Lernsubjekten gebraucht. Vgl. Hedberg (1981), S. 6.

unbedingt Lernprozesse oder sogar bewußte Lernprozesse voraus, da die Reaktionen auch durch Nichtlernen[97] oder unbewußte Konditionierung herangebildet werden können. Lernen im hier zu untersuchenden Sinne setzt allerdings eine Verbindung zwischen bewußten Denkprozessen und den vorhandenen oder entwickelten Handlungsformen voraus.[98]

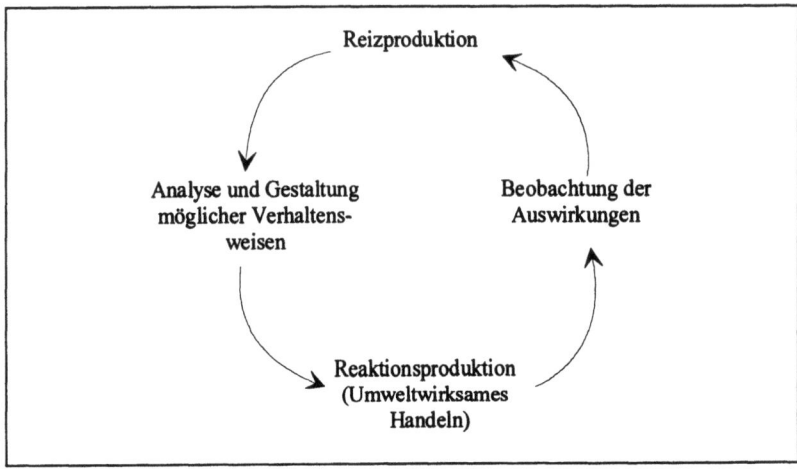

Abb. 13   Einfaches Lernmodell

Es bedarf also, sollen höhere Lernprozesse als 'einfaches' Konditionieren behandelt werden, neben dem eigentlichen SR-Mechanismus noch weiterer Elemente im Lernmodell. Diese können anhand des Entstehens von Mustern des Reiz- und Verhaltensrepertoires erläutert werden. Sowohl die von der Umwelt angeregten Reize als auch die daraus folgenden Handlungen werden nicht direkt erzeugt. Vielmehr sind ihnen jeweils bestimmte Metaebenen vorgelagert, die als Wahrnehmungsfilter oder zur Verhaltens(re-)produktion dienen und die von allgemeinen Handlungstheorien geleitet werden.

---

97)   Bei Individuen etwa durch angeborene Reflexe, bei Unternehmen möglicherweise durch Erwerb von Handlungsmustern durch Unternehmenskäufe oder Fremdbezug von Leistungen. Allerdings ist im letzten Fall schon die Problematik enthalten, wie die so erworbenen Handlungsmöglichkeiten ohne Lernen mit dem eigenen Handeln in bezug gebracht werden sollen.

98)   Vgl. etwa Schein (1993), S. 87ff. Kim (1993), S. 38 bezeichnet daher auch die Fähigkeiten oder Kenntnisse als 'know-how' und die Fähigkeit des konzeptionellen Verstehens einer Erfahrung, die zur Herausbildung dieser Fähigkeiten führt, als 'know-why'.

Die Eigenschaften und Wirkungsweisen dieser Metaebenen gilt es im folgenden näher zu analysieren.

Kognitive Systeme können die aus der Umwelt entstehenden Signale nicht unmittelbar und direkt als Reize i.S. eines reaktionsauslösenden Impetus verwenden. Vielmehr müssen sie mit mehr oder weniger starkem Aufwand[99] diese Signale zu konkreten Reizen konstruieren. Dieser Reizkonstruktionsprozeß geschieht unter Zuhilfenahme von spezifischen Handlungstheorien. Handlungstheorien[100] stellen die Summe des bereits vorhandenen Wissens über die Welt und den eigenen Zustand sowie allgemeine Werte, Normen oder Strategien dar, die letztlich die Aktionen bestimmen.[101] Sie enthalten darüber hinaus explizites und implizites Wissen über den Kontext, aus dem ein bestimmtes Signal hervorgeht.[102] Handlungstheorien sind insofern bedeutend, als sie Ausgangspunkt und Objekt für höherwertiges bewußtes Lernen darstellen, welches sich von einfachen Konditionierungsprozessen unterscheidet. Grundsätzlich muß dabei zwischen offiziellen und tatsächlich verwendeten Handlungstheorien unterschieden werden,[103] die im Idealfall identisch sind. Offizielle Theorien stellen die nach außen kommunizierten Werte und Grundlagen des Handelns dar. Sie werden immer bewußt artikuliert und können Komponenten enthalten, die lediglich aus Gründen der sozialen Erwünschtheit oder aus politischem Kalkül einfließen. Demgegenüber stellen die verwendeten Handlungstheorien die tatsächlichen Werte, Normen und Weltbilder dar, die Ausgangspunkt für das Handeln sind.[104] Handlungstheorien sind aufgrund der begrenzten kognitiven Kapazität von Organismen notwendig. Aus der möglicherweise sehr großen Anzahl von Umweltsignalen müssen bestimmte selektiert und zu kohärenten Mustern aggregiert werden. Kognitive Systeme interpretieren somit unter Verwendung

---

99) Auch dies ist abhängig von der Art des Signales und der Komplexität der zu produzierenden Reizmuster.

100) Andere gebräuchliche Begriffe sind 'mental models', 'cognitive maps' oder Weltanschauung. Vgl. den Überblick bei Gray, Bougon, Donnellon (1985), S. 85-88.

101) Vgl. Argyris, Schön (1978), S. 15.

102) Dies sei an einem einfachen Beispiel verdeutlicht. So wird ein identisches Signal - z.B. das Schellen einer Klingel - bei kognitiven Systemen mit unterschiedlichen Handlungstheorien - z.B. Schulkinder am Ende einer Unterrichtsstunde oder ein Bereitschaftstrupp der Feuerwehr - unter Verwendung des Hintergrundwissens über den Kontext des Auftretens des Signals auf einer Metaebene erst zu einem spezifischen, reaktionsauslösenden Reizmuster verdichtet. Vgl. in diesem Zusammenhang auch die Problematik der Unterscheidung von Kontext und Kontext-Markierung bei Bateson (1988), S. 374ff.

103) Die von Argyris verwendete Terminologie bezeichnet diese als 'Vorgestellte Theorien' (espoused theories) und 'Gebrauchstheorien' (theories-in-use). Vgl. Argyris (1976), S. 367.

104) Vgl. Sullivan, Nonaka (1986), S. 143.

von Handlungstheorien aktiv die Signale oder Daten aus der Umwelt.[105] Die Umwelt liefert in diesem Sinne lediglich Daten, die als Rohmaterial zur Produktion von Reizen dienen. Plastischer wird dies im Rahmen kognitionswissenschaftlicher Erkenntnisse formuliert:

"Wenn wir statt dessen zu akzeptieren gezwungen sind, daß Kognition ohne Berücksichtigung des Alltagswissens nicht angemessen verstanden werden kann, und dieses Alltagswissen in nichts anderem besteht als in unserer körperlichen und sozialen Geschichte, dann ist die unausweichliche Schlußfolgerung, daß der Erkennende und das Erkannte, Subjekt und Objekt, einander bedingen und bestimmen, daß sie gemeinsam entstehen."[106]

Der Hinweis auf das Alltagswissen verdeutlicht bereits, daß zur Produktion von Reizen und korrespondierenden Handlungen (Reaktionen) nicht nur ausschließlich wissenschaftlich erworbenes oder auch explizites Wissen verwendet wird. Vielmehr fließt hierbei implizites Wissen in Form von praktischen Regeln und Techniken, aber auch intuitives, nicht artikulierbares Wissen mit ein.[107]

Ähnlich wie bei der Umweltinterpretation werden Handlungstheorien auch auf einer reaktionsproduzierenden Metaebene benötigt. Danach verfügen kognitive Systeme aus vergangenen Lernprozessen über einen Pool begrenzter Verhaltensrepertoires, die zu konkreten Handlungen verknüpft werden können.[108] Die Produktion von konkreten Verhaltensweisen wird ebenfalls auf einer Metaebene durch den Einsatz von Handlungstheorien geleitet. Kognitive Systeme reagieren somit nicht einfach auf ein Reiz-

---

105) Daft, Weick (1984), S. 288ff. unterscheiden hierbei, je nach Annahmen über die Generierbarkeit von Umweltdaten und Grad der Eigenaktivität, die Interpretationsprozesse des aktiven Erschließens (enacting), des Entdeckens (discovering) sowie des gerichteten und ungerichteten Suchens (undirected/conditioned viewing). Vgl. speziell zum ursprünglichen Konzept der 'enacted environment' auch Weick (1969), S. 63ff. Hier wird auch wieder deutlich, daß Konzepte des organisatorischen Lernens - anders als kontingenztheoretische Ansätze der Organisationsforschung - nicht von einer objektiv gegebenen Umwelt ausgehen, an die sich Unternehmen anpassen müssen um zu überleben.

106) Varela (1990), S. 97f.

107) Vgl. Segler (1985), S. 138, Ryle (1958), S. 27ff. Hier wird wieder die Analogie zur Position der Postmodernen deutlich, da diese Auffassung mit dem Lyotardschen narrativen Wissensverständnis korrespondiert.

108) Handlungen in diesem Sinne stellen also keine einfachen Verhaltensweisen als Reaktion auf einzelne Reize dar, sondern sie sind komplexere Abläufe von zahlreichen Subroutinen. Vgl. Hedberg (1981), S. 7.

muster, sondern sie bilden aktiv Zuordnungsnetze, die in Analogie zu den verwendeten Handlungstheorien arbeiten.[109]

Anhand dieser Bausteine lassen sich nun verschiedene Formen des Lernens aufzeigen, die nach Kriterien wie Abhängigkeit des Bewußtseinsgrades oder der Komplexität und Bedeutung der Lernprozesse unterschieden werden können.

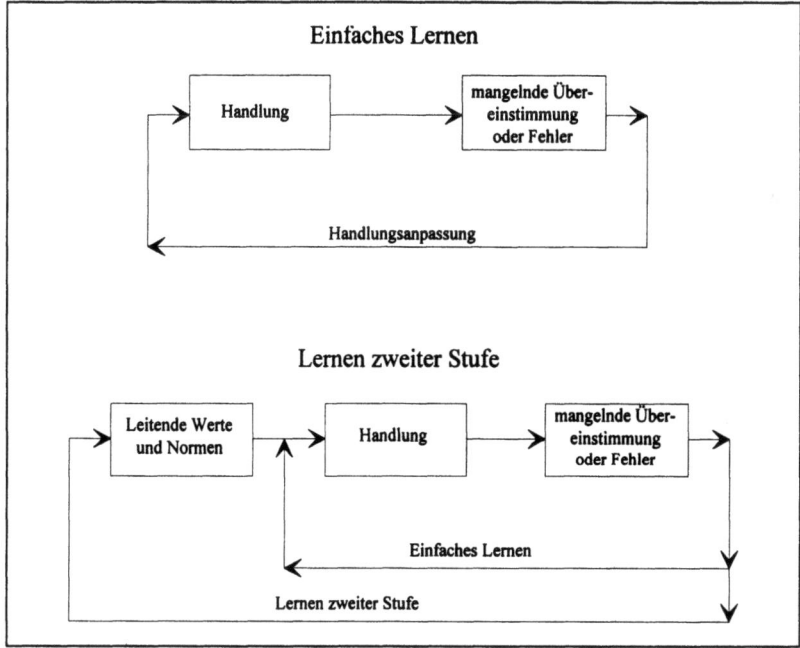

Abb. 14   Überblick über Lernformen

In der Literatur existieren verschiedene Bezeichnungen für die unterschiedlichen Lernebenen, wobei in der Regel nicht mehr als drei differenziert werden. Neben Begriffen des Lernens auf niedrigen und höheren Ebenen[110] werden adaptives und generie-

---

109)   Vgl. ebd.
110)   Vgl. Fiol, Lyles (1985), S. 807.

rendes Lernen,[111] single-loop und double-loop Lernen[112] sowie Proto- und Deutero-Lernprozesse unterschieden.[113] Hier soll lediglich zwischen einfachem Lernen und Lernen zweiter Stufe unterschieden werden.[114] Allerdings ist festzustellen, daß eine scharfe Trennung zwischen diesen beiden Lernformen in Einzelfällen nur analytisch durchführbar ist.

Einfache Lernprozesse sind marginale Veränderungen der Handlungsroutinen bei gleichzeitiger Stabilität der zugrundeliegenden Handlungstheorien. Lernen findet dabei in der Form statt, daß auf bestimmte, durch das kognitive System produzierte Reizmuster mit spezifischen Handlungsabfolgen reagiert wird. Die Konsequenzen, die dieses Handeln in der realen Welt verursacht, werden erneut zur Produktion von Reiz- und darauf folgend Reaktionsmustern verwendet, bis ein für das kognitive System befriedigender Zustand eintritt. Dabei wird der Kontext der spezifischen Lernsituation genauso wenig verändert wie die jeweiligen Handlungstheorien über die Situation. Im Ergebnis entstehen so kontextspezifische Reiz-Reaktionsmuster, die als Routinen in kognitiven Systemen gespeichert werden. Einfaches Lernen vollzieht sich demnach in Routinesituationen durch zirkuläre Iterationsprozesse, bei denen durch stetige Veränderung der Reiz-Reaktionsmuster Verbesserung erzielt und die neu entwickelten oder variierten Verhaltensformen sowie komplementären Reizmuster im kognitiven System auf Dauer abgespeichert werden.[115]

---

111) Vgl. Senge (1990), S. 8.

112) Vgl. Argyris (1977), S. 113, Argyris, Schön (1978), S. 3f. und S. 17ff.

113) Vgl. Bateson (1988), S. 229ff. Bateson hat allerdings die möglichen Formen des Lernens noch weiter ausdifferenziert. Mit der Lernstufe 0, welche die Erhaltung bestehenden Wissens durch seine permanente Reproduktion kennzeichnet, unterscheidet er insgesamt fünf Lernebenen. Weil es sich jedoch überwiegend um Lernen individueller kognitiver Systeme sowie 'genetisches Lernen' von Populationen durch Onto- und Phylogenese (Lernen IV) handelt, soll diese Klassifizierung hier nicht weiter verwendet werden. Vgl. im einzelnen Bateson (1988), S. 362-399 sowie insbes. S. 379.

114) Lernen zweiter Stufe deutet somit an, daß auch Lernen höherer Stufen möglich erscheint - so etwa das Lernen lernen im Rahmen des Deuterolernens -, welches hier aber aus Gründen der Komplexitätsreduktion und der späteren technologischen Anwendbarkeit nicht weiter verfolgt werden soll.

115) Vgl. Fiol, Lyles (1985), S. 810, Levitt, March (1988), S. 321, Kim (1993), S. 38f.

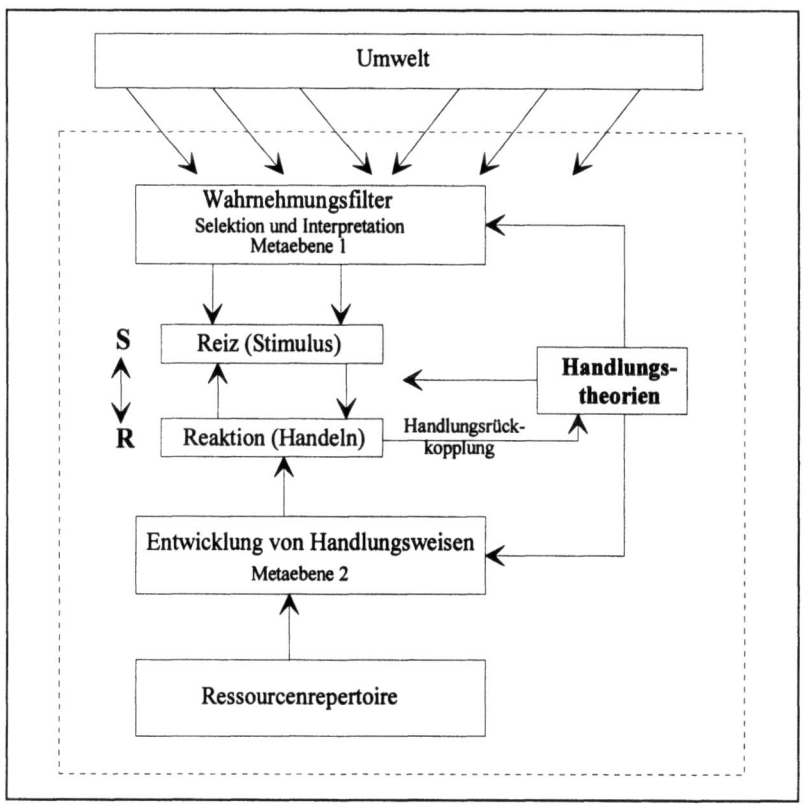

Abb. 15   *Gesamtmodell des organisatorischen Lernens*
           Quelle: in Anlehnung an Hedberg (1981), S. 10

Lernen auf der zweiten Ebene bezieht den Kontext der spezifischen Routinesituation, die für die Entstehung von Reiz-Reaktionsmustern verantwortlich ist, mit ein. Gegenstand von Lernprozessen sind hierbei nicht nur lediglich der Aufbau und die Verfestigung von spezifischen Reiz-Reaktionsmustern, sondern auch die Handlungstheorien, die diesen Prozessen zugrunde liegen. Eine solche Veränderung von Werten und Normen, die alltägliche Routinen der Reizbildung und des Handelns leiten, ist indes nicht möglich, ohne daß bestehendes Wissen verändert oder ausgelöscht wird.[116]

Die weitere Erörterung höherer Lernprozesse soll im folgenden im Rahmen der Konkretisierung spezifisch organisatorischen Lernens vorgenommen werden.

Die Problematik bei der Erforschung organisatorischen Lernens besteht darin, das spezifisch Organisatorische, also Sozialsystemische in Lernprozessen zu ermitteln. Im einzelnen beinhaltet dies eine doppelte Aufgabenstellung. Neben der Frage nach den Prozessen und Formen des Lernens in sozialen Systemen muß festgestellt werden, ob und in welcher Form Organisationen über eigene kognitive Systeme verfügen, die eine Repräsentation organisatorischen Wissens ermöglichen. Kenntnisse hierüber gestatten dann Aussagen über lernfördernde sozialsystemische Kontexte, z.B. in Form der hier im Vordergrund stehenden strukturelle Bedingungen.

Mit der Bezeichnung des kognitiven Systems wurde bereits verdeutlicht, daß Organisationen kein Gehirn im organischen Sinne besitzen, obwohl sie durchaus zur Wissensspeicherung in der Lage sind. Organisatorisches Wissen hängt zwar von individuellem Wissen ab, es ist jedoch nicht mit dem kumulierten Wissen der Organisationsteilnehmer gleichzusetzen.[117] Eine übliche Abgrenzung hinsichtlich des organisatorischen Wissens wird anhand der grundsätzlichen Verfügbarkeit des Wissens vorgenommen. Danach wird die organisatorische Wissensbasis durch das Wissen bestimmt, welches prinzipiell den Mitgliedern einer Organisation zur Verfügung steht.[118] Zur weiteren Präzisierung läßt sich dieses Wissen nach der Verfügbarkeit und Zugänglichkeit, mit der es zur Entscheidungsfindung sowie als Grundlage für das organisatorische Handeln herangezogen wird, stratifizieren. In einer engen Auslegungsform ist organisatorisches Wissen, soll es Entscheidungen oder Handlungen in Organisationen tatsächlich beeinflussen können, an bestimmte Bedingungen geknüpft.[119] Neben der grundsätzlichen

---

116) Dieser Vorgang wird in der Literatur als Entlernen bezeichnet. Die Wahl dieses Begriffes verdeutlicht bereits, daß Entlernen ein aktiver, teilweise sogar sehr mühsamer und langwieriger Prozeß ist, der nicht wie einfaches Vergessen automatisch einsetzt, sondern durch entsprechende Anstrengungen forciert werden muß. Vgl. Whipp, Clark (1986), S. 213, Hedberg (1981), S. 9, Nystrom, Starbuck (1984), S. 53.

117) Vgl. Argyris, Schön (1978), S. 9, Hedberg (1981), S. 6, Levitt, March (1988), S. 326.

118) Vgl. hierzu Pautzke (1989), S. 76, der diese Abgrenzung in Anlehnung an Kirsch vornimmt. Ähnlich auch Duncan, Weiss (1979), S. 85.

119) Vgl. Duncan, Weiss (1979), S.86.

Kommunizierbarkeit[120]) muß Konsens und allgemeine Akzeptanz hinsichtlich des Wissens bestehen. Diese Bedingungen ermöglichen, daß getroffene Entscheidungen oder durchgeführte Handlungen mit Hilfe des organisatorischen Wissens als rational legitimiert werden können. Schließlich wird das Ausmaß dieser Begründungsrationalität durch den Integrationsgrad des zur Entscheidungs- und Handlungslegitimation verwendeten Wissens mit weiteren, in der Organisation vorhandenen Wissensbeständen erhöht.

Über diese enge Abgrenzung hinaus wird die organisatorische Wissensbasis in entwicklungs- oder lernorientierter Hinsicht auch noch durch latentes Wissen ergänzt.[121]) Dieses latente Wissen beinhaltet die Wissensbestände, die in einer Organisation nicht aktiv genutzt werden, zu denen aber bei Vorliegen entsprechender Rahmenbedingungen Zugang geschaffen werden kann. Beispiele hierfür sind zum einen die Wissensformen, über die Organisationsteilnehmer verfügen, die sie aber aus verschiedenen Gründen nicht in die Organisation einbringen (dürfen). Desweiteren fällt hierunter auch jenes Wissen, welches dadurch entsteht, daß Organisationen über Metawissen verfügen, das ihnen die Bildung von Wissen durch den Zugang zu bestimmten Informationsquellen[122]) ermöglicht.

Daraus ergibt sich, daß organisatorisches Lernen nicht auf individuelles Lernen in einer sozialen Gemeinschaft reduziert werden kann, sondern auf die Veränderung des kognitiven Systems einer Organisation bezogen werden muß. Dieses kognitive System wird durch das interaktive Handeln von Organisationsteilnehmern und die handlungsbestimmenden Werte, Normen, Strukturen und Regeln repräsentiert. Danach manifestiert sich organisatorisches Wissen dadurch, daß es im Handeln der Akteure nachvollziehbar reproduziert wird.[123]) Aus dieser Erkenntnis ergeben sich zwei Phänomene. Einerseits ist es möglich, daß in Organisationen Individuen im Rahmen ihrer Aufgabenerfüllung lernen, ohne daß sich daraus zwangsweise ein organisatorisches Lernen ergibt. Dies kann einerseits durch die jeweilige Person begründet werden, etwa weil sie nicht willens oder in der Lage ist, das neue Wissen anzuwenden. Andererseits findet es seine Ursa-

---

120)   Diese muß nicht zwangsweise in verbaler oder sprachlicher Form vollzogen werden, vielmehr
       genügt auch Kommunikation, die z.B. auf der Basis von Handeln oder Symbolismen erfolgt und
       somit implizites Wissen mit einbezieht. Vgl. ebd. sowie zu den möglichen Kommunika-
       tionsformen Bunge (1983a), S. 113f.

121)   Vgl. Pautzke (1989), S. 80f.

122)   Etwa Bibliotheken, Datenbanken etc. Vgl. Pautzke (1989), S. 81.

123)   Dabei ist es unerheblich, ob die Akteure und Organisationsteilnehmer dieses Wissen selbst
       spezifizieren oder artikulieren können. Wichtig ist lediglich, daß die Organisation die
       Handlungen, die auf diesem Wissen begründet sind, implizit oder explizit als legitim erachtet.

chen auch im organisatorischen Kontext, der die Umsetzung des neuen Wissens nicht zuläßt.[124] Weiterhin kann organisatorisches Lernen ohne individuelles Lernen auftreten, nämlich dann, wenn sich das auf individueller Ebene bereits vorhandene Wissen in konkretem Handeln präsentiert und dieses im organisatorischen Kontext zugelassen, legitimiert oder sogar gefördert wird.

Die organisatorische Wissensbasis fundiert somit zwar auf dem Wissen der am organisatorischen Handeln partizipierenden Individuen, allerdings beschränkt sie dieses auf jene Bestandteile, die zur Legitimation organisatorischen Handelns verwendet werden können.

Die Mechanismen organisatorischen Lernens lassen sich beispielhaft anhand der Sozialisationsprozesse bei Eintritt einer neuen Person in eine Organisation verdeutlichen.[125] Neben dem konkreten aufgaben- und rollenbezogenen Wissen müssen dabei auch die gültigen Werte der jeweiligen Subsysteme und der Gesamtorganisation in Form der Handlungstheorien aufgenommen werden, damit konsistentes Handeln möglich wird. Für das stellenspezifische Wissen kann neben dem individuellen Wissen von Vorgesetzten, Kollegen und Mitarbeitern[126] auch auf organisatorische Artefakte als Bestandteile des organisatorischen kognitiven Systems zurückgegriffen werden. Diese Artefakte lassen sich in Karten (maps), Programme und Informationsreservoirs einteilen.[127] Beispiele für erstere sind dokumentierte Schaubilder, die Aufschluß über den Systemzustand und die eigene Rolle im System geben (Organigramme, Lagepläne von Gebäuden oder Produktionsstätten und in besonderem Maße auch Stellenbeschreibungen). Programme legen standardisierte organisatorische Handlungsroutinen fest. Neben detaillierten Flußdiagrammen von Arbeitsabläufen zählen hierzu beispielsweise auch Rahmenpläne für Handlungen, die weniger standardisierbar sind, jedoch zumindest terminlich fixiert werden können. Schließlich gehören zu den Informationsreservoirs sämtliche Datenbestände, die im Unternehmen verfügbar sind und die gegenwärtige und historische Zustandsbeschreibungen ermöglichen. Beispiele hierfür sind neben numerischen Größen, z.B. des Rechnungswesens, auch qualitative Informationen wie die Spezifikation der Produktpalette, dokumentierte Unternehmenspolitiken, schriftliche Beurteilungen von Mitarbeitern etc. Darüber hinaus erlernt das neue Organisationsmitglied

---

124)   Vgl. Schön (1983), S. 124.

125)   Vgl. zu diesem Beispiel Schön (1983), S. 117.

126)   Nach dem weiteren Organisationsbegriff des Stakeholder-Ansatzes gehören hierzu auch sämtliche externe Partner, die ihr Wissen der Organisation zur Verfügung stellen.

127)   Vgl. Schön (1983), S. 117.

die organisatorischen Handlungstheorien, und zwar sowohl die offiziellen als auch die tatsächlich verwendeten. Für erstere können ebenfalls dokumentierte oder öffentlich postulierte Informationsquellen wie etwa schriftlich dargelegte Unternehmensgrundsätze sowie Reden und Ansprachen von Führungskräften als Lernmaterial herangezogen werden. Diese stellen somit auch Artefakte im engeren Sinne dar, da sie bewußt und letztlich zu einem bestimmten Zweck von bestimmten Organisationsteilnehmern entwickelt worden sind. Letztere werden über nicht-öffentliche, informale Kommunikation und die tatsächlichen Handlungsmuster in der sozialsystemischen Praxis der Organisation internalisiert.

Je nach Ausmaß der Handlungsfreiräume genügt jedoch ein solchermaßen spezifiziertes organisatorisches Wissen nicht, um die konkreten Handlungslücken[128] auszufüllen, die sich aus den Anforderungen der täglichen Aufgabenwahrnehmung ergeben. Vielmehr muß in Abstimmung mit dem Handeln anderer und durch Interpretation und Rekonstruktion des organisatorischen Wissens und der internalisierten Handlungstheorien eine aktive Ausgestaltung von Handlungsspielräumen durchgeführt werden. Hierdurch tritt einerseits eine permanente Bestätigung und für neue Organisationsmitglieder eine Vertiefung des organisatorischen Wissens ein[129], gleichzeitig erfolgt aber, in Abhängigkeit von den Aufgaben- und Problemsituationen sowie den jeweiligen Handlungsfreiräumen, eine Überprüfung und gegebenenfalls Veränderung des organisatorischen Wissens im Rahmen der organisatorischen Interaktion.

c2. Konsequenzen aus den lerntheoretischen Ansätzen

Insbesondere hinsichtlich der strukturellen Rahmenbedingungen können nun bereits erste Konsequenzen aus den organisatorischen Lerntheorien gezogen werden. Allerdings soll hier lediglich eine verkürzte Darstellung erfolgen, weil diese Thematik noch ausführlicher in Abschnitt D. behandelt wird.

Die Unterschiede zwischen organisatorischem und individuellem Lernen ergeben sich also daraus, daß im ersten Fall die Struktur des sozialen Handelns das kognitive System repräsentiert, im zweiten Fall das Gehirn. Organisatorische Lerntheorien fokussieren auf die Prozesse der Produktion und Reproduktion dieser Strukturen, somit auf

---

128)   Vgl. Schön (1983), S. 117.

129)   Diese Bestätigung, die als Nicht-Verlernen bezeichnet werden kann, kommt dem bereits dargelegten Lernen 0 Batesons gleich. Vgl. Bateson (1988), S. 362f.

die Prozesse des Organisierens an sich.[130] Lernen, also die Veränderung bestehenden Wissens, wird primär durch Handeln hervorgerufen.[131] Organisatorisches Lernen basiert nach den Ausführungen des vorhergehenden Abschnitts auf Veränderungen des sozialen Handelns, die im Kollektiv legitimiert werden.

Die Entwicklung des Lernmodells, dessen Kern ein verhaltenswissenschaftlicher Reiz-Reaktions-Mechanismus bildet, beruht auf verschiedenen Annahmen.[132] So ist zunächst davon auszugehen, daß Verhalten auf bereits vorhandenen erlernten Routinen aufbaut. Organisatorisches Handeln basiert in diesem Sinne auf Angemessenheit und Legitimität. Daraus ergibt sich weiterhin, daß es nicht unabhängig von historischen Ereignissen und Prozessen ist, da Routinen auf den Erfahrungen vergangenen Handelns und dessen Ergebnissen basieren. Schließlich sind Handlungen auch zielorientiert, und ihre Folgen und Ergebnisse werden verglichen mit den Erwartungen und Prognosen, die vor der Handlung postuliert worden sind. Problem- und Zielformulierungen können somit jedoch nur in einer der jeweiligen organisatorischen Kapazität angemessenen Weise betrieben werden.[133] Diese Kapazität bestimmt sich letztlich aber durch die bisherigen Lernprozesse, sie kann nicht willkürlich erweitert werden.

Pascale nennt darüber hinaus acht spezifische Faktoren, die die Lernfähigkeit einer Organisation beeinflussen:[134]

(1) Das Ausmaß, mit dem eine einzelne elitäre Gruppe oder eine dominierende Sichtweise Entscheidungsprozesse bestimmt, engt die Erprobung neuer Handlungsroutinen ein und verhindert die Verifizierung bestehender Handlungstheorien.

---

130) Dieser Perspektivenwandel ist mit der Entwicklung postmoderner organisationswissenschaftlicher Paradigmenvielfalt in den 70er Jahren zu erklären. Danach sind die Ergebnisse interdisziplinärer Forschungsansätze, so etwa von Organisationspsychologen wie Weick, Handlungstheoretikern wie Silverman oder Vertretern des symbolischen Interaktionismus wie Goffman und Strauss, für die Ablehnung eines engen Strukturbegriffes verantwortlich. Danach werden Organisationsstrukturen nicht mehr - wie noch in den kontingenztheoretischen Modellen - als statische Systeme von Verhaltensbeziehungen verstanden. Vielmehr sind sie als interdependentes Verhalten oder Handlungsmuster zu verstehen, die kontinuierlich reproduziert oder neu ausgehandelt werden müssen, somit alles andere als stabile Formen darstellen. Vgl. Scott (1990), S. 127.

131) Vgl. Morgan, Ramirez (1983), S. 9.

132) Vgl. Levitt, March (1988), S. 320.

133) Vgl. Levinthal, March (1994), S. 102.

134) Vgl. Pascale (1990), S. 236f.

(2)   Der Aufforderungsgrad, mit dem die Beschäftigten ermutigt werden, die bestehenden Verhältnisse zu verändern, fördert die Initiierung neuer Handlungsroutinen.

(3)   Die Einführungs- und Sozialisationsprozesse, mit denen neue Mitglieder in die
Organisation aufgenommen werden, determinieren über die Selbstzensur das Ausmaß
an Handlungsfreiheit. Je enger der Sozialkodex, desto weniger Handlungsvariationen
treten auf.

(4)   Das Ausmaß, mit dem externe Informationen über Leistung, Qualität, Kundenzufriedenheit und Wettbewerbsfähigkeit angefordert oder unterdrückt werden, bestimmt
die Motivation, die eigenen Handlungsroutinen zu verändern.

(5)   Die Gerechtigkeit in den Belohnungssystemen sowie in den Verteilungen von
Rängen und Privilegien fördert ebenso wie Punkt (4) die extrinsische Motivation.

(6)   Der Grad an Macht und Mitbestimmung, der Beschäftigten auf allen Ebenen
zukommt, ermöglicht bei organisatorischen Veränderungsprozessen die Einbringung
von Wissen aus sämtlichen Handlungsroutinen.

(7)   Das historische Vermächtnis, Bräuche und Riten wirken ähnlich wie die Sozialisationsprozesse auf die Vielfalt emergenter Handlungsweisen und deren Reproduktion.
Sie sichern allerdings gleichzeitig Stabilität, die für die Systemintegration notwendig ist.

(8)   Die Integrität von konfliktären Managementprozessen, insbesondere hinsichtlich der Behandlung von unbequemen Wahrheiten und der Konfrontation mit der Realität, bildet gleichsam mit der Partizipation an Entscheidungsprozessen den Grundstein
für Vertrauen und Sicherheit. Ohne diese Komponenten werden Handlungsvariationen
unterdrückt, weil ihre Bewertung ex ante nicht durchführbar oder die Fehlertoleranz zu
gering ist.

Diese Fehlertoleranz weist grundsätzlich auf die Notwendigkeit von organisatorischen Überkapazitäten und Redundanz in der Aufgabenerfüllung hin.[135] Eine effiziente, fehlerfrei arbeitende Organisation wird somit keine - evtl. fehlerproduzierende -
Handlungsvariationen zulassen. Hierdurch wird aber der Aufbau von überschüssigem

---

135)   Vgl. Levitt, March (1988), S. 334, Morgan, Ramirez (1983), S. 3f.

Verhaltensrepertoire verhindert, der bei Umweltänderungen die Anpassungsfähigkeit ermöglicht.[136]

Lernen ist erst dann möglich, wenn eine Bewertung von Handlungsvariationen gelingt. Dies erfordert letztlich Feed-back-Informationen, die auf die jeweilige Handlung bezogen werden können. Somit darf einerseits der Zeitraum zwischen der Durchführung von Handlungen nicht unüberschaubar sein,[137] andererseits muß das Bewertungsinstrumentarium lernorientiert auf Selbst- und nicht auf Fremdkontrolle ausgerichtet sein.[138]

C. Der Prozeßansatz logistischer Technogenese und seine Implikationen für das strategische Logistikmanagement

Die hier vorgestellten organisationstheoretischen Ergänzungen können zusammen mit der Konzeption der Logistik als spezielle Technologie[139] zur Etablierung eines entwicklungsorientierten Verständnisses der Logistik beitragen. Diese entwicklungsorientierte Perspektive entspricht dem strategischen Anspruch der betriebswirtschaftlichen Logistik. Schwerpunkte bilden die sozialsystemischen Merkmale der Logistik in Unternehmen, wobei eine weitere Fundierung der strategischen Bedeutung sowie die Grundlagen für korrespondierende organisationsstrukturelle Gestaltungsempfehlungen geschaffen werden können. Konkrete Fragestellungen drehen sich zunächst um die Problematik, wo in Unternehmen logistisches Wissen vorhanden ist oder entsteht und wie die sozialen Interaktionsprozesse gestaltet sein könnten, in denen dieses Wissen eingesetzt wird. Dieser soziale Prozeß der logistischen Artefaktbildung soll hier als logistische Technogenese bezeichnet werden. Aus den Erkenntnissen der organisatorischen Lerntheorien können nun über den abstrakten materiellen Rahmen der Logistik-

---

136) Aus dem gleichen Grund fehlt in einer 'slack'freien Organisation die Kapazität, neue Verhaltensweisen einzuüben und zu perfektionieren. Dies verweist grundsätzlich auf die Problematik, daß Lernen nicht einfach nur die Inbetriebnahme neuer Handlungsroutinen darstellt.

137) Vgl. Hedberg (1981), S. 5.

138) Dies betrifft insgesamt die Controlling Problematik. Gerade hierzu liegen bereits zahlreiche Konzepte vor, die an einem lern- und entwicklungsorientierten Ausbau interessiert sind. Vgl. Hayes, Wheelwright, Clark (1988), S. 140, Chew, Bresnahan, Clark (1990), S. 129-162, Johnson (1992), S. 104-130.

139) Vgl. Kapitel II.D.

Technologie[140]) hinaus die spezifisch sozialsystemischen Fragen nach der Art, den Trägern und den Interaktionsformen logistischen Wissens beantwortet werden.

1. Konsequenzen der organisationstheoretischen Erweiterung für die Logistik-Technologie

Mit den Erkenntnissen der organisatorischen Lerntheorien kann nun die weitere Ausgestaltung der in Kapitel II.D entwickelten Konzeption der Logistik als spezielle Technologie vorgenommen werden. Neben der Präzisierung spezifisch logistischer Handlungstheorien sind hierzu mögliche Handlungs- oder Arbeitsformen in Unternehmen zu diagnostizieren, aus denen heraus neues Wissen über logistische Artefakte entstehen kann.

a. Ausprägungsformen logistischer Handlungstheorien

In der gegenwärtigen Logistik manifestieren sich in unterschiedlicher Form spezifisch logistische Handlungstheorien, die Einfluß auf die Handlungsroutinen und die Ausgestaltung von Transfereigenschaften von Wertschöpfungssystemen haben. Da Handlungstheorien für die Spezifizierung von Entwicklungsprozessen von herausragender Bedeutung sind, soll an dieser Stelle ausführlicher auf deren spezifisch logistische Ausprägungen eingegangen werden.[141]) Obwohl die vertretenen Ansätze zunächst scheinbar verschiedene Handlungstheorien repräsentieren, ergibt sich bei einer eingehenderen Untersuchung, daß nur unterschiedliche Perspektiven für dieselben Phänomene artikuliert werden. Neben einer Betonung der Fluß- oder Prozeßperspektive werden vor allem die stärkere Serviceorientierung und der größere Zeitwettbewerb thematisiert.

Sehr fundiert hat Klaus Strömungen moderner logistischer Handlungstheorien herausgearbeitet und mit verschiedenen, in der Managementliteratur existierenden konzep-

---

140)   Dieser entspricht der Konzeption der Logistik-Technologie aus Abschnitt II.D.

141)   Bereits an anderen Stellen wurden unter den Begriffen Logistikkonzept oder Logistik-Philosophie mögliche Ausprägungsformen logistischer Handlungstheorien behandelt. Vgl. Abschnitt II.D.1.b. Synonym wird auch der Begriff des 'logistischen Leitbildes' verwendet. Vgl. Pfohl (1994), S. 71.

tionellen Ansätzen in Verbindung gebracht.[142] Zunächst grenzt er die 'dritte Bedeutung der Logistik', welche er als Fließsystem-Perspektive und Flußoptimierung bezeichnet, gegenüber ihrem engeren Gegenstandsbereich[143] und dem breiten Koordinationsanspruch der Logistik[144] ab. Für die dritte Bedeutung der Logistik zeigt er anhand von vier Ansätzen auf, nach welchen Leitbildern Transferprobleme gelöst und Transfersysteme entwickelt werden sollten. Schwerpunkt bilden dabei jene Konzepte, die die Prozessualität der Leistungserstellung im Vordergrund sehen. Neben der Wertkettenkonzeption Porters, deren analytischer Schwerpunkt bereits eine flußorientierte, nicht auf einzelne Aktivitäten oder Unternehmen beschränkte Perspektive ist,[145] verwendet Klaus die Grundideen ablauforganisatorischer Ansätze[146] sowie Allisons 'Organizational Process Paradigm'[147]. Darüber hinaus zeigt Klaus, daß die aktuelle pragmatische Prozeßmanagement-Diskussion bereits etabliert ist und auf verschiedenen Anwendungsebenen[148] praktiziert wird.

Neben der sehr fundierten Darstellung der verschiedenen Ursprünge und Ausprägungsformen[149] der Prozeßperspektive ist der Beitrag von Klaus speziell unter entwicklungsorientierten Kriterien geeignet, die handlungstheoretischen Implikationen der Prozeßperspektive zu verdeutlichen. Danach beinhaltet das Fließprinzip der Logistik einerseits die Forderung, jegliche Aktivität in der Leistungserstellung im Kontext übergeordneter Prozesse zu interpretieren, von denen sie einen integralen Bestandteil darstellen. Andererseits ist mit dem Fließprinzip gleichzeitig die Forderung verbunden,

---

142) Vgl. Klaus (1994), S. 336-341 sowie Klaus (1993), S. 24ff.

143) Diese Vorgehensweise korrespondierte mit der Konzeption der Logistik als spezielle Technologie. Der materielle Rahmen der Logistik-Technologie beinhaltet neben dem Gegenstandsbereich noch weitere Komponenten, wobei die hier zu charakterisierende spezielle Handlungstheorie auch einen wesentlichen Bestandteil darstellt.

144) Vgl. Abschnitt II.A.1.

145) Vgl. auch Delfmann (1989b), S. 94.

146) Hier vor allem auf der Basis von Nordsieck und zeitgemäßen Vertretern wie Gaitanides oder Küpper. Vgl. Klaus (1993), S. 16.

147) Letzteres ist hier insbesondere aufgrund seiner Analogie zur Konzeption des organisatorischen Lernens von hoher Relevanz. Im Grunde geht es dabei um die Erkenntnis, daß Organisationen Handlungsroutinen in Form von Standardprozessen entwickeln, mit denen sie auf Reize reagieren. Die hieraus entstehende Problematik beschäftigt sich dann mit der aufgabengerechten Entwicklung des Prozeßrepertoires, der Adäquanz zwischen Reiz und Handlungsprozeß und der Verbesserung der Prozesse z.B. anhand von Feedbackinformationen. Vgl. Klaus (1993), S. 17.

148) Neben der industriellen Produktion und administrativen Prozessen nennt er hier Bausteine der manageriellen Infrastruktur. So etwa die Prozeßkostenrechnung und das Process-Reengineering. Vgl. Klaus (1993), S. 19-21.

149) Der Integrationsanspruch der Logistik wurde bereits in Abschnitt III.A.2 ausführlicher dargelegt.

durch technologische Entwicklungsarbeit stetig zur Verbesserung der Prozesse beizutragen.[150] Dieser Entwicklungs- und Innovationsanspruch begründet sich dadurch, daß das Fließprinzip nie auf isolierte Prozeßsegmente angewendet werden darf, sondern schnittstellenübergreifend auf vor- und nachgelagerte Stufen einwirkt. Hierdurch wird permanent an der Entwicklung von Lösungen gearbeitet, die eine Bestandsreduzierung ermöglichen.

Das Fließprinzip ist für sich genommen noch zu unspezifisch, da es primär Tendenzaussagen über die Höhe von Beständen oder die Relation von Bearbeitungs- und Zugangsgeschwindigkeit zuläßt.[151] In den Handlungstheorien aktueller Logistik-Konzeptionen tritt daher neben die Prozeßorientierung auch noch der Serviceaspekt, der sich grundsätzlich mit der Frage nach Kundenbedürfnissen auseinandersetzt.[152] Der Serviceaspekt in zeitgemäßen logistischen Handlungstheorien impliziert ein ganz spezifisches Kundenverständnis. Danach werden alle im logistischen Netzwerk nachfolgenden Produktions- oder Konsumptionseinheiten als Kunden verstanden. Kunden sind also nicht nur Endkonsumenten oder unternehmensexterne Nachfolger in der Wertkette[153], sondern auch unternehmensinterne Einheiten, die dem Materialfluß nachgelagert sind. Auch hierbei wird eine spezifisch interaktionsorientierte Entwicklungsperspektive etabliert. Danach sind sowohl durch gezielte Untersuchungen[154] als auch im Rahmen der Routineprozesse[155] die Kundenanforderungen systematisch zu erforschen, zu präzisieren und intern so zu kommunizieren, daß die eigene Leistungserstellung diesen besser

---

150) In dieser Richtung wurde bereits in früheren Publikationen zum Fließprinzip argumentiert. Vgl. Knolmayer (1987), S. 62.

151) Vgl. Abschnitt II.C.3.c.

152) Vgl. zu diesem Aspekt logistischer Handlungstheorien Staude (1987), S. 35.

153) Vgl. Foggin (1989), S. 43.

154) Diese logistische Handlungstheorie wurde ursprünglich für vertriebs- und absatzorientierte Aufgaben im Rahmen der physischen Distribution für den Lieferservice etabliert und erforscht. Aus diesem Grund wurden zunächst auch traditionelle Marketingtechniken etabliert, wobei deren Einsatz bei immateriellen Produkten allerdings auf Anwendungsschwierigkeiten stößt. Vgl. Stern, Sturdivant (1987), S. 35. Für einen Überblick zu den Untersuchungen über den Lieferservice in der Distribution vgl. Foggin (1989), S. 45, Rinehart, Cooper, Wagenheim (1989), S. 63f.

155) Neben den Organisationsteilnehmern, die direkten Kundenkontakt haben, kann dies vor allem auch durch manageriale Koordinationsarbeit geschehen.

entspricht.[156) Neben der Konstruktion von servicespezifischen Qualitätsmerkmalen[157)] gehört hierzu auch die Forderung, durch ständige Verbesserung der Serviceleistung insgesamt die Wettbewerbsfähigkeit zu erhöhen.[158) Dies impliziert, daß Unternehmen und ihre Beschaffungs- und Distributionsnetzwerke über das Entwicklungs- und Flexibilisierungspotential zur Änderung der Serviceleistung verfügen.

Zur Konkretisierung dieser Serviceanforderungen kann hier schließlich eine dritte Ausprägungsform logistischer Handlungstheorien angeführt werden, die allgemein im Zeit- und Flexibilitätsaspekt Eingang in die Diskussion gefunden hat.[159) Für die Zeitdimension innerhalb logistischer Handlungstheorien hat Kortschak eine spezifische Logistik-Konzeption dargelegt, in der die Interdependenz von Zeit- und Flexibilitätsaspekten sehr deutlich wird und die auf Basis der Systemtheorie dem Integrationsgedanken der Logistik Rechnung trägt.[160) Schwerpunkt seiner Konzeption ist die 'Reaktionsschnelligkeit', die sich aus den Komponenten 'Schnelligkeit' und 'Rechtzeitigkeit' zusammensetzt.[161) Wesentlich an dieser Unterscheidung ist, daß nun grundsätzlich die Arbeitsteilung und somit die aufbau- und ablauforganisatorischen Bedingungen als relevante Kriterien der Logistik einbezogen werden können. Die Schnelligkeit eines Systems ist zunächst ausschließlich auf das Leistungsvermögen der bestehenden Leistungserstellungsstruktur ausgerichtet.[162) Sie kann durch Erhöhung der Kapazität, sowohl in Form von Leistungserstellungskapazität als auch durch Puffer, z.B.

---

156) Sehr deutlich wird dies bei Zeithaml, Berry, Parasuraman (1985), S. 36ff., die ein Modell zur Verifizierung von Qualitätsmerkmalen bei der Erstellung von Dienstleistungen entwickeln. Dabei arbeiten die Autoren verschiedene (Kommunikations-) Lücken heraus, die zwischen Kunde und Unternehmen sowie innerhalb des Unternehmens hinsichtlich der erstellten und wahrgenommenen Qualität der Leistung entstehen. Auf die unterschiedliche Wahrnehmung von Sevicequalität, auch durch die Mitglieder eines Unternehmens, weist auch Marr (1980), S. 433ff. hin. Pisharodi und Langley entwickeln ein kybernetisches Regelmodell der Servicewahrnehmung bei Lieferant und Kunde, wobei sie ebenfalls subjektiv wahrgenommene, externe Vergleichsgrößen mit einbeziehen. Vgl. Pisharodi, Langley (1990), S. 34-39.

157) Neben der unternehmensinternen Festlegung dieser Qualitätsstandards anhand von Kundenanforderungen werden hierzu auch Branchenstandards oder die Orientierung an Konkurrentenvorgaben vorgeschlagen. Vgl. Lancioni, Gattorna (1992), S. 27f.

158) Vgl. Foggin (1989), S. 45f.

159) Vgl. Stalk (1989), S. 37-46, Stalk, Hout (1990a), Stalk, Hout (1990b), Stalk, Hout (1990c), Wildemann (1990), S. 310.

160) Vgl. Kortschak (1992).

161) Vgl. Kortschak (1992), S. 66f.

162) Sie wird durch die Zeitspanne operationalisiert, mit der bestimmte Aktivitäten im Wertschöpfungsprozeß ausgeführt werden.

in Form von Lagerbeständen, erhöht werden. Diese Optimierung entspricht jedoch letztlich nicht unbedingt dem Fließprinzip,

> "... weil es im arbeitsteiligen Zusammenwirken nicht darauf ankommt, einzelne oder alle Arbeitsabläufe simultan zu beschleunigen, sondern darauf, ihr koordiniertes Zusammenwirken vor Ort sicherzustellen."163)

Der Begriff der Reaktionsschnelligkeit berücksichtigt diese Interdependenzen insofern, als er durch die Komponente der 'Rechtzeitigkeit' die Abstimmung der gesamten Wertschöpfungsaktivitäten untereinander fördert. Danach ist die Reaktionsfähigkeit - oder synonym die Flexibilität - von Unternehmen auf mögliche Veränderungen abhängig von der Koordination der einzelnen Wertschöpfungsaktivitäten untereinander.164)

Reaktionsschnelligkeit oder Flexibilität stellen die Fähigkeit von Unternehmen dar, auf Änderungen im Nachfrageverhalten der Kunden oder der (technischen) Rahmenbedingungen in angemessener Zeit reagieren zu können.165) Dabei läßt sich 'angemessen' lediglich in Abhängigkeit von den Kundenerwartungen oder vom Verhalten der Wettbewerber präzisieren. Dazu gehört neben der Koordination von Wertschöpfungsaktivitäten auch die Fähigkeit, diese Änderungen auf verschiedenen organisatorischen Ebenen wahrzunehmen.

Insgesamt spiegeln sich in den Handlungstheorien für die betriebswirtschaftliche Logistik in mehrfacher Hinsicht die Prinzipien postmoderner Gesellschaftsformen im allgemeinen und postfordistischer Organisationen im speziellen wider. So wurde eingangs bei der Charakterisierung moderner und postmoderner Gesellschaftsformen als ein wesentliches Unterscheidungsmerkmal die De-/Differenzierung hervorgehoben. Danach wird die Hyperdifferenzierung moderner Gesellschaftsformen durch einen Pro-

---

163) Kortschak (1992), S. 67.

164) Somit führt bei identischer Kapazität und Intensität der jeweiligen Wertschöpfungsstufen die Veränderung des 'arbeitsteiligen Wirkungsgefüges' bereits zu einer höheren Reaktionsschnelligkeit. Vgl. Kortschak (1992), S. 66. Ein eindrucksvolles Beispiel hierfür ist die ablauforganisatorische Veränderung in den Produkt- und Prozeßentwicklungsprozessen der Automobilindustrie, die durch überlappende Strukturen drastisch verkürzt werden konnten. Vgl. Clark, Fujimoto (1991), S. 205ff.

165) Bowersox et al. nennen acht Beispiele für logistische Reaktionsschnelligkeit, die speziell die Transfereigenschaften von Wertschöpfungssystemen betreffen. Dazu gehören (1) spezielle Kundenanfragen/Sonderwünsche; (2) Verkaufssonderaktionen; (3) Produkteinführung; (4) Produktabwicklung; (5) Lieferunterbrechung; (6) Produktrückruf; (7) Etablierung eines bestimmten Lieferservicestandards für bestimmte Kunden oder auf bestimmten Märkten; (8) Modifikation oder Anpassungen, wenn das Produkt bereits in der physischen Distribution ist (z.B. Preisauszeichnung, Umpacken, Umkommissionieren. Vgl. Bowersox et al. (1992), S. 198.

zeß der Dedifferenzierung in postmodernen Gesellschaftsformen abgelöst. Der zunehmenden Segmentierung und Spezialisierung von Macht oder Arbeitsprozessen stehen Integrationswirkungen der Dedifferenzierung gegenüber. Das Fließprinzip als ein Baustein logistischer Handlungstheorien ist Ausdruck und Symbol dieser Dedifferenzierung. Es läßt sich effizient nur dann realisieren, wenn die Arbeitsteiligkeit moderner Produktions- oder allgemein Leistungserstellungsprozesse durch integrierende Handlungstheorien überwunden wird. Unter diesem Blickwinkel sind auch die Maßnahmen zur hierarchischen Aufwertung der Logistik durch organisationsstrukturelle Maßnahmen neu zu interpretieren. Sie stellen letztlich einen Versuch dar, durch Aneignung formaler (hierarchischer) Macht logistische Handlungstheorien in Organisationen zu etablieren.166)

Bevor nun die Prozesse der Entwicklung und Verbreitung von logistischen Handlungstheorien näher untersucht werden können, bedarf es einer Systematik von Arbeitsformen, die Handlungsroutinen und somit Ausgangspunkte von Entwicklungsprozessen darstellen.

b. Arbeitsformen als Ausgangspunkt logistik-technologischen Gestaltungswissens

Eine wesentliche Erkenntnis organisatorischen Lernens ist die Feststellung, daß interaktive Handlungsroutinen organisatorisches Wissen repräsentieren und somit auch Ausgangs- und Endpunkt für organisatorisches Lernen darstellen. Es erscheint daher sinnvoll, eine Systematisierung dieser Handlungsroutinen nach Arbeitsschwerpunkten vorzunehmen. Diese Vorgehensweise ermöglicht es, zunächst auf allgemeiner Ebene Quellen unterschiedlicher Wissensformen zu akzentuieren und diese anschließend speziellen Handlungsträgern in Organisationen zuzuordnen.

Grundsätzlich kann zur Spezifizierung von Arbeitsformen auf allgemein bekannte und verwendete Systematisierungen zurückgegriffen werden. Die in der Betriebswirtschaftslehre gebräuchlichen Einteilungsformen der Arbeitsleistung gehen auf die Klassifizierung von Gutenberg zurück, der die in Unternehmen verrichtete Arbeitsleistung in objektbezogene unmittelbare Leistungserstellung und dispositive Leitung und Lenkung unterteilt.167) Unabhängig von der konkreten Realisierung dieser Einteilung in hierar-

---

166) Allerdings wird im folgenden kritisch zu prüfen sein, ob und unter welchen Bedingungen diese Maßnahme tatsächlich den gewünschten Erfolg zeigt.

167) Vgl. Gutenberg (1983), S. 3.

chisch-arbeitsteiligen Beziehungen unterscheidet Gutenberg nicht zwischen der Durchführung von Routinetätigkeiten und der Veränderung im Rahmen von Innovationsleistungen.[168] Hier steht jedoch der entwicklungsorientierte Aspekt im Vordergrund, so daß im folgenden eine erweiterte Systematik verwendet wird, die mit der Technologie-Konzeption kompatibel ist und explizit Innovationsleistungen als eigenständige Arbeitsform beinhaltet.[169] Danach können allgemein drei Formen menschlicher Arbeitsleistung unterschieden werden.[170]

Als Primärarbeit sind in einer breiten Definition jene Tätigkeitsformen zu bezeichnen, die die eigentliche Erstellung von Gütern und Dienstleistungen beinhalten.[171] Grundsätzlich umfaßt diese Definition eine Teilmenge der Gutenbergschen objektbezogenen Arbeit, nämlich die eigentliche Transformation von Objekten, wobei letztere - wie bei der Erstellung von Dienstleistungen - auch immaterieller Natur sein können. Sie kann zur Klassifizierung von operativen und administrativen Tätigkeiten verwendet werden. Primärarbeit beinhaltet gleichzeitig einen Bewertungsaspekt. Danach können Objekttransformationen erst als Primärarbeit bezeichnet werden, wenn sie eine Veränderung herbeiführen, die insgesamt als höherwertig gegenüber dem Anfangszustand bezeichnet werden kann.[172]

In einer traditionellen Perspektive beschäftigt sich die betriebswirtschaftliche Logistik vornehmlich mit jenen Formen von Primärarbeit, deren Nutzen sich überwiegend aus der raum-zeitlichen Transformation von Objekten sowie den dazu erforderlichen Vor- und Nacharbeiten ergibt. Diese spezielle Art von Transformationsprozessen wurde als Transfer bezeichnet und für die betriebswirtschaftliche Logistik auf den Materialtransfer und die hierzu notwendigen administrativen Prozesse beschränkt. In der erweiterten aktuellen Logistikperspektive ist zur Realisierung konkreter Ziele, die sich aus

---

168) Folglich gehören für Gutenberg sowohl die Durchführung von Tätigkeiten im Rahmen des Produktentwicklungs- und -konstruktionsprozesses oder die Aushandlung und Erstellung von Verträgen zur gleichen Arbeitsform wie extrem standardisierte und routinisierte Aktivitäten bei der Fließbandfertigung. Vgl. ebd.

169) Vgl. Schienstock (1993), S. 299, Bunge (1979), S. 198-203.

170) Anders als bei Gutenberg, dessen Systematik von einem abnehmenden Anteil dispositiver Arbeit auf niedriger Hierarchieebene ausgeht und somit schon konkrete Zuordnungen von Arbeitsformen zur sozialsystemischen Praxis vornimmt, sollen die hier vorgestellten Arbeitsformen zunächst losgelöst von der Zuordnung zu speziellen Personen oder Gruppen in Unternehmen betrachtet werden. Dieses wird Gegenstand des nächsten Abschnittes sein.

171) Vgl. Bunge (1979), S. 198.

172) Diese Bewertung kann letztlich nur von der Gesellschaft durchgeführt werden, deren Mitglieder die Arbeit verrichten. Vgl. Bunge (1979), S. 199.

den logistischen Handlungstheorien ergeben, eine Integration der allgemeinen Transformationsprozesse[173] in logistische Handlungstheorien und Bewertungssysteme notwendig. Dies ergibt sich aus der Tatsache, daß die Art der Ausführung der Transformationsprozesse die Leistungserstellung im Transfersystem maßgeblich beeinflussen kann.

Die zweite Arbeitsform - hier als Sekundärarbeit bezeichnet - wird allgemein durch die Tätigkeiten repräsentiert, die explizit auf die Veränderung von Wissens- und Wahrnehmungsformen oder auf die Bereitstellung von Ideen abzielen, die Veränderungen in der Primärarbeit bewirken können.[174] Nur diese Arbeitsform ist in der Lage, Innovationsleistung im eigentlichen Sinne hervorzubringen. Sekundärarbeit muß wenigstens sozialisierbar sein, d.h. ihre Ergebnisse müssen anderen Menschen zugänglich gemacht werden können.

Logistik-Technologie ist also zunächst - wie jede Technologie - Sekundärarbeit. Ihre Aufgabe besteht darin, Innovationen oder Artefakte zu entwickeln, die den Kontext oder die konkrete Ausführung von Primärarbeit so verändern, daß die transferspezifischen Ergebnisse von Prozessen der Primärarbeit verbessert werden. Der Gegenstandsbereich der betriebswirtschaftlichen Logistik ist somit nicht ausschließlich auf die Primärarbeit in Transfersystemen beschränkt, sondern er beinhaltet allgemein jegliche Transformations- und Wertschöpfungssysteme, indem er sich auf deren transferspezifische Eigenschaften konzentriert.

An dieser Stelle wird nun deutlich, daß der Versuch zur Abgrenzung logistischer Aktivitäten über die Spezifizierung von Primärarbeitsformen, nämlich der Durchführung von Transferarbeit, scheitern muß, weil sich dieses enge Begriffsverständnis nicht mehr im Einklang mit aktuellen Logistik-Konzeptionen und -handlungstheorien befindet. Dies wird am Beispiel der in Abschnitt II.C.3.c diskutierten Produktionsplanungs- und -steuerungssysteme deutlich. Über die Festlegung der Reihenfolge der Bearbeitungsschritte in der Produktion werden gleichzeitig die Primäraktivitäten in Transfer- und Transformationssystemen festgelegt. Die transferspezifischen Eigenschaften können dann z.B. anhand der Durchlaufzeit oder der Lagerhaltungskosten operationalisiert werden.

---

173) Also auch derjenigen Transformationsprozesse, die Nicht-Transferprozesse darstellen.

174) Gegenstand dieser Arbeitsform sind also ausschließlich Menschen bzw. deren Hirntätigkeit, weshalb sie auch als 'Kulturarbeit' bezeichnet wird. Vgl. Bunge (1979), S. 200.

Schließlich beinhaltet die Tertiärarbeit als dritte Arbeitsform jene Tätigkeiten, die mit der Steuerung und Kontrolle von Primär- und Sekundärarbeit verbunden sind. Im allgemeinen Sprachgebrauch stellt die Tertiärarbeit somit die Managementaktivitäten dar.

Logistik-technologische Tertiärarbeit umfaßt somit einerseits das Management logistischer Sekundärarbeitssysteme, andererseits aber auch die transferspezifische Steuerung und Koordination von Primärarbeitsformen. Letzteres bezieht sich also auf jene Managementaktivitäten, die explizit darauf ausgerichtet sind, die transferspezifischen Ergebnisse von Primärarbeitsformen zu verbessern. Dabei werden die jeweiligen transferspezifischen Eigenschaften mit Hilfe logistischer Handlungstheorien, die dann als kognitiv-normative Orientierungsgrundlagen dienen, konkretisiert.

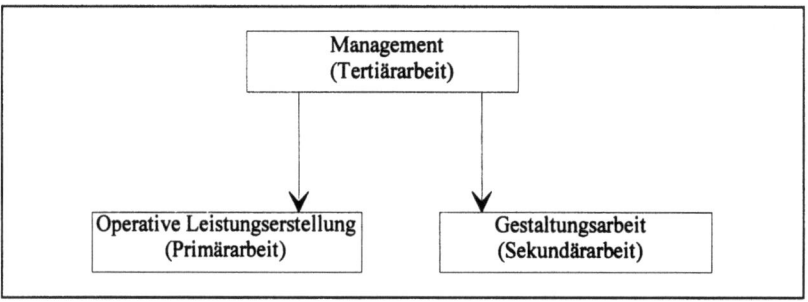

Abb. 16   Formen der Arbeit
Quelle: in Anlehnung an Bunge (1979), S. 198

Mit der hier vorgenommenen Differenzierung von Arbeitsformen wird der Unterschied zwischen traditionellem Logistikverständnis und der in dieser Arbeit vertretenen Konzeption der Logistik als spezielle Technologie deutlich. Gehen traditionelle Ansätze noch davon aus, daß sich spezifisch logistische Primärarbeitsformen diagnostizieren lassen,[175] wird im Rahmen der speziellen Logistik-Technologie auf diese Abgrenzung verzichtet. Logistik-Technologie wird lediglich durch Gestaltungs- und Entwicklungsarbeit sowie durch Managementarbeit repräsentiert.

---

175)   Vgl. etwa die Abgrenzung logistischer Basis- und Unterstützungsaktivitäten im Rahmen der kontingenztheoretischen Ansätze in Abschnitt III.C.2.a.

Die grundsätzliche strategische Aufgabe logistik-technologischer Prozesse besteht nach diesem Verständnis darin, allgemeine Leistungserstellungs- oder Wertschöpfungssysteme so zu verändern, daß deren transferspezifische Eigenschaften insgesamt zu Wettbewerbsvorteilen führen. In komplexen Wertschöpfungssystemen werden insbesondere die transferspezifischen Eigenschaften erst durch das koordinierte Zusammenwirken arbeitsteiliger Handlungsroutinen[176) manifest. Diese Handlungsroutinen stellen i.S. organisatorischer Lerntheorien organisatorisches Wissen dar. Logistik-Technologie und Logistik-Management obliegt es nun, die in dieser Hinsicht erfolgreichen Handlungsroutinen sowie die hierzu erforderlichen technischen Artefakte zu entwickeln, das Entlernen erfolgreicher Routinen zu verhindern und zur Verbesserung bestehender Routinen beizutragen.

Strategisches Logistik-Management hat darüber hinaus die Aufgabe, die Entwicklung des logistik-technologischen Systems durch die Etablierung günstiger Rahmenbedingungen zu fördern und zu unterstützen.

Bevor nun eingehender die strategische Perspektive der Logistik sowie die spezifischen Muster und Entstehungsweisen von Rahmenbedingungen - insbesondere organisationsstruktureller Natur - thematisiert werden können, sind das System der Logistik-Technologie und der Prozeß logistischer Technogenese darzulegen.

c. Das logistik-technologische System

Die Erkenntnisse aus den organisatorischen Lerntheorien ermöglichen nun ein spezifisches Verständnis technologischer Systeme, welches sich primär auf deren soziale Muster zur Repräsentation und Interaktion unterschiedlicher Wissensformen, Werte und Orientierungsgrundlagen konzentriert:

"What is needed is an understanding of technology from inside, both as a body of knowledge and as a social system. Instead, technology is often treated as a 'black box' whose contents and behaviour may be assumed to be common knowledge."[177)

Ein erster Schritt zu diesem Verständnis kann durch die Präzisierung des logistik-technologischen Systems selbst erfolgen. Dieses ist ein konkretes System, aus Men-

---

176) In diesem Zusammenhang handelt es sich bei den Handlungsroutinen um Primärarbeit in Form von Transformations- und Transfer- sowie administrativen Prozessen.

177) Layton (1977), S. 198.

schen zusammengesetzt, die über spezifische Wissensbestände, Fähigkeiten und Wert-
muster verfügen.[178] Somit stehen als Komponenten des logistik-technologischen
Systems jene Personen[179] im Vordergrund, die aufgrund ihrer Fähigkeiten sowie ihres
Wissens und Könnens[180] aktive Teilnehmer des technologischen Prozesses sind. Die
Systemteilnehmer lassen sich anhand der bereits dargelegten Klassifizierung von
Arbeitsformen unterteilen.

Der Zweck des logistik-technologischen Systems besteht nun präzise darin, daß es im
Rahmen von Sekundärarbeitsprozessen, im folgenden als Prozesse logistischer Technogenese bezeichnet, Artefakte zu entwickeln hat, die allgemein die transferspezifischen
Eigenschaften von Wertschöpfungssystemen[181] verändern. In erster Hinsicht sind
daher alle Sekundär- und Tertiärarbeiter, also jene Personen, deren originäre Aufgabenstellung die aktive Entwicklungsarbeit oder deren Koordination ist, Mitglieder des
technologischen Systems.

Sekundärarbeiter sind Technologen im engeren Sinne, da ihr primäres Tätigkeitsgebiet die Erbringung von Entwicklungsleistungen unter Verwendung wissenschaftlicher Erkenntnisse umfaßt. Weil eine eigenständige Logistik-Technologie bisher sowohl
in der wissenschaftlichen Ausbildung als auch im praktischen Kontext als erst in der

---

178) In dieser Abgrenzung besteht ein technologisches System nicht nur aus abstrakten oder
immateriellen Komponenten wie z.B. Interaktionen, Wissensbeständen, Werten etc. Da konkret
Individuen seine Elemente darstellen, sind die technologischen Prozesse zur Entwicklung von
Artefakten auch immer an die Traditionen, lebensweltlichen Hintergründe und somit auch an die
Handlungstheorien der Systemmitglieder gebunden. Vgl. Bunge (1979), S. 212.

179) Weitere Komponenten des technologischen Systems sind natürlich technische Instrumente,
Apparate und Hilfsmittel, also die gesamte technische Ausrüstung, die im Rahmen des
technologischen Prozesses genutzt wird. Zwar sind diese Bestandteile unabdingbar, jedoch ist
ihr Charakter passiver Natur: Sie werden von den Technologen im Rahmen der
Aufgabenstellungen, des verfügbaren Wissensbestandes und der politischen Verhältnisse für
einen bestimmten Zweck konstruiert und verändert. Sie stellen selbst wieder Artefakte dar, die
in vorangegangenen technologischen Prozessen entstanden sind. Weil hier aber
sozialsystemische Fragestellungen des Logistikmanagements und der Logistikorganisation im
Vordergrund stehen, soll auf die weitere Behandlung der technischen Komponenten des logistik-
technologischen Systems verzichtet werden. Vgl. Scott (1990), S. 125.

180) Die Mitgliedschaft am technologischen System wird darüber hinaus durch mikropolitische
Gründe, z.B. Zugang zu Ressourcen oder spezifischen Entscheidungsgremien, bestimmt.

181) In diesem Verständnis ist die Logistik - ganz im Sinne ihrer aktuellen Interpretation - nicht mehr
ausschließlich auf reine Transfersysteme beschränkt, sie kann somit gleichzeitig für
Wertschöpfungssysteme z.B. der Industrie, des Handels oder von Dienstleistern verwendet
werden.

Entwicklung begriffen bezeichnet werden muß,[182] läßt sich eine eindeutige Spezifizierung von Logistik-Technologen in diesem engen Verständnis nur sehr schwer vornehmen. Als Abgrenzungskriterien können dazu einerseits der jeweilige Aufgabenbereich sowie andererseits die Ausbildung spezifischer Kenntnisse und Fähigkeiten gelten.

Logistik-Technologen im engeren Sinne partizipieren danach regelmäßig[183] an der (Weiter-)Entwicklung von umfassenderen Materialtransfersystemen[184] oder von Steuerungs- und Informationssystemen des Materialtransfers. Wesentlich hierbei ist zum einen die wiederholte Teilnahme an solchen Aufgabenstellungen, wodurch sich erst - über das professionelle Wissen hinaus - Fähigkeiten und Kenntnisse herausbilden können, die logistischen Problemsituationen und somit auch logistischen Handlungstheorien gerecht werden. Desweiteren muß die Entwicklungsarbeit im Bewußtsein und unter Berücksichtigung der Interdependenz von Materialtransfersystemen vollzogen werden. So ist bspw. die Konstruktion einzelner Elemente eines Materialflußsystems nach definierten Vorgaben oder die Entwicklung von Komponenten, die auch außerhalb von Materialtransfersystemen verwendet werden können, nicht auf die Existenz von Fähigkeiten angewiesen, die eine Berücksichtigung von logistischen Handlungstheorien im Entwicklungsprozeß ermöglichen. Gerade diese Fähigkeiten führen aber dazu, daß etwa eine zunächst abstrakte Orientierungsgrundlage wie das Fließprinzip in konkrete Ziele und Anforderungen für die Konstruktion von Komponenten des Materialflußsystems umgesetzt werden kann.

Nach identischen Kriterien können weiterhin Logistik-Technologen spezifiziert werden, die nicht explizit mit der Entwicklung von Transfersystemen beschäftigt sind, sondern die eine Veränderung allgemeiner Wertschöpfungssysteme unter transferspezifischen Kriterien durchführen. Auch hier läßt sich die Bezeichnung Logistik-Technologe nur dann aufrecht erhalten, wenn durch entsprechende Anforderungen und Praxiserfah-

---

182) Zwar nimmt die Zahl an Veröffentlichungen über Personalaus- und -weiterbildung in der Logistik stetig zu, dabei wird Logistik jedoch zumeist sehr eng abgegrenzt und mit den Aufgabenbereichen gleichgesetzt, die primär im Zusammenhang mit Transferprozessen stehen. Explizit für die wissenschaftliche Ausbildung ermittelte Dubbert auf der Basis von Befragungen unter Logistikexperten einen Anforderungskatalog für die Lehrstoffbereiche, die er in Verkehr, Informatik, Technik, Wirtschaft, Recht und sonstige Bereiche einteilt. Vgl. Dubbert (1990), S. 216. Zu aktuellen Anforderungen an die logistische Ausbildung vgl. Whybark (1990), S. 265-267, Gordon (1990), S. 40, Murphy, Poist (1986), S. 12-16.

183) Regelmäßig ist so zu interpretieren, daß Logistiktechnologen den überwiegenden Anteil ihrer Arbeitsleistung in die Entwicklung umfangreicher Materialtransfersysteme investieren.

184) Die Einschränkung auf den Materialtransfer begründet sich aus der Interpretation zur historischen Begriffsentwicklung der Logistik. Vgl. hierzu Abschnitt II.

rung besondere Fähigkeiten oder Wissensformen herausgebildet wurden, die zur Berücksichtigung transferspezifischer Kriterien bei der Entwicklung von allgemeinen Wertschöpfungssystemen oder Produkten führen.[185]

Logistik-Technologen in engerem Sinne sind somit jene Personen, die über wissenschaftliches und technologisches Wissen verfügen, welches im Rahmen entsprechender Ausbildungsgänge[186] erworben wurde. Weiterhin besitzen sie Fähigkeiten und Kenntnisse, die die Konkretisierung von Zielen für die logistische Technogenese auf der Basis abstrakter logistischer Handlungstheorien und Orientierungsgrundlagen ermöglicht.[187]

Als ein Beispiel für Sekundärarbeit im Rahmen logistischer Technogenese kann der in Abschnitt II.C.1 ausführlich dargelegte Anwendungsbereich des Operations Research angegeben werden. Hiervon gingen wesentliche spezifisch technologische Impulse zu Verbesserung von Transfereigenschaften von Wertschöpfungssystemen aus. Der Reifegrad einer Technologie bestimmt sich nach den Wissensformen, welche zur Lösung von Problemen eingesetzt werden. Der Einsatz von Methoden des Operations Research stellte in der Nachkriegszeit somit für die Logistik einen beträchtlichen Entwicklungsschub, möglicherweise sogar den Sprung zur Technologie dar, weil hierbei erstmalig systematisch logistische Handlungstheorien mit Hilfe technologischen Instrumentariums realisiert wurden. Weiterhin kommen aktuelle Entwicklungskräfte natürlich aus dem Bereich der Datenverarbeitungs- und Informationstechnologie. Diese bewirken wesentliche Veränderungen im Ablauf von Transferprozessen, insbesondere Aspekten der Integration.

Weitere Teilnehmer des logistik-technologischen Systems sind die Mitglieder des Managements (Tertiärarbeiter). Deren Aufgabenbereich ist im Rahmen des technologischen Systems zweigeteilt.

---

185) Als Beispiele seien Konstruktionsingenieure genannt, die etwa im Rahmen der Produktentwicklung und -konstruktion mit der Aufgabe betraut sind, die Auswirkungen von Neuentwicklungen auf die Höhe des Materialbestandes oder die Transportkosten im Ersatzteilgeschäft anhand von Kriterien wie Stapelfähigkeit, Raum- oder Verpackungsbedarf zu ermitteln.

186) Hierbei kommen ingenieurwissenschaftliche Studiengänge genauso in Betracht wie sozialwissenschaftliche oder weniger technologie- als wissenschaftsorientierte wie Mathematik oder Physik.

187) Diese Fähigkeiten und Kenntnisse bestehen zu einem großen Anteil aus Hintergrundwissen, welches in vorangegangenen logistik-technologischen Prozessen erworben wurde. Aus diesem Grunde ist auch die Regelmäßigkeit, mit der an solchen Entwicklungsprozessen teilgenommen wird, ein Abgrenzungskriterium. Vgl. zur Bedeutung dieses Hintergrundwissens im Rahmen technologischer Prozesse auch Dosi (1988b), S. 1127.

Einerseits obliegt es dem Management, die Koordination der logistischen Entwicklungsarbeit vorzunehmen oder zumindest dazu beizutragen, daß Voraussetzungen und Rahmenbedingungen zur Koordination geschaffen werden.[188] Die grundsätzliche Aufgabe des Managements im Rahmen des Prozesses der Technogenese ist neben der Akquisition von Ressourcen die Initiierung sozialsystemischer Strukturen, die die Effizienz technologischer Prozesse verbessern.

Die mit der Managementaufgabe verbundene Verantwortung für die Ressourcenallokation führt dazu, daß Ziele und Bewertungsverfahren für technologische Prozesse und deren Ergebnisse angeregt bzw. durchgeführt werden. Insbesondere unter strategischen Kriterien bedeutet dies für das Management logistik-technologischer Prozesse, daß der Aufbau und die Durchführung von markt-, wettbewerbs- und kundenorientierten Bewertungsverfahren simultan in die jeweiligen Prozeßphasen integriert wird.

Bei einer streng analytischen Vorgehensweise kann Managementarbeit danach unterschieden werden, ob sie sich überwiegend oder ausschließlich mit der Koordination von technologischen Prozessen oder mit der Koordination von Routinehandlungen der Primärarbeit befaßt. Der letzte Fall läßt sich weiterhin danach differenzieren, ob Primärarbeit in reinen Transfersystemen - im traditionellen Verständnis wären dies die logistischen Basis- oder Unterstützungsaktivitäten - oder in allgemeinen Transformations- oder Wertschöpfungssystemen koordiniert wird.

Das technologische System selbst ist allerdings kein geschlossenes System, welches sich lediglich aus Sekundärarbeitern (Technologen i.e.S.) und der technologischen Managementebene konstituiert. Artefakte, die im Rahmen des logistik-technologischen Prozesses entwickelt werden, müssen sich immer in sozialen Systemen der Primärarbeit und dessen Management bewähren. Sie sind daher mit dem Wissen, den Fähigkeiten und den jeweiligen sozialen Interaktions- und Rahmenbedingungen abzustimmen, die in diesen Systemen existieren. Die Notwendigkeit der Einbeziehung von Mitgliedern des Primärarbeitssystems ergibt sich aus den grundlegenden Eigenschaften des Wissens. Diese wurden indirekt im Rahmen des organisatorischen Lernens entwickelt. Sie sollen an dieser Stelle nochmals pointiert formuliert werden:[189]

---

188) In Abschnitt III.B.3.a wurden bereits verschiedene Formen der Koordination vorgestellt, die nicht unmittelbar durch direktes Managementhandeln vollzogen werden.

189) Vgl. Skarpelis (1994), S. 38f.

- Wissen entsteht durch Handeln, d.h. durch Interaktion und tätige Auseinandersetzung von Individuen mit ihrer Umwelt;

- Interaktionsmuster sind subjektiv, d.h. jedes Individuum handelt verschieden, und daraus ergibt sich, daß Wissen nur subjektbezogen entstehen kann;

- Wissen entsteht weiterhin in einem spezifischen Kontext. Dieser determiniert Bedingungen des Wissenserwerbs und der Wissensaktivierung;

- Struktur und Bedeutung des Wissens sind abhängig von kulturspezifischen Handlungsweisen und Werten. Diese werden im Rahmen sozialer Beziehungen erworben und vertieft;

- letztlich ist nicht jegliches Wissen bewußtseinsfähig, also explizit. Vielmehr enthält das im Handeln angewendete Wissen implizite Komponenten, die nicht artikulierbar sind.

Aus dieser Darstellung ergibt sich, daß eine vollständige Exploration des Wissens nicht möglich ist. Sofern technologische Systeme die Veränderung von organisatorischen Handlungsroutinen bewirken wollen, müssen sie folglich Wissen und somit auch Träger dieser Handlungsroutinen beinhalten. Dies erfordert jedoch, daß sie neben den Qualifikationen, die im Rahmen der Routinearbeit benötigt werden, auch über solche Kenntnisse und Fähigkeiten verfügen, die eine aktive Teilnahme am technologischen Prozeß erleichtern.[190] Diese spezifische Art eines technologischen Systems stellt die Technodemokratie dar.[191] Technodemokratien zeichnen sich dadurch aus, daß direkte aktive Partizipation[192] im Rahmen technologischer Entwicklungsprozesse ausgeübt wird. Im Gegensatz zur Technokratie, bei der lediglich Technologen i.e.S. Entwicklungsarbeit verrichten, werden hierbei die Artefaktnutzer und -verwender aktive Mitglieder des technologischen Systems.

---

190)   Zu denken ist hier insbesondere an Kenntnisse über Konfliktlösungsmechanismen oder soziale Kompetenz. Weiterhin sind Kenntnisse über den Tätigkeitsbereich der Gruppenmitglieder erforderlich.

191)   Vgl. Bunge (1989), S. 340.

192)   Im Gegensatz zur repräsentativen Demokratie bedeutet dies letztlich, daß die Systemmitglieder Demokratie nicht lediglich durch Ausübung eines Wahlrechtes - z.B. durch die Wahl eines Betriebsrates oder auf unseren Fall bezogen eines logistischen Entwicklungsteams - wahrnehmen, sondern selbst aktiv in den Entscheidungs- und Gestaltungsprozeß intervenieren. Vgl. zur partizipativen Demokratie auch Schienstock (1993), S. 275, Röpke (1977), S. 226.

Speziell für diese Art der Logistikqualifizierung, die durch den Wandel zur partizipativen Demokratie notwendig wird, geben Murphy und Poist konkrete inhaltliche Prognosen, die an dieser Stelle nur in allgemeiner Form erwähnt werden sollen.[193] Dabei betonen sie insbesondere den Stellenwert der Kunden- und Serviceforschung, die Etablierung von Soziotechniken wie z.b. Qualitätszirkeln und die Erweiterung von ökologischen sowie Sicherheitskompetenzen.[194] Daneben sind jedoch insbesondere solche Kenntnisse bedeutsam, die eine Verifizierung transferspezifischer Konsequenzen des eigenen Handelns in anderen Wertschöpfungsstufen gestatten.

Die Offenheit des logistik-technologischen Systems manifestiert sich weiterhin dadurch, daß neben Primär-, Sekundär- und Tertiärarbeitern auch Teilnehmer partizipieren, die nicht Mitglieder der jeweiligen Organisation oder der unternehmensübergreifenden Wertkettensysteme sind, für die die logistischen Artefakte zu entwickeln sind. Logistik-technologische Systeme sind aufgrund der Komplexität der Problemstellungen auf solche Mitglieder angewiesen, die Wissen zur Verfügung stellen können, welches in anderen Organisationen generiert wurde.[195] Diese Anforderung wird unmittelbar aus den Erkenntnissen der organisatorischen Lerntheorien deutlich.

Zum einen ist das in Organisationen vorhandene Wissen immer begrenzt. Somit kann nicht für sämtliche Problemstellungen, die im Rahmen von Prozessen der Technogenese auftauchen, Wissen bevorratet oder durch eigene Anstrengungen akquiriert werden. Das logistik-technologische System ist daher auf die Nutzung externer Infrastrukturen[196] angewiesen, die durch die Einbeziehung von Mitgliedern dieser Einrichtungen in das technologische System gewährleistet werden.

Desweiteren müssen externe Teilnehmer in das technologische System integriert werden, die eine Verifizierung von Handlungstheorien und somit organisatorisches Lernen höherer Ordnung unterstützen. Dies ergibt sich aus dem bereits dargelegten Sachverhalt, daß artikulierte und verwendete Handlungstheorien voneinander abweichen

---

193)   Vgl. Murphy, Poist (1986), S. 14.

194)   Beispielhaft nennen sie hier den Gefahrgutbereich. Vgl. ebd.

195)   Grundsätzlich nutzen technologische Systeme auch das Wissen aus Nachbartechnologien und verschiedenen wissenschaftlichen Disziplinen. Von daher sind technologische Systeme in einem interaktiven Netzwerk verbunden. Vgl. Callon (1987), S. 84.

196)   Hierfür kommen Hochschulen, staatliche oder private Forschungseinrichtungen und Beratungsunternehmen in Frage, die über technische Einrichtungen, Bibliotheken, aber auch über spezifisches Fakten- und Methodenwissen verfügen, welches in der eigenen Organisation nicht vorhanden ist.

können, ohne daß sich die jeweiligen Handlungsträger dieser Tatsache bewußt sind. Die Einbeziehung von organisationsexternen Teilnehmern, die über Neutralität sowie Methodenwissen zur Aufdeckung von Handlungstheorien verfügen, ist daher sinnvoll und unerläßlich.

Nachdem nun ermittelt wurde, wer potentielles Mitglied des logistik-technologischen Systems sein kann, ist im folgenden die Struktur des Prozesses logistischer Technogenese zu erörtern.

2. Der technologische Prozeß der logistischen Artefaktbildung

Bevor im folgenden der Prozeß der logistischen Technogenese und die dabei stattfindenden sozialen Interaktionsmuster näher spezifiziert werden können, ist eine Präzisierung des Innovationsbegriffes notwendig. Dies ergibt sich aus der Tatsache, daß unterschiedliche Innovationsleistungen auch zu anderen Prozeßstrukturen mit verschiedenen Beteiligungsformen führen. Aufbauend auf der Systematisierung zur Innovationsleistung kann dann zunächst auf abstrakter Ebene, schließlich konkretisiert für die Logistik der soziale Prozeß der technologischen Artefaktbildung beschrieben werden.

a. Grundlagen zu Innovationen und Trajektorien im Rahmen logistischer Technogenese

Das Ergebnis von Prozessen der Technogenese sind Innovationen. Damit sind Erkenntnisse über Eigenschaften und Arten von Innovationen aufschlußreich für die technologischen Prozesse selbst.

In einer sehr breiten Abgrenzung können Innovationen als neuartige Veränderungen definiert werden, die durch die Umsetzung neuer Ideen entstehen.[197] Eine differenziertere Annäherung an Innovationsphänomene kann zunächst im Rahmen einer Typologisierung auf der Basis verschiedener Kriterien durchgeführt werden.

---

197)　Vgl. Aregger (1976), S. 115, Kamm (1987), S. 5.

Verbreitete Einteilungen[198] unterscheiden Innovationen hinsichtlich ihrer Art (technische Innovationen wie neue Produkte oder Verfahren und soziale Innovationen wie Organisationsstrukturen oder Abläufe)[199], ihrer Funktionen (z.B. Verbesserung der Produktqualität, Kostenreduktion, Veränderung in den relevanten Märkten), marktbezogenen Zeitkriterien (First-to-market, Quick second, Late follower) sowie dem Ausmaß der Neuheit.[200]

Insbesondere der letzte Punkt ist geeignet, grundlegende Überlegungen für den technologischen Prozeß zu liefern. In Anlehnung an die Einteilung der Science Policy Research Unit (SPRU) entwickelt Zahn für dieses Kriterium eine weitere Einteilung von Innovationsarten.[201] Danach lassen sich Innovationen hinsichtlich der Konsequenzen für die von ihnen betroffenen ökonomischen Systeme differenzieren. Im folgenden soll diese Klassifizierung vorgestellt und anhand von Beispielen verdeutlicht werden, welcher Art die jeweiligen Innovationen für gesamte Volkswirtschaften oder im Kontext der Logistik sein könnten.

Die wohl einschneidensten Auswirkungen entstehen bei Innovationen, die eine Änderung des technisch-wirtschaftlichen Paradigmas auslösen. Exemplarisch werden hierbei die Veränderungen angeführt, die durch verbreitete kommerzielle Anwendung von Innovationen, so etwa der Dampfkraft, der Elektrizität, des Verbrennungsmotors oder der Informations- und Kommunikationstechnik ausgelöst werden. Für die Logistik-Technologie kam die Herausbildung der bereits skizzierten logistischen Handlungstheorien einem solchen paradigmatischen Wandel gleich. Innovationen dieser Art führen also grundsätzlich dazu, daß spezifische Techniken, Verfahren oder Instrumente in einer grundlegend veränderten Richtung interpretiert oder genutzt werden. Sie determinieren grundsätzlich auch die Verläufe weiterer technologischer Entwicklungsprozesse.[202]

---

198) Vgl. Rosegger (1986), S. 187, Kamm (1987), S. 4-8.

199) Strenggenommen entstehen soziale und technische Innovationen nie unabhängig voneinander. So hat jede Entwicklung eines neuen Produktes auch Veränderungen in den Abläufen der Produktion und somit auf soziale Muster zur Konsequenz. Vgl. Kasper (1982), S. 56.

200) Die beiden letzten Kriterien bestimmen gleichzeitig die Diffusionsrate einer Innovation. Vgl. Gattiker (1990), S. 22.

201) Vgl. Zahn (1991), S. 120.

202) Dosi definiert technologische Paradigmen in Anlehnung an das Paradigmenverständnis Kuhns als "(...) "model" and a "pattern" of solution of *selected* technological problems, based on *selected* principles derived from natural sciences and on *selected* material technologies." Dosi (1982), S. 152.

Eingeschränktere Wirkung besitzen Innovationen in Form neuer technologischer Systeme. Volkswirtschaftlich ist ihre Wirkung auf bestimmte Branchen beschränkt, in denen sie aber weitreichende Veränderungen bewirken. Beispiele hierfür stellen die Kunststofftechnologie dar. In der Logistik wurden solche Innovationswirkungen bspw. durch die Verwendung von Verfahren des Operations Research zur Lösung von Transferproblemen ausgelöst. Weiterhin kann hier die Entwicklung von speziellen genormten Transportgefäßen (etwa den Seecontainer oder Wechselbehälter) und Ladehilfsmitteln (z.B. poolfähige Paletten) als Beispiel angeführt werden. Als sicherlich auch für die Logistik relevante Beispiele nennt Zahn explizit noch das KANBAN-System sowie die Just-in-time Philosophie, die ebenfalls transferspezifische Eigenschaften in komplexen Wertschöpfungssystemen umfassend veränderten.[203]

Die Klassifikation enthält weiterhin Innovationsarten, die in ihren Auswirkungen nur auf bestimmte, lokal begrenzte Systemkomponenten wirken, und solche, die das gesamte System oder zumindest den überwiegenden Teil involvieren. Zahn unterscheidet hier zwischen 'radikalen' Innovationen, die sich auf das gesamte System auswirken, und 'inkrementalen' Innovationen, die lediglich auf Systemkomponenten Auswirkungen haben. Die Verwendung der Bezeichnungen 'radikal' und 'inkremental' erscheint in diesem Kontext jedoch irreführend. In der Literatur werden diese Innovationsarten dann auch eher als autonome und systemische Innovationen bezeichnet.[204] Insbesondere die Entwicklung logistik-technologischer Artefakte ist - aufgrund der integrativen Handlungstheorie - als systemische Innovation einzustufen.

Unter inkrementalen Innovationen sollen hier solche Veränderungen verstanden werden, die für die jeweiligen Benutzer nur einen geringen Neuigkeitsgrad bedeuten und somit auch nur wenige Verhaltensänderungen erfordern. Radikale Innovationen bedeuten dann die Entwicklung und Einführung solcher Artefakte, die sich grundlegend von der bisherigen Praxis unterscheiden und somit der Änderung umfangreicher Verhaltensmuster bedürfen.[205] Offensichtlich sind radikale Innovationen für Technologen wie auch für die jeweiligen Anwender oder Nutzer ungleich aufwendiger, da sie den üblichen Ablauf von Verwendungs- oder Anwendungsprozessen umfangreich verändern oder sogar vollständig ablösen.

---

203)   Vgl. Zahn (1991), S. 123.
204)   Vgl. Teece (1988), S. 268.

Systemische radikale und inkrementale Innovationsformen stehen im Kontext der Logistik im Vordergrund der Untersuchung. Dies ist darin begründet, daß die Probleme einzelner Unternehmen[206] und nicht ganze Branchen oder Volkswirtschaften im Mittelpunkt der Analyse stehen. Weiterhin wurde aus der Kritik an den kontingenztheoretischen Ansätzen und den Ausführungen zu einem postmodernen Organisationsverständnis deutlich, daß nicht mehr die Effizienz von Unternehmen das alleinige Kriterium darstellt. Gesucht sind vielmehr jene Strukturen, die die organisatorische Anpassungsfähigkeit insgesamt erhöhen, die Fähigkeit zur Entwicklung und Umsetzung bei radikalen Innovationen verbessern und ein breites Fundament für 'inkrementale' Innovationen schaffen.

Ausgangspunkt für die weitere Analyse bildet der technologische Entwicklungsprozeß und die in ihm stattfindenden sozialen Interaktionen.

b. Der technologische Entwicklungsprozeß

Probleme, die Innovationssituationen zugrunde liegen, sind typischerweise schlechtstrukturiert.[207] Dies bedeutet letztlich, daß selbst bei Sicherheit über zukünftige Ereignisse keine effizienten Lösungsverfahren existieren oder Unsicherheit über Wirkungszusammenhänge herrscht.

"Yet all these origins except the change observation are sometimes ill-conceived or structured, less because of the lack of knowledge of the important issues or facts then because of bias and preconceived ideas."[208]

Der technologische Prozeß ist eine spezifische Form sozialer Interaktion, die als Ergebnis Innovationen in Form von Artefakten produziert, welche zur Lösung von

---

205) Vgl. Gattiker (1990), S. 24. Dosi trennt inkrementale und radikale Innovationen danach, daß letztere eine paradigmatische Veränderung im Entwicklungsstand und Anwendungskontext einer spezifischen Technologie bedeuten. Vgl. Dosi (1982), S. 158.

206) Allerdings dann im weiteren Sinne, da logistik-technologische Prozesse häufig nicht im Kontext eines einzelnen Unternehmens behandelt werden können, sondern mehr oder weniger umfangreiche Netzwerke von Wertschöpfungssystemen den Gegenstandsbereich bilden.

207) Vgl. Dosi (1988b), S. 1125f. Eine gängige Klassifizierung unterscheidet zwischen den Extrempositionen der wohl- und der schlechtstrukturierten Probleme. Bei schlechtstrukturierten Problemen liegen neben Lösungsdefekten auch noch Zielsetzungs-, Bewertungs- und Wirkungsdefekte vor. Vgl. Berens, Delfmann (1994), S. 19-23.

208) Frankel (1990), S. 84, ähnlich auch Dosi (1988a), S. 222.

praktischen Problemen eingesetzt werden. Das Fehlen von Lösungsalgorithmen in schlechtstrukturierten Innovationssituationen führt dazu, daß über den technologischen Prozeß nur Angaben sehr allgemeiner Art gemacht werden können.

Eine mögliche Form der Segmentierung unterteilt in die Phasen der Erfindung (Invention), der Interaktion (Exchange) und der Anwendung (Use).[209] Durch die Aktivitäten in den verschiedenen Prozeßphasen tritt ein Wissenszuwachs im gesamten technologischen System ein. Mithin ist also der technologische Prozeß der Artefaktkonstruktion gleichzeitig ein organisatorischer Lernprozeß,[210] der wie jedes organisatorische Lernen von bisherigen sozialen (Handlungs-)Strukturen, also bereits etabliertem explizitem Wissen und Hintergrundwissen, den Fähigkeiten der Organisationsteilnehmer und der technischen Ausrüstung abhängig ist.[211] Gleichsam werden diese Komponenten im Rahmen des Prozesses auch selbst wieder Gegenstand der Veränderung.

Die verschiedenen Phasen sind nicht sequentiell angeordnet, vielmehr bilden sie drei Teile eines Gesamtprozesses, der hier nur aus analytischen Gründen getrennt werden kann:

"Unfortunately, the conceptual assumptions of linearity and orderliness have begun to seem quite as rigid and inflexible of the theoretical plane as Fordism is on the shop-floor."[212]

Tatsächlich sind die jeweiligen Phasen sowohl zeitlich als auch personell miteinander verwoben und allenfalls nur noch nach der Art der Tätigkeiten und den jeweiligen Aufgaben- und Problemschwerpunkten zu trennen.[213]

---

209)   Vgl. Scarbrough, Corbett (1992), S. 6.

210)   Vgl. Clark, Staunton (1989), S. 215.

211)   Aus diesem Grund bezeichnet Dosi technologische Innovationsprozesse als kumulierende Handlungen, die auf der Basis erfolgter Entwicklungsleistungen entstehen. Vgl. Dosi (1988a), S. 223.

212)   Scarbrough, Corbett (1992), S. 126.

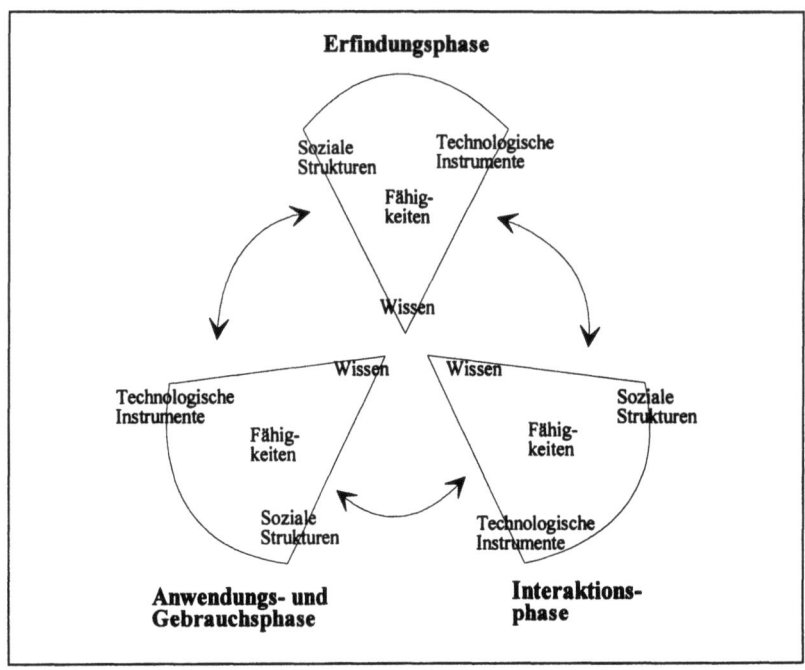

Abb. 17   *Phasen des technologischen Prozesses*
Quelle: in Anlehnung an Scarbrough, Corbett (1992), S. 9

Die Aufgabenschwerpunkte der ersten Phase bestehen darin, neue Ideen und Formen technologischen Wissens zu generieren.[214] Ausgangspunkt hierfür können sowohl

213)   Gleichwohl können bei spezifischen technologischen Prozessen auch Routinisierungs- und Standardisierungstendenzen eintreten, die eine vergleichsweise bessere Strukturierung und arbeitsteilige Institutionalisierung der Prozeßphasen zulassen. Nelson und Winter sprechen hierbei von 'innovative routines' und meinen damit bekannte und bewährte Subroutinen im gesamten Innovationsprozeß, die letztlich durch organisatorisches Lernen entstanden sind. Diese Lerneffekte treten dann ein, wenn technologische Prozesse für ähnliche Artefakte wiederholt vorgenommen werden. Als Beispiel mag die Automobilindustrie dienen, bei der die Phasen der Produktentwicklung in die Konzeptentwicklung, Produktplanung, Konstruktion und Entwicklung sowie Fertigungsvorbereitung unterteilt werden. Dabei wird allerdings auch betont, daß zwischen den Beteiligten des Entwicklungsprozesses Konsistenz durch effektive Informationserzeugung und -weitergabe erzielt werden muß. Vgl. Nelson, Winter (1982), S. 127-134, Clark, Fujimoto (1992), S. 36f.

214)   Vgl. Kamm (1987), S. 36.

marktliche Kriterien als auch spezifisch technologische Gründe - also bereits existierende Entwicklungspfade in einer bestimmten Technologie - sein.[215] Zwar werden für technologische Innovationen wissenschaftliche Erkenntnisse immer bedeutsamer, auch nimmt der Anteil technologischer Entwicklung, der in formalen Organisationen betrieben wird, stetig zu,[216] gleichzeitig erhöht sich bereits hier der Anteil an Wissen, welches von den potentiellen Nutzern und Anwendern der zu konstruierenden Artefakte bereitzustellen ist. Probleme, die Ausgangspunkt technologischer Innovationen bilden, treten auf der Ebene von Handlungsroutinen in den eigentlichen Wertschöpfungsprozessen auf. Bei entsprechenden Rahmenbedingungen und ausreichender Qualifizierung können somit Anregungen für Innovationen auf der Ebene der Primärarbeit zuerst abgegeben werden, wodurch insgesamt die Reaktionsschnelligkeit verbessert wird. Durch die Beteiligung von Mitgliedern sämtlicher Arbeitsformen am technologischen Prozeß soll verhindert werden, daß psychologische und organisatorische Aspekte bereits in der frühen Erfindungsphase hinter rein technischen Kriterien zurücktreten. Dadurch kann der Prozeß insgesamt verkürzt und in seiner Effizienz gesteigert werden.[217] Neben substantiellem (wissenschaftlichem und technologischem) Wissen, grundsätzlichen intellektuellen Prinzipien und bekannten Methoden ist hier der kreative Einsatz dieser Kenntnisse erforderlich.[218]

In der zweiten Phase werden durch den Austausch von Wissen z.B. über Marktbedingungen und -anforderungen oder den Anwendungs- und Verwendungskontext Konstruktions- und Gestaltungsaufgaben gelöst. Prototypen können erste Erfahrungen über das Verhalten neuer Artefakte im realen Anwendungskontext liefern.[219] Spätestens hier ist die Einbeziehung der potentiellen Artefaktnutzer für den Entwicklungserfolg unerläßlich. Neben der weiteren Konkretisierung des Artefakts werden hier zusätzlich die ökonomischen Bewertungsprozesse intensiviert. Der Konstruktionsaufwand in dieser Phase ist u.a. auch davon abhängig, ob eine 'reine' Innovationsleistung betrieben wird oder lediglich eine mehr oder weniger direkte Imitation und reaktive Anpassung an Neuentwicklungen, die bei Konkurrenten (z.B. Produkte) oder in anderen Branchen (z.B. Prozesse) bereits etabliert sind. Im letzteren Fall kann die eigentliche Konstruktionsleistung durch Zukauf von externem Wissen (z.B. personengebunden in Form von

---

215) Diese Kriterien werden als 'demand-pull' und 'technology-push' Theorien beschrieben. Vgl. Dosi (1982), S. 147, Scarbrough, Corbett (1992), S. 7.

216) Vgl. Dosi (1988b), S. 1136.

217) Vgl. Corbett, Rasmussen, Rauner (1991), S. 57, Zink, Ritter, Thul (1993), Vorwort.

218) Vgl. Bunge (1985), S. 228.

219) Vgl. Bunge (1985), S. 228.

Beratern und durch Personalakquisition) oder durch reverse-engineering[220] ersetzt werden. Der eigene Konstruktionsaufwand ist dann abhängig von dem Ausmaß, mit dem bereits etablierte Produkte oder Prozesse imitiert werden können und dürfen.

Die Anwendungs- oder Gebrauchsphase ist schließlich jener Abschnitt im gesamten Prozeß, in dem das neu entwickelte Produkt oder ein neuer Prozeßablauf in der realen Problemsituation eingesetzt wird. Insbesondere hier müssen die Informations- und Kommunikationsbeziehungen zwischen Anwendern und Technologen (i.e.S.) intensiviert und in ihrer Qualität verbessert werden. Dies fällt letztlich um so leichter, je besser die Interaktion in den beiden anderen Phasen vollzogen wird, je geringer die Kommunikationsbarrieren zwischen den Beteiligten und je ähnlicher deren Handlungstheorien sind. Insgesamt fällt es jedoch schwer, mit der Anwendungs- und Gebrauchsphase auch den Abschluß des technologischen Prozesses zu definieren: Häufig treten in dieser Phase erneut Probleme auf, die weiterer technologischer Leistungen der beiden anderen Phasen bedürfen.[221]

Grundsätzlich ist somit das traditionelle Verständnis von technologischen Prozessen bezüglich einiger Annahmen zu revidieren, die in der Übersicht in Abb. 18 dargestellt sind.

---

220) Hierbei wird Wissen dadurch generiert, daß z.B. Konkurrenzprodukte remontiert werden und dabei Erkenntnisse über Konstruktionsdetails gewonnen werden.

221) So ist in der Automobilindustrie die jeweilige 'Nullserie' bei weitem noch nicht das Ende der Entwicklungsprozesse des jeweiligen Modells. Häufig sind Rekonstruktionsmaßnahmen erforderlich, und die Abläufe der Arbeitsprozesse sind ebenfalls zu verändern.

	Implizite Annahmen	Tatsächliche Bedingungen
Idee	Einmalige Erfindung, die umgesetzt wird	Überarbeitung der Erfindung, ausufernde Prozesse, Wiedereingliederung, Aufgabe und Abbruch
Beteiligte	Ein Unternehmer/Promotor mit einer Anzahl von Vollzeitbeschäftigten, die am gesamten Prozeß partizipieren	Viele Unternehmer/Promotoren, die sich mit unterschiedlicher Intensität engagieren und eine Vielzahl organisatorischer Rollen einnehmen
Transaktionen	Festes Netzwerk von Teilnehmern/Unternehmen, die die Detailaspekte einer Erfindung ausarbeiten	Netzwerke mit fluktuierender Größe
Kontext	Die Umwelt schafft Gelegenheiten und Zwänge für den Innovationsprozeß	Der Innovationsprozeß wird durch multiple Umwelten geschaffen und beeinflußt
Ergebnisse	Orientierung am Endergebnis, es entsteht eine neue Stabilität	Das Endergebnis ist undeterminiert, durch Integration und Verzweigung vermischen sich Zustände alter und neuer Stabilität
Prozeß	Einfache, kumulierende Sequenz von Stufen und Phasen	Von einfacher zu kumulierender Progression divergenter, paralleler und konvergenter Entwicklungspfade, die teilweise kumulieren und in Beziehung zueinander stehen

Abb. 18   Annahmen und tatsächliche Bedingungen des technologischen Prozesses
Quelle: in Anlehnung an Van de Ven, Angle (1989), S. 11

Während des gesamten technologischen Prozesses finden weiterhin Bewertungsprozesse in einem breiten sozialsystemischen Kontext statt.[222] Insbesondere hinsichtlich dreier Kriterien sollten die Aktivitäten der jeweiligen Phasen einer eingehenderen Prüfung unterzogen werden.[223]

(1)   Relevanz

Dabei ist zu untersuchen, ob die jeweilige Innovation von ihrem technologischen Anspruch her, gemessen am Stand des aktuellen technologischen Fortschritts, den marktli-

---

222)   Bewertung ist allerdings nicht alleine auf rein ökonomische Kriterien zu beziehen. Vielmehr werden auch politische Ziele in die Beurteilung und somit in die Gestaltung technologischer Innovationen einfließen. Vgl. Clark et al. (1988), S. 29f.

223)   Vgl. Kay, Willman (1993), S. 23.

chen Anforderungen entspricht. Darin ist die Problematik enthalten, daß z.b. eine bestimmt Prozeßtechnik durchaus auf dem aktuellen Entwicklungsstand der jeweiligen Technologie sein kann, ihr Einsatz aber in den unternehmensspezifischen Bedingungen eine 'Übertechnisierung' bedeuten würde.

(2) Integration

Die technologische Entwicklungsfähigkeit darf letztlich nicht dazu führen, daß Benutzeranforderungen nicht erfüllt werden. Artefakte müssen sich in den Verwendungskontext integrieren, der letztlich nur vom Benutzer effizient bewertet werden kann.

(3) Angemessenheit

Jedes Unternehmen[224] muß technologische Entwicklungen für sich, d.h. entsprechend den eigenen Kapazitäten, nutzen können und diesen Nutzen auch vor Konkurrenten zu verteidigen wissen. Die Angemessenheit verweist also auf die Frage, ob genügend Kompetenz vorhanden ist, Neuentwicklungen angemessen einzusetzen und bei Bedarf auch weiterzuentwickeln, so daß erzielte Wettbewerbsvorteile auch bestehen bleiben.

Durch die verschiedenen Aufgabenschwerpunkte in den unterschiedlichen Prozeßphasen, die jeweils andere Fähigkeiten, Kenntnisse und Wissensformen verlangen, sowie durch den nicht-sequentiellen Ablauf verändern sich Strukturen[225] und personelle Zusammensetzungen im Zeitablauf.[226] Insgesamt entsteht ein Netzwerk an Prozeßbeteiligten, in dem sich - je nach Phase und Problemschwerpunkt - unterschiedlich 'Knoten' aktivieren und miteinander in Beziehung setzen.[227] Gerade hierin liegt der Schwerpunkt von organisatorischen und Managementaufgaben im Rahmen des techno-

224) In einem weiten Verständnis gilt dies natürlich auch für unternehmensübergreifende Wertkettensysteme, die gemeinsam strategische Konzepte entwickeln und realisieren, z.B. in Form strategischer Allianzen.

225) Ein wesentlicher Begriff ist in diesem Zusammenhang die Periodizität. Sie kennzeichnet die Anzahl und Arten strukturellen Alternierens, mithin die Fähigkeit, Prozeßstrukturen den Erfordernissen der Aufgabe in einer bestimmten Innovationsphase anzupassen. Vgl. Shephard (1975), S. 462.

226) Vgl. Dodgson (1992), S. 369.

227) Eine treffende Bezeichnung für den Zustand des technologischen Systems während des Prozesses lautet dann auch 'fuzzy set'. Vgl. Van de Ven, Angle (1989), S. 12.

logischen Prozesses. Danach muß ein Prozeßkontext hergestellt werden, der die Entstehung dieser 'fluktuierenden' Netzwerke ermöglicht. Dieser Kontext ist dem organisatorischen Lernkontext gleichzusetzen und wird von Van de Ven, Angle wie folgt charakterisiert:[228]

- Häufige Kommunikation zwischen Teilnehmern mit unterschiedlichen Standpunkten über Abteilungs- oder Unternehmensgrenzen hinweg;

- geringes Ausmaß an Unsicherheit in der Prozeßumwelt und Vorhandensein von Mechanismen, die eine Fokussierung auf die Veränderung von Rahmenbedingungen ermöglichen;

- Arbeitsgruppen mit starker Kohäsion, die Lösungsmechanismen für offene Konflikte beherrschen und kreative Persönlichkeiten integrieren können;

- Strukturen, die einen Zugriff auf innovative Rollenmodelle und Mentoren haben;

- angemessene Personalfluktuation;

- psychologische Verträge, die spontanes Innovationsverhalten fördern.

Über diese sozialsystemischen Kriterien hinaus wird der technologische Prozeß durch die Art und Güte der technischen Hilfsmittel sowie insbesondere durch die Qualifizierung der Prozeßbeteiligten[229] beeinflußt.

Insgesamt läßt sich also festhalten, daß der technologische Prozeß einen organisatorischen Lernprozeß darstellt, der zur Entwicklung neuer Produkte oder Prozesse oder zur Verbesserung bereits existierender Produkte oder Prozesse sowohl auf professionelles und wissenschaftliches Wissen als auch auf die Kenntnisse von Nutzern zurückgreift.

---

228)   Vgl. Van de Ven, Angle (1989), S. 16.

229)   Neben Technologen im engeren Sinne ist hier vor allem der Wissensstand von potentiellen Anwendern oder Nutzern relevant, der nur partiell durch Professionalisierung gesichert werden kann. Über das professionelle Wissen hinaus ist durch spezifische Weiterbildungsmaßnahmen sicherzustellen, daß Kenntnisse und Fähigkeiten verbessert werden. Dazu gehören neben den von Van de Ven, Angle geforderten sozialen Kompetenzen auch Maßnahmen, die Weiterentwicklungen des professionalisierbaren Wissens ermöglichen. Vgl. Foley, Watts, Wilson (1993), S. 145-148.

Auf der Basis der allgemeinen Aussagen zum technologischen Prozeß lassen sich nun spezifische Merkmale logistischer Technogenese bestimmen.

c. Spezifika des Prozesses logistischer Technogenese

Die spezifischen Merkmale logistik-technologischer Prozesse lassen sich insbesondere aus den logistischen Handlungstheorien sowie den Schwerpunkten und Quellen logistik-technologischen Wissens ableiten.

Logistische Handlungstheorien stellen Paradigmen für Innovationsprozesse dar und bestimmen letztlich deren Verlauf. Bereits an anderer Stelle wurde darauf hingewiesen, daß durch die spezifische Orientierung am Fließprinzip und der Prozeßperspektive logistische Innovationen immer systemischer Natur sind.[230] Dabei ist es unerheblich, ob es sich um radikale oder inkrementale Innovationen handelt: Die Bewertung und somit auch der technologische Prozeß selbst müssen sich auf einen holistischen Anwendungskontext beziehen.[231]

Hierin liegt nun die spezifische Problematik logistik-technologischer Prozesse, die anhand der Situation eines Industrieunternehmens mit vor- bzw. nachgelagerten Zuliefer- und Distributionsnetzwerken[232] plausibel dargestellt werden kann. Zunächst ist davon auszugehen, daß Veränderungen an einem bestimmten Wertschöpfungssegment[233] Auswirkungen auf transferspezifische Eigenschaften des gesamten Wertkettensystems hervorrufen können. Ein Lösungsansatz zur Realisierung der integrativen Perspektive bestünde darin, diese Auswirkungen vor der Durchführung von Veränderungen zu antizipieren und in den technologischen Prozeß mit einzubeziehen. Vollstän-

---

230) Vgl. Abschnitt IV.C.2.a.

231) Dies entspricht dem systemischen Anspruch, der in der Logistik allgemein vertreten wird. Vgl. hierzu den Überblick bei Kortschak (1992), S. 31-46.

232) Die Situation läßt sich natürlich beliebig erschweren, wenn man ein Multiprodukt-/Multimarktunternehmen unterstellt, welches in transnationale Beschaffungs-, Produktions- und Distributionsverflechtungen eingebunden ist. Daß diese Situation im Rahmen komplexer logistik-technologischer Prozesse durchaus gelöst wird, beweist das Beispiel des BVL-Logistikpreisträgers 1994, Boehringer Ingelheim. Vgl. o.V. (1994), S. 25.

233) Dabei ist es unerheblich, ob es sich um reine Transfer- oder Transformationsaktivitäten handelt. Bspw. kann die Verkürzung von Umrüstzeiten an einer bestimmten Stufe im Transformationsprozeß die transferspezifischen Eigenschaften des gesamten Wertschöpfungssystems verändern. Vgl. Hayes, Wheelwright, Clark (1988), S. 186, Wildemann (1990), S. 310.

dig kann dies jedoch nur in wohlstrukturierten Problemsituationen gelingen, eine Situation, die bei komplexen Wertkettensystemen nur im Rahmen von Simulationsverfahren unterstellt wird.[234] Grundsätzlich ist jedoch davon auszugehen, daß in o.g. Wertkettensystemen gleichzeitig an vielen Stellen Veränderungsprozesse auftreten, die dezentral durchgeführt werden und somit logistik-technologische Prozesse nur partiell durch exakte Lösungsverfahren unterstützt werden können.[235]

Von daher besteht ein weiterer Lösungsansatz darin, logistische Kompetenz auf einer breiten Basis unter den Mitgliedern[236] betroffener Wertkettensysteme zu generieren, um dadurch die Verbesserung transferspezifischer Eigenschaften des gesamten Wertschöpfungssystems zu erleichtern. Die Koordination dieser Entwicklungsaktivitäten erfolgt dann indirekt durch die Schaffung geeigneter Rahmenbedingungen, die logistik-technologische Prozesse und somit die Realisierung logistischer Orientierungsgrundlagen in konkreten materiellen und sozialen Artefakten begünstigen.

Im vorangegangenen Abschnitt wurde bereits darauf hingewiesen, daß die Fähigkeiten und das Wissen der Prozeßbeteiligten maßgeblich zur Güte der zu entwickelnden Artefakte beiträgt. Weiterhin wurde darauf verwiesen, daß diese Kompetenzen sowohl durch Professionalisierung als auch durch Erfahrung in den spezifischen Handlungsroutinen entstehen. Traditionelle Wissensquellen dieser Art bilden für die Logistik jene Berufe und Tätigkeiten, die sich primär mit der Erstellung von Transferleistungen beschäftigen. Dies ergibt sich dadurch, daß transferspezifische Eigenschaften von allgemeinen Wertschöpfungssystemen zunächst wesentlich durch die Leistungsfähigkeit ihrer Transfersysteme und deren Steuerungssysteme beeinflußt werden. Erst durch die Vorverlagerung der betrieblichen Hauptlagerstufe in die Produktion und durch die Entwicklungen im Bereich der Informations- und Kommunikationstechnologie, die eine Materialflußdisposition in komplexen Beschaffungs-, Produktions- und Distributionsnetzwerken ermöglicht, werden die transferspezifischen Eigenschaften sämtlicher Komponenten von Wertschöpfungssystemen relevant. Sofern auf das spezifische Hintergrundwissen, welches aus den verschiedenen Handlungsroutinen im Wertschöpfungssystem erwächst, nicht verzichtet werden soll, müssen im logistik-technologischen Pro-

---

234) Auf Bedeutung und Problembereiche des Operations Research im Rahmen der Logistik-Technologie wurde bereits ausführlich hingewiesen. Vgl. Abschnitt II.C.1.

235) Die Notwendigkeit zur dezentralen Handlungskompetenz ergibt sich aus der Forderung nach schneller Reaktionsfähigkeit.

236) Also nicht nur unter den Logistiktechnologen im engeren Sinne, sondern auch unter Primär- und Sekundärarbeitern.

zeß soziale Strukturen etabliert werden, die Träger dieses Wissens mit einbeziehen. Dabei geschieht dies nicht lediglich zur Generierung relevanter Informationen zur Entwicklung logistischer Artefakte. Das Verständnis des technologischen Prozesses als organisatorischem Lernprozeß impliziert, daß durch die Beteiligung das Wissen nicht nur zur Verfügung gestellt, sondern reflexiv wieder verändert werden kann. Dies entwickelt sich jedoch nur dann, wenn die Träger von Handlungsroutinen aktiv am Prozeß partizipieren[237] und so ihre spezifischen Handlungsroutinen hinterfragen und verändern können.[238] Die spezifische Problematik logistik-technologischer Prozesse besteht nun darin, daß potentielle Mitglieder aus den Primär- und Managementarbeitssystemen sowohl räumlich als auch aufbauorganisatorisch getrennt sind. Zur Überwindung dieser Trennung, die nicht nur räumliche und organisatorische Grenzen, sondern auch kulturelle Unterschiede beinhaltet, sind Rahmenbedingungen zu schaffen, die organisatorische Lösungen für den logistik-technologischen Prozeß ermöglichen.

Zusammenfassend kann nun ein Modell des logistik-technologischen Prozesses skizziert werden. In dessen Rahmen ist Logistik eine spezielle Technologie, deren Aufgabe allgemein darin besteht, Artefakte zu entwickeln, die Transfereigenschaften von allgemeinen Wertschöpfungssystemen verändern. Die Konkretisierung der Transfereigenschaften und die Entwicklung von operationalisierbaren Zielen wird im Rahmen des logistischen Prozesses von dessen Teilnehmern auf der Basis dominanter Handlungstheorien und Orientierungsgrundlagen vorgenommen. Zur Erhöhung des insgesamt verfügbaren Wissens sind gleichsam Mitglieder des Management- und Primärarbeitssystems wie auch Technologen im engeren Sinne Teilnehmer des technologischen Prozesses.

---

237) Aktiv bedeutet also, daß die Prozeßteilnehmer nicht nur als passive Informationsträger oder Datenlieferanten angesehen werden. Vielmehr erhalten sie durch die Reaktionen auf ihre Beiträge im technologischen Prozeß die Gelegenheit, einerseits ihr eigenes Wissen zu bewerten und zu verändern, andererseits aber auch das Wissen der anderen Prozeßbeteiligten zu beeinflussen.
"Im Mittelpunkt stehen daher nicht demokratisch-legitimierte mehrheitliche Entscheidungen (die bekanntlich durchaus in Entscheidungsdiktaturen ausarten können), sondern organisatorische Prinzipien und Vorschläge, die dem einzelnen Organisationsmitglied die größtmögliche Chance geben, seine Kenntnisse, Fähigkeiten und sein Motivationspotential kooperativ zu entfalten." Röpke (1977), S. 226.

238) An dieser Stelle sei daran erinnert, daß erst die Veränderung von Handlungsroutinen organisatorisches Lernen darstellt. Vgl. die Ausführungen in Abschnitt IV.B.2.c.c1.

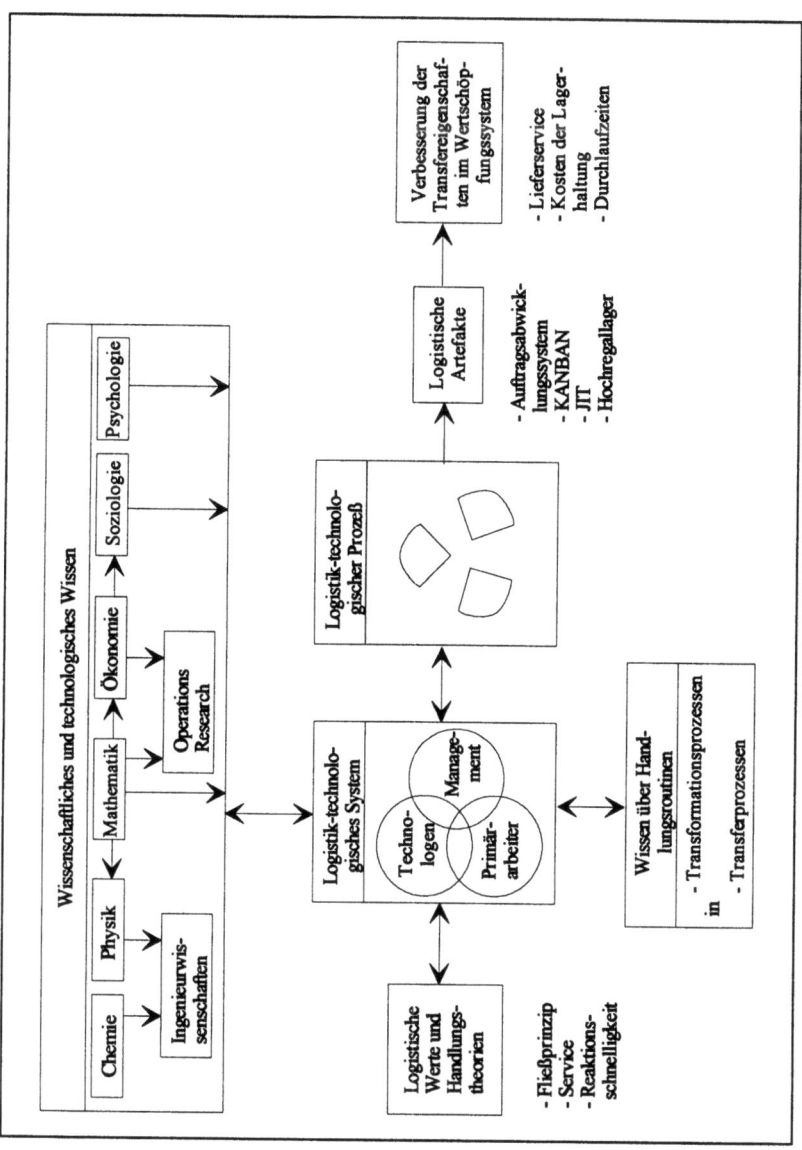

Abb. 19   Gesamtmodell des logistik-technologischen Prozesses

Die Erkenntnisse, die aus der Behandlung des technologischen Prozesses gewonnen wurden, liefern Hinweise für Rahmenbedingungen und Organisationsformen der Logistik, die sich mit einem postmodernen Organisationsverständnis in Übereinstimmung befinden.

Zunächst kann jedoch in einem Exkurs die strategische Bedeutung der Logistik präzisiert werden.

3. Exkurs: Die Rolle der Logistik-Technologie im Rahmen des strategischen Managements

Auf der Basis der bisherigen Ausführungen zur Logistik kann nun auch deren strategische Bedeutung präziser fundiert werden. Die Technologie-Konzeption ermöglicht hierbei, daß der Anschluß zu aktuellen Theorien des strategischen Managements wieder hergestellt werden kann. Im folgenden soll dies auf der Basis des 'Ressourcenorientierten Ansatzes'[239) geschehen.

Traditionelle Ansätze des strategischen Logistik-Managements fundieren bisher überwiegend auf der Porterschen Absatzmarktvorteilsheuristik.[240) Dabei werden in einer spezifischen Branchenstruktur[241) Wettbewerbsvorteile auf der Basis von zwei grundsätzlichen Strategietypen - Kostenführerschafts- und Differenzierungsstrategie - ermöglicht.[242)

---

239) Der Ressourcenorientierte Ansatz im strategischen Management geht auf die Arbeit von Penrose (1959), Rumelt (1984), Teece (1984) und Wernerfelt (1984) zurück. Vgl. Teece, Pisano, Shuen (1992), S. 2, Rumelt, Schendel, Teece (1991), S. 8.

240) Vgl. etwa Shapiro (1984), S. 119-126, Persson (1991), S. 3.

241) Porters Absatzmarktvorteilsheuristik hat ihre Wurzeln in der Industrial Organization Forschung. Ein Schwerpunkt stellt daher die Wettbewerbssituation in der jeweiligen Branche dar, die Porter anhand von fünf Wettbewerbskräften abgrenzt (Wettbewerb unter bestehenden Unternehmen einer Branche, Verhandlungsmacht von Abnehmern und Lieferanten, Bedrohung durch Ersatzprodukte und neue Konkurrenten). Vgl. Porter (1986), S. 26.

242) Auf eine ausführliche Darstellung der Komponenten von Porters Absatzmarktvorteilsheuristik - also der Branchenstruktur mit ihren fünf Wettbewerbskräften, den Strategietypen sowie der Wertkette - soll hier verzichtet werden. Vgl. dazu ausführlich Porter (1988), S. 63-66, Porter (1987), S. 63.

Strategisches Logistik-Management fokussiert im Rahmen dieser Konzeption üblicherweise auf den Aufbau von Wettbewerbsvorteilen in Analogie zum gewählten Stra-
tegietyp bei Vorliegen einer spezifischen Branchenstruktur.[243]

Somit wird eine Konzentration auf die Reduzierung der 'Logistikgesamtkosten'[244]
im Rahmen einer Kostenführerschaftsstrategie oder auf die Verbesserung des Lieferservice im Rahmen einer Differenzierungsstrategie vorgenommen,[245] wobei dann
Kosten- oder Differenzierungsvorteile im Rahmen von trade-off Analysen überwiegend
in den Transfersystemen der gesamten Wertkette (oder der Wertkettensysteme) gesucht
und durch strukturelle Anpassung und Entwicklung realisiert werden.[246]

Der ressourcenorientierte Ansatz im strategischen Management liefert nun ein Kom-
plement zur Porterschen Absatzmarktvorteilsheuristik.[247]

Zunächst geht der ressourcenorientierte Ansatz auch davon aus, daß Wettbewerbsvorteile durch grundsätzliche Unterschiede zwischen den Unternehmen hervorgerufen
werden. Im Gegensatz zur Industrial Organization Forschung werden diese Unterschiede jedoch in den produktiven Ressourcen des Unternehmens selbst und nicht in der
unternehmensspezifischen Positionierung innerhalb einer Branche gesucht.[248]

Dabei wird jedoch die zugrundeliegende Perspektive verändert: Der Industrial Organization Ansatz sucht nach Möglichkeiten der günstigen Positionierung in einer Branchenstruktur, die sich im Gleichgewicht befindet oder die durch die realisierte Wettbe-

---

243) Vgl. Wolff (1987), S. 59, Gattorna, Day (1986), S. 13 sowie Duerler (1990), S. 202f., der
      explizit von einer strategischen Erfolgsposition spricht, die die Logistik sichern soll und die
      Wettbewerbsvorteile gegenüber der Konkurrenz ermögliche.

244) Auf die Problematik der Abgrenzung von Logistikkosten wurde bereits in Abschnitt II
      hingewiesen. Im wesentlichen handelt es sich hierbei um Kosten ausgewählter
      Transferaktivitäten oder deren Dispositions- und Administrationssystemen.

245) Vgl. Copacino, Rosenfield (1987), S. 83, Heskett (1977), S. 86, Shapiro (1984), S. 122-126.

246) Stellvertretend für zahlreiche Vorschläge kann hier der Ansatz von Ballou vorgestellt werden. Er
      sieht die Aufgabe des strategischen Logistik-Managements darin, durch Logistik
      Differenzierungsvorteile zu erzielen. Konkrete Maßnahmen hierzu sind dann in der Wahl der
      Lagerhaltungs-, Belieferungs- und Transportpolitiken zu suchen. Vgl. Ballou (1981), S. 72-74.

247) Vgl. Mahoney, Pandian (1992), S. 363.

248) Dies sind beides letztlich zwei Seiten derselben Medaille. Vgl. Wernerfelt (1984), S. 171. Allein
      die Veränderung der Perspektive ermöglicht die Konzentration auf weitere
      Handlungsanforderungen im Rahmen des strategischen Managements.

werbsstrategie stabilisiert wird.[249] Im Gegensatz dazu wird im ressourcenorientierten Ansatz in Anlehnung an Schumpeter[250] eine dynamisch-evolutionäre Perspektive eingenommen, die grundsätzlich nicht mehr an der Suche nach (Wettbewerbs-)Gleichgewichtszuständen orientiert ist.

Im Brennpunkt des Interesses stehen daher spezifische Eigenschaften eines Unternehmens,[251] die von Wettbewerbern nicht einfach imitiert werden können und die gerade hierdurch die Fähigkeit sichern, Wettbewerbsvorteile auch in sich ändernden Umwelten herzustellen und zu halten. Diese spezifischen Eigenschaften sind also weniger in tangiblen Ressourcen eines Unternehmens enthalten.[252] Im ressourcenorientierten Ansatz richtet sich das Augenmerk vielmehr auf intangible Ressourcen, die unternehmensspezifische Kernkompetenzen zur Erbringung von Innovationsleistungen darstellen.[253]

Diese Kernkompetenzen stellen in längerfristiger Hinsicht unternehmensspezifische, schwer imitierbare Fähigkeiten dar, die die Handlungsfähigkeit bei sich verändernden Umwelten so gewährleisten, daß Wettbewerbsvorteile und daraus Erträge entstehen.[254]

---

249) Die Strategietypen Porters sind explizit darauf ausgerichtet, längerfristige Vorteile durch die Herstellung von Branchenstabilität oder Immunisierung gegen Branchenturbulenzen herzustellen. Vgl. Porter (1987), S. 43.

250) Diese Schumpeterianische Position wurde von Nelson und Winter durch Integration der evolutionären Ansätze von Penrose, Simon sowie Cyert und March weiterentwickelt. Vgl. hierzu den Überblick bei Nelson (1991), S. 67.

251) Zwar liefert Porter mit der Wertkette ebenfalls ein Analyseinstrumentarium für unternehmensinterne Stärken und Schwächen, allerdings wird dies auch lediglich zur Positionierung bei gegebenen Branchenstrukturen genutzt.

252) Tangible Ressourcen sind z.B. das eingesetzte Kapital, Maschinen oder Patente und im weiteren Sinne auch die einzelnen Mitarbeiter. Diese Aktiva können auf entsprechenden Märkten gehandelt und somit grundsätzlich auch von tatsächlichen oder potentiellen Wettbewerbern erworben werden. Sie stellen daher keine nicht-imitierbaren Vorteile dar. Die Imitierbarkeit von tangiblen Ressourcen kann über den Preis lediglich temporär erschwert werden. Vgl. Itami (1987), S. 12f.

253) Vgl. Prahalad, Hamel (1990), S. 82.

254) In einer etwas anderen Formulierung sichern Kernkompetenzen in dynamischer Hinsicht eine unternehmensbezogene Rente, die aus den spezifischen Fähigkeiten der Organisation resultiert. Diese Sichtweise liegt explizit dem 'Dynamic Capabilities Approach' zugrunde, der eine Weiterentwicklung des ressourcenorientierten Ansatzes darstellt. Vgl. Teece, Pisano, Shuen (1992), S. 15.

Die Präzisierung der Formen intangibler Ressourcen, wie sie im Rahmen des ressourcenorientierten Ansatzes des strategischen Managements vorgenommen wird,
knüpft unmittelbar an die Technologiekonzeption und das organisatorische Lernen an.

Danach sind intangible Ressourcen im organisatorischen Wissen, also in den Handlungsroutinen, enthalten, die von Technologen, Management und auf der eigentlichen
Leistungserstellungsebene reproduziert werden:

"Successful firms in most industries possess one or more types of intangible assets -
technological know-how, patented process or design, know-how shared among
employees, and marketing assets. (...) Even if the firm can market its intangible assets
effectively, it could not disentangle them from the skills and knowledge of the manage-
rial team."[255]

Somit können intangible Ressourcen auch nicht durch Abwerbung einzelner Mitglieder des Managementsystems an Wettbewerber verloren gehen. Erst die erfolgreiche
Imitation organisatorischer Handlungsroutinen wäre hier eine Gefahr. Allerdings bestehen durch Unterschiede hinsichtlich der Qualifikation oder allgemeiner Fähigkeiten,
Kultur oder Werte zunächst Grenzen hinsichtlich der Kopierbarkeit von organisatorischen Handlungsroutinen.[256]

In dieser Hinsicht kann nun auch die Rolle der Logistik-Technologie im Rahmen des
strategischen Managements neu interpretiert werden.

Logistik stellt danach eine Kernkompetenz[257] dar, die sicherstellt, daß die transferspezifischen Eigenschaften von Unternehmen mit der Umweltentwicklung korrespon-
dieren. Allgemein geschieht dies dadurch, daß im Rahmen radikaler und inkrementaler
logistik-technologischer Entwicklungsprozesse Innovationen - präziser: logistische
Artefakte - entstehen, die Wettbewerbsvorteile sichern. Die Realisierung der Wettbewerbsvorteile wird letztlich durch entsprechende Positionierung in einer Branchenstruktur, also dem Aufbau von Barrieren, die höhere Renten gegenüber Wettbewerbern

---

255)   Mahoney, Pandian (1992), S. 370.

256)   Beispiele für Kernkompetenzen im Sinne intangibler Ressourcen sind etwa spezielles
        Produktions-Know-how, Werkstoff- und Produkttechnologie oder Strukturen für Kundendienst
        und Service. Vgl. Fuchs (1994), S. 66.

257)   Vgl. hierzu auch Bowersox et al. (1988), S. 129.

sichern, vorgenommen.[258] Somit wird die Aufgabe der Perspektive einer statischen Differenzierung zugunsten einer aktiven Differenzierung notwendig.[259]

Speziell die Rahmenbedingungen und Formen organisatorischer Regeln, die die soziale Interaktion im Rahmen inkrementaler logistik-technologischer Entwicklungsprozesse bestimmen, stellen solche intangiblen Ressourcen dar. Im folgenden Abschnitt sollen daher - anhand von bereits realisierten Fällen - Ansätze dargestellt werden, die Aufschluß über in diesem Sinne erfolgreiche organisationsstrukturelle Ausgestaltungsformen bieten.

D. Rahmenbedingungen und strukturelle Ausgestaltungsmuster logistik-technologischer Prozesse

Das im vorangegangenen Abschnitt entwickelte Verständnis der Logistik als technologischem Prozeß ermöglicht nun eine Reformulierung organisationsstruktureller Problemstellungen und Ausgestaltungsformen. Dabei führt - in Analogie zur dargelegten Position des strategischen Logistik-Managements - die entwicklungsorientierte Perspektive zur Revision traditioneller aufbauorganisatorischer Gestaltungsvorschläge der Logistik. Im Ergebnis leitet dies über zu einem postmodern orientierten Organisationsverständnis. Ansatzpunkte hierfür können in zweierlei Hinsicht spezifiziert werden.

Einerseits bedarf es einer organisatorischen Grundstruktur, die als Basis für inkrementale und radikale logistische Lern- und Innovationsprozesse dient. In Anlehnung an die logistischen Segmentierungsansätze kann nun eine entwicklungsorientierte Struktur vorgeschlagen werden. Ausgangspunkt für eine solche segmentorientierte Grundstruktur bilden Auftragszyklen im Wertschöpfungsprozeß. Zur flexiblen Integration zwischen Auftragszyklus-Segmenten bedarf es innerhalb der Grundstruktur weiterer Einheiten, die auf Dauer Koordinationsleistungen erbringen.

Über diese Grundstrukturen hinaus sind jedoch insbesondere jene Organisationsformen bedeutsam, die zur Erhöhung der Flexibilität bei gleichzeitiger Integration der Wertschöpfungsaktivitäten beitragen. Für eine solche sozialsystemische Praxis finden sich mittlerweile auch im logistischen Kontext Beispiele. Diese Strukturen sind weniger

---

258) In dieser Hinsicht ist der ressourcenorientierte Ansatz kompatibel zum Industrial Organization Ansatz. Vgl. Mahoney, Pandian (1992), S. 373.

259) Vgl. Cooper, Burrell (1988), S. 103 und 106.

auf Dauer eingerichtet. Vielmehr stellen sie die grundsätzliche Fähigkeit einer Organisation dar, logistik-technologische Prozesse zu initiieren. Hierbei entstehen vernetzte Strukturen, deren Ausmaß an hierarchischer Koordination abnimmt.

Über strukturelle Lösungen hinaus sind allerdings zunächst die spezifischen Rahmenbedingungen solcher Organisationen zu erörtern. Diese ermöglichen letztlich die Entstehung und spezifische Funktionsweise von logistik-technologischen Lernprozessen und geben aufbauorganisatorischen Lösungen einen veränderten, nicht-hierarchischen Impetus.

1. Der Kontext innovationsfähiger Logistikstrukturen

Anforderungen an spezifische Rahmenbedingungen entwicklungsfördernder Logistikstrukturen lassen sich aus postmodernen Organisationstheorien und dem damit verbundenen Perspektivenwandel ableiten.

Im Rahmen des kontingenztheoretischen Ansatzes stand primär die Frage im Vordergrund, welche Organisationsstrukturen bei gegebenen Umweltkontexten effizient sind. Dabei wurde ein spezifischer Umwelt-Struktur Determinismus postuliert, der die Ableitung organisationsstruktureller Handlungsempfehlungen für die Logistik ermöglichen sollte. Klassische Lösungen sahen dazu überwiegend hierarchische Koordinationsstrukturen für Basis- und Unterstützungsaktivitäten von Materialtransferprozessen vor.[260]

Trotz des strategischen Anspruchs wurde in der kontingenztheoretisch geprägten Logistikliteratur die Frage nach entwicklungsfähigen Organisationsstrukturen zumeist vernachlässigt oder ein rigider fremdreferentieller[261] Entwicklungsmodus unterstellt.[262] Aufgrund des logistischen Integrationsanspruches scheitert diese Lösung jedoch an der Komplexität der jeweiligen Problemstellung. Die transferspezifische Integration von Wertkettensystemen oder komplizierten Wertschöpfungsprozessen läßt sich

---

260) Vgl. hierzu die Darstellung in den Abschnitten III.C. und III.D.

261) Angesichts der Komplexität logistischer Aufgabenstellungen erscheint eine völlige Fremdsteuerung unangebracht, da die hierzu erforderlichen Informationen nicht vollständig und zeitgerecht erworben und verarbeitet werden können.

262) Dies ist schon deshalb erstaunlich, weil bereits im Rahmen allgemeiner kontingenztheoretischer Forschung innovationsfähige Organisationen charakterisiert werden. Vgl. Burns, Stalker (1961), S. 96ff.

durch hierarchische Koordination nur dann durchführen, wenn keine hohe Systemflexibilität, mithin keine hohe Innovationsrate erforderlich ist.[263] Gerade in der Sicherung der transferspezifischen (Re-)Aktionsfähigkeit von Wertschöpfungssystemen -
mithin in der transferspezifischen Systemflexibilität - ist aber die strategische Kernkompetenz der Logistik zu suchen.[264]

In einem postmodernen Organisationsverständnis treten somit jene Rahmenbedingungen und Strukturen in den Vordergrund, die die Fähigkeit von Organisationen zur
Selbstentwicklung und Selbststeuerung fördern. Neben spezifischen Organisationsstrukturen wirken sich insbesondere kulturelle, personelle und technische Einflußgrößen auf
die Bildung dieser Fähigkeiten aus.

Ein sehr umfassendes Konzept von Rahmenbedingungen, die entwicklungsorientierte
Organisationen kennzeichnen, entwickelt Kilman.[265] Er nennt fünf interdependente
Stränge, die für langfristig erfolgreiche Unternehmen bedeutsam sind:

- eine Unternehmenskultur, die Vertrauen, Offenheit und Anpassungsfähigkeit unter
  den Organisationsmitgliedern zuläßt,

- die Fähigkeit des Managements, mit komplexen Problemen und der Existenz von
  Hintergrundannahmen umzugehen,

- Strukturen, die auf der Basis von Gruppenbildung Expertenwissen zur Lösung komplexer Probleme einsetzen,

- eine Übereinstimmung zwischen strategischen und strukturellen Anforderungen
  sowie schließlich

- Anreizsysteme, die entwicklungsorientierte Leistung belohnen.

---

263) Die Ineffizienz hierarchischer Strukturen ergibt sich primär aus deren engem Rollenverständnis.
   In vertikal stark ausdifferenzierten Organisationen führt das Auftreten von hoher
   Umweltkomplexität zur Überlastung des Führungssystems. Dies ergibt sich aus der Einengung
   und formalen Regelung von Handlungsspielräumen auf niedrigen Hierarchieebenen. Bei
   turbulenten Umwelten werden Entscheidungen in zunehmendem Maße nach oben delegiert oder
   es treten Abweichungen von den Handlungserwartungen auf, die zu Korrekturmaßnahmen
   führen. Vgl. ausführlich Röpke (1977), S. 186, Schreyögg, Noss (1994), S. 20. Allerdings wird
   bei dieser Kritik deutlich, daß Ineffizienz nicht grundsätzlich an Hierarchie, sondern vielmehr an
   den Differenzierungsgrad in einer Hierarchie gebunden ist, welcher letztlich von der Größe der
   Organisation abhängt. Vgl. Leibenstein (1987), S. 5.

264) Vgl. Bowersox et al. (1992), S. 170.

265) Vgl. Kilman (1984), S. 35, ähnlich auch Johnson (1992), S. 31.

Die Aufgabe des Managements bei der Etablierung einer lern- und entwicklungsorientierten Unternehmenskultur leitet sich aus der grundsätzlichen Kulturproblematik
ab. Weil Kulturen nicht einfach entwickelt und anschließend implementiert werden
können,[266] lassen sich bestenfalls Kontextbedingungen schaffen, die eine Entwicklung
von kulturellen Werten in die intendierte Richtung erlauben.[267]

In Verbindung mit weiteren Rahmenbedingungen sind in dieser Hinsicht insbesondere Ansätze des partizipativen Managements bedeutsam.[268] Hierdurch werden Kontextbedingungen geschaffen, in denen entwicklungs- und lernorientierte Unternehmenskulturen entstehen können. Wesentliche Kriterien für partizipative Managementkonzep-
tionen bestehen einerseits in einem größeren Ausmaß an Delegation von Entscheidungsbefugnissen auf die Ebene der Primärarbeit sowie andererseits in einer verbesserten Informations- und Kommunikationspolitik. Die Idealvorstellung eines partizipativen
Managements kann durch den Rückgriff auf die Konzeption der Technodemokratie artikuliert werden. Danach wird Entscheidungsbefugnis nicht durch hierarchische Stellung,
sondern durch Sachkompetenz legitimiert.

Die Erörterung technodemokratischer Prinzipien verdeutlichte jedoch auch, daß eine
partizipative Ausgestaltung von technologischen Prozessen der Qualifizierung von Prozeßbeteiligten bedarf.[269] Speziell hinsichtlich der logistischen Qualifizierung kann
dazu folgendes konstatiert werden.

Die Verbesserung transferspezifischer Eigenschaften von Wertschöpfungssystemen
setzt voraus, daß die Mitarbeiter der Primärarbeitssysteme ihre Handlungsroutinen im
übergeordneten Prozeßablauf bewerten können. Qualifizierung in diesem Sinne bedeu-

---

266) Kulturen stellen letztlich Handlungstheorien dar. Durch die geplante Entwicklung und
Implementierung von Kulturen lassen sich bestenfalls die 'espoused theories', nicht jedoch die
'theories in use' verändern, da es hierzu einer Veränderung oft unbewußter Werte bedarf. Dies
läßt sich aber nicht kontrolliert steuern.

267) In identischer Weise begründet Mintzberg den Handlungsspielraum im Rahmen des
strategischen Managements. Weil erfolgreiche Strategien zunächst auch als Visionen
charakterisiert werden können, die Realitätskonstruktion und somit Handlungsspielräume
determinieren, sind sie mit der Kulturthematik gleichzusetzen. Dabei führt er aus, daß Strategien
nicht auf der Basis formalisierter Pläne entwickelt und anschließend implementiert werden,
sondern daß sie vielmehr im Rahmen informeller Prozesse entstehen. Das Management kann
hierzu lediglich das Umfeld, also z.B. den strukturellen und personellen Kontext verändern,
somit nur indirekt und intentional handeln. Vgl. Mintzberg (1994), S. 9ff.

268) Vgl. Denton (1991), S. 32f.

269) Als Idealform für den technologischen Prozeß wurde bereits in Anlehnung an Bunge die
Technodemokratie skizziert. Vgl. Abschnitt IV.C.1.c.

tet, daß zumindest Kenntnisse über die Abläufe in größeren Prozeßsegmenten vorhanden sind.

Eine besondere Stellung nehmen in der Logistik nach wie vor jene Aufgabenbereiche ein, die sich überwiegend mit der Erstellung, Vorbereitung sowie administrativen und dispositiven Betreuung von Transferprozessen befassen.[270] Dafür sind zwei Gründe zu nennen. Zum einen werden Symptome inadäquater transferspezifischer Eigenschaften von Wertschöpfungssystemen häufig zuerst in diesen Bereichen wahrgenommen. Dies betrifft sowohl Servicekriterien als auch die Reduzierung von Kosten z.b. durch Verringerung der Lagerbestände. Zum anderen werden primär in diesen Bereichen Kenntnisse über Transfereigenschaften von Unternehmen erstmalig aufgebaut und konsequent zu deren Verbesserung eingesetzt.[271] Somit spielen also auch bei postmodernen Organisationsformen der Logistik die traditionellen Basis- und Unterstützungsaktivitäten eine besondere Rolle, jetzt allerdings als Ausgangspunkt für die Qualifizierung von Personal.

Für die Ausgestaltung logistischer Anreizsysteme müssen Meßgrößen etabliert werden, die eine Bewertung des eigenen Handelns nach transferspezifischen Kriterien ermöglicht. Der Zeitraum zwischen der Handlung und der Kontrollinformation sollte zur Verbesserung der Lernwirkung sehr kurz sein, deshalb sind monetarisierte Daten häufig ungeeignet.[272] Meßgrößen in dieser Hinsicht sind etwa die Gesamtdauer von Fertigungsprozessen sowie der Anteil und die Dauer der darin enthaltenen Transferaktivitäten oder logistische Leistungsmerkmale wie z.b. die Anzahl der pünktlich ausgeführten Aufträge, die Lieferzeit oder die Lieferflexibilität.[273]

Hinsichtlich des Technikeinsatzes sind solche Systeme hervorzuheben, die eine Flexibilisierung der Kommunikation und des Datenaustausches bewirken. Gleichzeitig sollten sie Informationen über die gesamte Wertschöpfungskette in einer Sprache bereitstellen, die von der jeweiligen Arbeitsebene verstanden werden kann.

---

270) Hierunter ist die 'klassische' Sichtweise der Logistik mit den entsprechenden Primär- und Sekundäraktivitäten zu verstehen. Also die Auftragsabwicklung, Lagerhaltung und das Betreiben von Lagerhäusern, Transport, Verpacken und Signieren sowie Umschlag und Kommissionieren. Vgl. Pfohl (1985), S. 14 sowie die Abgrenzung in Abschnitt III.C.2.a.

271) Diese Einschätzung wird in der Regel von der Praxisseite bestätigt. So konnte Dubbert in einer empirischen Untersuchung nachweisen, daß in transfernahen Aufgabenbereichen wie Lagerwesen, speditionelle Tätigkeiten, Versand und Transport am stärksten logistikorientierte Qualifikation erlangt wird. Vgl. Dubbert (1990), S. 178f.

272) Vgl. Hedberg (1981), S. 5.

273) Vgl. Nohria, Berkley (1994), S. 82.

Auf struktureller Ebene bedarf es Organisationsformen, die den Dialog und somit auch die Rückkopplung über die transferspezifische Wirkung des eigenen Handelns erleichtern. Grundsätzlich haben sich hierzu gruppenorientierte Strukturen bewährt, die allerdings hinsichtlich logistischer Handlungstheorien einer spezifischen Ausgestaltung bedürfen. Dabei erfordert das Fließprinzip, daß innerhalb von Gruppen integrierende Aspekte für umfangreichere Segmente der Wertschöpfungskette realisiert werden.

Im folgenden sollen Ansätze für solche, den logistik-technologischen Prozeß fördernde Strukturen skizziert werden.

2. Auftragszyklus-Segmente als Basisstruktur für logistik-technologische Prozesse

a. Grundlegende Struktur von Auftragszyklus-Segmenten

Ansätze zur Segmentbildung wurden bereits in Abschnitt II.D.3 vorgestellt. Dabei wurden logistische Segmente als Teile der Wertschöpfungskette charakterisiert, die hinsichtlich spezifischer Merkmale der logistischen Leistungserstellung identische Anforderungsprofile besitzen und deshalb als organisatorische Einheit koordiniert werden können.

Im Rahmen eines entwicklungsorientierten technologischen Verständnisses der Logistik kann dieser Segmentierungsansatz nun reformuliert werden. Die Etablierung logistischer Handlungstheorien gewährleistet in Verbindung mit einer prozeßorientierten Segmentstruktur, daß eine stärkere Integration bei gleichzeitiger Flexibilität erreicht werden kann.

Erste Ansätze zur Segmentierung von Wertschöpfungsketten im Sinne logistischer Handlungstheorien wurden auf der Basis von Servicekriterien oder nach der betrieblichen Hauptlagerstufe vorgenommen. Diese beiden Kriterien können durch eine an Auftragszyklen orientierte Segmentierung integriert werden.

Die betriebliche Hauptlagerstufe stellt in ihrer allgemeinen Form die Trennlinie zwischen prognose- und auftragsorientierter Fertigung dar.[274] In ihrer traditionellen

---

274)   Vgl. Wagner (1978), S. 191ff. sowie Abschnitt III.D.3.a.

Ausprägung werden vor der Hauptlagerstufe liegende Wertschöpfungsstufen hierarchisch auf der Basis von Prognosewerten koordiniert, wohingegen nachgelagerte Aktivitäten durch konkrete Kundenaufträge ausgelöst werden.

Die Weiterentwicklung dieses Ansatzes, der grundsätzlich die Wertkette einer Organisation nach logistischen Kriterien in nur zwei Stufen unterteilt, führt zur konsequenten Realisierung einer flußorientierten Grundstruktur bei gleichzeitiger Sicherung der Reaktionsschnelligkeit.

Dazu wird die gesamte Wertschöpfungskette in mehrere Auftragszyklen[275] gegliedert, die untereinander durch Puffer[276] getrennt werden. Aufträge in diesem Sinne sind dann nicht mehr alleine die Kundenaufträge, sondern grundsätzlich die Bedarfsmeldungen von nachgelagerten Stellen. Als Konsequenz ergibt sich, daß auch vor der betrieblichen Hauptlagerstufe liegende Einheiten bedarfsorientiert tätig[277] werden, allerdings dann nicht mehr auf der Basis von Kundenaufträgen, sondern vielmehr durch die Anforderungen nachgelagerter Segmente im Wertschöpfungsprozeß.

Grundsätzlich führt diese Art der Segmentierung zu einer service- und prozeßorientierten Perspektive.[278] Das Unternehmen wird als Abfolge von aufeinander bezogenen Leistungserstellungsprozessen oder Vorgangsketten interpretiert,[279] die sich in Form von selbststeuernden Regelkreisen koordinieren.

---

275) Der Auftragszyklus ist "... eine im Prinzip zeitlich ununterbrochene Folge von objektbezogenen Transformations- und Transferprozessen ... ", Delfmann (1995)

276) Diese Puffer sind immer zeitlicher Natur und in Abhängigkeit vom Realisationsgrad des Fließprinzips auch mit mehr oder weniger umfangreichen Lagerbeständen verbunden.

277) Vgl. Delfmann (1995).

278) Vgl. Striening (1988), S. 8-10.

279) Die Segmentierung von Leistungserstellungsprozessen unterscheidet sich zunächst nicht vom Vorgehen bei der Bildung der Ablauforganisation. Allerdings wird bei letzterer der Integrationsgrad durch Freiheitsgrade zwischen Aufbau- und Ablauforganisation wieder reduziert. Vgl. Gaitanides (1992), Sp. 10.

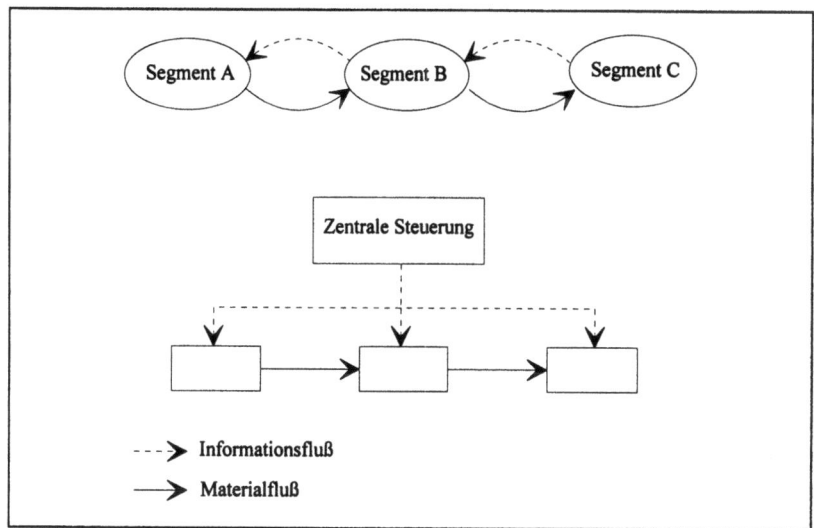

Abb. 20 *Auftragszyklus-segmentierte Selbststeuerung vs. hierarchische Fertigungssteuerung*

Besonders anschaulich läßt sich diese Art der Segmentierung anhand der Produktionssteuerung auf der Basis der KANBAN-Systematik darstellen.[280] Hierbei werden Auftragszyklen in Form von Regelkreisen im Produktionsprozeß durch die Einrichtung von Lagerbeständen voneinander getrennt. Die Koordination zwischen diesen Regelkreisen erfolgt einerseits durch die Primärarbeiter selbst, andererseits durch den strukturellen Rahmen, der vom gesamten Produktionssystem vorgegeben wird. Selbststeuernd ist das KANBAN-System aufgrund der Tatsache, daß die Initiierung von Wertschöpfungsaktivitäten auf der operativen Ebene nicht durch eine übergeordnete Stelle, sondern durch die Aufträge der nachgelagerten Segmente erfolgt.

Allerdings gibt auch hier die dem KANBAN-System inhärente Struktur enge Handlungsspielräume für die Prozeßbeteiligten. So werden etwa die Anzahl der Segmente, die Höhe der Pufferbestände und die Losgröße auf analytischem Wege ermittelt und vorgegeben.[281]

---

280) Vgl. Wildemann (1984), S. 75.

281) Vgl. Wildemann (1983), S. 22, Wildemann (1984), S. 76f.

Trotz dieser Einschränkungen im Rahmen des KANBAN-Systems stellt die prozeß-
oder auftragszyklus-orientierte Segmentierung eine ideale Grundstruktur für die Etablierung logistik-technologischer Prozesse und der daraus entstehenden Strukturen dar. Dies
ergibt sich daraus, daß sie grundsätzlich einen Ansatz zur Modularisierung[282] darstellt,
der sich in Einklang mit postmodernen Anforderungen an Organisationen befindet:

(1) Die enge Verzahnung der Aktivitäten innerhalb eines Segmentes bildet gute
Voraussetzungen zur Etablierung von Gruppenarbeit, welche sich wiederum positiv auf
die Umsetzung logistischer Handlungstheorien und die Initiierung logistik-technologischer Prozesse auswirkt. Innerhalb der Segmente kommt es zur Reintegration von dispositiven und technologischen Aufgaben in die eigentliche Primärarbeit.

(2) Die eindeutige Abgrenzung zu vor- und nachgelagerten Segmenten hinsichtlich
transferrelevanter Merkmale erlaubt segmentspezifische Bewertungskriterien z.B. auf
der Basis von Kennzahlen. Diese können in entsprechende Anreizsysteme eingehen und
somit eine Basis für logistik-technologische Entwicklungsprozesse darstellen. Kriterien
hierfür wären etwa die Durchlaufzeiten innerhalb des Segmentes, Kosten der Lagerhaltung im Verhältnis zu den Gesamtkosten sowie Dauer von und Kosten für Transferprozesse zu vor- oder nachgelagerten Stellen. Gleichzeitig kann durch die Thematisierung
segmentspezifischer Transfereigenschaften die segmentübergreifende Abstimmung
erleichtert werden, da eine genauere Analyse und Zuordnung von Transferproblemen
erfolgen kann.

(3) Die Segmentierung der Wertschöpfungskette integriert durch den höheren
Autonomiegrad Primär-, Sekundär- und Tertiärarbeit auf Primärarbeitsebene.[283] Hierdurch kann das explizite und implizite Wissen aus den spezifischen Handlungsroutinen
tendenziell besser genutzt werden.

(4) Mit der Segmentierung der Wertschöpfungskette geht tendenziell eine Reduzierung von Hierarchieebenen einher. Mit der Erhöhung der Selbststeuerungsfähigkeit
nimmt die Notwendigkeit zur Einrichtung spezieller Koordinationseinheiten ab.
Gleichwohl ist die Bildung von Auftragszyklus-Segmenten nicht automatisch hierar-

282)   Vgl. Picot, Reichwald (1994), S. 555ff.

283)   Vgl. Lazonick (1990), S. 4.

chiefrei. So lassen sich grundsätzlich auch Prozeßsegmente zu Prozeßsegment-Ketten zusammenfassen und hierarchisch koordinieren.[284)]

Im Idealfall erfolgt die Koordination zwischen Auftragszyklus-Segmenten alleine durch den Materialbedarf. Obschon eine auftragszyklus-orientierte Grundstruktur zur besseren Realisierung logistischer Handlungstheorien beiträgt, bedarf es zusätzlicher organisationsstruktureller Mechanismen, die im Sinne logistischer Handlungstheorien integrationsfördernd wirken.

b. Integrationseinheiten zwischen Auftragszyklus-Segmenten

In der skizzierten Grundstruktur von auftragszyklus-orientierten Segmenten fällt eine integrierende Selbststeuerung um so leichter, je homogener und gleichmäßiger die Art und die Einlastung der Aufträge erfolgt. Insbesondere die Erstellung von kundenindividuellen Leistungen, z.B. im Rahmen der Auftragsfertigung, erfordert jedoch häufig intensivere Koordinationsaktivitäten zwischen den verschiedenen Segmenten der Leistungserstellung. Auf der Basis eines entwicklungsorientierten Ansatzes lassen sich hierzu strukturelle Lösungen formulieren, die Transfereigenschaften der Wertschöpfungskette insgesamt verbessern.

Die Grundlage hierzu bildet ein partizipativer Lösungsansatz, durch den Koordinationsprobleme zwischen Segmenten auf der Basis kollegialer nicht-hierarchischer Strukturen gelöst werden. Dazu werden spezielle Organisationseinheiten gebildet, deren alleiniger Zweck die Abstimmung zwischen Auftragszyklus-Segmenten darstellt.

Als Beispiel kann die spezifische Form der Auftragsabwicklung in Vertriebsinseln dienen.[285)] Diese Einheiten stellen im Rahmen der Auftragsfertigung Bindeglieder zwischen Kunden, Fertigung, Transfereinheiten der Distribution und der Beschaffung sowie

---

284) Die von Striening beschriebenen Prozeß-Verantwortlichen nehmen in dieser Hinsicht eine Zwischenstellung ein. Sie sind in traditionellen funktional- oder objektorientierten Organisationen für komplexe Prozesse - z.B. "Erfüllung eines Kundenauftrages" - abteilungsübergreifend verantwortlich. Dabei steht ihnen zwar eine "(...) Einflußnahme in allen Phasen des Prozesses (...)", jedoch keine direkte Anweisungsbefugnis zu. Vgl. Striening (1988), S. 164-167.

285) Die hier vorgestellte Konzeption der Vertriebsinsel lehnt sich an eine vom Fraunhofer-Institut für Arbeitswirtschaft und Organisation entwickelte Lösung an. Vgl. hierzu Fuhrberg-Baumann, Müller (1992), S. 24. Für die integrierte Materialwirtschaft hat bereits Puhlmann die Bildung von Kollegien vorgeschlagen, die in ihrer Zusammensetzung und in ihrer Zielsetzung mit der Vertriebsinselkonzeption identisch sind. Vgl. Puhlmann (1985), S. 103f.

Stabsstellen und Stellen der manageriellen Infrastruktur dar. Die Vertriebsinsel setzt sich aus Mitgliedern der am Auftragszyklus beteiligten Segmente zusammen. Innerhalb der Vertriebsinsel müssen grundsätzlich nicht aus allen Prozeßsegmenten Teilnehmer vertreten sein. Für die Auftragszyklus-Segmente ergibt sich die Notwendigkeit zur Teilnahme an der Vertriebsinsel vielmehr erst dann, wenn der eigene Bedarf disponiert werden muß, bevor ein konkreter Auftrag der nachgelagerten Stelle vorliegt. Dies ist z.B. dann der Fall, wenn segmentinterne Durchlaufzeiten oder die Lieferzeiten für zu beschaffende Teile relativ lang sind und von daher frühzeitig Informationen benötigt werden. Neben Mitgliedern von Segmenten der Fertigung oder des Transfersystems - z.B. der Materialwirtschaft oder der physischen Distribution - sind Teilnehmer aus der Konstruktion, der Auftragskalkulation sowie des Vertriebes zu involvieren.

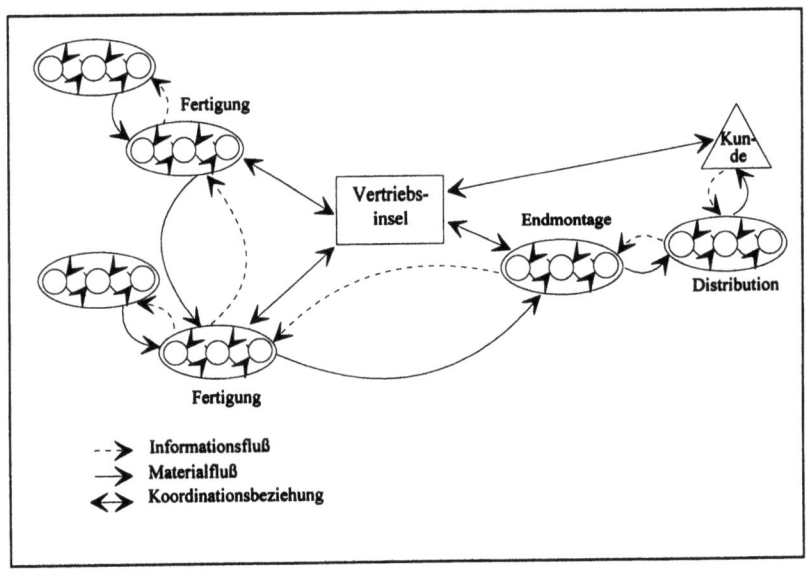

Abb. 21   Auftragsabwicklung über eine Vertriebsinsel

Grundsätzlich sollen durch die Einrichtung einer Vertriebsinsel die Formulierung und Operationalisierung logistischer Handlungstheorien verbessert und der logistische Diskurs angeregt werden. Daraus leiten sich die konkreten Aufgaben der Mitglieder einer Vertriebsinsel ab. Ihnen obliegt es, bei der Planung und Ausführung des Kunden-auftrages zwischen den beteiligten Segmenten so zu vermitteln, daß die transferspezifi-schen Eigenschaften der gesamten Wertschöpfung verbessert werden.

Neben der Erarbeitung von Plänen für die Grobterminierung gehört somit die Betreuung und Abstimmung während der Ausführungsphase[286] zu den Aufgaben der Vertriebsinsel. Durch diese Form der Koordination lassen sich einerseits die Durchlauf- und somit auch die Lieferzeiten verkürzen. Andererseits können gleichzeitig die Material- und Warenbestände aufgrund der besseren Disponierbarkeit gesenkt werden.

Die logistik-technologische Aufgabe besteht für die Mitglieder der Vertriebsinsel darin, Ansatzpunkte für eine Verbesserung der arbeitsteiligen Leistungserstellung zwischen den involvierten Segmenten zu finden, die sich positiv auf die Transfereigenschaften der gesamten Wertschöpfungskette auswirken. Neben intra- und intersegmentspezifischen Materialtransfersystemen sowie den korrespondierenden Informations- und Kommunikationssystemen[287] gehören hierzu auch die eigentlichen Transformationsleistungen und deren arbeitsteiliges Zusammenwirken.

Der Erfolg von Kollegien, die vergleichbar mit dem Vertriebsinselkonzept sind, hängt von verschiedenen Faktoren ab.

Einerseits müssen die Mitglieder dieses Gremiums kompetente Vertreter ihrer Segmente sein. Kompetent bedeutet in diesem Sinne, daß sie sowohl die Prozesse und Abläufe ihrer Einheiten kennen als auch die dabei zugrundeliegenden tatsächlichen Handlungstheorien nachvollzogen haben. Sie müssen somit explizites und implizites Wissen über ihr Auftragszyklus-Segment in die Verhandlungen mit einbringen. Implizites Wissen wird jedoch obsolet, wenn sich innerhalb des Segmentes Entwicklungen vollziehen, an denen der jeweilige Vertreter nicht mehr partizipiert.[288] Aus diesem Grunde wird die Einrichtung einer Dauerinstitution 'Vertriebsinsel', an der permanent dieselben Vertreter von Segmenten mit der Wahrnehmung von Koordinationsaufgaben betraut sind, im Zeitablauf ineffizient. Möglichkeiten, dem entgegenzuwirken, bestehen

---

286) Die Ausführungsphase umfaßt neben der eigentlichen Fertigung auch Entwicklung und Konstruktion, Beschaffungs- und Distributionsaktivitäten sowie nachgelagerte Tätigkeiten wie z.B. die Auswertung von Kontrolldaten.

287) Dies entspräche der Logistik in 'klassischer' Hinsicht.

288) Das Merkmal impliziten Wissens ist, daß es eben nicht diskursiv darlegbar ist. Es kann somit also nur in den jeweiligen Handlungsroutinen erworben werden.

darin, daß eine Einbindung in die Vertriebsinsel nicht permanent erfolgt oder daß die Entsendung von Vertretern zeitlich befristet ist.[289]

Innerhalb der Vertriebsinsel muß eine eigene, auf Zusammenarbeit im Sinne logistischer Handlungstheorien orientierte Teamkultur entstehen. Durch den direkten, vor allem auch informalen Kontakt untereinander[290] kann somit die Kohäsion zwischen den Mitgliedern der Vertriebsinsel verbessert werden. Diese Kohäsion wird durch Empathie innerhalb der Gruppe geschaffen. Empathie wiederum entsteht durch Kenntnisse über die Bedingungen in den 'Heimatsegmenten' der Gruppenmitglieder.[291] Diese Kenntnisse können durch Qualifizierungsmaßnahmen in Form von Job-Rotation erreicht werden, die vor oder während der Tätigkeit in der Vertriebsinsel durchgeführt werden.

Insgesamt verweist diese Problematik der Vertriebsinselkonzeption auf den logistik-technologischen Prozeß und dessen Struktur, die nicht anhand traditioneller Vorstellungen beurteilt werden kann. Der folgende Abschnitt beschäftigt sich daher mit den strukturellen Bedingungen des logistik-technologischen Prozesses.

3. Netzwerk-Strukturen als Basis logistik-technologischer Prozesse

Die Konzentration auf den Prozeß logistischer Technogenese verlangt ein Verständnis von Organisationsstrukturen, welches über dauerhafte organisationsstrukturelle Regelungen hinaus am Aufbau eines Netzwerkes interessiert ist, das problemorientiert flexible Strukturen hervorbringt. Ausgangspunkt hierzu ist die grundsätzliche Dualität sozialer Strukturen, wie sie bereits in Anlehnung an die organisatorischen Lerntheorien formuliert wurde.[292] Danach sind Strukturen sozialer Systeme gleichzeitig Medium und Ergebnis von Praktiken, die sie rekursiv organisieren.[293] Mit anderen Worten for-

---

289) Sinnvollerweise wird auch bei einer zeitlich befristeten Teilnahme ein Ausscheiden erst nach der Abwicklung spezifischer Kundenaufträge sinnvoll sein.

290) Strenggenommen wäre es möglich, die Koordinationsleistung zwischen den Segmenten auch überwiegend auf DV-technischem Wege zu lösen. Allerdings ist hier aufgrund der fehlenden gruppendynamischen, also informalen Prozesse die Wahrscheinlichkeit gering, daß sich logistische Handlungstheorien im Rahmen einer Teamkultur entwickeln können. Vgl. Meffert (1984), S. 463f. sowie die Techniken und Anwendungsbedingungen des Workgroup-Computing bei Herrmann (1994), S. 66ff.

291) Vgl. Shephard (1975), S. 461.

292) Vgl. Abschnitt IV.B.2.c.

293) Vgl. Giddens (1992), S.77f., aber auch bereits Grochla (1978b), S. 14 sowie Nordsieck (1955), S. 26.

men Prozesse sozialen Handelns ihren strukturellen Kontext, und gleichzeitig unterliegen sie dessen strukturgebenden Bedingungen.

Dieses selbstreferentielle Verständnis von sozialem Handeln und sozialen Strukturen bildet die Grundlage zur Lösung logistischer Integrations- und Innovationsanforderungen, die auf der Basis des strategischen Anspruches erhoben werden. Insbesondere wenn Transfereigenschaften von Wertschöpfungssystemen kontinuierlich[294] verbessert werden sollen, tritt die Bedeutung der Dualität sozialer Strukturen besonders hervor. Lern- und entwicklungsorientierte Unternehmenskulturen stellen weniger die Struktur einer Organisation als den eigentlichen Strukturierungsprozeß in den Vordergrund. Strukturen werden überwiegend danach beurteilt, ob sie Entwicklungsprozesse fördern, und das bedeutet, daß sie sich bei Bedarf selbst verändern können.

Diese Anforderung führt in postmodernen Organisationstheorien zu einer vollständigen Abkehr von hierarchischen Koordinationsformen:

"The postmodern organization has no centrally organized rational system of authority on which such spatial metaphors as 'hierarchy' can be placed. It becomes a shapeless and flowing matrix of shifting and flexible exchanges, a federation of organizational styles and practices each surviving on its capacity to respond to demand."[295]

Die Alternative zu Hierarchien kann in einer multihierarchischen Struktur gesehen werden, bei der sich latente Beziehungsnetze zwischen den verschiedenen Handlungsträgern aus unterschiedlichen Arbeitsformen und verschiedenen Einheiten des Wertschöpfungsprozesses ergeben. In diesen Netzwerken bestehen nebeneinander multiple Hierarchien[296] temporärer Natur.

Diese Heterarchisierung korrespondiert mit den Handlungstheorien der Logistik. Logistische Probleme sind aufgrund der Fließprinzips schnittstellenübergreifend hinsichtlich der arbeitsteiligen Strukturierung des Leistungserstellungsprozesses in der Primärarbeit.

---

294) Hierbei finden inkrementale Innovationen auf der Basis des ständigen Bemühens um Verbesserungen statt. Sie sind von daher auch auf die Initiative sämtlicher Beteiligten am Wertschöpfungsprozeß angewiesen. Diese Innovationspraxis liegt bspw. dem KAIZEN-Konzept zugrunde. Vgl. Imai (1992), S. 47.

295) Crook, Pakulski, Waters (1992), S. 187, ähnlich auch Morgan (1993) im Vorwort.

296) Ein anderer Ausdruck für solche Strukturen ist der der Heterarchie. Vgl. Clark (1985), S. 70, der Heterarchien als Netzwerke gegenseitiger Abhängigkeiten und Beziehungen definiert.

Der logistik-technologische Prozeß und dessen originäre Aufgabenstellung liefern den Rahmen für soziale Beziehungs- und Regelungsmuster, die integrative Strukturen auf multihierarchischen Ebenen schaffen. Zweck des logistik-technologischen Prozesses ist die Entwicklung von Innovationen, die transferspezifische Eigenschaften von komplexen Wertschöpfungssystemen in einer integrierenden Perspektive verändern.

Dieser integrierende Innovationsanspruch logistischer Handlungstheorien führt in Verbindung mit den Erkenntnissen aus den organisatorischen Lerntheorien zu einem partizipativen Ansatz bei der logistik-technologischen Problemformulierung und -lösung. Somit muß Wissen einerseits aus den Handlungsroutinen der Primärarbeit,[297] andererseits aus verschiedenen wissenschaftlichen und technologischen Disziplinen eingebracht werden. Die dabei entstehenden organisatorischen Strukturen dienen primär als Orte zur Kommunikation von Wissen.[298]

Organisation der Logistik in einem postmodernen Entwicklungsverständnis impliziert also, daß Logistik als Wissenskörper in sozialen Systemen initiiert wird, so daß ein selbstreferentieller Ausbau dieses Wissens erfolgen kann. Ihre Organisation umfaßt - im Gegensatz zum modernen Verständnis - nicht eine koerzive Fremdsteuerung durch (mono-)hierarchische Koordination, da der Gegenstandsbereich der Logistik zu komplex ist, um in strategischer Hinsicht auf diese Weise gelöst zu werden.

Eine strukturierende Systemintegration wird durch den Aufbau logistischer Handlungstheorien erreicht. Diese ermöglichen einerseits die Interaktion zwischen Beteiligten des Wertschöpfungssystems und den Technologen im engeren Sinne. Weiterhin liefern sie die gemeinsamen Werte zur Realitäts- und somit auch Problemkonstruktion. Daraus entwickeln sich die Schritte zur interaktiven Problemlösung.

Konkret entstehen dabei spezielle organisatorische Arenen, die im Rahmen von Diskursen sowohl den Wissenstransfer zur Problemlösung als auch eine Überprüfung von Handlungsroutinen und Handlungstheorien anregen.[299]

---

297) Vgl. Steinacker, Thienel, Westfal (1992), S. 236.

298) Vgl. Dosi (1988b), S. 1121.

299) An dieser Stelle sei daran erinnert, daß die Betonung des Diskurses im Rahmen postmoderner Organisationstheorien ausschlaggebend für die Verwendung organisatorischer Lerntheorien war. Vgl. Abschnitt VI.B.2.b.

Je nach zu lösender Problemstellung bilden sich dabei unterschiedliche organisatorische Konfigurationsformen. Die Netzwerkperspektive ermöglicht ein Verständnis für deren Morphologie.

Ausgangspunkt für die Bildung logistik-technologischer Prozeßstrukturen ist das zur Lösung von Problemen zur Verfügung stehende Wissen. Der partizipative, lernorientierte Lösungsansatz verlangt eine breite Integration von betroffenen Organisationsteilnehmern. Daneben werden Spezialisten als Technologen im engeren Sinne involviert. Maßgeblich für die Struktur des Prozesses sind nun das Ausmaß und die Bedeutung des Problemlösungswissens. Unter der logistik-technologischen Prozeßperspektive bildet dieses die Grundlage für die jeweilige hierarchische Position. Diese kann sich somit - je nach Phase des Prozesses und der Angemessenheit des vertretenen Wissens - verändern.

Bei häufiger Durchführung solcher Prozesse treten organisatorische Lerneffekte ein. Dabei werden einerseits die Teilnehmer qualifiziert, andererseits entstehen informale Strukturen, die bei zukünftigen Prozessen strukturbildend wirken. Das informale Wissen darüber, wer zur Problemlösung beitragen könnte, bildet somit die Grundlage für die Struktur des logistik-technologischen Prozesses.

Die Aufgabe des Managements besteht darin, die Bildung emergenter Strukturen, die im Rahmen des logistik-technologischen Prozesses je nach zu lösender Problemstellung notwendig sind, durch Schaffen geeigneter Rahmenbedingungen zu erleichtern.

Die Vorstellung konkreter struktureller Ausgestaltungsformen von logistik-technologischen Prozessen kann aufgrund der Vielfalt möglicher Problemstellungen nur anhand von Einzelfällen exemplarisch aufgezeigt werden.

Weil die Ausgestaltung des Materialtransfersystems und seiner Steuerungssysteme einen besonderen Einfluß auf die transferspezifischen Eigenschaften des gesamten Wertschöpfungsprozesses hat, soll im folgenden die Struktur eines logistik-technologischen Prozesses anhand einer Fallstudie aus diesem Problembereich exemplifiziert werden.[300)]

Dabei handelt es sich um die Entwicklung, Einführung und Verbesserung eines Sendungsdatenverfolgungssystems (kurz: SDVS) im Rahmen speditioneller Dienstleistungen. Das in der Fallstudie dargestellte Unternehmen ist eine Spedition, die mit eigenen Fahrzeugen im Selbsteintritt temperaturgeführte Güter transportiert. Es besteht ein eigenes Niederlassungsnetz, welches durch zentrale Dienste unterstützt wird. Die Niederlassungen werden als Profit Center betrieben.

Gründe für die Einführung eines SDVS liegen in der Gewinnung von Dispositionszeitraum durch die frühzeitige Bereitstellung von Informationen über den Abfertigungsstatus. Hierdurch wird insgesamt die Qualität von Transferprozessen zwischen Verlader, Niederlassungen der Spedition und Empfänger durch mehr Transparenz unter den Teilnehmern des relevanten Abschnittes der Wertschöpfungskette verbessert. Die größere Transparenz führt zu besseren Dispositionsspielräumen und dadurch zu einer günstigeren Auslastung von Lager- und Transportraum. Somit stellt das SDVS ein logistisches Artefakt dar, welches die Transfereigenschaften von Wertschöpfungsketten im Sinne logistischer Handlungstheorien verändert.

Zusätzlich entstehen für die beteiligten Dienstleister und Verlader Wettbewerbsvorteile, da mit verbessertem Lieferservice und Zusatzinformationsdiensten eine engere Kundenbindung sowie ein erhöhtes akquisitorisches Potential erreicht werden kann. Strategisches Potential in Form von spezifischen Kernkompetenzen wird dann aufgebaut, wenn die Beteiligten des Transfersystems insgesamt Handlungsroutinen entwickeln, die

- eine vollständige Akzeptanz und Nutzung des SDVS gewährleisten;

---

300) Hauptquelle dieser Fallstudie bildet ein Vortrag mit anschließender Diskussion auf der Tagung 'Arbeit und Technik in logistischen Systemen' vom Januar 1994. Der Verfasser hatte Gelegenheit, in einem persönlichen Gespräch weitere Informationen zu erhalten. Vgl. zur Dokumentation auch Bücker (1994), S. 305-314 sowie Bücker (1993), S. 77-89. Allerdings finden sich mittlerweile zahlreiche weitere Beispiele für logistik-technologische Prozesse, die über identische Rahmenbedingungen, Intentionen und Strukturen verfügen. Vgl. etwa Char (1994), S. 335-350, Ernst, Kopp (1992a), S. 96-100, Ernst, Kopp (1992b), S. 174-177, Ernst, Kopp (1993), S. 83-87, Chowanietz (1993), S. 65-69, Bockelmann, Klöpper (1994), S. 315-324.

- durch eine bessere Informationsversorgung zu Lerneffekten führen, die sich transfer-
spezifisch auf andere Wertschöpfungsprozesse sowie auf die Qualität des Transfer-
prozesses selbst auswirken;

- zur Entwicklung und dem Anbieten von Zusatzprodukten führen, die im Zusammenhang mit dem SDVS stehen;

- aus den Erfahrungen und der Übung im Umgang mit dem SDVS heraus zur Unter-
breitung von Verbesserungsvorschlägen sowie zur Verbesserung der Reaktionsfähigkeit bei Systemänderungen führen.

Traditionelle Verfahren zur Systementwicklung und -implementierung konnten
allerdings bisher nicht dazu beitragen, diese Kompetenzerweiterung anzuregen. Gründe
hierfür sind in der fremdreferentiellen Vorgehensweise zu suchen, die durch eine zu
geringe partizipative Einbindung von Primärarbeitern in den logistik-technologischen
Prozeß gekennzeichnet ist. Hierdurch kann einerseits das spezifische explizite Wissen
sowie das Hintergrundwissen der Träger von Handlungsroutinen im Transferprozeß in
nicht ausreichendem Maße in die Konstruktion des logistischen Artefaktes einfließen.
Dies führt zu Akzeptanzproblemen und Hindernissen beim Aufbau von Kompetenzen,
die letztlich für die Bedienung und Weiterentwicklung des Systems notwendig sind.

Die Vorgehensweise bei einer traditionellen Systementwicklung und -einführung
bestand aus mehreren sequentiellen Teilschritten, die im folgenden dargestellt werden:

Die verantwortliche Betreuung und Unterweisung sowie der überwiegende Teil der
Entwicklungsarbeit wurden durch die zentrale EDV-Abteilung vorgenommen. Dort
wurden sowohl das SDVS als auch die Methodik zu dessen Einführung in eine Niederlassung entwickelt und im Zeitraum einer Dekade verfeinert.

Im ersten Schritt wurden zwei Mitarbeiter der Installationsniederlassung an einer
Pilotniederlassung mit dem System vertraut gemacht und unterwiesen. Dabei sollte zum
einen die Funktionsfähigkeit unter Beweis gestellt werden. Desweiteren konnten hierbei
Anregungen für Programmänderungen aufgenommen werden, die von der zentralen
EDV-Abteilung umzusetzen waren.

Im zweiten Schritt wurden in Form von Echtzeitsimulationen an zwei Wochenenden
erste Probeläufe des modifizierten Systems in der Installationsniederlassung durchgeführt. Während dieser Zeit war ein Trainer aus der EDV-Zentrale vor Ort, so daß die
Möglichkeit zur Formulierung weiterer Änderungswünsche gegeben war.

Im letzten Schritt wurde von den Mitarbeitern der Installationsniederlassung die Transformation und Eingabe von Stammdaten durchgeführt. Auch dieser Prozeß ist von einem Trainer der Zentrale begleitet worden, der Erfahrungen aus früheren Installationen weitergeben konnte.

Damit wurden die Entwicklung und Implementierung abgeschlossen und das System in Betrieb genommen. Zur Beseitigung von Störungen oder Mängeln blieb der Trainer im Anschluß an den Systemstart noch weitere zwei Wochen vor Ort.

Die Erfolgsbeurteilung wurde nach der Einhaltung des zeitlichen Rahmens, der Realisierung von Programmänderungswünschen sowie dem Ausmaß an Problemen, die im Arbeitsablauf der Installationsniederlassung in der Umstellungsphase auftraten, vorgenommen. Eine integrierende Beurteilung erfolgte lediglich auf der Basis von Transferleistungen über mehrere Niederlassungen der Spedition. Die Auswirkungen auf diejenigen Transfer- und Wertschöpfungsprozesse, die der speditionellen Leistung vor- und nachgelagert sind, konnten lediglich implizit anhand von Reklamationen festgestellt werden.

Die Analyse dieses logistik-technologischen Prozesses ergibt folgende Bewertungsargumente.

Zunächst ist die Dominanz des Technologen der EDV-Zentrale augenfällig. Die Ausführenden der jeweiligen Handlungsroutinen im Transferprozeß konnten zwar Änderungswünsche artikulieren, eine aktive Partizipation am Problemkonstruktionsprozeß war ihnen jedoch nur eingeschränkt möglich. Weiterhin wurde auf die Partizipation weiterer Technologen (im engeren Sinne) oder die Beteiligung von Mitgliedern vor- und nachgelagerter Wertschöpfungsstufen verzichtet. Der logistik-technologische Prozeß wurde somit organisatorisch auf der engen, lokalen Ebene der direkten Systemanwender durchgeführt.

Der zeitliche Rahmen für den Qualifizierungsvorlauf war sehr knapp bemessen. Daraus ergibt sich, daß lediglich der Umgang mit dem System, nicht jedoch die Beurteilung weiterreichender Konsequenzen vorgenommen werden konnte. Insbesondere die Nutzung von Hintergrundwissen in der Entwicklungsphase wurde hierdurch erschwert.

Es erfolgte keine systematische Verifizierung von Handlungstheorien, die Rückschlüsse auf die Anwendungserwartungen und -bedingungen zulassen würden. Insbesondere die Thematisierung logistischer Handlungstheorien wurde nicht vorgenommen.

Dadurch konnten mögliche Anforderungen an das System - vor allem aus entwicklungsorientierter Perspektive - nicht logistikgerecht formuliert werden.

Der logistik-technologische Prozeß stellte somit zunächst einen unvollständigen,
koerziven fremdreferentiellen organisatorischen Lernprozeß dar. Die Veränderung von
Handlungsroutinen erfolgte von außen auf der Basis von Erfahrungen, die Technologen
der EDV-Zentrale in anderen Niederlassungen erworben hatten. Die Situation zur Veränderung des organisatorischen Wissens war artifiziell und entkoppelt von den tatsächlichen Handlungstheorien der Systemanwender und -betroffenen vor Ort. Auch fand
keine Integration von vor- oder nachgelagerten Stufen der Leistungserstellung statt.

Diese Kritikpunkte konnten im Rahmen einer begleitenden Untersuchung[301] bestätigt werden. Dabei wurden vor allem drei schwerwiegende Einwände ermittelt.

Der erste Einwand betrifft die Realisierung von Änderungen im Arbeitsablauf. Hierbei wurden Veränderungen im arbeitsteiligen Wirkungsgefüge nur unzureichend antizipiert. Gestaltungsleistungen von Primärarbeitern konnten aufgrund der mangelnden
Partizipation im technologischen Prozeß hierbei keine Erleichterung bringen.

Weiterhin konnten unvorhergesehene Störungen, die in den täglichen Handlungsroutinen nur sporadisch auftreten, nicht antizipiert werden. Diese Störungen waren aber
offensichtlich so gravierend, daß auf Seiten der Anwender insgesamt das Gefühl einer
unzureichenden Vorbereitung auftrat. Diese Reaktion trat gleichsam bei jenen Perso-
nengruppen auf, deren Arbeit vom SDVS beeinflußt wurde, die aber letztlich keine
Anwender im engen Sinne waren.[302]

Durch die mangelhafte Problematisierung der Notwendigkeit zur Einführung des
Systems im Vorfeld der Implementierung wurden Ängste und Vorurteile aufgebaut.
Eine systematische Auseinandersetzung mit Vor- und Nachteilen der konventionellen
Handlungsroutinen und bei Einsatz eines SDVS wurde nicht betrieben.

---

301) Diese Untersuchung, die einen Impetus zur Veränderung von Rahmenbedingungen gab, wurde
wiederum von Technologen anderer Disziplinen durchgeführt. Neben Organisationsberatern
nahmen hieran auch Psychologen und Technologen aus ingenieurwissenschaftlichen Disziplinen
teil.

302) Im einzelnen sind dies bspw. Lager- und Umschlagsarbeiter, die bspw. vermehrt
Sendungsstatusdaten erfassen mußten, deren Arbeitsablauf somit gravierend verändert wurde.

Aufgrund dieser Kritikpunkte wurde der logistik-technologische Prozeß so verändert, daß eine Übereinstimmung mit organisatorischen Lerntheorien erreicht werden konnte. Hierzu wurden Rahmenbedingungen geschaffen, welche die Fähigkeit zur Selbstorganisation verbesserten. Hierdurch konnten Organisationsstrukturen entstehen, die insgesamt Entwicklungsprozesse im Sinne logistischer Handlungstheorien auslösen. Schwerpunkt bildeten Maßnahmen zur Vertrauensbildung, Partizipation und Qualifizierung.

Vertrauensbildung wurde durch eine bessere und umfassendere Informationsbereitstellung im Vorfeld der Systementwicklung und -implementierung gewährleistet. Dabei wurden einerseits sämtliche Mitarbeiter einer Niederlassung vom zuständigen Management über die Intentionen und Gesamtzusammenhänge bei der Nutzung des Systems informiert. Desweiteren wurde die Aufklärung durch Technologen der EDV-Zentrale intensiviert. Neben Erläuterungen über Art und Umfang des Systems wurden Informationen über dessen Einbindung in vor- und nachgelagerte EDV-Abläufe, zukünftige Entwicklungsrichtungen und die daraus resultierenden Konsequenzen für die Handlungsroutinen auf individueller Arbeitsplatzebene bereitgestellt. Diese Maßnahmen sicherten, daß Zugangsbarrieren zum technologischen Prozeß verringert werden konnten.

Die Beteiligung von Primärarbeitern wurde bei der Festlegung des Schulungsbedarfes intensiviert. Dieser wurde so entwickelt, daß individuelle Bedürfnisse artikuliert und berücksichtigt werden konnten. Hinsichtlich der Veränderung von Arbeitsabläufen konnte unter den Beteiligen des gesamten Transfersystems die Auswirkung des SDVS ermittelt werden. Job-Rotation ermöglichte die Bildung von Empathie. Aus dem Schulungsbedarf und den potentiellen Tätigkeitsverschiebungen wurden Gestaltungsanforderungen an die Konstruktion des Systems festgelegt. Die eigentliche Herstellung erfolgte dann nach diesen Konstruktionsplänen durch die Technologen der EDV-Zentrale.

Schließlich wurde die Qualifizierung von Anwendern und Systemausbildern verbessert. Neben der Einbeziehung möglicher realistischer Störungsfälle in die Systemschulung konnte die Handlungsfähigkeit der Anwender durch die Vermittlung von Kenntnissen, die zum Aufbau von Krisenstrategien bei unbekannten Störungen befähigen, erweitert werden. Zusätzlich wurden Handlungsroutinen von nachgelagerten Arbeitsschritten vermittelt, wodurch die Transparenz im Transfersystem erhöht werden konnte. Diese Maßnahmen wurden durch die spezifischen Organisationsstrukturen unterstützt.

Zunächst fand die Gründung eines sogenannten Beteiligungskreises statt, der sich aus Mitgliedern verschiedener Unternehmensebenen der Installationsniederlassung,

Technologen der EDV-Zentrale sowie Mitarbeitern aus Niederlassungen zusammensetzte, die das System bereits erfolgreich anwendeten.

Aus der Entwicklungs- und Implementierungsarbeit heraus wurden Schulungs- und Qualifizierungsbedürfnisse von den Primärarbeitern artikuliert und von der Ausbildungsabteilung realisiert.

Darüber hinaus bildeten und bilden sich nach der Einführung des Systems emergente Strukturen in Form von weiteren Beteiligungskreisen. Initiierung, Zusammensetzung und Durchführung dieser Beteiligungskreise wurden problemorientiert von der Anwenderebene vorgenommen und beschäftigten sich mit verschiedenen Themengebieten. Im Bedarfsfall wurden diese Beteiligungskreise durch Spezialisten (Technologen im engeren Sinne) unterstützt. Dem Management oblag hierbei lediglich die Aufgabe, den hierarchiefreien Diskurs innerhalb des Beteiligungskreises zu ermöglichen sowie eine Implementierung für die darin entwickelten logistischen Artefakte durch die Bereitstellung von Ressourcen zu ermöglichen.

So werden weiterhin zunehmend Kommunikationsinfrastrukturen technisch über PC-Vernetzungen aus den Reihen der Mitarbeiter angestrebt und realisiert. Weiterhin werden in den Beteiligungskreisen mit Hilfe von spezifischen Software-Tools (Case-Tools) DV-Systementwicklungen betrieben, wobei in einem weitaus geringeren Maße auf die Unterstützung der EDV-Zentrale zurückgegriffen werden muß. Durch die Beteiligung sämtlicher relevanter Teilnehmer an der Transferkette wird die Realisierung des Fließprinzips unterstützt. Dies geschieht einerseits durch die größere Transparenz logistischer Ziele und Werte - die durch das Fließprinzip in allgemeiner Form subsumiert werden - auf sämtlichen Stufen der Leistungserstellung. Weiterhin wird durch die hierarchiefreie Abstimmung zwischen den Prozeßteilnehmern die Effizienz logistischer Problemlösungsprozesse erleichtert.

Insbesondere die Entstehung dieser Beteiligungskreise über Hierarchieebenen und Unternehmensgrenzen hinweg führt zur Realisierung integrativer und innovativer Anforderungen an die Logistik.

Die Merkmale einer postmodernen Organisationsform sind durch die Realisierung von technischer, personeller und organisatorischer Flexibilität erreicht worden. Insgesamt wird so die spontane Bildung von logistik-technologischen Prozessen ermöglicht.

Abschließend bleibt anzumerken, daß die emergenten Organisationsstrukturen der Beteiligungskreise den logistik-technologischen Prozeß repräsentieren.

V. Zusammenfassende Darstellung der Untersuchungsergebnisse und Ausblick

Zielsetzung der Untersuchung war es, ein analytisches Rahmenkonzept zu entwikkeln, welches eine handlungsorientierte Darstellung von Innovations- und Integrationsanforderungen der betriebswirtschaftlichen Logistik ermöglicht. Die Notwendigkeit für ein solches Konzept ergibt sich aus dem strategischen Anspruch der betriebswirtschaftlichen Logistik, der bislang erst im Hinblick auf Strategieinhalte zur Positionierung im Wettbewerb zufriedenstellend thematisiert wurde. Bezüglich des Aufbaus strategischer Ressourcen und der Entwicklung von Kernkompetenzen fehlte ein geeignetes konzeptionelles Instrumentarium, das die Behandlung spezifisch logistischer Fragestellungen ermöglicht hätte. Darüber hinaus waren organisationsstrukturelle Rahmenbedingungen und Ausprägungsformen zu finden, die den Diskurs zum Aufbau von logistischen Kernkompetenzen fördern.

Im Hinblick auf den ressourcenorientierten Ansatz des strategischen Managements sind insbesondere die sozialsystemischen Konsequenzen einer solchen Perspektive zu untersuchen. Dazu muß der bislang in der logistischen Organisationsliteratur dominierende kontingenztheoretische Ansatz und seine organisationsstrukturellen Gestaltungsempfehlungen einer kritischen Analyse unterzogen werden. Anschließend sind auf der Basis aktueller postmoderner gesellschaftlicher und organisationswissenschaftlicher Paradigmen geeignete organisationstheoretische Konzepte einzubringen, die zur Erklärung und Umsetzung des strategischen Anspruchs der Logistik eher geeignet sind.

Die Bestandsaufnahme des Entwicklungsstandes der betriebswirtschaftlichen Logistik ergibt zunächst folgendes Bild. Hinsichtlich des logistischen Selbstverständnisses haben sich in der Wirtschaftspraxis weitreichende Veränderungen ergeben. So hat sich in bestimmten Unternehmensbereichen bereits der Gegenstandsbereich von der Eingrenzung auf die Materialflußsteuerung gelöst. Logistik umfaßt in ihrem aktuellen Verständnis die Gestaltung der Wertschöpfungskette und Wertkettensysteme im Hinblick auf die Berücksichtigung transferspezifischer Merkmale. Dabei manifestiert sich dieser Anspruch am deutlichsten im Fließprinzip. Diese Entwicklung wurde angeregt und fand gleichzeitig ihren Niederschlag in wissenschaftlichen Disziplinen. Traditionelle Schwerpunkte sind hierbei die Formulierung, Erklärung und Lösung logistischer Problemstellungen auf der Basis formaler Modelle im Rahmen des Operations Research. Weitere Domänen sind ingenieurwissenschaftliche Disziplinen, die zur Entwicklung und Erforschung der Komponenten von Transfer- und deren Informationssystemen

wesentlich beitragen und die sich in speziellen Ausrichtungen wie bspw. der Materialflußtechnik konstituieren. Zusätzlich erfolgt im Rahmen der allgemeinen Management-
lehre eine zunehmende Auseinandersetzung mit dem Phänomen Logistik. So werden
hier Instrumente zur transferspezifischen Bewertung und Steuerung auf der Basis des
Controllings, der Serviceforschung und in der betrieblichen Produktionswirtschaft entwickelt. Für die spezifizierten Bausteine der Logistik existiert bislang allerdings noch
kein Rahmenkonzept, welches in entwicklungsorientierter Perspektive explizit die spezifisch logistischen Bewertungsmuster und Wissensarenen umfaßt. Der traditionell pro-
pagierte logistische Systemansatz ist hierfür zu eng, da er primär auf Transfersysteme
und die in ihnen stattfindenden Transferprozesse bezogen ist.

Die Etablierung der Logistik als spezielle Technologie ermöglicht die Formulierung
und Spezifizierung der im Rahmen logistischer Innovationen notwendigen Wissens-
bereiche, Teilnehmer, Werte und zentralen Problemstellungen. Die Technologie-Konzeption liefert somit einen integrativen Ansatz zur handlungs- und innovationsorientierten Logistik. Nach diesem Verständnis repräsentiert die Logistik-Technologie in Organisationen spezifische Wissensformen, Zielsysteme und Orientierungsgrundlagen in
Form von Werturteilen, die allgemein der Entwicklung und Veränderung von transferspezifischen Eigenschaften von Wertschöpfungssystemen dienen. Eine herausragende
Bedeutung für die Beeinflussung transferspezifischer Eigenschaften der gesamten Wertschöpfungskette nimmt dabei das für den Aufbau und die Veränderung von Transfersystemen benötigte Gestaltungswissen ein.

Aus dieser technologischen Perspektive heraus werden nun die Ansätze in der Logistik relevant, die sich explizit mit der Gestaltung und Regelung des Verhaltens und der
Interaktion in Organisationen beschäftigen. Eine Literaturanalyse ergab allerdings, daß
hierbei das kontingenztheoretische Paradigma der Organisationsforschung und die Frage
nach aufbauorganisatorischen Regelungen die Diskussion dominieren. Gleichwohl
konnten, in Analogie zu ihren Grundannahmen, zwei Ansätze zur Organisation der
Logistik diagnostiziert werden. Im ersten Ansatz wird die Logistik funktions- und auf-
gabenorientiert mit der Durchführung und Steuerung von Transferprozessen sowie mit
dem Aufbau von Transfersystemen gleichgesetzt. Organisationsstrukturelle Lösungswege sehen hierbei in Abhängigkeit von logistikspezifischen Kontextvariablen die aufbauorganisatorische Integration und hierarchische Koordination eines mehr oder weniger großen Anteils der Transferaktivitäten vor. Der zweite Ansatz befindet sich hinsichtlich seiner Grundannahmen in Übereinstimmung mit der logistischen Technologie-
Konzeption. Hierbei wird die Bildung von Segmenten aus der gesamten Wertschöpfungskette nach spezifisch logistischen Kriterien vorgenommen. Gleichwohl

werden jedoch Fragen zur logistischen Innovationsfähigkeit nicht thematisiert und die Integration logistischer Aktivitäten über hierarchische Koordination sichergestellt.

Die Konsequenz aus diesen Lücken ist die Notwendigkeit zur Etablierung von Oganisationsformen auf der Basis geänderter organisationstheoretischer Grundannahmen. Dies ist weiterhin insofern erforderlich, als die gesellschaftlichen und wirtschaftspraktischen Rahmenbedingungen durch einen grundlegenden Wandel gekennzeichnet sind.

In den Grundannahmen der Postmodernen lassen sich einerseits sowohl die Kriterien der Veränderung gesellschaftlicher und wirtschaftlicher Rahmenbedingungen als auch die Komponenten eines geänderten organisationswissenschaftlichen Verständnisses finden. Im Einklang mit dem postmodernen organisationswissenschaftlichen Verständnis sind es Theorien des organisatorischen Lernens, die über das Konzept der Handlungstheorien die Etablierung logistischer Orientierungsgrundlagen und somit ein ideologiegeprägtes Koordinations- und Integrationsinstrumentarium bereitstellen. Daraus leiten sich Anforderungen für die Gestaltung des logistik-technologischen Prozesses ab. Neben den Teilnehmern des logistik-technologischen Prozesses waren insbesondere dessen Phasen zu charakterisieren. Dabei zeigte sich, daß es einen idealtypischen Verlauf von technologischen Entwicklungsprozessen nicht gibt und das logistik-technologische System eine partizipative Ausgestaltung besitzen sollte. Hierdurch wird die Einbeziehung von speziellem Hintergrundwissen der Teilnehmer aus den Primärarbeitssystemen ermöglicht, wodurch Entwicklungsergebnisse und -zeiten verbessert werden können.

Konkrete aufbauorganisatorische Ausgestaltungsformen, die zur Intensivierung logistik-technologischer Prozesse beitragen, orientieren sich auch weniger an monohierarchischen als an mulithierarchischen Netzwerkstrukturen, die insgesamt die Interaktion zwischen den Prozeßbeteiligten erleichtern. Logistische Grundstrukturen, die eine Ausgangsbasis für solche Prozeßnetzwerke bilden, besitzen eine am Auftragszyklus ausgerichtete Segmentform, die im Bedarfsfall durch Kollegien abgestimmt wird.

Die vorgestellte Konzipierung der Logistik als spezielle Technologie erweitert somit den Diskussionsrahmen in zweifacher Hinsicht. Einerseits löst sie sich in bezug auf den Gegenstandsbereich von der ausschließlichen Bindung an konkrete Materialtransfersysteme und -prozesse, indem sie die transferspezifischen Eigenschaften von allgemeinen Wertschöpfungssystemen zum Betrachtungsobjekt erhebt. Dies entspricht dem Integrationsanspruch moderner Logistik-Konzeptionen.

Desweiteren stellt sie die generelle Entwicklungsfähigkeit in den Vordergrund, wodurch ein anderer Schwerpunkt bei der Analyse logistischer Sozialsysteme und ihres Kontextes Bedeutung gewinnt. Der Versuch, das für logistische Innovationsprozesse benötigte wissenschaftliche und praktische Wissen zu systematisieren, weist auf den weiteren Forschungsbedarf hin.

So sind insbesondere die Ansätze weiter zu entwickeln, die den materiellen und konzeptionellen Rahmen einer Logistik-Technologie erweitern und die bereits bestehenden Bausteine einordnen. Daraus können Anforderungen an die Ausbildung und die weitere Professionalisierung der Logistik abgeleitet werden. Insbesondere im Rahmen der wissenschaftlichen Ausbildung wären Ansätze zu fördern, die zur weiteren Integration der bisher fragmentierten Angebote beitragen.

Weiterhin sind in bezug auf strukturelle Ausgestaltungsformen des logistik-technologischen Prozesses Forschungsleistungen notwendig. Insbesondere hinsichtlich der Qualifikation von Beteiligten oder der Initiierungsformen von Selbstorganisationsprozessen entlang der Wertschöpfungskette sind spezifische Muster im Rahmen empirischer Forschung zu erfassen und darzulegen.

Über die weitere Ausgestaltung des technologischen Rahmens kann somit die Integration wissenschaftlicher und wirtschaftspraktischer Entwicklungen in der Logistik angeregt werden.

Literaturverzeichnis

ABEGGLEN, J.C.; STALK jr., G. (1985): KAISHA, the Japanese Corporation, New York 1985.

ABELL, D.F. (1980): Defining the business: The Starting Point of Strategic Planning, Englewood Cliff N.J. 1980.

ADAM, D. (1987): Retrograde Terminierung, ein Ansatz zu verbesserter Fertigungssteuerung bei Werkstattfertigung - Veröffentlichungen des Instituts für Industrie und Krankenhausbetriebslehre an der Westfälischen Wilhelms-Universität Münster, Nr. 22, 1987.

ADAM, D. (1993): Produktionsmanagement, 7. Aufl., Wiesbaden 1993.

AGLIETTA, M. (1979): A Theory of Capitalist Regulation: The U.S. Experience, London 1979.

ALDERSON, W. (1957): Marketing Behavior and Executive Action. A functionalist approach to marketing theory, Homewood, Illinois 1957.

ALDRICH, H. (1988): Paradigm Warriors: Donaldson versus the Critics of Organization Theory, in: OS, 9(1988)1, S. 19-24.

ALLMANN, N. (1989): Logistik in der Aufbauorganisation. Kompetenzen oben bündeln, in: LOGISTIK HEUTE, 11(1989)9, S. 36-39.

ANANDARAJAN, A.; CHRISTOPHER, M. (1987): A Mission Approach to Customer Profitability Analysis, in: IJPD&MM, 17(1987)7, S. 55-68.

ANSARI, A. (1986): Strategies for the Implementation of JIT Purchasing, in: IJPD&MM, 16(1986)7, S. 5-12.

AREGGER, K. (1976): Innovation in sozialen Systemen, Bern 1976.

ARGYRIS, C. (1976): Single-loop and double-loop models in research on decision making, in: ASQ, 21(1976)3, S. 363-375.

ARGYRIS, C. (1977): Organizational Learning and Management Information Systems, in: Accounting, Organizations and Society, 2(1977)2, S. 113-123.

ARGYRIS, C.; SCHÖN, D.A. (1978): Organizational Learning: A Theory of Action Perspective, Reading u.a. 1978.

ASHBY, W.R. (1974): Einführung in die Kybernetik, Frankfurt am Main 1974.

AYERS, A.F. (1985): What are other Companies really doing out there?...and why?, in: Annual Conference Proceedings of the CLM, 23(1985)2, S. 429-439.

BACHEM, A. (1980): Komplexitätstheorie im Operations Research, in: ZfB, 50(1980)7, S. 812-844.

BADHAM, R.; MATTHEWS, J. (1989): The New Production Systems Debate, in: Labour and Industry, 2(1989)2, S. 194-246.

BÄCK, H. (1984): Erfolgsstrategie Logistik, München 1984.

BAGLIN, G.; BRUEL, O.; GARREAU, A.; GREIF, M. (1990): Management Industriel et Logistique, Paris 1990.

BALLOU, R.H. (1973): Business Logistics Management, Englewood Cliffs 1973.

BALLOU, R.H. (1981): Reformulating a Logistics Strategy: A Concern for the Past, Present and Future, in: IJPD&MM, 11(1981)8, S. 71-83.

BALLOU, R.H. (1985): Business Logistics Management, 2. Aufl., Englewood Cliffs 1985.

BALLOU, R.H. (1987): Basic Business Logistics: Transportation, Materials Management, Physical Distribution, 2. Aufl., Englewood Cliffs 1987.

BARLEY, S.R. (1986): Technology as an Occasion for Structuring: Evidence from Observations of CT Scanners and the Social Order of Radiology Departments, in: ASQ, 31(1986)1, S. 78-108.

BARNEY, J. (1991): Firm Resources and Sustained Competitive Advantage, in: Journal of Management, 17(1991)1, S. 99-120.

BARRETT, T.F. (1982): Mission Costing: A New Approach to Logistics Analysis, in: IJPD&MM, 12(1982)7, S. 3-27.

BARTLETT, C.A.; GHOSHAL, S. (1990): Matrix Management: Not a Structure, a Frame of Mind, in: HBR, 68(1990) Jul/Aug., S. 138-145.

BATESON, G. (1988): Ökologie des Geistes. Anthropologische, psychologische, biologische und epistemologische Perspektiven, Frankfurt am Main 1988.

BECHTE, W. (1980): Steuerung der Durchlaufzeit durch belastungsorientierte Auftragsfreigabe bei Werkstattfertigung, Diss. Hannover 1980.

BECKER, A.; KÜPPER, W.; ORTMANN, G. (1988): Revisionen der Rationalität, in: KÜPPER, W.; ORTMANN, G. (Hrsg.): Mikropolitik, Opladen 1988, S. 89-113.

BECKER, A.; ORTMANN, G. (1994): Management und Mikropolitik: Ein strukturationstheoretischer Ansatz, in: HOFMANN, M.; AL-ANI, A. (Hrsg.): Neue Entwicklungen im Management, Heidelberg 1994, S. 201-253.

BEIER, F.J. (1973): Information Systems and the Life Cycle of Logistics Departments, in: IJPD&MM, 3(1973)2, S. 73-81.

BELL, D. (1973): The Coming of Post-Industrial Society, New York 1973.

BELL, D. (1975): Die nachindustrielle Gesellschaft, Frankfurt am Main 1975.

BENSON, J.K. (1977): Innovation and crisis in organizational analysis, in: The Sociological Quarterly, 18(1977)1, S. 3-16.

BENSON, J.K. (1983): Paradigm and praxis in organizational analysis, in: Research in Organizational Behaviour, (1983), S. 33-40.

BERENS, W.; DELFMANN, W. (1984): Modellbildung und quantitative Methoden zur Lösung logistischer Probleme, in: JACOB, H. et al. (Hrsg.): Schriften zur Unternehmensführung, Bd. 32, Wiesbaden 1984, S. 31-55.

BERENS, W.; DELFMANN, W. (1995): Quantitative Planung. Konzeption, Methoden und Anwendungen, 2. Aufl.,Stuttgart 1995.

BERG, C.C. (1982): Formeln und Kennzahlen der betrieblichen Beschaffung und Logistik, in: WiSt - Wirtschaftswissenschaftliches Studium, 11(1982)8, S. 377-381.

BERG, C.C.; MAUS, M. (1980): Steuerung der Distribution mit Hilfe von Kennzahlen, in: Die Unternehmung, 34(1980)3, S. 189-198.

BESSANT, J.; SENKER, P. (1987): Societal Implications of Advanced Manufacturing Technology, in: WALL, T.D.; CLEGG, C.W.; KEMP, N.J.(Hrsg.): The Human Side of Advanced Manufacturing Technology, Chichester 1987, S. 153-171.

BEST, M.H. (1990): The new competition. Institutions of Industrial Restructuring, Cambridge 1990.

BIGGADIKE, E.R. (1979): Corporate Diversification: Entry, Strategy, and Performance, Boston 1979.

BINGHAM, J.E.; PEZZINI, P.S. (1990): Systems design for international logistics, in: International Journal of Technology Management, 5(1990)4, S. 472-479.

BLANK, U. (1980): Entwicklung eines Verfahrens zur Segmentierung von Warenverteilungssystemen, Diss. der RWTH Aachen, Aachen 1980.

BLASEIO, H. (1984): Das Kognos-Prinzip. Zur Dynamik sich-selbst-organisierender wirtschaftlicher und sozialer Systeme. Berlin 1984.

BLAU, P.M.; SCHOENHERR, R.A. (1971): The Structure of Organizations, New York 1971.

BLEICHER, K. (1980): Zentralisation und Dezentralisation, in: GROCHLA, E. (Hrsg.): Handwörterbuch der Organisation, 2. Aufl., Stuttgart 1980, Sp. 2405-2418.

BLEICHER, K. (1981): Organisation. Strategien - Strukturen - Kulturen, 2. Aufl., Wiesbaden 1991.

BOCHUM, U.; MEIßNER, H.-R. (1988): Stand der Umsetzung von Logistik-Konzepten in Industrieunternehmen Nord-Westfalens, in: FAST (Forschungsgemeinschaft für Aussenwirtschaft, Struktur- und Technologiepolitik e.V.) (Hrsg.): Projekt Nr. 71: Logistikkonzepte; Mensch und Technik - Sozialverträgliche Technikgestaltung; Tagungsunterlagen zum Workshop am 24.2.1988, Dortmund 1988.

BOCHUM, U.; MEIßNER, H.-R. (1990): Logistik und industrielle Reorganisation. Neue Herausforderungen einer betrieblichen Interessenpolitik, Werkstattbericht Nr. 79 der Forschungsgemeinschaft für Aussenwirtschaft, Struktur- und Technologiepolitik e.V. (FAST e.V.), Berlin 1990.

BOCKELMANN, K.; KLÖPPER, H.J. (1994): Partizipative Ansätze zur Reorganisation von Logistikketten, in: ERNST, G.; BÜNTGEN, W.; PORNSCHLEGEL, H.; WESTFAL, U. (Hrsg.): Zukunft von Arbeit in logistischen Systemen, Dortmund 1994, S. 315-324.

BORN, W. (1984): Aufbauorganisation der Logistik - Ergebnisbericht der Arbeitsgruppe im Fachausschuß Logistik des Betriebswirtschaftlichen Ausschusses (BWA) der VLB, in: LÜCK, W. (Hrsg.): Schriftenreihe der Betriebswirtschaftlichen Abteilung der Versuchs- und Lehranstalt für Brauerei in Berlin (VLB). Band 6: Logistik und Materialwirtschaft, Berlin 1984, S. 141-149.

BORSODI, R. (1929): The Distribution Age, New York 1929.

BOUGON, M.G.; WEICK, K.E.; BINKHORST, D. (1977): Cognition in organizations: An analysis of the Utrecht Jazz Orchestra, in: ASQ, 22(1977)4, S. 606-639.

BOVET, D. (1991): Logistics Strategies for Europe in the Nineties, in: Planning Review, 19(1991)4, S. 12-15 u. 46-48.

BOWERSOX, D.J. (1983): Emerging from the Recession: The Role of Logistical Management, in: JoBL, 4(1983)1, S. 21-33.

BOWERSOX, D.J.; CARTER, P.L.; MONCZKA, R.M. (1985): Materials Logistics Management, in: IJPD&MM 15(1985)5, S. 27-35.

BOWERSOX, D.J.; CLOSS, D.J.; HELFERICH, O.K. (1986): Logistical Management. A Systems Integration of Physical Distribution, Manufacturing Support, and Materials Procurement. 3. Aufl., New York, London 1986.

- 285 -

BOWERSOX, D.J.; DAUGHERTY, P.J. (1987): Emerging Patterns of Logistical Organization, in: JoBL, 8(1987)1, S. 46-60.

BOWERSOX, D.J.; DAUGHERTY, P.J.; DRÖGE, C.L.; GERMAIN; R.N.; ROGERS, D.S. (1992): Logistical Excellence. It's Not Business as Usual, Burlington 1992.

BOWERSOX, D.J.; DAUGHERTY, P.J.; DRÖGE, C.L.; ROGERS, D.S.; WARD-LOW, D. (1988): Leading Edge Logistics Competitive Positioning for the 1990s, in: Annual Conference Proceedings of the CLM, 26(1988)1, S. 123-132.

BOWERSOX, D.J.; DAUGHERTY, P.J.; ROGERS, D.S.; WARDLOW, D. (1987): Integrated Logistics: A Competitive Weapon. A Study of Organization and Strategy Practices, in: Annual Conference Proceedings of the CLM, 25(1987)1, S. 1-14.

BOWERSOX, D.J.; DRÖGE, C. (1989): Similarities in the Organization and Practice of Logistics Management among Manufacturers, Wholesalers and Retailers, in: JoBL, 10(1989)2, S. 61-72.

BOWERSOX, D.J.; MURRAY, R.E. (1987): Logistics strategic Planning for the 1990's, in: Annual Conference Proceedings of the CLM, 25(1987)1, S. 231-243.

BRANDEAU, M.L.; CHIU, S.S. (1989): An Overview of representative Problems in Location Research, in: Management Science, 35(1989)6, S. 645-674.

BREILMANN, U. (1989): Die Berücksichtigung der strategischen Wahl im Rahmen eines neokontingenztheoretischen Ansatzes, Frankfurt am Main u.a. 1989.

BRETZKE, W.-R. (1980): Der Problembezug von Entscheidungsmodellen, Tübingen 1980.

BRETZKE, W.-R. (1985): Logistik - was ist das? Ein Plädoyer für die Entzauberung des Begriffes, in: DVZ, 39(1985)122 v. 12.10.1985, S. 3.

BREWER, S.H.; ROSENZWEIG, J. (1961): Rhochrematics and Organizational Adjustments, in: California Management Review, 3(1961)3, S. 52-71.

BRUBAKER, R. (1984): The Limits of Rationality: An Essay on the Social and Moral Thought of Max Weber, London 1984.

BÜCKER, U. (1993): Iterative Einführung eines Sendungsdatenverfolgungssystems, in: MÖHLMANN, R.; HOFFSTADT, G. (Hrsg.): Ganzheitliche Logistikkonzepte. Möglichkeiten und Grenzen, Dortmund 1993, S. 77-89.

BÜCKER, U. (1994): Organisationsentwicklung bei der Einführung innovativer logistischer Systeme, in: ERNST, G.; BÜNTGEN, W.; PORNSCHLEGEL, H.; WESTFAL, U. (Hrsg.): Zukunft von Arbeit in logistischen Systemen, Dortmund 1994, S. 305-314.

BUCKLIN, L. (1965): Postponement, Speculation and the Structure of Distribution Channels, in: Journal of Marketing Research 2(1965)1, S. 26-31.

BÜHNER, R. (1977): Zum Situationsansatz in der Organisationsforschung, in: zfo, 46(1977)2, S. 76-74.

BÜHNER, R. (1991): Betriebswirtschaftliche Organisationslehre, 5. Aufl., München, Wien 1991.

BÜHNER, R. (1993): Strategie und Organisation. Analyse und Planung der Unternehmensdiversifikation mit Fallbeispielen, 2. Aufl., Wiesbaden 1993.

BUNGE, M. (1974): Technology as Applied Science, in: Rapp (1974), S. 19-39.

BUNGE, M. (1979): Treatise on Basic Philosophy, Bd. 4, Ontology II: A World of Systems, Dordrecht, Boston, Lancaster 1979.

BUNGE, M. (1983a): Treatise on Basic Philosophy, Bd. 5, Epistemology & Methodology I: Exploring the World. Dordrecht, Boston, Lancaster 1983.

BUNGE, M. (1983b): Treatise on Basic Philosophy, Bd. 6, Epistemology & Methodology II: Understanding the World. Dordrecht, Boston, Lancaster 1983.

BUNGE, M. (1985): Treatise on Basic Philosophy, Bd. 7, Epistemology & Methodology III: Philosophy of Science and Technology. Teil II: Life Science, Social Science and Technology. Dordrecht, Boston, Lancaster 1985.

BUNGE, M. (1989): Treatise on Basic Philosophy, Bd. 8, Ethics: The Good and the Right, Dordrecht, Boston, Lancaster 1989.

BURNS, T.; STALKER, G.M. (1961): The Management of Innovation, London 1961.

BURRELL, G. (1988): Modernism, Post Modernism and Organizational Analysis 2: The Contribution of Michel Foucault, in: OS, 9(1988)2, S. 221-235.

BUSCH, H.F. (1988): Integrated Materials Management, in: IJPD&MM, 18(1988)7, S. 28-39.

BUSHER, J.R.; TYNDALL, G.R. (1987): Logistics Excellence, in: Management Accounting, 69(1987)2, S. 32-39.

BUSSE von COLBE, W. (1989): Budgetierung und Planung, in: Szyperski, N. (Hrsg.): Handwörterbuch der Planung, Stuttgart 1989, Sp. 176-182.

CALLON, M. (1987): Society in the Making: The Study of Technology as a Tool for Sociological Analysis, in: BIJKER, W.E.; HUGHES, T.P.; PINCH, T.J. (Hrsg.): The Social Constructions of Technological Systems. New Directions in the Sociology and History of Technology, Cambridge, London 1987, S. 83-103

CARROLL, G.R. (1988): Organizational Ecology in Theoretical Perspective, in: ders. (Hrsg.): Ecological Models of Organizations, Cambridge 1988, S. 1-32.

CHAR, H.-O. (1994): Gemeinsam Entwickeln und Lernen. Neue Modelle für die Qualifizierung im Lager und Umschlagsbereich, in: ERNST, G.; BÜNTGEN, W.; PORNSCHLEGEL, H.; WESTFAL, U. (Hrsg.): Zukunft von Arbeit in logistischen Systemen, Dortmund 1994, S. 335-350.

CHATTERJEE, S.; WERNERFELT, B. (1991): The Link between Resources and Type of Diversification: Theory and Evidence, in: SMJ, 12(1991), S. 33-48.

CHEW, W.B.; BRESNAHAN, T.F.; CLARK, K.B. (1990): Measures to Facilitate Organizational Learning, in: Kaplan, R.S. (Hrsg.): Measures for Manufacturing Excellence, Boston 1990, S. 129-162.

CHIN, R.; BENNE, K.D. (1975): Strategien zur Veränderung sozialer Systeme, in: BENNIS, W.G.; BENNE, K.D.; CHIN, R. (Hrsg.): Änderung des Sozialverhaltens, Stuttgart 1975, S. 43-78.

CHOWANIETZ, W. (1993): Beteiligung betrieblicher Akteure als Strategie zur Realisierung ganzheitlicher Gestaltung, in: MÖHLMANN, R.; HOFFSTADT, G. (Hrsg.): Ganzheitliche Logistikkonzepte. Möglichkeiten und Grenzen, Dortmund 1993, S. 65-69.

CHRISTOPHER, M. (1971): Total Distribution: A Framework for Analysis, Costing and Control, London 1971.

CHRISTOPHER, M. (1986): Implementing Logistics Strategy, in: IJPD&MM 16(1986)1, S. 52-62.

CHRISTOPHER, M. (1987): Assessing the Costs of Logistics Service, in: Annual Conference Proceedings of the CLM, 25(1987)1, S. 195-204.

CHRISTOPHER, M. (1992): Organisation design for effective logistics, in: BRACE, G. (Hrsg.): Logistics Technology International 1992. London 1992, S. 25-29.

CHRISTOPHER, M.; SCHARY, P.; SKJOTT-LARSEN, T. (1979): Customer service and distribution strategy, New York, Tokyo 1979.

CLARK, D.L. (1985): Emerging Paradigms in Organizational Theory and Research, in: LINCOLN, Y.S. (Hrsg.): Organizational Theory and Inquiry. The Paradigm Revolution, Beverly Hills, london, New Delhi 1985, S. 43-65.

CLARK, J.; McLOUGHLIN, I.; ROSE, H.; KING, R. (1988): The process of technological change. New technology and social choice in the workplace, Cambridge u.a. 1988.

CLARK, K.B.; FUJIMOTO, T. (1991): Product Development Performance. Strategy, Organization, and Management in the World Auto Industry, Boston 1991.

CLARK, P.; STAUNTON, N. (1989): Innovation in Technology and Organization, London, New York 1989.

CLARKE, C.J.; BRENNAN, K. (1990): Building Synergy in the Diversified Business, LRP, 23(1990)2, S. 9-16.

CLEGG, S.R. (1988): The Good, The Bad and The Ugly, in: OS, 9(1988)1, S. 7-12.

CLEGG, S.R. (1990): Modern Organizations. Organization Studies in the Postmodern World, London, Newbury Park, New Delhi 1990.

CLEGG, S.R.; COULEAU, L. (1992): Postmodernism and postmodernitiy in organization analysis, in: Jounal of Organizational Change Management, 5(1992)1, S. 8-25.

CLEGG, S.R.; DUNKERLEY, D. (1980): Organization, class and control, London u.a. 1980.

CONVERSE, P. (1927): Selling Policies, Englewood Cliffs 1927.

COOK, R.L.; BURLEY, J.R. (1984): A Framework for Evaluating International Physical Distribution Strategies, in: IJPD&MM, 15(1984)4, S. 26-38.

COOPER, J.; O'LAUGHLIN, K.; KRESGE, J. (1992): The Challenge of Change: Logistics in the New Europe, in: The International Journal of Logistics Management, 3(1992)2, S. 1-16.

COOPER, R. (1989): Modernism, Post Modernism and Organizational Analysis 3: The Contribution of Jacques Derrida, in: OS 10(1989)4, S. 479-502.

COOPER, R.; BURRELL, G. (1988): Modernism, Postmodernism and Organizational Analysis: An Introduction, in: OS, 9(1988)1, S. 91-112.

COPACINO, W.; ROSENFIELD, D.B. (1987): Analytic Tools for Strategic Planning, in: IJPD&MM, 17(1987)2, S. 79-95.

CORBETT, J.M.; RASMUSSEN, L.B.; RAUNER, F. (1991): Crossing the Border. The Social and Engineering Design of Computer Integrated Manufacturing Systems, London u.a. 1991.

COYLE, J.J.; BARDI, E.J. (1984): The Management of Business Logistics, 3. Aufl., St. Paul u.a., 1984.

COYLE, J.J.; BARDI, E.J.; LANGLEY, C.J. (1988): The Management of Business Logistics, St. Paul 1988.

CROOK, S.; PAKULSKI, J.; WATERS, M. (1992): Postmodernization. Change in Advanced Society, London, Newbury Park, New Delhi 1992.

CUMMINGS, T.; BLUMBERG, M. (1987): Advanced Manufacturing Technology and Work Design, in: WALL, T.D.; CLEGG, C.W.; KEMP, N.J.(Hrsg.): The Human Side of Advanced Manufacturing Technology, Chichester 1987, S. 37-60.

CYERT, R.M.; MARCH, J.G. (1963): A Behavioral Theory of the Firm. Englewood Cliffs 1963.

DÄUNERT, U. (1994): Arbeit und Technik in Logistischen Systemen, in: ERNST, G.; BÜNTGEN, W.; PORNSCHLEGEL, H.; WESTFAL, U. (Hrsg.): Zukunft von Arbeit in logistischen Systemen, Dortmund 1994, S. 7-12.

DAFT, R.L.; WEICK, K.E. (1984): Toward a Model of Organizations as Interpretation Systems, in: Academy of Management Review, 9(1984)2, S. 284-295.

DARR, W. (1992): Integrierte Marketing-Logistik. Auftragsabwicklung als Element der marketing-logistischen Strukturplanung, Wiesbaden 1992.

DASKIN, M.S. (1985): Logistics: An Overview of the State of the Art and Perspectives on Future Research, in: TR, 19A(1985)5/6, S. 383-398.

DAUGHERTY, P.J.; DRÖGE, C. (1991): Organisational Structure in Divisionalised Manufacturers: The Potential for Outsourcing Logistical Services, in: IJPD&LM, 21(1991)3, S. 22-29.

DAUGHERTY, P.J.; SPENCER, M.S. (1990): Just-in-Time Concepts. Applicability to Logistics/Transportation, in: IJPD&LM, 20(1990)7, S. 12-18.

DAUM, M. (1988): FTS-Fahrzeuge der neuen Generation, in: Jünemann, R. (Hrsg.): Integrierte Materialflußsysteme, Köln 1988, S. 108-122.

DE HAYES, D.W.; TAYLOR, R.L. (1972): Making "Logistics" Work in a Firm, in: Business Horizons, 3(Juni 1972), S. 37-46.

DELFMANN, W. (1978): Lieferzeitorientierte Distributionsplanung - Integrative Depot- und Transportoptimierung im Rahmen der Marketing-Logistik, Berlin 1978.

DELFMANN, W. (1989a): Die Planung 'robuster' Distributionsstrukturen bei Ungewiß-heit über die Nachfrageentwicklung im Zeitablauf, in: HAX, H.; KERN, W.; SCHRÖDER, H.H. (Hrsg.): Zeitaspekte der betriebswirtschaftlichen Theorie und Praxis, Stuttgart 1989, S. 215-229.

DELFMANN, W. (1989b): Das Netzwerkprinzip als Grundlage integrierter Unternehmensführung, in: Ders. et al. (Hrsg.): Der Integrationsgedanke in der Betriebs-wirtschaftslehre, Helmut Koch zum 70. Geburtstag, Wiesbaden 1989, S. 87-113.

DELFMANN, W. (1990a): Strategie der 90er: Marketing und Logistik integrieren, in: BONNY, C. (Hrsg.): Jahrbuch der Logistik 1990, Düsseldorf, Frankfurt 1990, S. 10-15.

DELFMANN, W. (1990b): Logistik macht Marketing: Wechselwirkungen erkennen und nutzen, in: BVL e.v. (Hrsg.): Logistik verbindet, Berichtsband des Deutschen Logistik-Kongresses 1990 in Berlin, München 1990, S. 154-186.

DELFMANN, W. (1992): Mehrweg-Transportverpackungen erfordern strategische Partnerschaften, in: Coorganisation 1/92, S. 25f.

DELFMANN, W. (1993): Planungs- und Kontrollprozesse, in: WITTMANN, W. (Hrsg.): Handwörterbuch der Betriebswirtschaft, Bd. 2, Stuttgart 1993, Sp. 3232-3251.

DELFMANN, W. (1994): Konsequenzen nicht-harmonisierter Verpackungsrichtlinien für den Aufbau europäischer Logistiksysteme, in: Schmalenbach-Gesellschaft - Deutsche Gesellschaft für Betriebswirtschaft e.v. (Hrsg.): Unternehmensführung und externe Rahmenbedingungen. Kongress Dokumentation 47. Deutscher Betriebswirtschafter-Tag 1993, Stuttgart 1994, S. 121-142.

DELFMANN, W.; DARR, W.;SIMON, R.-P. (1990): Grundlagen der Marketing-Logistik, Arbeitspapier Nr. 85 des Seminars für Allgemeine Betriebswirtschaftslehre, Betriebswirtschaftliche Planung und Logistik der Universität zu Köln, Köln 1990.

DENTON, D.K. (1991): Horizontal Management. Beyond Total Customer Satisfaction, New York u.a. 1991.

DERMER, J. (1988): Control and Organizational Order, in: Accounting, Organizations and Society, 13(1988)1, S. 25-36.

DODGSON, M. (1992): Strategies for Technological Learning: New Forms of Organisational Structure, in: MARCEAU, J. (Hrsg.): Reworking the World. Organisations, Technologies, and Cultures in Comparative Perspective, Berlin, New York 1992, S. 361-374.

DODGSON, M. (1993): Organizational Learning: A Review of Some Literatures, in: OS, 14(1993)3, S. 375-394.

DONALDSON, L. (1976): Woodward, Technology, Organizational Structure and Performance - A Critique of the Universal Generalization, in: Journal of Management Studie 13(1976), S. 255-273.

DONALDSON, L. (1985): In Defence of Organization Theory: A Response to the Critics, Cambridge 1985.

DONALDSON, L. (1988): In Successful Defence of Organization Theory: A Routing of the Critics, in: OS, 9(1988)1, S. 24-32.

DOSI, G. (1982): Technological paradigms and technological trajectories. A suggested interpretation of the determinants and directions of technical change, in: Research Policy 11(1982), S. 147-162.

DOSI, G. (1988a): The nature of the innovative process, in: DOSI, G. et al. (Hrsg.): Technical Change and Economic Theory, London, New York 1988, S. 221-238.

DOSI, G. (1988b): Sources, Procedures, and Microeconomic Effects of Innovation, in: Journal of Economic Literature 26(1988)3, S. 1120-1171.

DRÖGE, C.; GERMAIN, R. (1989): The Impact of the Centralized Structuring of Logistics Activities on Span of Control, Formalization and Performance, in: Journal of the Academy of Marketing Science, 17(1989)1, S. 83-89.

DUBBERT, M.C. (1990): Strategische Managemententwicklungsplanung. Konzeption und empirische Ergebnisse für den Bereich Logistik, Frankfurt am Main u.a. 1990.

DUERLER, B.M. (1990): Logistik als Teil der Unternehmungsstrategie, Bern, Stuttgart 1990.

DUNCAN, R.; WEISS, A. (1979): Organizational Learning: Implications for Organizational Design, in: Research in Organizational Behavior, 1(1979), S. 75-123.

DUNN, W.N.; GINSBERG, A. (1986): A Sociocognitive Network Approach to Organizational Analysis, in: Human Relations, 40(1986)11, 955-976.

DYCKHOFF, H. (1990): A typology of cutting and packing problems, in: EJoOR, 44(1990)1, S. 145-159.

EHRENSBERGER, S. (1993): Synergieorientierte Unternehmensintegration, Wiesbaden 1993.

EILON, S.; WATSON-GANDY, C.D.T.; CHRISTOFIDES, N. (1971): Distribution management: Mathematical modelling and practical analysis, London 1971.

ELLRAM, L.M. (1991): Supply Chain Management. The Industrial Organisation Perspective, in: IJPD&LM, 21(1991)1, S. 13-22.

EMERY, J.C. (1969): Organizational Planning and Control Systems. Theory and Technology, London 1969.

EMMANUEL, C.; OTLEY, D.; MERCHANT, K. (1990): Accounting for Management Control, 2. Aufl., London u.a. 1990.

ENDLICHER, A. (1981): Organisation der Logistik. Untersucht und dargestellt am Beispiel eines Unternehmens der chemischen Industrie mit Divisionalstruktur, in: JÜNEMANN, R. (Hrsg.): Forschungsberichte zur Industriellen Logistik, Bd. 18, Dissertation Essen 1981.

ENDLICHER, A. (1992): Qualitätssicherung in der Logistik aus Sicht eines Unternehmens der chemischen Industrie, in: PFOHL, H.-C. (Hrsg.): Total Quality Management in der Logistik, Berlin 1992, S. 113-139.

ERNST, G.; KOPP, I. (1992a): Arbeit im Lager und Umschlag logistischer Systeme: Arbeits- und Gesundheitsschutz von Umschlag- und Lagerarbeitern. Teil I, in: ErgoMed, 16(1992)4, S. 96-100.

ERNST, G.; KOPP, I. (1992b): Arbeit im Lager und Umschlag logistischer Systeme - Teil 2: Qualifikation und Qualifizierung von Lager- und Umschlagarbeitern, in: ErgoMed, 16(1992)6, S. 174-177.

ERNST, G.; KOPP, I. (1993): Arbeit im Lager und Umschlag logistischer Systeme. Teil 3: Arbeitszeitgestaltung,in: ErgoMed, 17(1993)3, S. 83-87.

ERROW, C. (1965): Hospitals: Technology, Structure, and Goals, in: MARCH, J.G. (Hrsg.): Handbook of Organizations, Chicago 1965, S. 910-971.

FARRELL, J.W. (1987): Logistics: The Evolution Continues, in: Traffic Management, 26(1987)9, S. 88-101.

FEIERABEND, R. (1980): Beitrag zur Abstimmung und Gestaltung unternehmungsübergreifender logistischer Schnittstellen, Bremen 1980.

FEIERABEND, R. (1988): Moderne Konzepte in der Logistik - gezeigt am Beispiel eines Herstellers technischer Gebrauchsgüter, in: ZfbF 40(1988)6, S. 542-558.

FELSNER, J. (1987): Kriterien zur Planung und Realisation von Logistik-Konzeptionen in Industrieunternehmen, 3. Aufl., Bremen 1987.

FEY, P. (1989): Logistik-Management und Integrierte Unternehmensplanung, München 1989.

FIETEN, R. (1982): Beschaffung und integrierte Materialwirtschaft in der Fertigungsindustrie, in: Beschaffung aktuell, (1982)10, S. 28-32.

FIETEN, R. (1984a): Integrierte Materialwirtschaft. Definition - Aufgaben - Tätigkeiten, in: BME Schriftenreihe "wissen und beraten", Frankfurt am Main 1984.

FIETEN, R. (1984b): Beschaffung, Logistik, Integrierte Materialwirtschaft. 3 Modelle mit Zukunft?, in: Beschaffung aktuell, (1984)9, S. 32-34.

FILZ, B.; FUHRMANN, R.; GIEHL, M.; HOYA, U.; VASTAG, A. (1989): Kennzahlensysteme für die Distribution. Modell für kleine und mittlere Unternehmen. Köln 1989.

FIOL, C.M.; LYLES, M.A. (1985): Organizational Learning, in: Academy of Management Review, 10(1985)4, S. 803-813.

FOGGIN, J.H. (1989): The Importance of Quality and Continuous Improvement in Logistics Customer Service, in: Survey of Business, Sommer 1989, S. 40-47.

FOLEY, P.D.; WATTS, H.D.; WILSON, B. (1993): New technologies, skills shortages and training strategies, in: SWANN, P. (Hrsg.): New technologies and the firm. Innovation and competition, London, New York 1993, S. 131-152.

FORSTER, M. (1987): Betriebswirtschaftliche Modelle als Antwort auf Probleme der betrieblichen Praxis, in: Schmidt, Schor (1987), S. 243-254.

FRANKEL, E.G. (1990): Management of Technological Change. The Great Challenge of Management to the Future, Dordrecht, Boston, London 1990.

FREEMAN, R.E. (1984): Strategic management: A stakeholder approach, Boston u.a. 1984.

FREICHEL, S. (1992): Organisation von Logistikservice-Netzwerken. Theoretische Konzeption und empirische Fallstudien, Berlin 1992.

FRESE, E. (1987): Unternehmensführung, Landsberg am Lech 1987.

FRESE, E. (1992): Organisationstheorie, Wiesbaden 1992.

FRESE, E. (1993): Grundlagen der Organisation. Konzept - Prizipien - Strukturen, 5. Aufl., Wiesbaden 1993.

FRESE, E.; NOETEL, W. (1992): Kundenorientierung in der Auftragsabwicklung, Stuttgart 1992.

FRÖHLING, O. (1990): Kennzahlen: Führungsinstrument auch für das Marketing, in: Management-Zeitschrift - Industrielle Organisation, 59(1990)5, S. 43-47.

FROST, P.J. (Hrsg.) (1985): Organizational Symbolism, in: Journal of Management, 11(1985)2.

FUCHS, J. (1994): Der klassische Irrtum der Produktionslogistik, in: LOGISTIK HEUTE, 16(1994)5, S. 66-72.

FUHRBERG-BAUMANN, J.; MÜLLER, R. (1992): Integrierte Organisation sichert kurze Lieferzeiten und hohe Termintreue, in: Handelsblatt, Nr. 68 vom 6.4.1992, S. 24.

GAITANIDES, M. (1979): Praktische Probleme bei der Verwendung von Kennzahlen für Entscheidungen, in: ZfB, 49(1979)1, S. 57-64.

GAITANIDES, M. (1983): Prozeßorganisation: Entwicklung, Ansätze und Progamme prozeßorientierter Organisationsgestaltung, München 1983.

GAITANIDES, M. (1992): Ablauforganisation, in: FRESE, E. (Hrsg.): Handwörterbuch der Organisation, 3. Aufl., Stuttgart, 1992, Sp. 1-34.

GAITANIDES, M.; WICHER, H. (1986): Strategien und Strukturen innovationsfähiger Organisationen, in: ZfB 56(1986)4/5, S. 385-403.

GATTIKER, U.E. (1990): Technology Management in Organizations, Newbury Park, London, New Delhi 1990.

GATTORNA, J.L.; CHORN, N.H.; DAY, A. (1991): Pathways to Customers: Reducing Complexity in the Logistics Pipeline, in: IJPD&LM, 21(1991), S. 5-11.

GATTORNA, J.L.; DAY, A. (1986): Strategic Issues in Logistics, in: IJPD&MM, 16(1986)2, S. 5-42.

GEIß, W. (1986): Betriebswirtschaftliche Kennzahlen. Theoretische Grundlagen einer problemorientierten Kennzahlenanwendung. Frankfurt am Main, Bern, New York 1986.

GEMMILL, G.; SMITH, C. (1985): A Dissipative Structure Model of Organization Transformation, in: Human Relations, 38(1985)8, S. 751-766.

GEOFFRION, A.M.; POWERS, R.F. (1980): Facility location analysis is just the beginning, in: Interfaces 10(1980)2, S. 22-30.

GERGEN, K.J. (1992): Organization Theory in the Postmodern Era, in: REED, M.; HUGHES, M. (Hrsg.): Rethinking Organization. New Directions in Organization Theory and Analysis, London, Newbury Park, New Delhi 1992, S. 207-226.

GERTLER, M.S. (1988): The limits to flexibility: comments on the Post-Fordist vision of production and its geography, in: Transactions of the Institute of British Geographers, 13(1988), S. 413-432.

GHOSHAL, S.; KORINE, H.; SZULANSKI, G. (1994): Interunit Communication in Multinational Corporations, in: Management Science, 40(1994)1, S. 96-110.

GIDDENS, A. (1992): Die Konstitution der Gesellschaft, Frankfurt am Main, New York 1992.

GILL, L.E. (1977): Organization for Effective Physical Distribution, in: Proceedings of the National Council of Physical Distribution Management, Herbst 1977, S. 103-119.

GOLDRATT, E.M. (1988): Computerized shop floor scheduling, in: International Journal of Production Research, 26(1988)3, S. 443-455.

GORDON, J. (1990): Logistics asserts itself as a Career Path, in: Distribution 89(1990)11, S. 36-44.

GÖTZE, U.; KESSEL, W.; BORRMANN, F.; REHM, T. (1991): "Logistik" zur Diskussion freigegeben, in: LOGISTIK MANAGEMENT, 2/1991, S. 30-34.

GRAEBIG, K. (1991): Was ist Logistik? Normierungsgremien ringen um gemeinsame Begriffe, in: DVZ, 46(1991)120, v. 8.10.1991, S. 35.

GRÄFE, H.J. (1987): Logistik-Konzept realisiert. Erfahrungen der Firma Krups bei der Umsetzung der Logistikorganisation, in: Zeitschrift für Logistik, Mai 1987, S. 71-74.

GRAHAM, I. (1988): Just-in-Time Management of Manufacturing, Oxford, New York, Amsterdam 1988.

GRAY, B.; BOUGON, M.G.; DONNELLON, A. (1985): Organizations as Constructions and Destructions of Meaning, in: Journal of Management, 11(1985)2, S. 83-95.

GROCHLA, E. (1969): Organisation der Materialwirtschaft, in: GROCHLA, E. (Hrsg.) (1969): Handwörterbuch der Organisation, Stuttgart 1969, Sp. 975-985.

GROCHLA, E. (1978a): Grundlagen der Materialwirtschaft. Das materialwirtschaftliche Optimum im Betrieb, 3. Aufl., Wiesbaden 1978.

GROCHLA, E. (1978b): Einführung in die Organisationstheorie, Stuttgart 1978.

GROCHLA, E. (1982): Grundlagen der organisatorischen Gestaltung, Stuttgart 1982.

GROCHLA, E.; FIETEN, R.; PUHLMANN, M.; VAHLE, M. (1983): Erfolgsorientierte Materialwirtschaft durch Kennzahlen. Leitfaden zur Steuerung und Analyse der Materialwirtschaft. Baden-Baden 1983.

GROßESCHALLAU, W. (1980): Die Graphentheorie in der Logistik. Eine Anwendung von Verfahren und Methoden anhand ausgewählter Beispiele. Teil 1, in: Logistik 1(1980)1, S. 37-42.

GUDEHUS, T. (1973): Grundlagen der Kommissioniertechnik, Essen 1973.

GUTENBERG, E. (1983): Grundlagen der Betriebswirtschaftslehre. Die Produktion, 24. Aufl., Berlin, Heidelberg, New York 1983.

HARBER, D.; SAMSON, D.A.; SOHAL, A.S.; WIRTH, A. (1990): Just-in-Time: The Issue of Implementation, in: Operations&Productions Management, 10(1990)1, S. 21-30.

HARVEY, D. (1989) The Condition of Postmodernity, Basil Blackwell 1989.

HARVEY, E. (1968): Technology and the Structure of Organizations, in: American Sociological Review, 33(1968), S. 247-259.

HAUTZ, E. (1992): Die logistische Kette - abgestimmter Informations- und Materialfluß über die Unternehmensgrenzen hinaus, in: FB/IE 41(1992)1, S. 4-7.

HAVIGHORST, D. (1980): Konzept und Leistungspotential der Marketing-Logistik, Weinheim 1980.

HAX, A.C.; MAJLUF, N.S. (1983a): The Use Of The Growth-Share Matrix In Strategic Planning, in: Interfaces, 13(1983)1, S. 46-60.

HAX, A.C.; MAJLUF, N.S. (1983b): The Use Of The Industrie Attractiveness-Business Strength Matrix In Strategic Planning, in: Interfaces, 13(1983)2, S. 54-71.

HAY, E.J. (1988): The Just-in-time Breakthrough. Implementing the New Manufacturing Basics, New York u.a. 1988.

HAYEK, F.A. von (1972): Die Theorie komplexer Phänomene, in: Freiburger Studien, Bd. 36, Tübingen 1972.

HAYES, R.H.; WHEELWRIGHT, S.C.; CLARK, K.B. (1988): Dynamic Manufacturing. Creating the Learning Organization, New York 1988.

HEDBERG, B.L.T. (1981): How organizations learn and unlearn, in: NYSTROM, P.C.; STARBUCK; W.H. (Hrsg.): Handbook of organizational design, New York 1981, S. 3-27.

HEDLUND, G.; ROLANDER, D. (1990): Actions in heterarchies: New approaches to managing MNC, in: BARTLETT, C.A.; DOZ, Y.; HEDLUND, G. (Hrsg.): Managing the Global Firm, London, New York 1990, S. 15-46.

HEES, R.N. van (1987): Organisatiestructur en integrale besturing als basis voor vooradsbeheersing, in: MONHEMIUS, W. (Hrsg.): Logistiek Management, Kluwer, Duwenter 1987, S. 55-66.

HEIDEN, U. an der (1992): Selbstorganisation in dynamischen Systemen, in: KROHN, W.; KÜPPERS, G. (Hrsg.): Emergenz: Die Entstehung von Ordnung, Organisation und Bedeutung, 2. Aufl., Frankfurt am Main 1992, S. 57-88.

HEINEN, E. (1976): Grundfragen der entscheidungsorientierten Betriebswirtschaftslehre, München 1976.

HEINRICH, L.; FELHOFER, E. (1985): Empirische Befunde zur Gestaltung der Logistik-Organisation und Logistik-Informationssysteme in mittelständischen Industrieunternehmen, in: Journal für Betriebswirtschaft, 35(1985)2, S. 62-78.

HEJL, P.M. (1991): Konstruktion der sozialen Konstruktion: Grundlinien einer konstruktivistischen Sozialtheorie, in: SCHMIDT S.J. (Hrsg.): Der Diskurs des Radikalen Konstruktivismus, 4. Aufl., Frankfurt am Main 1991.

HELLRIEGEL, D.; SLOCUM, J.W. (1974): Management, Reading, Mass. 1974.

HERMANN, H.-J. (1992): Modellgestützte Planung in Unternehmen: Entwicklung eines Rahmenkonzeptes, Wiesbaden 1992.

HERRMANN, T. (1994): Grundsätze ergonomischer Gestaltung von Groupware, in: HARTMANN, A.; HERRMANN, T.; ROHDE, M.; WULF, V. (Hrsg.): Menschengerechte Groupware - Software-ergonomische Gestaltung und partizipative Umsetzung, Stuttgart 1994, S. 65-107.

HESKETT, J.L. (1971): Controlling customer logistics service, in: IJPD&MM, 1(1971)3, S. 140-145.

HESKETT, J.L. (1977): Logistics - essential to strategy, in: HBR, (1977)11-12, S. 85-96.

HESKETT, J.L. (1985): Organizing for Effective Distribution Management, in: ROBESON, J.F.; HOUSE, R.G. (Hrsg.): The Distribution Handbook, New York, London 1985, S. 817-833.

HESKETT, J.L., IVIE, R.M.; GLASKOWSKY, N.A. (1964): Business Logistics. Management of Physical Supply and Distribution, New York 1964.

HESKETT, J.L.; MATHIAS, P.F. (1976): The Management of Logistics in MNCs, in: Columbia Journal of World Business, Spring 1976, S. 52-62.

HICKSON, D.J.; PUGH, D.S.; PHEYSEY, D. (1969): Operations Technology and Organization Structure: An Empirical Reappraisal, in: ASQ 14(1969)3, S. 378-397.

HILL, W.; FEHLBAUM, R.; ULRICH, P. (1989): Organisationslehre I, 4. Aufl., Bern, Stuttgart 1989.

HININGS, C.R. (1988): Defending Organization Theory: A British View from North America, in: OS, 9(1988)1, S. 2-6.

HIRST, R.J. (1967): Perception, in: Edwards, P. (Hrsg.): Encyclopedia of Philosophy, Vol. IV, New York (1967), S. 79-87.

HODGE, B.J.; ANTHONY, W.P. (1988): Organization Theory, 3. Aufl., Boston u.a. 1988.

HOEKSTRA, S.; ROMME, J. (Hrsg.) (1987): Op weg naar integrale logistieke structuren, Kluwer 1987.

HOFER, C.W.; SCHENDEL, D. (1978): Strategy Formulation: Analytical Concepts, St. Paul 1978.

HOFFMANN, F. (1980): Führungsorganisation. Bd. I: Stand der Forschung und Konzeption, Tübingen 1980.

HOHMANN, R.; SOKIANOS, N. (1985): Materialmanagement im Wandel. Eine Herausforderung an Personal- und Organisationsentwicklung, in: ZfL, 6(1985)6, S. 62-67.

HOOP, J.H. van der (1987): Geographic perspectives of international logistics, in: Annual Conference Proceedings of the CLM 25(1987)1, S. 245-254.

HOULIHAN, J.B. (1985): International Supply Chain Management, in: IJPD&MM, 15(1985)1, S. 15-66.

HOUSE, R.G.; KARRENBAUER, J.J. (1982): Logistics System Modelling, in: CHRI-STOPHER, M. (Hrsg.): New Horizons in Distribution & Materials Management, in: IJPD&MM 12(1982)3, S. 119-129.

HUTCHINSON, N.E. (1987): An integrated Approach to Logistics Management, Englewood Cliffs 1987.

IHDE, G.B. (1980): Logistik, Organisation der, in: GROCHLA, E. (Hrsg): Handwörter-buch der Organisation, 2. Aufl., Stuttgart 1980, Sp. 1224-1234.

IHDE, G.B. (1991): Transport, Verkehr, Logistik, 2. Aufl., München 1991.

IMAI, M. (1992): Kaizen. Der Schlüssel zum Erfolg der Japaner im Wettbewerb, 7. Aufl., München 1992.

ISERMANN, H. (1987): Ein Planungssystem zur Optimierung der Palettenbeladung mit kongruenten rechteckigen Versandgebinden, in: OR-Spektrum, 9(1987)4, S. 235-249.

ISERMANN, H. (1991): Heuristiken zur Lösung des zweidimensionalen Packproblems für Rundgefäße, in: OR-Spektrum, 13(1991)4, S. 213-223.

ITAMI, H. (1987): Mobilizing Invisible Assets, Cambridge, London 1987.

JACOBS, R.F. (1984): OPT uncovered: Many Production Planning and Scheduling Concepts can be applied with or without the Software, in: IE, 16(1984)10, S. 32-41.

JAPAN MANAGEMENT ASSOCIATION (Hrsg.) (1989): Kanban. Just-in-Time at Toyota, Cambridge, Norwalk 1989.

JOHNSON, G. (1992): Managing Strategic Change - Strategy, Culture and Action, in: LRP, 25(1992)1, S. 28-36.

JONES, T.C.; RILEY, D.W. (1985): Using Inventory for Competitive Advantage through Supply Chain Management, in: IJPD&MM, 15(1985)4, S. 16-26.

JÜNEMANN, R. (1989): Materialfluß und Logistik, Berlin u.a. 1989.

KAGONO, T.; NONAKA, I.; SAKAKIBARA, K.; OKUMURA, A. (1985): Strategic vs. Evolutionary Management. A U.S.-Japan Comparison of Strategy and Orga-nization, Amsterdam u.a. 1985.

KALLOCK, R.W. (1988): The Challenge of managing Logistics in a global environment, in: Annual Conference Proceedings of the CLM 26(1988)1, S. 83-93.

KAMM, J. BROWN (1987): An Integrative Approach to Managing Innovation, Lexington 1987.

KARPIK, L. (1988): Misunderstandings and Theoretical Choices, in: OS, 9(1988)1, S. 25-27.

KASPER, H. (1982): Innovation in Organisationen. Konzeptionelle Arbeit mit empirischen Befunden, Wien 1982.

KATHAWALA, Y.; NAUO, H. (1989): Integrated Materials Management: A Conceptual Approach, in: IJPD&MM, 19(1989)8, S. 9-17.

KATZ, D.; KAHN, R.L. (1966): The social psychology of organizations. New York 1966.

KAWASAKI, S.; McMILLAN, J. (1986): The design of contracts - Evidence from Japanese subcontracting. Discussion Paper IIM/IP 86-28, WZB Berlin 1986.

KAY, J.; WILLMAN, P. (1993): Managing technological innovation, in: SWANN, P. (Hrsg.): New technologies and the firm. Innovation and competition, London, New York 1993, S. 19-53.

KENNEY, M.; FLORIDA, R. (1988): Beyond Mass Production, in: Politics and Society, 16(1988)1, S. 121-158.

KESSEL, W.; BORRMANN, F.; REHM, T. (1991): "Logistik" zur Diskussion freigegeben, in: LOGISTIK MANAGEMENT, 2(1991), S. 30-34.

KHANDWALLA, P.N. (1975): Unsicherheit und die "optimale" Gestaltung von Organisationen, in: GROCHLA, E. (Hrsg.): Organisationstheorie, 1. Bd., Stuttgart 1975, S. 140-156.

KHANDWALLA, P.N. (1977): The Design of Organizations, New York et al. 1977.

KIESER, A. (1987): Lex Donaldson: In Defence of Organization Theory. A Reply to the Critics, in: OS, 8(1987)1, S. 375-378.

KIESER, A.; KUBICEK, H. (1983): Organisation, 2. Aufl., Berlin, New York 1983.

KIESER, A.; KUBICEK, H. (1992): Organisation, 3. Aufl., Berlin, New York 1992.

KILMAN, R.H. (1984): Beyond the Quick Fix, San Franciso u.a. 1984.

KIM, D.H. (1993): The Link between Individual and Organizational Learning, in: Sloan Management Review, 35(1993)1, S. 37-50.

KIRSCH, W. (1971): Betriebswirtschaftliche Logistik, ZfB, 41(1971)4, S. 221-234.

KIRSCH, W. (1992): Kommunikatives Handeln, Autopoiese, Rationalität. Sondierungen zu einer evolutionären Führungslehre, München 1992.

KIRSCH, W.; BAMBERGER, I.; GABELE, E.; KLEIN, K. (1973): Betriebswirtschaftliche Logistik, Wiesbaden 1973.

KIRSCH, W.; GABELE, E. (1980): Organisation der Logistik. Gestaltung logistischer Organisationsformen, in: Logistik, 1(1980)1, S. 4-9.

KISTNER, K.-P.; STEVEN, M. (1990): Produktionsplanung, Heidelberg 1990.

KISTNER, K.-P.; STEVEN, M. (1993): Produktionsplanung. 2. Aufl., Heidelberg 1993.

KLAUS, P. (1993): Die dritte Bedeutung der Logistik, Nürnberger Logistik-Arbeitspapier Nr. 3, Nürnberg 1993.

KLAUS, P. (1994): Jenseits einer Funktionenlogistik: der Prozeßansatz, in: ISERMANN, H. (Hrsg.): Logistik: Beschaffung, Produktion, Distribution, Landsberg, Lech 1994, S. 331-348.

KLEINSORGE, I.K.; SCHARY, P.B.; TANNER, R. (1989): Evaluating Logistics Decisions, in: IJPD&MM, 19(1989)12, S. 3-14.

KLEMM, H.; MIKUT, M. (1972): Lagerhaltungsmodelle. Theorie und Anwendung, Berlin 1972.

KLIMECKI, R.; PROBST, G.; EBERL, P. (1991): Perspektiven eines entwicklungsorientierten Managements, in: STAEHLE, W.; SYDOW, J. (Hrsg.): Managementforschung, Berlin 1991.

KLOOCK, J. (1992): Prozeßkostenrechnung als Rückschritt und Fortschritt in der Kostenrechnung, in: krp, 36(1992)4, S. 183-193 (Teil 1) und krp, 36(1992)5, S. 237-245 (Teil 2).

KNAPP, H.-G. (1978): Zur Semantik quantitativer Modelle, in: MÜLLER-MERBACH(1978), S. 199-213.

KNIGHTS, D.; MORGAN, G. (1993): Organization Theory and Consumption in a Post-Modern Era, in: OS, 14(1993)2, S. 211-234.

KNOLMAYER, G. (1987): Materialflussorientierung statt Materialbestandsoptimierung: Ein Paradigmawechsel in der Theorie des Produktions-Managements?, in: BAETGE, J.; LILIENSTERN, H.R. von; SCHÄFER, H. (Hrsg.): Logistik - eine Aufgabe der Unternehmenspolitik. Ein Roundtable-Gespräch, Berlin 1987, S. 53-77.

KOCH, H. (1982): Integrierte Unternehmensplanung, Wiesbaden (1982).

KOGUT, B.; KULATILAKA, N. (1994): Operating Flexibility, Global Manufacturing, and the Option Value of a Multinational Network, in: Management Science, 40(1994)1, S. 123-139.

KOHN, J.W.; McGINNIS, M.A.; KESAVA, P.K. (1990): Organisational Environment and Logistics Strategy: An Empirical Study, in: IJPD&LM, 20(1990)2, S. 22-30.

KORTSCHAK, B. (1992): Vorsprung durch Logistik. Der Produktions- und Wettbewerbsfaktor Zeit, Wien 1992.

KOSIOL, E. (1976): Organisation der Unternehmung, 2. Aufl., Wiesbaden 1976.

KROHN, W.; KÜPPERS, G. (1989): Die Selbstorganisation der Wissenschaft, Frankfurt/M. 1989.

KROHN, W.; KÜPPERS, G. (1990): Vorwort zu: dieselb. (Hrsg.): Selbstorganisation. Aspekte einer wissenschaftlichen Revolution, Braunschweig, Wiesbaden 1990, S. 1-17.

KRULIS-RANDA, J. (1977): Marketing-Logistik, Bern, Stuttgart 1977.

KUBICEK, H.; THOM, N. (1976): Umsystem, betriebliches, in: HWB, 3.Bd., Stuttgart 1976, Sp. 3977-4017.

KÜPPER, H.-U. (1990): Industrielles Controlling, in: SCHWEITZER, M. (Hrsg.): Industriebetriebslehre. Das Wirtschaften in Industrieunternehmungen. München 1990, S. 781-891.

KÜPPER, H.-U.; HOFFMANN, H. (1988): Ansätze und Entwicklungstendenzen des Logistik-Controlling in Unternehmen der Bundesrepublik Deutschland, in: DBW, 48(1988)5, S. 587-601.

KYI, M.J. (1989): International Customer Service as a New Competitive Tool, in: IJP-D&MM, 19(1989)?, S. 4-9.

La LONDE, B.J.; COOPER, M.C.; NOORDEWIER, T.G. (1988): Customer Service: A Management Perspective. Oak Brook 1988.

La LONDE, B.J.; EMMELHAINZ, L.W. (1981): Career Patterns of Logistics Executives: 1981, in: Annual Conference Proceedings of the CLM 19(1981)1, S. 1-12.

La LONDE, B.J.; EMMELHAINZ, L.W. (1985): Career Patterns of Logistics Executives: 1985 (Part II), in: Annual Conference Proceedings of the CLM 23(1985)1, S. 41-56.

La LONDE, B.J.; MASON, R.E. (1985): Some Thoughts on Logistics Policy and Strategies: Management Challenges for the 1980s, in: IJPD&MM, 15(1985)4, S. 5-15.

LACHNIT, L. (1976): Zur Weiterentwicklung betriebswirtschaftlicher Kennzahlensysteme, in: ZfbF, 28(1976), S. 216-230.

LAMB, C.W. (1977): Using the Principle of Postponement - Speculation to Analyse Channel Change, in: IJPD&MM 7(1977)5, S. 255-263.

LAMBERT, D.M.; COOK, R.L. (1990): Integrating Marketing and Logistics for Increased Profit, in: Business, Juli-September 1990, S. 22-29.

LANCIONI, R. (1974): Reorganization for Physical Distribution, in: Long Range Planning 8(1974)4, S. 46-58.

LANCIONI, R.; GATTORNA, J.L. (1992): Setting Standards for Quality Service in Logistics, in: IJPD&LM, 22(1992)3, S. 24-29.

LANGLEY, C.J. (1986): The Evolution of the Logistics Concept, in: JoBL, 7(1986)2, S. 1-13.

LASH, S.; URRY, J. (1987): The End of Organized Capitalism, Cambridge 1987.

LAßMANN, A. (1992): Organisatorische Koordination, Wiesbaden 1992.

LAWRENCE, P.R.; LORSCH, J.W. (1967): Organization and Environment: Managing Differentiation and Integration, Boston 1967.

LAWRENCE, P.R.; LORSCH, J.W. (1969): Organization and Environment, Homewood 1969.

LAYTON, E. (1977): Conditions of technological development, in: SPIEGEL-RÖSING, I.; de SOLLA PRICE, D. (Hrsg.): Science, Technology and Society, London, Beverly Hills 1977, S. 197-222.

LAZONICK, W. (1990): Competitive Advantage on the Shop Floor, Cambridge, London 1990.

LEHMANN, H. (1980): Integration, in: GROCHLA, E. (Hrsg.): Handwörterbuch der Organisation, 2. Aufl., Stuttgart 1980, Sp. 976-984.

LEIBENSTEIN, H. (1987): Inside the Firm. The Inefficiencies of Hierarchy, Cambridge, London 1987.

LENK, H. (1978): Handlung als Interpretationskonstrukt, in: ders. (Hrsg.): Handlungstheorien interdisziplinär, Bd. II, 1. Halbband, München 1978, S. 279-350.

LENK, H. (1987): Zwischen Sozialpsychologie und Sozialphilosophie, Frankfurt am Main 1987.

LEVITT, B.; MARCH, J.G. (1988): Organizational Learning, in: Annual Review of Sociology 14(1988), S. 319-340.

LEWIS, H.T.; CULLITON, J.W.; STEELE, J.D. (1956): The Role of Air Freight in Physical Distribution, Boston 1956.

LINCOLN, J.R. (1990): Japanese Organization and Organization Theory, in: Research in Organizational Behavior, 12(1990), S. 270-294.

LINDNER, O.; PIRINGER, H. (1990): Logistik-Controlling. Kritische Analyse, Zielsetzung und Strategiebeobachtungen, in: MAYER, E.; WEBER, J. (Hrsg.): Handbuch Controlling. Stuttgart 1990, S. 211-238.

LÜCK, W. (1984): Logistik in der Unternehmensorganisation - Ergebnisse einer empirischen Umfrage in der deutschen Brauwirtschaft -, in: LÜCK, W. (Hrsg.): Schriftenreihe der Betriebswirtschaftlichen Abteilung der Versuchs- und Lehranstalt für Brauerei in Berlin (VLB). Band 6: Logistik und Materialwirtschaft, Berlin 1984, S. 151-171.

LYOTARD, J.-F. (1982): Das postmoderne Wissen, in: THEATRO MACHINARUM, 1(1982)3/4.

LYOTARD, J.-F. (1984): The postmodern condition: a report on knowledge, Manchester 1984.

MACBETH, D.K. (1987): Supplier Management in Support of JIT Activity: A Research Agenda, in: IJOPM, 7(1987)4, S. 53-63.

MACKLIN, C.L. (1988): Third Party Logistics in Europe, in: Annual Conference Proceedings of the CLM 26(1988)1, S. 95-121.

MAGEE, J.F.; COPACINO, W.C.;ROSENFIELD, D.B. (1985): Modern Logistics Management. Integrating Marketing, Manufacturing, and Physical Distribution, New York u.a. 1985.

MAHONEY, J.T.; PANDIAN, J.R. (1992): The Resource-Based View within the Conversation of Strategic Management, in: SMJ, 13(1992), S. 363-380.

MAIWORM, R. (1993): Am 1. Januar traten wichtige Änderungen in Kraft, in: DVZ Nr. 10, 47(1993), S. 3 u. 7.

MALIK, F. (1993): Systemisches Management, Evolution, Selbstorganisation. Grundprobleme, Funktionsmechanismen und Lösungsansätze für komplexe Systeme, Bern, Stuttgart, Wien 1993.

MALLORY, L.C. (1983): Integrated Logistics: How to Make It Happen in Your Company, in: Proceedings of the National Council of Physical Distribution Management, Vol. II, 1983, S. 731-743.

MÄNNEL, W.; WEBER, J. (1982): Formeln und Kennzahlen im Fertigungsbereich, in: WiSt - Wirtschaftswissenschaftliches Studium, 11(1982)12, S. 579-588.

MARCEAU, J. (1992): Einführung zur Kap. 5: Reworking the World of Work, in: MARCEAU, J. (Hrsg.): Reworking the World. Organisations, Technologies, and Cultures in Comparative Perspective, Berlin, New York 1992, S. 377-384.

MARCH, J.G.; SIMON, H.A. (1976): Organisation und Individuum. Menschliches Verhalten in Organisationen, Wiesbaden 1976.

MARR, N.E. (1980): Do Managers Really Know what Service Their Customers Require?, in: IJPD&MM, 10(1980)7, S. 433-444.

MARTIN, H. (1985): Beitrag zum Einfluß der Unternehmensstrategien auf die Struktur der Transport- und Lagersysteme, Dissertation der Technischen Universität Berlin 1985.

MARTIN, R. (1988): Industrial capitalism in transition: The contemporary reorganisation of the British space economy, in: MASSEY, D.; ALLEN, J. (Hrsg.): Uneven Re-development: Cities and Regions in Transition , Open 1988.

MASKELL, B. (1989): MRPII or Just-in-Time: Which Way to Productivity?, in: Management Accounting, Januar 1989, S. 34-35.

MASTERS, J.M.; La LONDE, B.J.; POHLEN, T.L. (1992): For Logistics, a subtle Shift in Organization, in: Distribution, 91(1992)1, S. 48-51.

MATTHEIS, P. (1993): Prozeßorientierte Informations- und Organisationsstrategie. Analyse, Konzeption, Realisierung, Wiesbaden 1993.

MATURANA, H.R.; VARELA, F.J.; URIBE, R. (1982): Autopoiese: Die Organisation lebender Systeme, ihre nähere Bestimmung und ein Modell, in: MATURANA, H.R. (Hrsg.): Erkennen: Die Organisation und Verkörperung von Wirklichkeit, Braunschweig, Wiesbaden 1982, S. 138-171.

MAYNTZ, R. (1976): Conceptual models of organizational decision-making and their application to the policy process, in: HOFSTEDE, G.; KASSEN, M.S. (Hrsg.): European contributions to organization theory, Amsterdam 1976, S. 114-125.

McGINNIS, M.; KOHN, J.W. (1990): A Factor Analytic Study of Logistics Strategy, in: JoBL, 11(1990)2, S. 41-63.

MEFFERT, H. (1984): Unternehmensführung und neue Informationstechnologien. Thesen zur Akzeptanz und zum geplanten organisatorischen Wandel im Unternehmen, in: DBW, 44(1984)3, S. 461-465.

MEYER, M. (1993): Logistik-Management: Eine Aufgabe der integrierten Gestaltung von Güter- und Informationsflußsystemen, in: DBW, 53(1993)2, S. 253-270.

MEYERHOFF, J.C. (1993): Die Prozeßkostenrechnung - Stand und Entwicklungstendenzen, in: ZP, (1993)1, S. 65-96.

MILLER, J.G.; GILMOUR, P. (1979): Materials managers - Who needs them?, in: HBR (1979)7/8, S. 143-153.

MINTZBERG, H. (1981): Organization design: fashion or fit?, in: HBR, 59(1981)1, S. 103-116.

MINTZBERG, H. (1988): Strategie als Handwerk, in: HARVARDmanager 1(1988), S. 73-80.

MINTZBERG, H. (1990): Strategy Formation: Schools of Thought, in: FREDRICKSON, J. (Hrsg.): Perspectives on Strategic Management, New York u.a. 1990.

MINTZBERG, H. (1994): Das wahre Geschäft der strategischen Planer, in: HARVARD BUSINESS manager, 16(1994)3, S. 9-15.

MONHEMIUS, W. (Hrsg.) (1987): Logistiek management, Kluwer 1987.

MORGAN, G. (1986): Images of Organization. Beverly Hills, Newbury Park, London, New Delhi 1986.

MORGAN, G. (1993): Imaginization. The Art of Creative Management, Newbury Park, London, New Delhi 1993.

MORGAN, G.; RAMIREZ, R. (1983): Action Learning: A Holographic Metaphor for Guiding Social Change, in: Human Relations, 37(1983)1, S. 1-28.

MORGAN, J.I. (1963): Questions for Solving the Inventory Problem, in: HBR 41(1963)4, S. 95.

MOSSMAN, F.H.; MORTON, N. (1965): Logistics of Distribution Systems, Boston 1965.

MOTYKA, W. (1989): Erklärungspotential und praktische Eignung organisationstheoretischer Ansätze, München 1989.

MÜLLER-BÖLING, D.; KLEIN, S. (1985): Der praktische Nutzen des situativen Ansatzes - Konzeptionelle und instrumentelle Akzeptanzfaktoren. Arbeitsbericht Nr. 59 des Seminars für Allgemeine Betriebswirtschaftslehre und Betriebswirtschaftliche Planung der Universität zu Köln, Köln 1985.

MÜLLER-MERBACH, H. (1992): Vier Arten von Systemansätzen dargestellt in Lehrgesprächen, in: ZfB, 62(1992)8, S. 853-876.

MÜNCH, R. (1988): Theorie des Handelns. Zur Rekonstruktion der Beiträge von Talcott Parsons, Emile Durkheim und Max Weber, Frankfurt am Main 1988.

MURPHY, P.R.; POIST, R.F. (1986): Skill Requirements of Senior-Level Logistics Executives: An empirical Assessment, in: JoBL 12(1991)2, S. 73-94.

MURRAY, R.E.; CALABY, S.D. (1988): Outsourcing, Networking, and the hollow Corporation, in: Annual Conference Proceedings of the CLM 26(1988)2, S. 171-191.

NAGEL, P.; CILLIERS, W. (1990): Customer Satisfaction: A Comprehensive Approach, in: IJPD&LM, 20(1990)6, S. 1-46.

NELSON, R.R. (1991): Why do Firms differ, and how does it matter?, in: SMJ, 12(1991) Special Issue, S. 61-74.

NELSON, R.R.; WINTER, S.G. (1982): An Evolutionary Theory of Economic Change, Cambridge, London 1982.

NIENHÜSER, W. (1993): Probleme der Entwicklung organisationstheoretisch begründeter Gestaltungsvorschläge, in: DBW, 53(1993)2, S. 235-252.

NISHI, M.; GALLAGHER, P. (1984): A new Focus for Transportation Management: Contribution, in: JoBL, 5(1984)2, S. 19-29.

NOHRIA, N. (1992): Is a Network Perspective a Useful Way of Studying Organization?, in: NOHRIA, N.; ECCLES, R.G. (Hrsg.): Networks and Organizations, Boston 1992, S. 1-22.

NOHRIA, N.; BERKLEY, J.D. (1994): An Action Perspective: The Crux of the New Management, in : California Management Review, 36(1994)4, S. 70-92.

NORDSIECK, F. (1955): Rationalisierung der Betriebsorganisation, 2. Aufl., Stuttgart 1955.

NORDSIECK, F. (1961): Betriebsorganisation. Betriebsaufbau und Betriebsablauf, Stuttgart 1961.

NOVACK, R.A. (1989): Quality and Control in Logistics: A Process Model, in: IJPD&MM, 19(1989)11, S. 1-44.

NOVACK, R.A.; SIMCO, S.W. (1991): The industrial procurement Process: A Supply Chain Perspective, in: JoBL, 12(1991)1, S. 145-167.

NYSTROM, P.C.; STARBUCK; W.H. (1984): To Avoid Organizational Crises, Unlearn, in: Organizational Dynamics, 12(1984)4, S. 53-65.

o.V. (1981): Organizing Physical Distribution to Improve Bottom Line Results, in: NCPD&MM (Hrsg.): Annual Conference Proceedings, Chicago 1981, S. 1-14.

o.V. (1982): Organisation der Logistik, in: Logistik, 3(1982)2, S. 43-48.

o.V. (1991): Universitäten nach Praxis gefragt, in: Logistik Management, (1991)2, S. 45-52.

o.V. (1993): Logistik-Institute international, in: Hossner, R. (Hrsg.): Jahrbuch der Logistik 1993, Düsseldorf 1993, S. 311f.

o.V. (1994): Weltweite Vernetzung schafft überall mehr Transparenz, in: Handelsblatt Nr. 203 v. 20.10.1994, S. 25.

OCHSENBAUER, C.K.F. (1988): Organisatorische Alternativen zur Hierarchie. Überlegungen zur Überwindung der Hierarchie in Theorie und Praxis der betriebswirtschaftlichen Organisation. Diss. der Ludwig-Maximilians-Universität, München 1988.

ORLICKY, J. (1975): Materials Requirements Planning. New York 1975.

PALLOIX, C. (1976): The labour process: From Fordism to Neo-Fordism, in: The Labour Process and Class Strategies, Stage 1, Konferenz der Sozialistischen Ökonomen, 1976.

PARASURAMAN, A.; ZEITHAML, V.A.; BERRY, L.L. (1985): A Conceptual Model of Service Quality and its Implications for Future Research, in: Journal of Marketing, 49(1985), S. 41-50.

PARASURAMAN, A.; ZEITHAML, V.A.; BERRY, L.L. (1988): Communication and Control Processes in the Delivery of Service Quality, in: Journal of Marketing, 52(1988), S. 35-48.

PARKER, M. (1992a): Post-Modern Organizations or Postmodern Organization Theory?, in: OS 13(1992)1, S. 1-17.

PARKER, M. (1992b): Getting Down from the Fence: A Reply to Haridimos Tsoukas, in: OS 13(1992)4, S. 651-653.

PASCALE, R. (1990): Managing on the Edge. How successful companies use conflict to stay ahead, London u.a. 1990.

PAUTZKE, G. (1989): Die Evolution der organisatorischen Wissensbasis. Bausteine zu einer Theorie des organisatorischen Lernens, in: KIRSCH, W.(Hrsg.): Münchner Schriften zur angewandten Führungslehre, Bd. 58, München 1989.

PENMAN, I. (1991): Logistics - Fragmented or Integrated?, in: Focus on Logistics & Distribution Management, 10(1991)9, S. 21-24.

PENROSE, E. (1959): The theory of the growth of the firm, Oxford 1959.

PENROSE, E. (1980): The theory of the growth of the firm, 2. Aufl., Oxford 1980.

PERROW, C. (1972): Complex Organizations: A Critical Essay, Glenview 1972.

PERRY, J.H. (1988): Firm Behavior and Operating Performance in Just-in-Time Logistics Channels, in: JoBL, 9(1988)1, S. 19-33.

PERSSON, G. (1982): Organisation Design Strategies for Business Logistics, in: CHRISTOPHER, M.(Hrsg.): New Horizons in Distribution & Materials Management, in: IJPD&MM 12(1982)3, S. 27-36

PERSSON, G. (1991): Achieving Competitiveness Through Logistics, in: The International Journal of Logistics Management, 2(1991)1, S. 1-11.

PETERAF, M.A. (1993): The Cornerstones of Competitive Advantage: A Resource-Based View, in: SMJ 14(1993)2, S. 179-191.

PETERSEN, D.E.; HILLKIRK, J. (1991): A Better Idea. Redefining the Way Americans Work, Boston 1991.

PFOHL, H.-C. (1980): Aufbauorganisation der betriebswirtschaftlichen Logistik, in: ZfB. 50(1980)11-12, S. 1201-1228.

PFOHL, H.-C. (1987): Logistik und Unternehmensführung, in: PFOHL, H.-C.(Hrsg.): Logistiktrends, Darmstadt 1987, S. 140-172.

PFOHL, H.-C. (1990): Logistiksysteme. Betriebswirtschaftliche Grundlagen, 4. Aufl., Berlin u.a. 1990.

PFOHL, H.-C. (1992): Organisation der Logistik, in: FRESE, E. (Hrsg.): Handwörterbuch der Organisation, 3. Aufl., Stuttgart, 1992, Sp. 1255-1270.

PFOHL, H.-C. (1993): Das Subsystem Entsorgungslogistik gewinnt zunehmend an Bedeutung, in: Handelsblatt Nr. 56 vom 22.3.1993, S. 24.

PFOHL, H.-C. (1994): Logistikmanagement. Funktionen und Instrumente. Implementierung der Logistikkonzeption in und zwischen Unternehmen, Berlin u.a. 1994.

PFOHL, H.-C.; FREICHEL, S. (1990): Deregulierung des europäischen Straßengüterverkehrsmarktes - Auswirkungen auf die Logistikkette mit besonderer Berücksichtigung kleiner und mittlerer Logistikunternehmen in der Bundesrepublik Deutschland, Teil II: Ergebnisse einer Unternehmensbefragung. Arbeitspapiere zur Logistik, Nr. 11, Darmstadt 1990.

PFOHL, H.-C.; HOFFMANN, H. (1984): Logistik-Controlling, in: ZfB-Ergänzungsheft 2(1984), S. 42-70.

PFOHL, H.-C.; KÖNIG, M.; ZETTELMEYER, B. (1986): Realisierung der Logistik in der deutschen Automobilindustrie, Arbeitspapiere zur Logistik, Nr. 1, der Technischen Hochschule Darmstadt, Institut für Betriebswirtschaftslehre II, Darmstadt 1986.

PFOHL, H.-C.; LARGE, R. (1994): Zur Eingliederung der Logistik in die Aufbauorganisation von Unternehmen, in: ISERMANN, H. (Hrsg.): Logistik: Beschaffung, Produktion, Distribution, Landsberg, Lech 1994, S. 57-70.

PFOHL, H.-C.; ZÖLLNER, W. (1987): Organisation for Logistics: The Contingency Approach, in: IJPD&MM, 17(1987)1, S. 3-16.

PFOHL, H.-C.; ZÖLLNER, W. (1991): Effizienzmessung der Logistik, in: DBW, 51(1991)3, S. 323-339.

PFOHL. H.-C. (1985): Produktionsfaktor "Information" in der Logistik, in: Institut für Logistik der Deutschen Gesellschaft für Logistik e.V. (Hrsg.): Informationssysteme in der Logistik, Reihe Fachtagungen, Bd.1, Dortmund 1985, S. 1-28.

PICOT, A. (1990): Organisation, in: BITZ, M. et al. (Hrsg.): Vahlens Kompendium der Betriebswirtschaftslehre, Bd. 2, 2. Aufl., München 1990, S. 101-163.

PICOT, A.; REICHWALD, R. (1994): Auflösung der Unternehmung? Vom Einfluß der IuK-Technik auf Organisationsstrukturen und Kooperationsformen, in: ZfB 64(1994)5, S. 547-570.

PISHARODI, R.M.; LANGLEY, C.J. (1990): A Perceptual Process Modell of Customer Service based on Cybernetic/Control Theory, in: JoBL, 11(1990)1, S. 26-48.

PLADERER, H.C. (1985): Die "logistische Kette" wird eine Managementphilosophie, in: io Management-Zeitschrift, 54(1985)3, S. 128-131.

POIST, R.F. (1986): Evolution of Conceptual Approaches to Designing Business Logistics Systems, in: Transportation Journal, 26(1986)1, S. 55-64.

PORTER, M.E. (1986): Wettbewerbsvorteile - Spitzenleistungen erreichen und behaupten, Frankfurt am Main, New York 1986.

PORTER, M.E. (1987): Diversifikation - Konzerne ohne Konzept, in: HARVARDmanager, (1987)4, S. 30-49.

PORTER, M.E. (1988): Wettbewerbsstrategie, 5. Aufl., Frankfurt am Main 1988.

POWELL, W.W. (1990): Neither Market nor Hierarchy: Network Forms of Organization, in: Research of Organizational Behavior, 12(1990), S. 295-336.

POWER, M. (1993): Modernism, postmodernism and organization, in: HASSARD, J.; PYM, D. (Hrsg.): The Theory and Philosophy of Organizations. Critical Issues and New Perspektives, London, New York 1993, S. 109-124.

POWERS, W.T. (1973): The Control of Perceptions, Chicago 1973.

PRAHALAD, C.K.; HAMEL, G. (1990): The Core Competence of the Corporation, in: HBR, 68(1990)3, S. 79-91.

PROBST, G. (1986): Der Organisator im selbstorganisierenden System. Aufgaben, Stellung und Fähigkeiten, in: zfo, 55(1986)6, S. 395-399.

PROBST, G. (1993): Organisation. Strukturen, Lenkungselemente, Entwicklungsperspektiven, Landsberg/Lech 1993.

PUGH, D.S.; HICKSON, D.J. (Hrsg.) (1976): Organizational Structure in its Context: the Aston Programm I, Westmead, Farnb. 1976.

PUGH, D.S.; HICKSON, D.J.; HININGS, C.R.; TURNER, C. (1969): The Context of Organization Structures, in: ASQ, 14(1969)1, S. 91-114.

PUHLMANN, M. (1985): Die organisatorische Gestaltung der integrierten Materialwirtschaft in industriellen Mittelbetrieben. Konzeptionelle und empirische Grundlagen, Bergisch Gladbach, Köln 1985.

QUINN, J.B.; MINTZBERG; H.; JAMES, R.M. (1988): The Strategy Process, Englewood Cliffs 1988.

QUITTENBAUM; P.; MÜLLER, H.D. (1987): Harmonie versus Konflikt. Organisatorische Gestaltungsziele der Logistik als Querschnittfunktion, in: ZfL. Mai 1987, S. 68-70.

RAO, K.; STENGER, A.J.; YOUNG, R.R. (1988): Corporate Framework for Developing and Analysing Logistics Strategies, in: Annual Conference Proceedings of the CLM 26(1988), S. 243-262.

RAPP, F. (1973): Technik und Naturwissenschaften - eine methodologische Untersuchung, in: LENK, H.; MOSER, S. (Hrsg.): Techne - Technik - Technologie. Philosophische Perspektiven. Pullach 1973, S. 108-132.

RAPP, F. (1974) (Hrsg.): Contributions to a Philosophy of Technology. Studies in the Structure of Thinking in the Technological Sciences. Dordrecht, Boston 1974.

REDDY, R. (1990): A Technological Perspective on New Forms of Organizations, in: GOODMAN, P.S.; SPROULL, L.S. (Hrsg.): Technology and Organizations, San Francisco, Oxford 1990, S. 232-253.

REED, M. (1992): Einführung zu: REED, M.; HUGHES, M. (Hrsg.): Rethinking Organization. New Directions in Organization Theory and Analysis, London, Newbury Park, New Delhi 1992, S. 1-16.

REICHARDT, J. (1993): Fabrikgebäude wird zum Produktionsinstrument, in: Handelsblatt Nr. 123, v. 30.7.1993, S. 23.

REICHMANN, T. (1990): Controlling mit Kennzahlen. Grundlagen einer systemgestützten Controlling-Konzeption. 2. Aufl., München 1990.

REIHLEN, M. (1992): Möglichkeiten und Grenzen mathematischer Modelle für die Lösung betriebswirtschaftlicher Probleme: Die Passivistische Abbildungsthese und die Aktivistische Konstruktionsthese in der Modelldiskussion, Thesenpapier, Seminar für Allgemeine Betriebswirtschaftslehre, Betriebswirtschaftliche Planung und Logistik der Universität zu Köln, Köln 1992.

REISCH, D. (1992): Gesamtoptimierung der Logistik stärkt Position im Wettbewerb, in: ZfL, 13(1992)5, S. 4-7.

REIß, M. (1992): Spezialisierung, in: Frese, E. (Hrsg.): Handwörterbuch der Organisation, 3. Aufl., Stuttgart 1992, Sp. 2287-2297.

REY, J. (1990): Planung von durchgängigen Logistikkonzepten, in: ZfL 11(1990)4, S. 45-48.

RICARDO, D. (1891): Principles of Political Economy and Taxation, London 1891.

RICHARDS, J.; von GLASERSFELD, E. (1991): Die Kontrolle von Wahrnehmung und die Konstruktion von Realität, in: SCHMIDT, S.J. (Hrsg.): Der Diskurs des Radikalen Konstruktivismus, 4. Aufl., Frankfurt am Main 1991, S. 192-228.

RINEHART, L.M.; COOPER, M.B.; WAGENHEIM, G.D. (1989): Furthering the Integration of Marketing and Logistics Through Customer Service in the Channel, in: Journal of the Academy of Marketing Science, 17(1989)1, S. 63-71.

ROBERTS, N.C.; KING, P.J. (1989): The Stakeholder Audit Goes Public, in: Organizational Dynamics, 17(1989), S. 63-79.

ROOBEEK, A.J.M. (1987): The Crisis in Fordism and the Rise of a New Technological Paradigm, in: Futures, April 1987, S. 129-154.

ROOS, (1992): Logistik Diskussion auf breiter Basis, in: LOGISTIK HEUTE, 14(1992)10, S. 41-44.

RÖPKE, J. (1977): Die Strategie der Innovation, Tübingen 1977.

ROPOHL, G. (1973): Prolegomena zu einem neuen Entwurf der allgemeinen Technologie, in: LENK, H.; MOSER, S. (Hrsg.): Techne - Technik - Technologie. Philosophische Perspektiven. Pullach 1973, S. 152-172.

ROSE, W. (1979): Logistics Management. Systems and Components, Dubuque 1979.

ROSEGGER, G. (1986): The economics of production and innovation, 2. Aufl., Oxford 1986.

ROSENFIELD, D.B.; COPACINO, W.C.; PAYNE, E.C. (1985): Logistics Planning and Evaluation Using "What-If" Simulation, in: JoBL, 6(1985)2, S. 89-108.

RÜCK, R.; STOCKERT, A.; VOGEL, F.O. (1992): CIM und Logistik im Unternehmen, München, Wien 1992.

RUMELT, R.P. (1984): Towards a Strategic Theory of the Firm, in: LAMB, R.B. (Hrsg.): Competitive Strategic Management, Englewood Cliffs 1984, S. 566-570

RUMELT, R.P.; SCHENDEL, D.; TEECE, D.J. (1991): Strategic Management and Economics, in: SMJ, Special Issue Winter 1991, S. 5-29.

RUPPER, P. (1987a): Logistik - Eine neue Unternehmensdimension, in: Ders. (Hrsg.): Unternehmenslogistik, Zürich 1987, S. 1-14.

RUPPER, P. (1987b): Die Logistik organisatorisch verankert, in: Ders. (Hrsg.): Unternehmenslogistik, Zürich 1987, S. 15-34.

RUSCH, T.J. (1972): Modellanalyse zur Produktions- und Lagerplanung, in: Industrielle Organisation, 41(1972)4, S. 182-186.

RYLE, G. (1958): The Concept of Mind, London 1958.

SCARBROUGH, H.; CORBETT, J.M. (1992): Technology and Organization. Power, Meaning and Design, London, New York 1992.

SCHÄFER, H. (1981): Organisation der Logistik. Funktion und Organisationskonzept der Logistik am Beispiel eines Unternehmens der Automobilindustrie, in: Logistik, 2(1981)1, S. 8-11.

SCHARY, P.B. (1985): A Strategic Problem in Logistics Control, in: IJPD&MM, 15(1985)5, S. 36-50.

SCHARY, P.B.; COAKLEY, J. (1991): Logistics Organization and the Information System, in: The International Journal of Logistics Management, 2(1991)2, S. 22-29.

SCHEIN, E.H. (1993): How Can Organizations Learn Faster? The Challenge of Entering the Green Room, in: Sloan Management Review, 35(1993)2, S. 85-92.

SCHIENSTOCK, G. (1993): Soziologie des Managements: Eine Prozeßperspektive, in: STAEHLE, W.H.; SYDOW, J. (Hrsg.): Managementforschung 3, Berlin, New York (1993), S. 271-308.

SCHIFFERS; E. (1994): Logistische Budgetierung. Ein Instrument prozeßorientierter Unternehmensführung, Wiesbaden 1994.

SCHMID, O. (1977): Modelle zur Quantifizierung der Fehlmengenkosten als Grundlage optimaler Lieferservicestrategien bei temporärer Lieferunfähigkeit, Frankfurt am Main, Zürich 1977.

SCHNEEWEIß, C. (1981): Modellierung industrieller Lagerhaltungssysteme. Einführung und Fallstudien, Berlin, Heidelberg, New York 1981.

SCHNEIDEWIND, D. (1993): Vergleich japanischer Keiretsu mit Flexibilität in Management-Prozessen und westlicher Konzerne mit kompakten Management-Strukturen, in: zfbf 45(1993)10, S. 890-901.

SCHÖN, D.A. (1983): Organizational Learning, in: MORGAN, G. (Hrsg.): Beyond Method, Beverly Hills u.a. 1983, S. 114-128.

SCHONBERGER, R.J. (1988): Produktion auf Weltniveau. Wettbewerbsvorteile durch integrierte Fertigung, Frankfurt am Main, New York 1988.

SCHOONHOVEN, C.B. (1981): Problems with Contigency Theory: Testing Assumptions hidden within the language of Contingency 'Theory', in: ASQ, 26(1981)3, S. 349-377.

SCHREYÖGG, G. (1988): Zu den problematischen Konsequenzen starker Unternehmenskulturen. Diskussionsbeitrag Nr. 125 des Fachbereichs Wirtschaftswissenschaft der Fernuniversität Hagen, Hagen 1988.

SCHREYÖGG, G.; NOSS, C. (1994): Hat sich das Organisieren überlebt? Grundfragen der Unternehmenssteuerung in neuem Licht, in: Die Unternehmung, (1994)1, S. 17-33.

SCHULTE, C. (1991a): Logistik. Wege zur Optimierung des Material- und Informationsflusses, München 1991.

SCHULTE, C. (1991b): Organisatorische Gestaltung der Logistik, in: zfo, 60(1991)6, S. 402-408.

SCHULTEN, U.; BLÜMEL, K. (1984): Die Bedeutung der betriebswirtschaftlichen Logistik für die Unternehmensführung, in: ZfB-Ergänzungsheft 2/1984, S. 1-16.

SCHUMPETER, J.A. (1934): The Theory of Economic Development, Cambridge 1934.

SCHWARZ, H. (1983): Betriebsorganisation als Führungsaufgabe, 9. Aufl., Landsberg 1983.

SCHWEMMER, O. (1987): Handlung und Struktur, Frankfurt am Main 1987.

SCOTT, A.J. (1988): Flexible production systems and regional development: The rise of new industrial spaces in North America and Europe, in: International Journal of Urban and Regional Research, 12(1988)2, S. 171-186.

SCOTT, W.R. (1986): Grundlagen der Organisationstheorie, Frankfurt/M., New York 1986.

SCOTT, W.R. (1990): Technology and Structure: An Organizational-Level Perspective, in: GOODMAN, P.S.; SPROULL, L.S. (Hrsg.): Technology and Organizations, San Francisco, Oxford 1990, S. 109-143.

SEGER, R.E. (1985): Integrated Logistics Management: The Trend Accelerates, in: Annual Conference Proceedings of the CLM, 23(1985)1, S. 139-147.

SEGLER, T. (1985): Die Evolution von Organisationen. Ein evolutionstheoretischer Ansatz zur Erklärung der Entstehung und des Wandels von Organisationsformen, Frankfurt am Main u.a. 1985.

SEMLINGER, K. (1993): Effizienz und Autonomie in Zuliefernetzwerken - Zum strategischen Gehalt von Kooperation, in: STAEHLE, W.H.; SYDOW, J. (Hrsg.): Managementforschung 3, Berlin, New York (1993), S. 309-354.

SENGE, P.M. (1990): The leader's new work: Building learning organizations, in: Sloan Management Review, 32(1990)1, S. 7-23.

SHAPIRO, R.D. (1984): Get leverage from logistics, in: HBR, 62(1984)3, S. 119-126.

SHAPIRO, R.D.; HESKETT, J.L. (1985): Logistics Strategy. Cases and Concepts, St. Paul u.a. 1985.

SHARMAN, G. (1985): Die Wiederentdeckung der Logistik, in: HARVARDmanager (1985)9, S. 48-53.

SHEPHARD, H.A. (1975): Innovationshemmende und innovationsfördernde Organisationen, in: BENNIS, W.G.; BENNE, K.D.; CHIN, R. (Hrsg.): Änderung des Sozialverhaltens, Stuttgart 1975, S. 458-467.

SHRIVASTAVA, P. (1986): Learning structures for top management, in: Human Systems Management 6(1986), S. 35-44.

SIEGWART, H. (1978): Budgets als Führungsinstrument, in: KIESER, A.; REBER, G.; WUNDERER, R.: Handwörterbuch der Führung, Stuttgart 1978, Sp. 105-115.

SIKORA, K. (1989): Systemgrenzen und Planung, in: Szyperski, N. (Hrsg.): Handwörterbuch der Planung, Stuttgart 1989, Sp. 1953-1970.

SIKORA, K. (1994): Betriebswirtschaftslehre als ökonomische Soziotechnologie im Sinne von MARIO BUNGE, in: FISCHER-WINKELMANN, W.F. (Hrsg.): Das Theorie-Praxis-Problem der Betriebswirtschaftslehre. Tagung der Kommission Wissenschaftstheorie, Wiesbaden 1994, S. 175-220.

SIMON, R. (1989): Organisation der Materialflußsteuerung in der Automobilindustrie. Theoretische Analyse und empirische Untersuchung des werksinternen und werksübergreifenden Materialflusses, Frankfurt am Main et al. 1989.

SKARPELIS, C. (1994): Ganzheitliche Logistikkonzepte - Perspektiven für Forschung und Know-how-Transfer, in: ERNST, G.; BÜNTGEN, W.; PORNSCHLEGEL, H.; WESTFAL, U. (Hrsg.): Zukunft von Arbeit in logistischen Systemen, Dortmund 1994, S. 27-45.

SKJOETT-LARSON, T. (1982): Integrated Informtion Systems for Materials Management, in: IJPD&MM 12(1982)3, S. 45-55.

STAEHLE, W.H. (1975): Das DuPont-System und verwandte Konzepte der Wirt-
schaftlichkeitskontrolle, in: BÖCKER, F.; DICHTL, E. (Hrsg.): Erfolgskontrolle
im Marketing, Berlin 1975, S. 317-336.

STAEHLE, W.H. (1990): Management. Eine verhaltenswissenschaftliche Perspektive,
5. Aufl., München 1990.

STÄHLIN, W. (1973): Theoretische und technologische Forschung in der Betriebswirtschaftslehre, Stuttgart 1973.

STALK, G. jr. (1989): Zeit - die entscheidende Waffe im Wettbewerb, in: HAR-
VARDmanager (1989)1, S. 37-46.

STALK, G. jr.; HOUT, T.M. (1990a): Zeitwettbewerb: Schnelligkeit entscheidet auf
den Märkten der Zukunft, Frankfurt am Main, New York 1990.

STALK, G. jr.; HOUT, T.M. (1990b): Redesign Your Organization for Time-Based
Management, in: Planning Review, 18(1990)1, S. 4-9.

STALK, G. jr.; HOUT, T.M. (1990c): How Time-based Management Measures Performance, in: Planning Review, 18(1990)6, S. 26-29.

STARBUCK, W.H. (1976): Organizations and Their Environments, in: DUNNETTE,
M.D. (Hrsg.): Handbook of Industrial and Organizational Psychology, Chicago, Il.
1976, S. 1069-1123.

STARBUCK, W.H. (1981): A Trip to View the Elephants and Rattlesnakes in the Gar-
den of Aston, in: VAN de VEN, A.H.; JOYCE, W.F. (Hrsg.): Perspectives on
Organization Design and Behavior, New York 1981, S. 167-168.

STARKEY, K.; McKINLAY, A. (1993): Strategy and the Human Resource. Ford and
the Search for Competitive Advantage, Oxford, Cambridge 1993.

STAUDE, G.E. (1987): The Physical Distribution Concept as a Philosophy of Business,
in: IJPD&MM, 17(1987)6, S. 32-37.

STEINACKER, C.; THIENEL, A.; WESTFAL, U. (1992): Organisationsentwicklung
bei der Einführung von unternehmensübergreifenden Logistikinnovationen. Ein
mitarbeiterorientierter Ansatz zur abteilungs- und unternehmensübergreifenden
Organisationsentwicklung, in: zfo, 62(1992)4, S. 235-240.

STERN, L.W.; EL-ANSARI, A.I. (1988): Marketing-Channels. 3. Aufl., Englewood
Cliffs 1988.

STERN, L.W.; STURDIVANT, F.D. (1987): Customer-driven distribution systems, in:
HBR, JUL/AUG(1987), S. 34-45.

STEVENS, G.C. (1989): Integrating the Supply Chain, in: IJPD&MM, 19(1989)8,
S. 3-8.

STOCK, J.R. (1990): Logistics Thought and Practice: A Perspective, in: IJPD&LM, 20(1990)1, S. 3-6.

STOCK, J.R.; LAMBERT, D.M. (1987): Strategic Logistics Management, 2. Aufl., Homewood 1987.

STREIM, H. (1975): Heuristische Lösungsverfahren. Versuch einer Begriffsklärung, in: ZfOR, (1975)19, S. 143-162.

STRIENING, H.-D. (1988): Prozeß-Management, Frankfurt am Main u.a. 1988.

STRIENING, H.-D. (1989): Prozeßmanagement im indirekten Bereich. Neue Herausforderungen an die Controller, in: Controlling, 1(1989)6, S. 324-331.

SULLIVAN, J.J.; NONAKA, I. (1986): The Application of Organizational Learning Theory to Japanese and American Management, in: Journal of International Studies, 17(1986)3, S. 127-147.

SYDOW, J. (1992): Strategische Netzwerke. Evolution und Organisation, Wiesbaden 1992.

SYSKA, A. (1990): Kennzahlen in der Logistik. Berlin et al. 1990.

SZYPERSKI, N.; KLEIN, S. (1993): Informationslogistik und virtuelle Organisationen, in: DBW, 53(1993)2, S. 187-208.

SZYPERSKI, N.; WINAND, U. (1979): Duale Organisation - Ein Konzept zur organisatorischen Integration der strategischen Geschäftsfeldplanung, in: ZfbF-Kontaktstudium 31(1979), S. 195-205.

TEECE, D.J. (1984): Economic Analysis and Strategic Management, in: California Management Review, 26(1984)3, S. 87-110.

TEECE, D.J. (1988): Technological change and the nature of the firm, in: DOSI, G. et al. (Hrsg.): Technical Change and Economic Theory, London, New York 1988, S. 256-281.

TEECE, D.J.; PISANO, G.; SHUEN, A. (1992): Dynamic Capabilities and Strategic Management, Working Paper der University of California at Berkeley.

TEICHMANN, S. (1989): Logistikkostenrechnung. Untersuchungen zur Bedeutung und Methodik einer betriebswirtschaftlichen Logistikkostenrechnung mittelständischer Industriebetriebe. Berlin 1989.

TEMPELMEIER, H. (1983): Quantitative Marketing-Logistik, Berlin u.a. 1983.

TEMPELMEIER, H. (1992): Material-Logistik. Grundlagen der Bedarfs- und Losgrößenplanung in PPS-Systemen, 2. Aufl., Berlin u.a. 1992.

TEUBNER, G. (1992): Die vielköpfige Hydra: Netzwerke als kollektive Akteure höherer Ordnung, in: KROHN, W.; KÜPPERS, G. (Hrsg.): Emergenz: Die Entstehung von Ordnung, Organisation und Bedeutung, 2. Aufl., Frankfurt am Main 1992, S. 189-216.

TSOUKAS, H. (1992): Postmodernism, Reflexive Rationalism and Organizational Studies: A Reply to Martin Parker, in: OS 13(1992)4, S. 643-649.

TÜRK, K. (1989): Neuere Entwicklungen in der Organisationsforschung. Ein Trend Report, Stuttgart 1989.

TURNER, B.A. (1992): The Symbolic Understanding of Organizations, in: REED, M.; HUGHES, M. (Hrsg.): Rethinking Organization. New Directions in Organization Theory and Analysis, London, Newbury Park, New Delhi 1992, S. 46-66.

VAN DE VEN, A.H.; ANGLE, H.L. (1989): An Introduction to the Minnesota Innovation Research Program, in: VAN DE VEN, A.H.; ANGEL, H.L., POOLE, M. S. (Hrsg.): Research on the Management of Innovation: The Minnesota Studies, New York 1989, S. 3-30.

VARELA, F. (1990): Kognitionswissenschaft - Kognitionstechnik. Eine Skizze aktueller Perspektiven, Frankfurt am Main 1990.

VOEGELE, A. (1986): Entwicklung von Logistik-Organisationssystemen und deren Anwendung in der Industrie, Dissertation der Technischen Universität Berlin, Berlin 1986.

VOORHEES, R.D.; COPPETT, J.I. (1986): Marketing-Logistics Opportunities For The 1990s, in: Journal of Business Strategy, 7(1986)2, S. 33-38.

WAGNER, G.R. (1978): Die Lieferzeitpolitik der Unternehmen - Eine empirische Studie, 2. Aufl., Frankfurt am Main 1978.

WEBER, J. (1985): Kostenrechnung für die Materialwirtschaft, in: Beschaffung aktuell, (1985)3, S. 22-24.

WEBER, J. (1987): Logistikkostenrechnung. Berlin u.a. 1987.

WEBER, J. (1990): Thesen zum Verständnis und Selbstverständnis der Logistik, in: ZfbF, 42(1990)11, S. 976-986.

WEBER, J. (1991): Logistik-Controlling. 2. Aufl., Stuttgart 1991.

WEBER, J. (1992): Logistik als Koordinationsfunktion. Zur theoretischen Fundierung der Logistik, in: ZfB 62(1992)8, S. 877-895.

WEBSTER, R. (1929): Careless Physical Distribution: A Monkey-Wrench in Sales Machinery, in: Sales Management, XIX, 6. Juli 1929, S. 21.

WEGNER, U. (1993): Organisation der Logistik. Prozeß und Strukturgestaltung mit neuer Informations- und Kommunikationstechnik, Berlin, Bielefeld, München 1993.

WEICK, K.E. (1969): The Social Psycology of Organizing, Reading u.a. 1969.

WELGE, M.K. (1987): Unternehmensführung, Bd. 2: Organisation, Stuttgart 1987.

WERNERFELT, B. (1984): A resource-based view of the firm, in: SMJ 5(1984), S. 171-180.

WHIPP, R.; CLARK, P.A. (1986): Innovation and the Auto Industry: Production, Process and Work Organization, London 1986.

WHITAKER, A. (1992): The Transformation in Work: Post-Fordism Revisited, in: REED, M.; HUGHES, M. (Hrsg.): Rethinking Organization. New Directions in Organization Theory and Analysis, London, Newbury Park, New Delhi 1992, S. 184-206.

WHYBARK, D.C. (1990): Education and Global Logistics, in: Logistics and Transportation Review, 26(1990)3, S. 261-270.

WIENDAHL, H.-P. (1987): Belastungsorientierte Fertigungssteuerung, München-Wien 1987.

WIGHT, O. (1981): MRP II: Unlocking America's Productivity Potential. Brattleboro, Vermont 1981.

WILDEMANN, H. (1983): KANBAN. Rationalisierung des Materialflusses, in: Beschaffung aktuell, (1983)2, S. 18-22.

WILDEMANN, H. (1984): Materialflußorientierte Logistik, in: ZfB-Ergänzungsheft 2/1984, S. 71-90.

WILDEMANN, H. (1986): Just-in-Time-Lösungskonzepte in Deutschland, in: HARVARDmanager, (1986)1, S. 36-48.

WILDEMANN, H. (1988): Die modulare Fabrik. Kundennahe Produktion durch Fertigungssegmentierung, München 1988.

WILDEMANN, H. (1990): Kundennahe Produktion und Zulieferung: Eine empirische Bestandsaufnahme, in: DBW 50(1990)3, S. 309-331.

WILKINS, A.L.; OUCHI, W.G. (1983): Efficient Cultures: Exploring the Relationship between Culture and Organizational Performance, in: ASQ, 12(1983)4, S. 468-481.

WILLIAMSON, K.C.; SPITZER, D.M.; BLOOMBERG, D.J. (1990): Modern Logistics Systems: Theory and Practice, in: JoBL, 11(1990)2, S. 65-86.

WILSON, J.Q. (1966): Innovation in Organization: Notes Toward a Theory, in: THOMPSON, J.S. (Hrsg.): Approaches to Organizational Design, Pittsburgh 1966, S. 193-218.

WOLFF, J.C. (1987): Business Logistics and the Bottom Line, in: Corporate Accounting, 5(1987)1, S. 58-64.

WOMACK, J.P.; JONES, D.T.; ROOS, D. (1991): Die zweite Revolution in der Autoindustrie, Frankfurt/M., New York 1991.

WOODWARD, J. (1958): Management and Technology, London 1958.

WOODWARD, J. (1965): Industrial Organization: Theory and Practice, London 1965.

WOODWARD, J. (1970): Industrial Organization. Behaviour and Control, London 1970.

WÜTHRICH, H.A. (1990): Neuland des strategischen Denkens. Wege zu einem postkompetitiven Strategieverständnis, in: Die Unternehmung, 44(1990)3, S. 178-201.

YASAI-ARDEKANI, M. (1986): Structural Adaptations to Environments, in: Academy of Management Review, 11(1986), S. 9-21.

ZAHN, E. (1991): Innovation und Wettbewerb, in: MÜLLER-BÖLING, D.; SEIBT, D.; WINAND, U. (Hrsg.): Innovations- und Technologiemanagement. Festschrift für Norbert Szyperski zum 60. Geburtstag, Stuttgart 1991.

ZÄPFEL, G. (1982): Produktionswirtschaft. Operatives Produktions-Management. Berlin, New York 1982.

ZÄPFEL, G. (1989): Taktisches Produktions-Management, Berlin, New York 1989.

ZÄPFEL, G. (1991): Produktionslogistik. Konzeptionelle Grundlagen und theoretische Fundierung, in: ZfB, 61(1991)2, S. 209-235.

ZÄPFEL, G.; MISSBAUER, H. (1987): Produktionsplanung und -steuerung für die Fertigungsindustrie - ein Systemvergleich, in: ZfB, 57(1987)9, S. 882-900.

ZÄPFEL, G.; MISSBAUER, H.; KAPPEL, W. (1992): PPS-Systeme mit belastungsorientierter Auftragsfreigabe. Operationscharakteristika und Möglichkeiten zur Weiterentwicklung, in: ZfB, 62(1992)8, S. 897-919.

ZEY-FERRELL, M. (1981): Criticisms of the Dominant Perspective on Organizations, in: The Sociological Quarterly 22(1981)2, S. 181-205.

ZEY-FERRELL, M.; AIKEN, M. (1981): Complex Organizations. Critical Perspectives, Glenview, Il. 1981.

ZINK, K.J.; RITTER, A.; THUL, M.J. (1993), Mitarbeiterbeteiligung bei Prozeßinnovationen. Verknüpfbarkeit von Wirtschaftlichkeit und Humanisierung der Arbeit bei der Einführung neuer Technologien, Bonn 1993.

ZINN; W.; BOWERSOX, D.J. (1988): Planning Physical Distribution with the Principle of Postponement, in: JoBL, 9(1988)2, S. 117-136.

ZINN; W.; LEVY, M. (1988): Speculative Inventory Management: A Total Channel Perspektive, in: IJPD&MM 18(1988)5, S. 34-39.